DB-Fachbuch

Herausgegeben vom Bahn Fachverlag

W0011796

Anita Hausmann · Dirk H. Enders

Grundlagen des Bahnbetriebs

2. überarbeitete und erweiterte Auflage

Anita Hausmann · Dirk H. Enders

Grundlagen des Bahnbetriebs

2. überarbeitete und erweiterte Auflage
Bahn Fachverlag Heidelberg · Mainz

Die Bearbeitung dieses Bandes wurde im April 2007 abgeschlossen.
Foto auf dem Titel: DB AG.

Herausgeber: Bahn Fachverlag GmbH in Zusammenarbeit mit DB Training, Learning & Consulting.

ISBN 978-3-9808002-4-2

Inhaltsverzeichnis

Verzeichnis der Abbildungen

14

Vorwort

Dieses Buch soll vor allem den Neuen bei der Deutschen Bahn AG aber auch bei anderen Eisenbahnverkehrs- und Eisenbahninfrastrukturunternehmen den Einstieg in den Bahnbetrieb erleichtern, sie Schritt für Schritt vertraut machen mit dem, was man unter **Bahnbetrieb** versteht.

Selbstverständlich sprechen wir alle interessierten Eisenbahner an, die sich einen Überblick über das Verbundsystem Bahn – besonders über den Bahnbetrieb – verschaffen möchten.

Wenn Angaben nur für den Geltungsbereich der DS 301 (ehemalige Deutsche Bundesbahn) zutreffen, werden diese mit Hinweis „Geltungsbereich DS 301" versehen. Bestimmungen, die nur für den Geltungsbereich der DV 301 (ehemalige Deutsche Reichsbahn) sind *schräggedruckt* und erhalten den Zusatz „Geltungsbereich DV 301".

Selbstverständlich sprechen wir Frauen und Männer in gleicher Weise an. Wenn wir im folgenden nicht beide Formen des Geschlechts besonders erwähnen, geschieht dies lediglich, um den Lesefluss nicht zu stören.

Im Übrigen möchten wir uns bei allen, die uns bei der Erstellung dieses Fachbuches unterstützt haben, herzlich bedanken.

Anita Hausmann
Dirk H. Enders

DB Training. Learning & Consulting –
Ihr Qualifizierungs- und Beratungsprofi im europäischen Verkehrsmarkt!

DB Training zählt mit 70 Trainingsorten zu den größten Qualifizierungs- und Beratungsanbietern im europäischen Verkehrsmarkt. Mehr als 500 Unternehmen aller Branchen nehmen das breit gefächerte Aus- und Fortbildungsangebot in Anspruch.

Für Mitarbeiter in den Bereichen Transport & Logistik, Infrastruktur & Technik, Bahnbetrieb, Fahrzeuge und Sicherheitsmanagement halten wir ein praxisorientiertes Qualifizierungsangebot bereit.

Neben diesen branchenspezifischen Seminarinhalten bieten wir Ihnen Themen aus den Bereichen Management & Business-Know-how sowie Kundenorientierung & Service.

Qualifizierung – wann, wo und wie Sie wünschen!

Sie haben die Wahl:

❚ **Offenes Seminarprogramm:**
Praxisseminare, Qualifizierungsreihen, Tagungen & Foren

❚ **Inhouse Qualifizierung:**
Firmenseminare, maßgeschneiderte Qualifizierung, Moderation

❚ **Consulting & Development:**
Management Diagnostic, psychologische Dienste, Coaching, Consulting

www.db-training.de

1 – Allgemeine Grundlagen

1.1 Bahnbetrieb

Was versteht man eigentlich unter Bahnbetrieb?

Bahnbetrieb ist das Bewegen von Schienenfahrzeugen mit dem Zweck, Personen und Güter zu befördern. Das Befördern von Personen und Gütern erfolgt in Zügen.

Das Bewegen von Schienenfahrzeugen ist auch erforderlich, um Züge zu bilden oder aufzulösen oder die Fahrzeuge für Züge bereitzustellen. Diese Fahrzeugbewegungen werden Rangieren genannt.

Kurz gesagt ist Bahnbetrieb also **Züge fahren und Rangieren** – wie es der Titel der Richtlinie 408 (ehemals Fahrdienstvorschrift) aussagt.

Um Bahnbetrieb durchführen zu können, werden „Produktionsmittel" wie z.B. Bahnanlagen, Fahrzeuge und Mitarbeiter benötigt. Näheres dazu erfahren Sie in den folgenden Kapiteln.

Eine der wichtigsten Funktionen im Bahnbetrieb ist seit jeher der **Fahrdienstleiter**, der für die sichere Durchführung der Züge in seinem Zuständigkeitsbereich verantwortlich ist. Fahrweg einstellen, prüfen, sichern und Signal auf Fahrt stellen bzw. Züge im Raumabstand folgen lassen, das sind einzelne konkrete Aufgaben. Betriebsleitstellen (z.B. Betriebsleitungen) wurden eingerichtet, um den Betriebsablauf flüssig zu halten, d.h. zwischen den einzelnen Fahrdienstleitern koordinierend und steuernd einzugreifen zur Erhöhung der Betriebsqualität (Pünktlichkeit).

Abbildung 1a:
Betriebszentrale
München.

Foto: DB AG/Schmid

Bei der DB Netz AG gibt es heute eine zentrale Betriebsleitstelle, die **Netzleitzen-trale** (NLZ) mit Sitz in Frankfurt(M), sowie sieben regionale **Betriebszentralen** (BZ) in Berlin, Duisburg, Frankfurt(M), Hannover, Karlsruhe, Leipzig und München.

Mittels elektronischem Stellwerk (ESTW) steuert der Fahrdienstleiter Ingolstadt das kilometerweit entfernte Bahnhofs- und Streckengeschehen per Mausklick. Die Monitore zeigen ihm die Gleisbelegung und die Zugläufe an. Sie sind quasi das Auge nach draußen.

Abbildung 1b:
Der Arbeitsplatz des
Fahrdienstleiters
Ingolstadt in der
Betriebszentrale
München.
Foto: DB AG/Schmid

Für die sichere Durchführung der Züge sorgen die örtlich zuständigen Fdl über moderne Stellwerkstechnik, während die Disponenten einschl. des Netzkoor-dinators für einen optimalen Betriebsablauf im zugeordneten Bereich sorgen. Die Übersicht zeigt die Steuerung und Disposition des Zugbetriebes aus der BZ heraus.

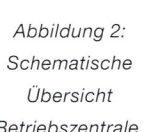
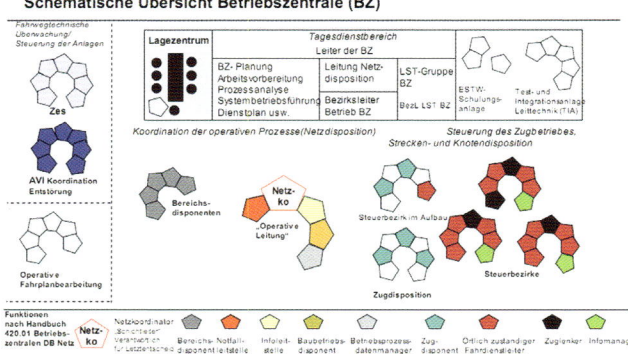

Abbildung 2:
Schematische
Übersicht
Betriebszentrale.

In räumlicher Nähe der BZ können weitere Funktionsbereiche wie z.B. Leitstellen für Entstörung (z.B. AVI = Arbeitsvorbereitung Instandhaltung) und Schaltstellen für Bahnstromversorgung (z.B. Zes = Zentralschaltstelle) untergebracht sein.

Die Betriebsführung für das komplette Streckennetz der DB Netz AG wird in der Netzleitzentrale und den sieben Betriebszentralen sowie den Betriebszentralen für den S-Bahnverkehr in Hamburg und Berlin konzentriert. Die Netzleitzentrale dispo-niert insbesondere die Züge des Schienenpersonenfernverkehrs und ausgewählte

Allgemeine Grundlagen

Güterzüge, während die Betriebszentralen innerhalb ihrer regionalen Zuständigkeit für einen flüssigen Betriebsablauf sorgen. Bei Ereignissen mit überregionalen und grenzüberschreitenden Auswirkungen koordiniert die Netzleitzentrale die Maßnahmen. Für all diese Aufgaben steht den Betriebsleitstellen eine umfangreiche Betriebsleittechnik zur Verfügung, Näheres über BZ und NLZ können Sie im DB-Fachbuch „Eisenbahnbetriebstechnolgie" nachlesen.

Abbildung 3:
Netzleitzentrale
in Frankfurt(M).
Foto: DB AG/Vedder

Wenn Sie den Aufbau der Betriebszentralen betrachten, in denen die heutigen Aufgaben der Fahrdienstleiter mehrerer Strecken und Knoten sowie Aufgaben der ehemaligen Betriebsleitung „unter einem Dach" zusammengefasst sind, fragen Sie sich sicherlich:

Gibt es dann überhaupt noch Fahrdienstleiter vor Ort?

Die sichere und pünktliche Durchführung der ca. 28 000 Züge pro Tag wird vor allem durch die Fdl aus den sieben Betriebszentralen und den Mitarbeitern der Stellwerke vor Ort (z.Zt. noch ca. 4700) sicher gestellt. Durch die weitere Realisierung elektronischer Stellwerke und deren Steuerung aus der BZ heraus wird die Anzahl der Fdl vor Ort perspektivisch sukzessive abnehmen.

Im Einzelfall ist – insbesondere bei Zugbildungsbahnhöfen oder bei sogenannten Inselnetzen – zu prüfen, ob es sinnvoll ist, die Bedienung in die Betriebszentrale zu integrieren. Die Zusammenlegung mehrerer dezentraler Stellwerke zu einem Zentralstellwerk für eine gesamte Strecke ist jedoch auch hier möglich.

Bahnbetrieb, das bedeutet auch das vorhandene Eisenbahnnetz – z.Zt. rund 34.500 km – unter wirtschaftlichen Gesichtspunkten vorzuhalten und optimal zu nutzen. Für die komplette Infrastruktur des Bahnbetriebs ist bei der Deutschen Bahn AG die DB Netz AG verantwortlich.

Basis für Investitionen in die vorhandene Infrastruktur ist die Strategie Netz 21. Hier unterscheidet man die drei Netztypen Vorrangnetz, Leistungsnetz und Regionalnetz. Das Vorrangnetz fokussiert die Trennung von schnellen und langsamen Verkehrsarten (Entmischung). Im Leistungsnetz werden Streckenkorridore eingebunden, bei denen Personenfern- und -nahverkehr sowie Güterverkehr nicht

getrennt werden können. Um dennoch eine dichtere Zugfolge für das umfangreiche Leistungsnetz zu ermöglichen, müssen die Geschwindigkeiten der Züge
angepasst werden (Harmonisierung). Das Regionalnetz ist fast ausschließlich dem
Personennahverkehr vorbehalten.

Die DB Netz AG sorgt u. a. mit der Inbetriebnahme weiterer computergestützter
elektronischer Stellwerke und deren Integration in die sieben Betriebszentralen
sowie durch innovative Betriebsverfahren und moderner Leit- und Sicherungstechnik für einen leistungsstarken Fahrweg. So können den Eisenbahnverkehrsunternehmen (z.Zt. über 300) Trassen und Anlagen kostengünstig angeboten werden.
Das sind bei der Deutschen Bahn AG die Geschäftsfelder Fernverkehr, Regio und
Stadtverkehr im Personenverkehr und Railion im Güterverkehr sowie weitere am
Markt befindliche Eisenbahnverkehrsunternehmen.

1.2 Mitarbeiter

„Alles schläft, einer fährt!"

Sicher kennen Sie diesen Satz aus einem frühreren Werbeplakat.

Hiermit wird dem Kunden das Gefühl vermittelt, bei unserem Personal – in diesem
Fall dem **Triebfahrzeugführer** – in bester Obhut zu sein. Damit lastet auf dem
Triebfahrzeugführer aber auch eine große Verantwortung:

Die Sicherheit der Reisenden bzw der sichere Transport von Gütern.

Selbstverständlich tragen noch weitere Mitarbeiter direkt oder indirekt dazu bei,
dass der Zug sicher ans Ziel kommt, z.B. Fahrdienstleiter, Weichenwärter, Zugführer.

Abbildung 4:
Bereitstellen eines Zuges.

Sie alle arbeiten „Hand in Hand" und so entsteht eine „Kette" aus einzelnen Tätigkeiten. Hierzu ein Beispiel:

Allgemeine Grundlagen

Ein Zug wird durch das **Rangierpersonal** gebildet und am Bahnsteig bereitgestellt.

Der Zugführer bzw. die örtliche Aufsicht stellt die Abfahrbereitschaft her und meldet dem Fahrdienstleiter, dass der Zug abfahren kann.

Abbildung 5:
Fertigmeldung durch
Wechselsprechanlage.

Der Fahrdienstleiter stellt das Ausfahrsignal auf Fahrt.

Über Lautsprecher werden die Reisenden zum Einsteigen aufgefordert.

Abbildung 6:
Lautsprecherdurchsage.

Der **Zugführer**
schließt die Türen.

Die Zugaufsicht
erteilt den Abfahrauftrag.

Abbildung 7:
Zugführerin beim
Schließen der Türen.

Abbildung 8 a:
Ausfahrsignal steht auf Fahrt und
der Abfahrauftrag ist erteilt.

Abbildung 8 b:
Ausfahrsignal steht auf Fahrt und der Abfahrauftrag ist
erteilt.

Der Triebfahrzeugführer fährt ab.

Abbildung 9:
Der Triebfahrzeugführer bei der
Abfahrt.

Hierbei gilt: Wenn nur ein Glied der „Kette" versagt, also ein Mitarbeiter einen Fehler macht, können Reisende oder andere Fahrten im Gleis gefährdet werden.

Nur gemeinsam sind wir in der Lage, Menschen und hochwertige Güter sicher, pünktlich und schnell zu befördern.

Um sicherzustellen, dass im Bahnbetrieb nur besonders ausgewähltes Personal zum Einsatz kommt, zählt die **Eisenbahn-Bau- und Betriebsordnung (EBO)** die Tätigkeiten auf, bei denen direkter Einfluss auf die Betriebssicherheit besteht, und bezeichnet diese Mitarbeiter als **„Betriebsbeamte"**.

Die Anforderungen an Betriebsbeamte gem. EBO § 47 ff sind komplex

Mindestalter	Grundsatz: 18 Jahre, aber Tf 21 Jahre
Tauglichkeit	Seh- und Hörvermögen Farbentüchtigkeit
psychologische Eignung	Reaktionsvermögen Konzentrationsfähigkeit Belastbarkeit
Ausbildung/ Prüfung	theoretische Kenntnisse und praktische Fertigkeiten z.B. Berufs- bzw. Funktionsausbildung
Fortbildung	regelmäßig zum Erhalt der Handlungssicherheit

Abbildung 10:
Anforderungen an
„Betriebsbeamte"

Alle „Betriebsbeamten" müssen körperlich tauglich und frei von Krankheiten sein, die eine Gefahr für die Betriebssicherheit bilden können. Für manche Funktionsgruppen ist ein Mindestalter vorgeschrieben, z.B. muss ein Triebfahrzeugführer mindestens 21 Jahre alt sein.

Ferner müssen sie über besondere Eigenschaften verfügen, die ihre Aufgabe erfordert. Dies wird durch Eignungstests festgestellt, z.B. muss der Triebfahrzeugführer eine besonders gute Reaktionsfähigkeit besitzen.

Alle Betriebsbeamten müssen qualifiziert sein und einen Nachweis über die erworbenen Kenntnisse und Fertigkeiten erbringen. Ein Triebfahrzeugführer beispielsweise erwirbt im Rahmen der Berufs- oder Funktionsausbildung seinen Eisenbahn-Fahrzeugführerschein gemäß VDV-Schrift 753, der ihm allgemein das Führen von Triebfahrzeugen der entsprechenden Klasse erlaubt, und im Besonderen zum Führen der entsprechenden Baureihen entsprechend seiner Ausbildung und Prüfung berechtigt.

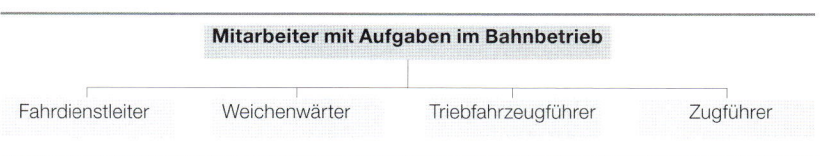

Mitarbeiter mit Aufgaben im Bahnbetrieb			
Fahrdienstleiter	Weichenwärter	Triebfahrzeugführer	Zugführer

Auch die Anforderungen an einen Fahrdienstleiter sind komplex. Während die allgemeine Befähigung als Fdl mit der IHK-Prüfung zum Eisenbahner im Betriebsdienst Fachrichtung Fahrweg (EiB F) bzw. mit der Prüfung im Rahmen der Funktionsausbildung zum Fdl erworben wird, ist nach entsprechend örtlicher Einweisung auf dem konkreten Arbeitsplatz der Nachweis der Kenntnisse und Fertigkeiten bezogen auf die Örtlichkeit zu erbringen.

Die Anforderungen an einen Fahrdienstleiter

Mindestalter	18 Jahre
Tauglichkeit	verkehrsmedizinische und evtl. arbeitsmedizinische Untersuchung gem. KoRil 107
psychologische Eignung	psychische Eignungsuntersuchung gem. Ril 161.0002 bzw. 108
Ausbildung/ Prüfung	Berufsausbildung zum Eisenbahner im Betriebsdienst, Fachrichtung Fahrweg (IHK-Prüfung) bzw. Funktionsausbildung zum Fdl (046.2501)
	Örtl. Einweisung und Prüfung (Nachweis der Kenntnisse und Fertigkeiten)
Fortbildung	Regelmäßig: Soll = 12–24 Stunden/Jahr – je nach Charakteristik des Arbeitsplatzes

Befähigung zum Schaltantragsteller gemäß 046.2302 für Fdl auf elektrisch betriebenen Strecken erforderlich

Abbildung 11, Beispiel: Anforderungen an einen Fahrdienstleiter.

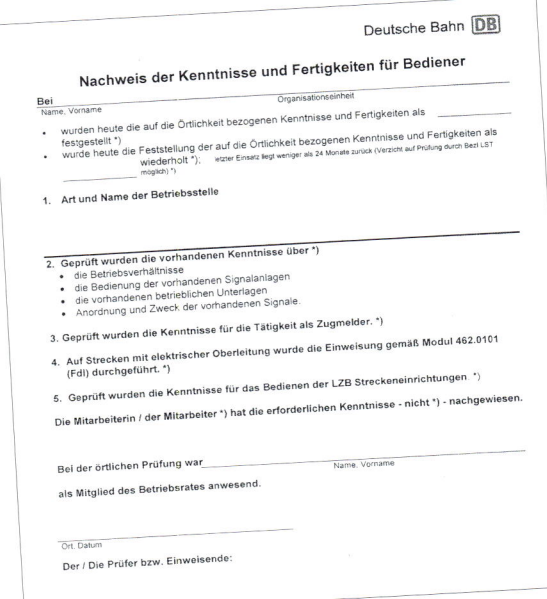

Abbildung 12: Nachweis der Kenntnisse und Fertigkeiten für Bediener (Ausschnitt).

Allgemeine Grundlagen

Zulassen und Durchführen von Fahrzeugbewegungen sind also Tätigkeiten im Bahnbetrieb und werden von sicherheitsrelevanten Funktionen wahrgenommen, nämlich das Zulassen der Zugfahrten vom Fahrdienstleiter, das Zulassen von Fahrzeugbewegungen vom Weichenwärter, das Vorbereiten und Begleiten von Zügen vom Zugführer und das Fahren der Züge und Rangierfahrten vom Triebfahrzeugführer.

Diese Aufgaben dürfen anderen Mitarbeitern übertragen werden oder ständig wahrgenommen werden vom Schrankenwärter, Zugmelder, Zugvorbereiter, Rangierbegleiter, Rangierer, Zugschaffner oder der örtlichen Aufsicht.

Abbildung 13 a:
Elektronisches Stellwerk
Bf Montabaur,
Strecke
Köln – Frankfurt (M).

Abbildung 13 b:
Der Fahrdienstleiter an
der Stelltafel Bf Fulda.

Abbildung 14:
Das Zugbegleitpersonal.

Abbildung 15:
Die Triebfahrzeugführe-
rin während der Fahrt.

Abbildung 16:
Der Rangierbegleiter.

Allgemeine Grundlagen

Oberster Grundsatz aller Mitarbeiter muss die

Sicherheit des Bahnbetriebes

– auch Betriebssicherheit genannt – sein.

Daneben hat die

Pünktlichkeit

Vorrang vor allen anderen Arbeiten.

Die Mitarbeiter haben, soweit erforderlich, eine richtig zeigende Uhr zu tragen.

1.3 Oberbau

Der Oberbau ist der Fahrweg der Eisenbahn, also die Fahrbahn für Eisenbahn-fahrzeuge. Er besteht aus Schienen, Schwellen, Schienenbefestigung und Schotter bzw. Tragplatte. Das wesentliche Unterscheidungsmerkmal zu anderen Verkehrssystemen besteht in der Führung der Fahrzeuge durch die Spurkränze der Räder (Rad-Schiene-Technik). Die Schienen haben ferner die Aufgabe, die Fahrzeuge zu tragen und zu führen, d. h. die ausgeübten waagerechten und senkrechten Kräfte aufzunehmen und auf den Unterbau über die Schwelle zu übertragen. So wird ein sanftes Rollen der Fahrzeuge ermöglicht. Rad und Schiene bilden in diesem System eine Einheit.

Die **Schiene** besteht aus
- Kopf
- Steg und
- Fuß

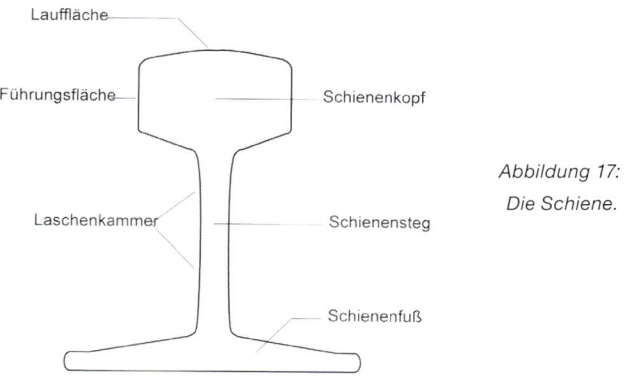

Abbildung 17:
Die Schiene.

Die **Schwellen**, aus Holz, Beton oder Stahl, die quer unter der Schiene angeordnet sind, liegen in der Regel auf einer Bettung aus Schotter („Schotteroberbau") oder auf einer Beton-Fahrbahn, der sog. Festen Fahrbahn, auf der die Schienen direkt, d.h. ohne Schwellen, befestigt werden. Die Feste Fahrbahn kommt vermehrt auf Hochgeschwindigkeitsstrecken zur Anwendung.

Unter dem **Gleis** versteht man die Gesamtheit aus Schienen, Schwellen und den zugehörigen Befestigungsmitteln.

Abbildung 18: Gleis mit Schotterbett. Foto: DB AG/Lüders

Abbildung 19:
Feste Fahrbahn.
Foto: DB AG/Weber

Gleis und Gleisbett werden unter dem Begriff Oberbau zusammengefasst, während zum Beispiel Dämme, An-und Einschnitte (also die klassischen Formen des Erdkörpers) einschl. der Kunstbauten (z.B. Stützmauern, Brücken) zum Unterbau von Gleisen gehören, mit denen Unebenheiten des Geländes ausgeglichen werden. Das Gleis mit der Gesamtheit seiner Bauteile nimmt die Kräfte auf, die durch das Gewicht, die Beschleunigung bzw. Verzögerung und die Geschwindigkeit der Schienenfahrzeuge entstehen.

Abbildung 20:
Weichenstraße.

Weichen

Eine Weiche ermöglicht eine Überleitung von einem Gleis auf ein anderes Gleis ohne Unterbrechung der Fahrt.

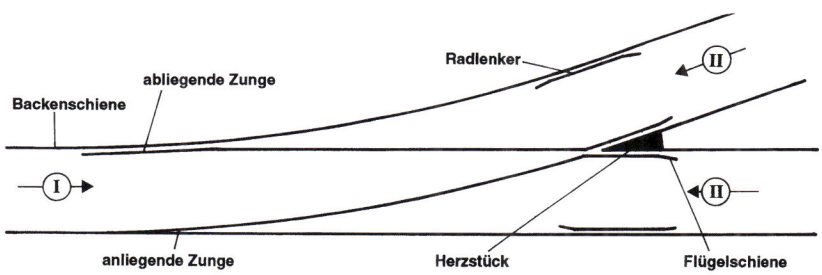

Abbildung 21:
Bestandteile einer Weiche.

Vom Herzstück aus gesehen, wird eine Weiche „stumpf" (II), von der Weichenzunge wird sie „gegen die Spitze" (I) befahren.

Neben der einfachen Weiche gibt es auch Kreuzungsweichen.

Einfache Kreuzungsweichen

Doppelte Kreuzungsweichen

Abbildung 22:
Einfache
Kreuzungsweiche.

Abbildung 23:
Doppelte
Kreuzungsweiche.

Außer Weichen ermöglichen Schiebebühnen und Drehscheiben die Fahrt von einem Gleis auf ein anderes Gleis. Hier muss die Fahrt aber unterbrochen werden.

Spurweite

Unter Spurweite versteht man den kleinsten Abstand der Innenflächen der Schienenköpfe von einem Schienenstrang bis zum anderen Schienenstrang eines Gleises; 0 bis 14 mm unter der Schienenoberkante gemessen.

Die Spurweite bei der Deutschen Bahn beträgt grundsätzlich 1435 mm.

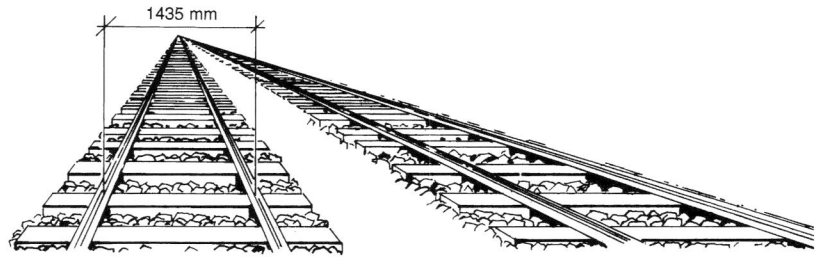

Abbildung 24: Spurweite.

Gleisabstand

Der Gleisabstand wird von Gleismitte zu Gleismitte gemessen und beträgt
- auf der freien Strecke   4,0 m
- bei älteren Anlagen   3,5 m
- im Bahnhof   4,5 m
- (in Ausnahmefällen)   4,0 m

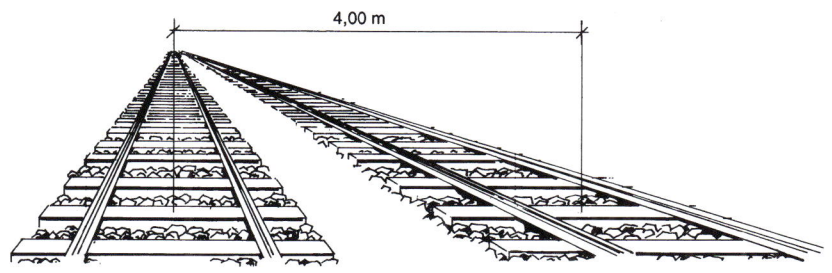

Abbildung 25: Gleisabstand.

Hektometerzeichen dienen zur Orientierung des Triebfahrzeugführers.

Abbildung 26:
Hektometerzeichen.

Dieses Hektometerzeichen steht bei km 234,4. Zwischen den Sprechstellen wird die Richtung zum nächsten Fernsprecher angezeigt durch Richtungspfeile. Außer an den Streckenkilometertafeln (Abteilungszeichen) können sie auch an Oberleitungsmasten oder Telegrafenmasten angebracht sein.

1.4 Bahnanlagen und Betriebsstellen

Alle Grundstücke, Bauwerke und sonstige Einrichtungen einer Eisenbahn, die unter Berücksichtigung der öffentlichen Verhältnisse zur Abwicklung oder Sicherung des Reise- und Güterverkehrs auf der Schiene erforderlich sind, zählen zu den **Bahnanlagen**.

Dazu gehören auch Anlagen einer Eisenbahn, die das Be- und Entladen sowie den Zu- oder Abgang ermöglichen oder fördern.

Fahrzeuge gehören nicht dazu.

Man unterscheidet zwischen Bahnanlagen
- der Bahnhöfe
- der freien Strecke
- sonstige Bahnanlagen.

Betriebsstellen sind
Bahnhöfe, Blockstellen, Abzweigstellen, Anschlussstellen, Haltepunkte, Haltestellen, Deckungsstellen und Stellen in den Bahnhöfen und auf der freien Strecke, die der unmittelbaren Regelung und Sicherung der Zugfahrten und des Rangierens dienen, z.B. Schrankenposten.

Als Grenze zwischen den Bahnhöfen und der freien Strecke gelten im Allgemeinen die Einfahrsignale oder Trapeztafeln; wo diese nicht vorhanden sind, die Einfahrweichen.

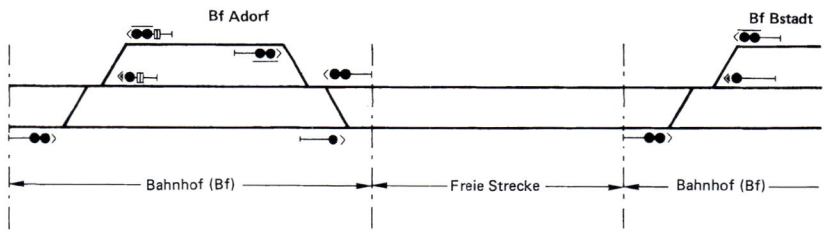

Abbildung 27:

Bahnhof – freie Strecke.

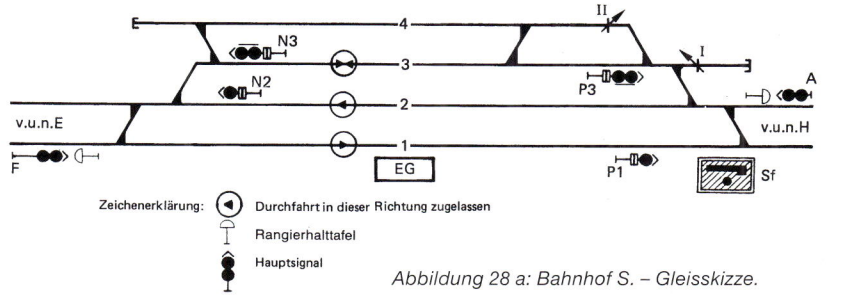

Abbildung 28 a: Bahnhof S. – Gleisskizze.

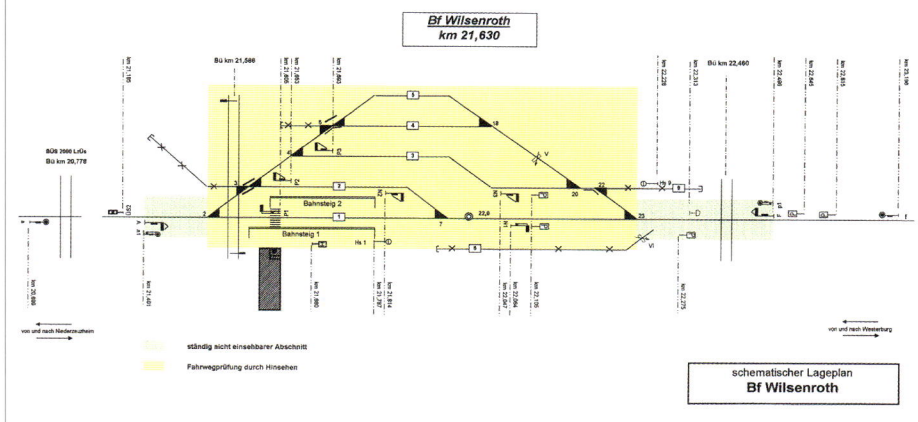

Abbildung 28 b Bahnhof Wilsenroth – Gleisskizze.

Zu den Bahnanlagen der Bahnhöfe gehören z.B.

- Gleise
- Signal- und Fernmeldeanlagen
- Stellwerke
- Bahnsteige
- Rampen

Zu den Bahnanlagen der freien Strecke gehören z.B.

- Blockstellen (Bk)
- Abzweigstellen (Abzw)
- Anschlussstellen (Anst)
- Überleitstellen (Üst).

Sonstige Bahnanlagen sind z.B. Betriebshöfe.

Bahnhöfe sind Bahnanlagen mit mindestens einer Weiche, wo Züge beginnen, enden, kreuzen, überholen oder wenden dürfen.

Größere Bahnhöfe können in **Bahnhofsteile** unterteilt sein. Die Bahnhofsteile können durch Zwischensignale gegeneinander abgegrenzt sein.

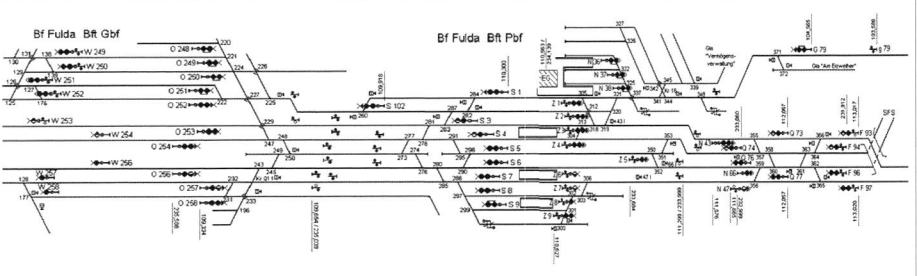

Abbildung 29: Bahnhofsteile Bf Fulda.

Freie Strecke

Bei der Bahn fahren Züge im Raumabstand, der durch Hauptsignale begrenzt wird. Der Raum zwischen zwei Hauptsignalen wird als Blockstrecke bezeichnet.

Blockstrecken sind Gleisabschnitte, in die ein Zug nur einfahren darf, wenn sie frei von Fahrzeugen sind. Der Durchrutschweg (= Gefahrpunktabstand) hinter einem begrenzenden Hauptsignal gehört zur Blockstrecke.

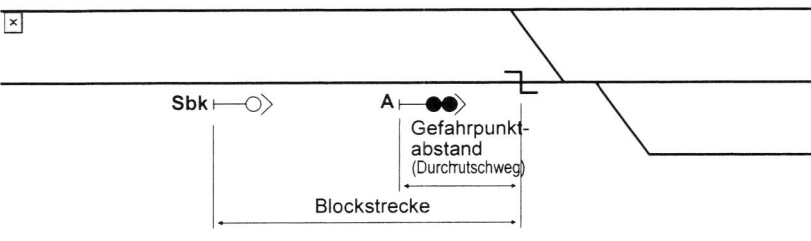

Abbildung 30: Blockstrecke.

Blockstellen sind Bahnanlagen, die eine Blockstrecke begrenzen. Eine Block-stelle kann zugleich als Bahnhof, Abzweigstelle, Überleitstelle, Anschlussssstelle, Haltepunkt, Haltestelle oder Deckungsstelle eingerichtet sein.

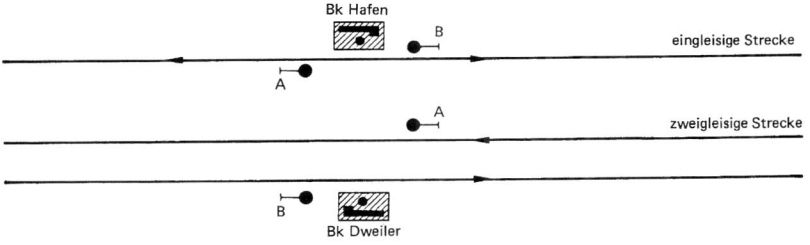

Abbildung 31: Blockstellen.

Selbsttätige Blockstellen sind Blockstellen der freien Strecke, wo selbsttätiger Streckenblock eingerichtet ist, ausgenommen Abzweigstellen und Überleitstellen. Die Signale der Selbstblockstellen zeigen in der Grundstellung „Fahrt".

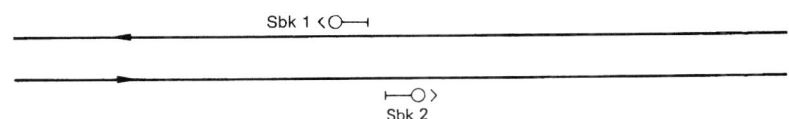

Abbildung 32 a: Selbstblockstellen.

Der Zentralblock ist eine Bauform des selbsttätigen Streckenblockes, bei der die Sicherungslogik zentral in einem zugehörigen Stellwerk untergebracht ist. Beim Zentralblock ist die Grundstellung der Signale „Halt". Sie werden entweder vom Fahrdienstleiter oder zugbedient in Fahrtstellung gebracht.

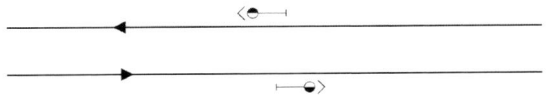

Abbildung 32 b: Zentralblockstellen.

Abzweigstellen sind Blockstellen der freien Strecke, wo Züge auf eine andere Strecke übergehen können.

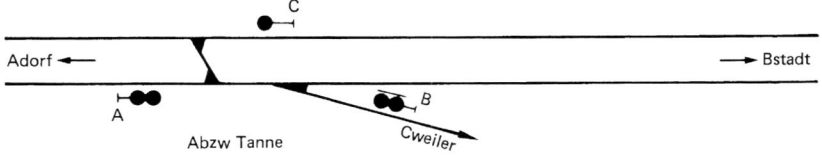

Abbildung 33: Abzweigstelle.

Überleitstellen sind Blockstellen der freien Strecke, wo Züge auf ein anderes Gleis derselben Strecke übergehen können.

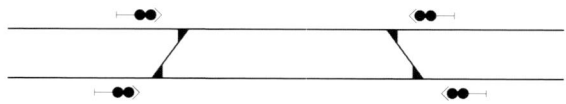

Abbildung 34: Überleitstelle.

Anschlussstellen sind Bahnanlagen der freien Strecke, wo Züge ein angeschlossenes Gleis als Rangierfahrt befahren können, ohne dass die Blockstrecke für einen anderen Zug freigegeben wird.

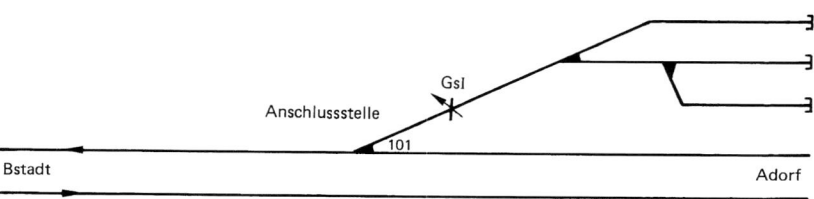

Abbildung 35: Anschlussstelle.

Ausweichanschlussstellen sind Anschlussstellen der freien Strecke, bei denen die Blockstrecke für einen anderen Zug freigegeben wird.

Durch die gegenüber der Anschlussstelle zusätzlichen signaltechnischen Einrichtungen wird sichergestellt, dass während des Rangierens in der Anschlussstelle die auf dem Streckengleis durchgeführten Zugfahrten nicht gefährdet werden können.

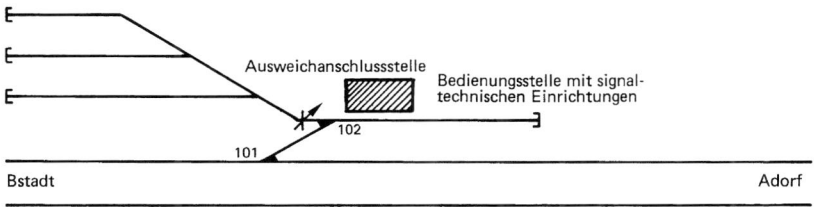

Abbildung 36: Ausweichanschlussstelle.

Haltepunkte sind Bahnanlagen ohne Weichen, wo Züge planmäßig halten, beginnen oder enden dürfen.

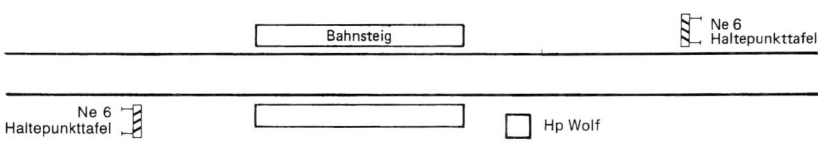

Abbildung 37: Haltepunkt.

Haltestellen sind Abzweigstellen, Überleitstellen oder Anschlussstellen, die mit einem Haltepunkt örtlich verbunden sind.

Abbildung 38: Haltestelle.

Deckungsstellen sind Bahnanlagen der freien Strecke, die den Bahnbetrieb insbesondere an beweglichen Brücken, Kreuzungen von Bahnen und Baustellen sichern.

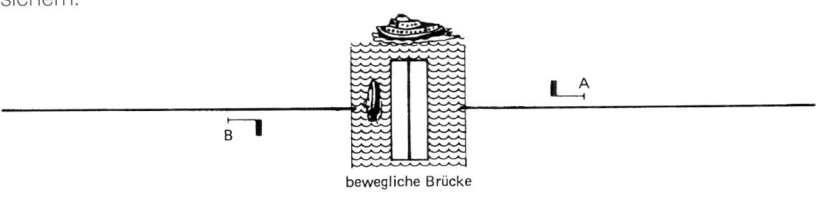

Abbildung 39: Deckungsstelle.

Zugfolgeabschnitte sind Gleisabschnitte der freien Strecke, in die ein Zug nur eingelassen werden darf, wenn sie frei von Fahrzeugen sind.

Zugfolgestellen begrenzen Zugfolgeabschnitte und regeln die Folge der Züge auf der freien Strecke. Hierzu zählen Blockstellen und selbsttätige Blockstellen.

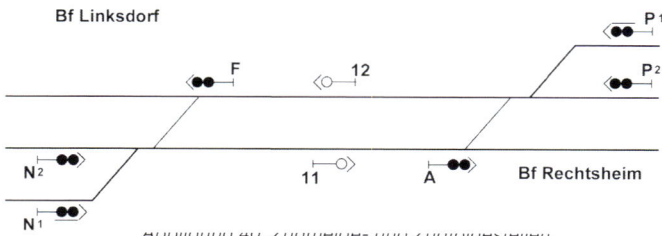

Abbildung 40: Zugmelde- und Zugfolgestellen.

Zugmeldestellen sind Zugfolgestellen, die die Reihenfolge der Züge regeln. Bahnhöfe, Abzweigstellen und Überleitstellen sind stets Zugmeldestellen; in den Örtlichen Richtlinien können andere Zugfolgestellen zu Zugmeldestellen erklärt sein.

1.5 Fahrzeuge und Züge

Abbildung 41: ICE.

Abbildung 42: Dampflokomotive.

„Hochmodern" oder „antiquiert", das wäre eine Möglichkeit, unsere Fahrzeuge zu unterscheiden. Wir unterscheiden aber entsprechend der Zweckbestimmung nach **Triebfahrzeugen** und **Wagen**.

Triebfahrzeuge und Wagen können Regel- oder Nebenfahrzeuge sein.
Letztere sind durch eine besondere Anschriftentafel gekennzeichnet.

Triebfahrzeuge werden eingeteilt in
- Lokomotiven, Kleinlokomotiven, Triebwagen, Triebköpfe und
- Nebenfahrzeuge mit Kraftantrieb, z.B. Schwerkleinwagen., Baumaschinen, Zweiwegefahrzeuge.

Wagen werden eingeteilt in Reisezug-

Abbildung 43: Zweiwegebagger.

wagen, Güterwagen und Nebenfahrzeuge ohne Kraftantrieb.

Als Reisezugwagen gelten Personen-, und Autoreisezugwagen; zu den Personenwagen zählen Sitz-, Liege-, Schlaf-, Speise- und Gesellschaftswagen.

Nebenfahrzeuge ohne Kraftantrieb sind z.B. Anhänger von Nebenfahrzeugen.

Fahrzeuge

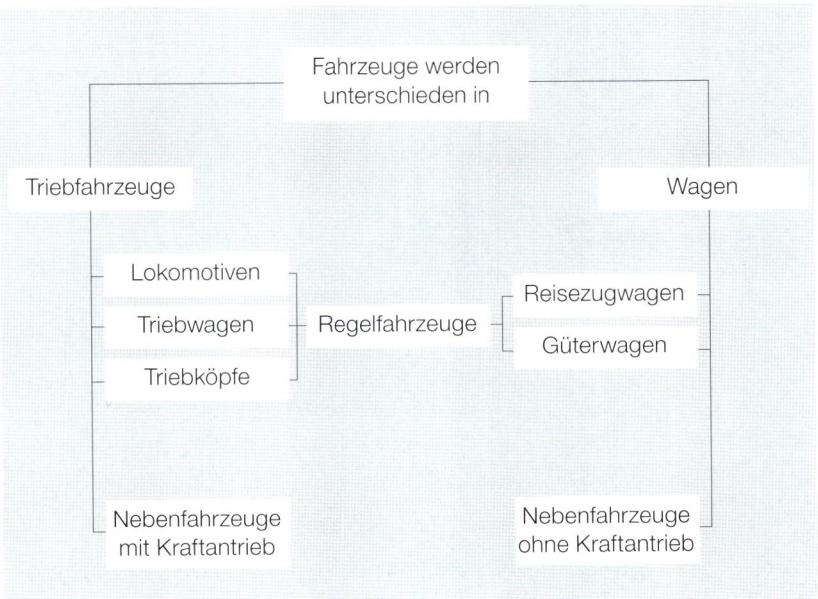

Züge

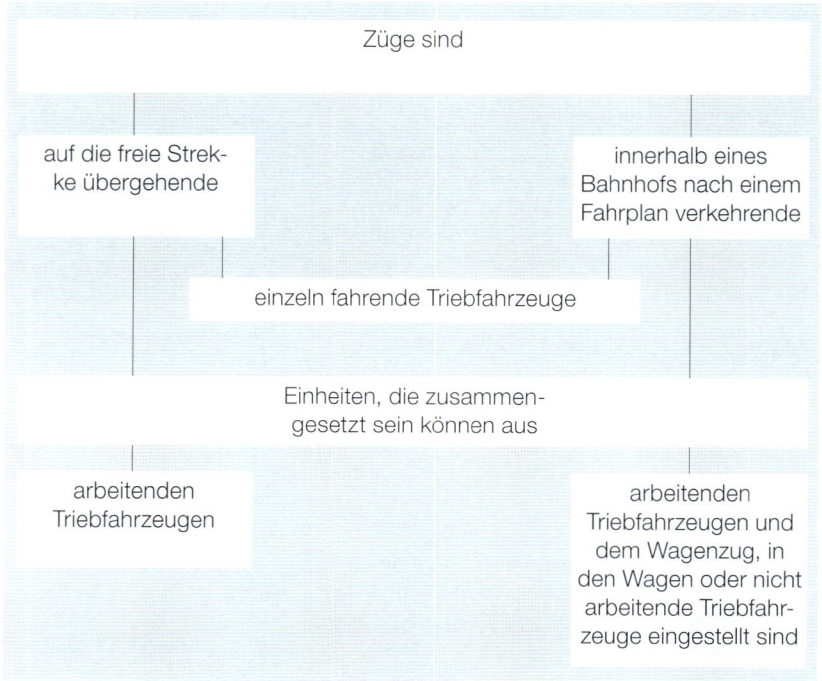

Züge sind

auf die freie Strecke übergehende

innerhalb eines Bahnhofs nach einem Fahrplan verkehrende

einzeln fahrende Triebfahrzeuge

Einheiten, die zusammengesetzt sein können aus

arbeitenden Triebfahrzeugen

arbeitenden Triebfahrzeugen und dem Wagenzug, in den Wagen oder nicht arbeitende Triebfahrzeuge eingestellt sind

Abbildung 44:
Güterzug, gebildet aus
Triebfahrzeug und Wagen.

Als **Triebzüge** werden Einheiten bezeichnet, die im Bahnbetrieb nicht getrennt werden können.

Sie können gebildet sein aus Triebwagen oder Triebköpfen mit Steuer- und/oder Mittelwagen.

Abbildung 45 a:
Triebwagen der Baureihe VT 642.
Foto: DB AG/Klarner

Abbildung 45 b:
RegionalExpress,
Lok Baureihe 111 mit Steuer-
wagen und Reisezugwagen.

Abbildung 46:
ICE, gebildet aus Triebköp-
fen und Mittelwagen.

Züge werden in Reise- und Güterzüge unterteilt. Weiterhin unterscheiden wir Züge nach

a) fahrtechnischen Merkmalen

Gezogene Züge
Das Triebfahrzeug befindet sich an der Spitze des Zuges und zieht die angehängten Wagen.

Abbildung 47: gezogener Zug.

Geschobene Züge

Züge, deren Triebfahrzeuge nicht an der Spitze laufen und die nicht von der Spitze aus gesteuert werden, gelten als geschoben. Schiebende Triebfahrzeuge müssen mit dem Zug gekuppelt sein.

Es dürfen geschoben werden
1. Arbeitszüge,
2. Züge von und nach Anschlussstellen sowie benachbarten Bahnhöfen, die nur an eines der beiden Streckengleise angeschlossen sind,
3. Züge bei besonderen örtlichen Verhältnissen, wie Spitzkehren, Fähren und dergleichen, wenn es in den Örtlichen Richtlinien zugelassen ist,
4. Züge in Störungsfällen, z.B. Zurücksetzen von Zügen.

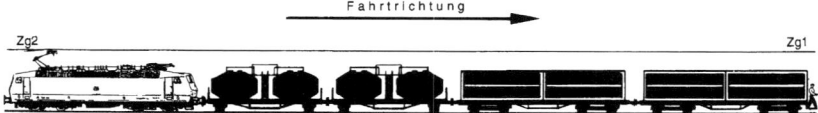

Abbildung 48: geschobener Zug.

Züge sind **nachgeschoben**, wenn die Triebfahrzeuge an der Spitze laufen oder von der Spitze aus gesteuert werden und wenn ein oder zwei weitere Triebfahrzeuge nachschieben, die nicht von der Spitze aus gesteuert werden.

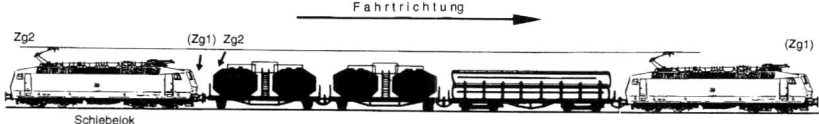

Abbildung 49: nachgeschobener Zug.

Wendezüge sind vom Führerraum an der Spitze aus gesteuerte Züge, deren Triebfahrzeuge beim Wechsel der Fahrtrichtung den Platz im Zuge beibehalten.

Abbildung 50: Wendezug.

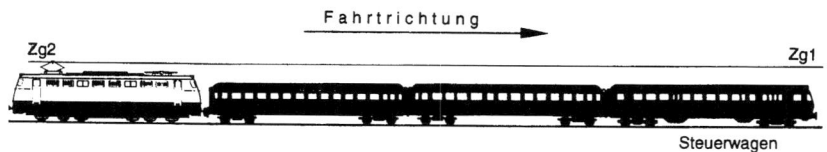

Allgemeine Grundlagen

Sperrfahrten sind Züge, die in ein Gleis der freien Strecke eingelassen werden, das gesperrt ist.

Züge, die aus Kleinwagen gebildet oder in die Kleinwagen eingestellt sind, dürfen nur als Sperrfahrt verkehren.

Das Wort „Zug" wird bei Sperrfahrten durch „Sperrfahrt", bei Kleinwagenfahrten durch „Sperrfahrt Kl" ersetzt.

b) fahrplantechnischen Merkmalen

Regelzüge sind Züge, die nach einem im voraus festgelegten Fahrplan täglich oder an bestimmten Tagen verkehren.

Sonderzüge sind Züge, die auf besondere Anordnung an bestimmten Tagen verkehren.

Sonderzüge, für die bereits ein Fahrplan im voraus festgelegt und bekanntgegeben ist, bezeichnen wir als Bedarfszüge. Der Fahrplan ist also bekannt, der Verkehrstag unbekannt, er muss noch bekanntgegeben werden, z.B. Güterzüge, die nur bei starkem Frachtanfall verkehren.

Bei den sonstigen Sonderzügen wird der Fahrplan eines Zuges von Fall zu Fall aufgestellt, z.B. für den Betriebsausflug einer Firma wird ein Sonderzug bestellt (sog. Gelegenheitsverkehr).

1.6 Signale

Signale ermöglichen eine Verständigung zwischen
- den Betriebsstellen untereinander
- den Betriebsstellen und Zügen
- den Beteiligten beim Rangieren
- dem Zugpersonal

Ferner können sie zur Warnung vor Fahrten im Gleis dienen. Signale sind also Voraussetzung für einen sicheren und geordneten Eisenbahnbetrieb.

Das Signalbuch (SB) DS 301/*DV 301* enthält in
- Normaldruck den Text der Eisenbahn-Signalordnung (ESO) und
- Kursivdruck die Ausführungsbestimmungen (AB).

Der Abschnitt „Allgemeines" enthält grundsätzliche Bestimmungen und die Mast-schilder.

Danach enthält das Signalbuch die wesentlichen Bestimmungen für eine einheitliche Anwendung und Bedeutung der Signale. Es legt verbindlich

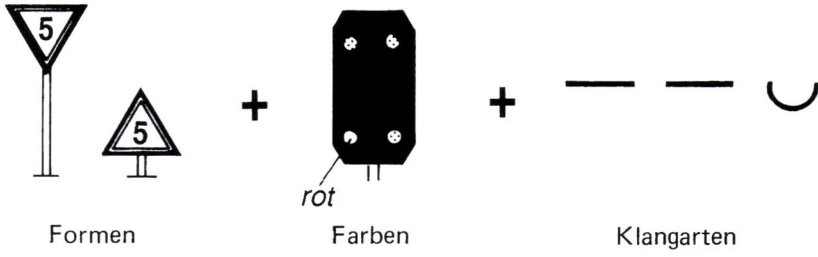

Formen   Farben   Klangarten

Abbildung 51: Formen, Farben, Klangarten.

Formen, Farben, Klangarten sowie den Verwendungszweck der Signale fest.

Kennlicht:

Ein weißes Licht anstelle des Signalbildes kennzeichnet Signale als betrieblich
abgeschaltet.

Abbildung 52:
Kennlicht.

Mastschilder:

Sie bedeuten, dass bei erloschenem Signalbild zu halten ist und schützen somit bei
Zügen den vorliegenden Zugfolgeabschnitt. Mastschilder werden an Lichtsignalen
angebracht, wobei verschiedene Formen von Mastschildern, „weiß-rot-weiß" oder
ein mit der Spitze nach oben weisendes rotes Dreieck auf weißem Grund und
„weiß-gelb-weiß-gelb-weiß", zu unterscheiden sind. Hauptsignale mit letzterem
Mastschild besitzen zugleich eine Vorsignalfunktion.

Abbildung 53:
weiß-rot-weißes Mastschild.

Abbildung 54:
weiß-gelb-weiß-gelb-weißes Mastschild.

Die Vorbeifahrt erfolgt

... für Züge nur ...

auf schriftlichen Befehl des
Fahrdienstleiters
oder
Ersatzsignal
Vorsichtssignal
Gegengleisfahrt-Ersatzsignal

... für Rangierfahrten

mündlich im Auftrag
des Wärters

... für Züge

auf schriftlichen Befehl des
Fahrdienstleiters
oder
Ersatzsignal
Vorsichtssignal
Gegengleisfahrt-Ersatzsignal

wenn der Fahrdienstleiter nicht erreicht werden kann,

auf Sicht, obwohl das Signal Halt
zeigt oder gestört ist.

An einem durch ein weißes Mastschild mit zwei schwarzen Punkten gekennzeichneten Lichtsignal, das Halt zeigt, dürfen Züge nur auf schriftlichen Befehl, Rangierfahrten nur auf mündlichen Auftrag vorbeifahren. Ist ein so gekennzeichnetes Signal erloschen, hat es für Züge keine Bedeutung, Rangierfahrten dürfen auf mündlichen Auftrag vorbeifahren.

Formhauptsignale sind zur besseren Erkennbarkeit mit rot-weißen Mastblechen gekennzeichnet. Diese Kennzeichnung hat keine betriebliche Bedeutung.

Kennzeichnung ungültiger Signale:

Signale, die keine Gültigkeit haben, werden durch ein weißes Kreuz mit schwarzem Rand gekennzeichnet. Es besteht auch die Möglichkeit, ungültige Signale zu verdecken.

Abbildung 55:
Kennzeichnung ungültiger Signale.

Bei Lichtsignalen können mehrere Signalschirme an einem Signalträger angebracht sein. Hier macht das weiße Kreuz mit schwarzem Rand nur jeweils einen Signalschirm ungültig. *Bei mehreren Signalen an einem Mast werden alle Signale durch das Kreuz ungültig.*

Der umfangreichste Abschnitt des Signalbuches enthält die Signale. Sie sind in Signalgruppen/Paragraphen eingeteilt.

Neben der Überschrift jeder Signalgruppe ist die zu verwendende Abkürzung angegeben (z.B. Hauptsignale = Hp; Vorsignale = Vr). In der DS 301 gibt der erste Satz in jeder Signalgruppe Aufschluss darüber, welche Aufgabe alle Signale dieser Gruppe haben (z.B. zeigen Hauptsignale an, ob der anschließende Gleisabschnitt befahren werden darf). Manchmal wird außerdem noch der Verwendungszweck angegeben, wenn die Signalgruppe oder ein Signal für verschiedene Zwecke verwendet werden kann (z.B. werden Hauptsignale verwendet als Einfahrsignale, Zwischensignale, Blocksignale, Deckungssignale vor Gefahrstellen).

Die Signale werden in jeder Gruppe in folgender Reihenfolge erläutert:
Bezeichnung: z.B. Signal Hp 0
Bedeutung: Halt

Beschreibung: Formsignal
Tageszeichen: Der Signalflügel – bei zweiflügligen Signalen der obere
               Flügel – zeigt waagerecht nach rechts
Nachtzeichen: Ein rotes Licht

Die Beschreibungen der meisten Signale werden durch Abbildungen ergänzt.

Somit ist jede Signalgruppe des Abschnittes B des Signalbuches wie folgt unterteilt:

■ Signalgruppe und ihre abgekürzte Bezeichnung
■ Aufgabe der Signalgruppe (ausgenommen bei Ne-Signalen)
■ und für jedes Signal nach Bezeichnung, Bedeutung, Beschreibung und ggf. Abbildung.

Ortsfeste Signale können Form- oder Lichtsignale sein. Als Farben werden rot (für Haltbegriffe), grün (für Fahrtbegriffe), gelb (für Haltankündigungen und Geschwindigkeitsbeschränkungen) oder weiß (zur Aufhebung eines Fahrverbots oder zur Aufhebung der Gültigkeit eines Signals) verwendet. Im allgemeinen stehen die Signale in Fahrtrichtung gesehen rechts neben oder über dem Gleis, zu dem sie gehören.

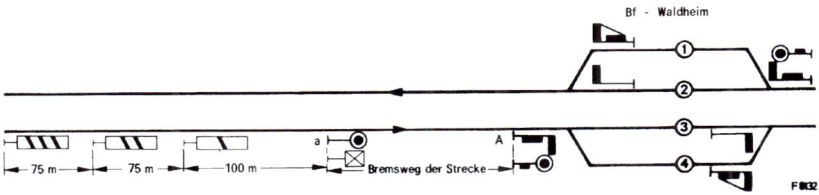

Abbildung 56: Standort der Signale.

Die Anwendung der Signale

In diesem Kapitel werden die Signale vorgestellt, welche Ihnen voraussichtlich bei der Bahn zuerst begegnen.

Hauptsignale (Hp)

Ein Zug darf in einen Zugfolgeabschnitt nur eingelassen werden, wenn dieser frei von Fahrzeugen ist. Dem Triebfahrzeugführer muss vor Ort angezeigt werden, ob er in den nächsten Abschnitt einfahren darf. Diesem Zweck dienen Hauptsignale.

Überdies lassen Hauptsignale die Fahrt in einen Abschnitt erst zu, wenn etwa vorhandene Gefahrstellen (z.B. Weichen, Bahnübergänge, bewegliche Brücken) in die richtige „Position" gebracht wurden und in dieser für die Dauer der Fahrt gesichert sind.

Je nach Art der Aufgabe, die ein Hauptsignal wahrnimmt, wird es bezeichnet als

- Blocksignal   sichert einen Streckenabschnitt auf der freien Strecke
- Einfahrsignal   sichert die Einfahrt von der freien Strecke in einen Bahnhof
- Ausfahrsignal   sichert die Ausfahrt aus einem Bahnhof auf die freie Strecke
- Zwischensignal   sichert einen Gleisabschnitt innerhalb des Bahnhofs
- Deckungssignal deckt Gefahrstellen (z.B. Bahnübergänge, bewegliche Brücken) auf freier Strecke.

Abbildung 57 a:
Formhauptsignal in Signalstellung Hp 0.

Abbildung 57 b:
Formhauptsignal in Signalstellung Hp 1.

Abbildung 58 a:
Lichthauptsignal in Signalstellung Hp 0.

Abbildung 58 b:
Lichthauptsignal in Signalstellung Hp 1.

Allgemeine Grundlagen

Diese Aufgabe bestimmt auch, ob ein Hauptsignal

- 2 Signalbilder (Hp 0 oder Hp 1; Hp 0 oder Hp 2) oder
- 3 Signalbilder (Hp 0 oder Hp 1 oder Hp 2)

zeigen kann. Man spricht in diesem Zusammenhang auch vom zweibegriffigen bzw. dreibegriffigen Hauptsignal.

Hauptsignale werden durch Buchstaben, Nummern oder eine Kombination aus beiden bezeichnet.

In der Regel werden hierbei Einfahrsignale für die eine Richtung A bis E, die dazugehörigen Zwischensignale R + Gleisbezeichnung, an dem dieses Signal steht (z.B. R 4), und die dazugehörigen Ausfahrsignale N + Gleisbezeichnung, an dem dieses Signal steht (z.B. N 4), bezeichnet. Als Merkspruch hierzu:

Aus **R**ichtung **N**orden

In der Gegenrichtung heißen die Einfahrsignale F bis M, die dazugehörigen Zwischensignale S + Gleichbezeichnung und die dazugehörigen Ausfahrsignale P + Gleisbezeichnung.

Für die eine Strecke werden die Signale in einer Fahrtrichtung möglichst einheitlich benannt, wobei mit der niedrigsten Kilometrierung anfangend mit dem Signal A begonnen wird. Blocksignale werden an Blockstellen mit „A" und „B" – an Abzweigstellen mit „A", „B", „C" usw. gekennzeichnet.

Hauptsignale von Signalanlagen der Relaistechnik und der ESTW-Technik werden zum Teil zusätzlich mit Nummern bezeichnet (z.B. Esig F 740).

Signale für das Fahren im Gegengleis mit Gegengleisanzeiger werden meist mit zwei Buchstaben bezeichnet, z.B.: Esig GG.

Selbsttätige Blocksignale werden durch

- gerade Nummern für eine Fahrtrichtung
- ungerade Nummern für die Gegenrichtung

bezeichnet.

Auf Grund der örtlichen Verhältnisse kommen auch Signalbrücken zur Anwendung.

Abbildung 59:
Signalbrücke mit Formhauptsignalen.

Abbildung 60: Signalbrücke mit
Lichthauptsignal.

Vorsignale

Wegen des geringen Reibwertes zwischen Rad und Schiene benötigen Züge im Gegensatz zu Straßenfahrzeugen eine sehr lange Strecke zum Anhalten. Deshalb wird z.B. auf Hauptbahnen für Züge mit Geschwindigkeiten bis zu 160 km/h in der Regel ein Bremsweg von 1000 m einkalkuliert. Dies bedeutet, dass ein Triebfahrzeugführer auf diese Entfernung bereits erkennen muss, ob er vor einem Signal anhalten soll oder nicht. Somit werden jeweils im Bremswegabstand der Strecke Vorsignale aufgestellt, die anzeigen, welche Signalstellung am nächsten Hauptsignal zu erwarten ist.

Es bedeuten

- Vr 0   Halt (Hp 0) erwarten
- Vr 1   Fahrt (Hp 1) erwarten
- Vr 2   Langsamfahrt (Hp 2) erwarten.

Auch Vorsignale werden als Licht- oder Formsignale aufgestellt.

Abbildung 61 a und b: Vorsignale.

Abbildung 62 a:
Lichthauptsignal zeigt Hp 2,
Lichtvorsignal Vr 0.

Abbildung 62 b:
Lichthauptsignal zeigt Hp 2,
Lichtvorsignal Vr 1.

Aus örtlichen Gründen kann es erforderlich sein, dass ein Vorsignal näher
vor dem zugehörigen Hauptsignal aufgestellt ist als der Bremswegabstand
der Strecke beträgt. Steht dabei das
Vorsignal in einem um mehr als 5 %
kürzeren Abstand als dem Bremsweg
der Strecke vor dem zugehörigen
Hauptsignal, so wird das besonders
gekennzeichnet. Hierbei wird ein Unterschied in Bezug auf die Bauform des
Vorsignals (Form- oder Lichtvorsignal)
gemacht.

Im Geltungsbereich der DS 301 ist bei
Formsignalen ein auf der Spitze ste-
hendes weißes Dreieck mit schwarzem
Rand zusätzlich auf der Vorsignaltafel
(Signal Ne 2) angebracht.

Bei Lichtvorsignalen wird an Stelle
des Dreiecks auf der Vorsignaltafel
ein weißes Zusatzlicht über dem linken
Signallicht etwa in Höhe des rechten
Signallichtes angebracht.

Abbildung 63: Formsignal im ver-
kürzten Bremswegabstand.

Die Vorsignale, die in einem mehr als 5% verkürzten Bremswegabstand stehen, sind durch Vorsignaltafeln gekennzeichnet, bei denen die Spitzen der zwei übereinander stehenden schwarzen Winkel durch einen schwarzen Ring verdeckt sind.

Ein Vorsignal wird bei nicht ausreichender Erkennweite des Hauptsignals durch einen Vorsignalwiederholer ergänzt. Dieses Signal wird nur als Lichtsignal verwendet und steht zwischen Vorsignal und Hauptsignal. Vorsignaltafel (Signal Ne 2) und Vorsignalbaken (Signal Ne 3) werden nicht aufgestellt, im Geltungsbereich der DS 301 ist ein Vorsignalwiederholer an einem weißen Zusatzlicht über dem linken Signallicht erkennbar.

Abbildung 64:

Lichtvorsignal im verkürzten Bremswegabstand.

Abbildung 65:

Vorsignaltafel bei verkürztem Bremswegabstand – So 3c.

Abbildung 66:

Vorsignalwiederholer.

Der Lichtvorsignalwiederholer ist am Mast durch eine rechteckige weiße Tafel mit schwarzem Rand und schwarzem Ring gekennzeichnet.

Abbildung 67:
Kennzeichnung eines
Lichtvorsignalwiederholers.

Der Standort eines Vorsignals */eines Lichtvorsignals oder eines zweibegriffigen Formvorsignals* wird durch eine Vorsignaltafel (Signal Ne 2) angezeigt. Das Signal Ne 2 wird nicht angewandt bei Lichtvorsignalen am Mast von Lichthauptsignalen- und bei Vorsignalwiederholern. Das Signal Ne 2 befindet sich unmittelbar vor dem Signal oder bei Signalbrücken über dem Vorsignal.

Die Vorsignaltafel kann auch allein stehen, etwa anstelle eines Vorsignals zur Kennzeichnung des Bremswegabstandes der Strecke, z.B. vor einem Hauptsignal oder einer Trapeztafel.

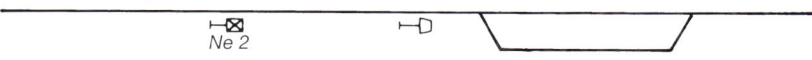

Ne 2

Abbildung 68: Vorsignaltafel.

Lichtvorsignale können anstatt mit der Vorsignaltafel mit einem Vorsignalmast- schild gekennzeichnet sein, einem mit der Spitze nach unten weisenden gelben Dreieck.

Vorsignale werden auf Hauptbahnen durch Vorsignalbaken (Signal Ne 3) ange-kündigt. Diese Signale werden entweder als hohe rechteckige Tafeln oder bei beschränktem Raum als niedrige quadratische Tafeln aufgestellt.

Auf den Tafeln sind bis zu fünf nach rechts steigende schwarze Streifen angebracht, deren Anzahl mit der Fahrtrichtung abnimmt. Die letzte Bake steht 100 m vor dem Vorsignal; jede weitere Bake jeweils zusätzlich 75 m davon entfernt.

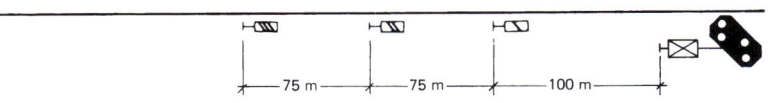

Abbildung 69: Vorsignalbaken.

Kombinationssignale (Ks)

Kombinationssignale sind Lichtsignale, die Fahrtaufträge mit **einem** Signallicht anzeigen.

Die Signale können die Funktion
- eines Hauptsignals
- eines Vorsignals
- eines Haupt- und Vorsignals haben.

Bei der ehemaligen DB sind letztere – zusätzlich zum Hauptsignalmastschild – mit einem mit der Spitze nach unten weisenden gelben Dreieck gekennzeichnet.

Abbildung 70:
Mastschild bei Ks-Signalen.

Allgemeine Grundlagen

Das Signal Ks 1 – Fahrt – zeigt ein grünes Licht bzw. ein grünes Blinklicht.

Das Signal zeigt grünes Blinklicht, wenn an diesem Signal ein Geschwindigkeitsvoranzeiger (Zs 3v) gezeigt wird. Das Signal erlaubt die Anwendung der im Fahrplan
zugelassenen Geschwindigkeit.

Das Signal Ks 2 – Halt erwarten – zeigt ein gelbes Licht.
Das Signal erlaubt die Vorbeifahrt und kündigt Halt an.

Kombinationssignale mit Vorsignalfunktion, die in einem um mehr als 5% verkürzten Bremswegabstand vor dem zugehörigen Signal stehen, zeigen bei Signal Ks 1 mit Zs 3v und bei Signal Ks 2 ein weißes Zusatzlicht **über** dem Signallicht.

Abbildung 73:

Kombinationssignal im ver-

kürzten Bremswegabstand.

Vorsignalwiederholer zeigen bei Ks 1 mit Zs 3v und bei Ks 2 ein weißes Zusatzlicht **unter** dem Signallicht.

Abbildung 74:

Ks-Vorsignalwiederholer.

Zusatzsignale (Zs)

An Hauptsignalen können Zusatzsignale angebracht sein. Diese Zusatzsignale ergänzen die durch Signale erteilten Aufträge oder erlauben die Vorbeifahrt am Halt zeigenden bzw. gestörten Signal, aus den unterschiedlichsten Gründen.

Richtungsanzeiger (Zs 2//*Zs 4*) mit Richtungsvoranzeiger (Zs 2v)

Wenn ein Hauptsignal für zwei oder mehrere Fahrtrichtungen gestellt werden kann und jeweils das gleiche Signalbild gezeigt wird, wird dem Triebfahrzeugführer die eingestellte Fahrtrichtung durch den Richtungsanzeiger (Signal Zs 2) angezeigt. Das Leuchten des Signals ist technisch abhängig von einer eingestellten Fahrstraße und

Allgemeine Grundlagen

bedeutet „Die Fahrstraße führt in die angezeigte Richtung". Der weißleuchtende Buchstabe ist in der Regel der Anfangsbuchstabe des nächsten größeren Knotenbahnhofs (z.B. „K" für Krefeld). Ist ein Richtungsvoranzeiger vorhanden (Signal Zs 2v), so befindet sich dieser am Vorsignal. Hierbei bedeutet der gelbleuchtende Buchstabe, dass ein Richtungsanzeiger (Signal Zs 2/Zs 4) zu erwarten ist. Es erscheint der gleiche Buchstabe wie beim Signal Zs 2.

Geschwindigkeitsanzeiger (Zs 3)

Das Signal Zs 3 – Geschwindigkeitsanzeiger –, das als Form- oder Lichtsignal verwendet wird, bedeutet, dass die durch die Kennziffer angezeigte Geschwindigkeit vom Signal ab im anschließenden Weichenbereich nicht überschritten werden darf. Bei einer Aufwärtssignalisierung durch den Geschwindigkeitsanzeiger gilt die am Hauptsignal angezeigte Geschwindigkeit erst nach Vorbeifahrt des Zuges mit seiner gesamten Zuglänge am Hauptsignal.

Als Formsignal wird eine weiße Kennziffer auf dreieckiger schwarzer Tafel mit weißem Rand verwendet. Die Tafel steht in der Regel auf der Spitze, jedoch kann bei beschränktem Raum die Spitze auch nach oben zeigen. Als Lichtsignal ist eine weißleuchtende Kennziffer zu sehen. In beiden Fällen bedeutet die angezeigte Kennziffer, dass der zehnfache Wert in km/h als Fahrgeschwindigkeit zugelassen ist.

Die Kennziffer „3" kann bedeuten, dass in ein Stumpfgleis eingefahren wird oder dass der Durchrutschweg verkürzt ist. Wenn besonders früh zu halten ist oder in ein teilweise besetztes Gleis eingefahren wird, leuchtet die Kennziffer 1 oder 2.

Geschwindigkeitsvoranzeiger (Zs 3v)

Den Geschwindigkeitsvoranzeiger (Signal Zs 3v) gibt es als Licht- und als Formsignal. Er ist in der Regel am Vorsignal angebracht und zeigt eine gelbleuchtende bzw. gelbe Kennziffer, die der weißleuchtenden bzw. weißen Kennziffer am Signal Zs 3 entspricht.

Abbildung 75:
Richtungsanzeiger.

Abbildung 76:
Geschwindigkeitsanzeiger.

Abbildung 77:
Geschwindigkeitsvoran-
zeiger als Formsignal.

Abbildung 78:
Geschwindigkeits-
voranzeiger
als Lichtsignal.

Endesignal – Ende der Geschwindigkeitsbeschränkung (Zs 10)

Das Signal Zs 10 – Endesignal –, das als Form- oder Lichtsignal verwendet wird, gilt nur für Zugfahrten auf Hauptsignal. Es zeigt an, dass eine mit Signal Hp 2 oder

Allgemeine Grundlagen

mit Signal Zs 3 angezeigte Geschwindigkeitsbeschränkung bereits vor dem Ende des anschließenden Weichenbereichs aufgehoben ist, wenn der Zug am Signal vorbeigefahren ist. Als Formsignal wird ein weißer Pfeil mit der Spitze nach oben auf pfeilförmiger, schwarzer Tafel verwendet, als Lichtsignal ist ein weißleuchtender Pfeil mit der Spitze nach oben zu sehen.

Abbildung 79:
Endesignal.

Abbildung 80:
Ersatzsignal.

Ersatzsignal (Zs 1)

Das Ersatzsignal erlaubt, am Halt zeigenden oder gestörten Hauptsignal ohne schriftlichen Befehl vorbeizufahren.

Es leuchten drei weiße Lichter in Form eines „A". Dieses Signal ist an Formhaupt- und Lichthauptsignalen zu finden.

Im Zusammenhang mit Ks-Signalen kann das Ersatzsignal nur ein weißes Blinklicht zeigen.

Das Ersatzsignal gilt auch, wenn es erlischt, bevor die Spitze des Zuges am Signal vorbeigefahren ist.

Vorsichtsignal (Zs 7/Zs 11)

Das Signal Zs 7/Zs 11 – Vorsichtsignal – zeigt drei gelbe Lichter in Form eines „V"
(V = Vorsicht).

Es hat die zunächst gleiche Bedeutung wie das Ersatzsignal, nämlich am Halt
zeigenden oder am gestörten Lichthauptsignal ohne schriftlichen Befehl vorbeizufahren", jedoch mit dem entscheidenden Zusatz „Weiterfahrt auf Sicht bis zum
nächsten Hauptsignal".

Beim Fahren auf Sicht ist die Fahrgeschwindigkeit je nach den Sichtverhältnissen
zwischen Schrittgeschwindigkeit und höchstens 40 km/h so zu regeln, dass der
Zug vor einem Fahrthindernis oder Haltsignal sicher zum Halten kommt.

Das Vorsichtsignal gilt weiter, auch wenn es erlischt, bevor die Spitze des Zuges
daran vorbeigefahren ist.

Abbildung 81:
Vorsichtsignal.

Gegengleisfahrt-Ersatzsignal (Zs 8)

Das Signal Zs 8 – Gegengleisfahrt-Ersatzsignal – zeigt drei blinkende weiße
Lichter in Form eines „A", *einen weißblinkenden Lichtstreifen von rechts nach
links steigend.* Das Signal Zs 8 hat zunächst die Bedeutung des Ersatzsignals,
nämlich am Halt zeigenden oder gestörten Lichthauptsignal ohne schriftlichen
Befehl vorbeizufahren.

Zusätzlich wird der Auftrag erteilt, das Gegengleis zu befahren.

Allgemeine Grundlagen

Das Signal gilt auch, wenn es erlischt, bevor die Spitze des Zuges am Signal vorbeigefahren ist.

Im Geltungsbereich der DS 301 ist dann aber auf Sicht weiterzufahren.

Abbildung 82:
Gegengleisfahrt-Ersatzsignal
(Geltungsbereich DS 301).

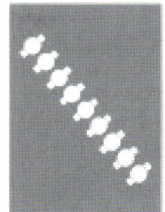

Abbildung 83:
Gegengleisfahrt-Ersatzsignal
(Geltungsbereich DV 301).

Gegengleisanzeiger (Zs 6)/(Zs 7)

Das Signal Zs 6/Zs 7 – Gegengleisanzeiger bedeutet, dass der Fahrweg in das benachbarte Streckengleis (Gegengleis) führt. Es kann als Licht- bzw. Formsignal gezeigt werden.

Es zeigt einen weißleuchtenden bzw. weißen schrägen Lichtstreifen bzw. Streifen von rechts nach links steigend, dessen Enden bei der ehemaligen DB stets senkrecht nach oben und unten abgebogen sind.

Abbildung 84: Gegengleisanzeiger.

Abbildung 85: Gegengleisanzeiger.

Schutzsignale (Sh)/*Gleissperrsignal (Gsp 2)*
Die Signale gelten für Zug- und Rangierfahrten.

Das **Signal Sh 0 mit der Bedeutung „Halt! Fahrverbot" kommt nur als Formsignal vor. Als Lichtsignal wird an Sperrsignalen der Haltbegriff in Form des Signals Hp 0 „Halt" gezeigt. Das Signal Sh 1** mit der Bedeutung „Fahrverbot aufgehoben" wird als Form- oder Lichtsignal verwendet.

Im Geltungsbereich der DS 301 wird das Sperrsignal in der Stellung Sh 0 bzw. Hp 0 für folgende fünf Fälle angewendet:

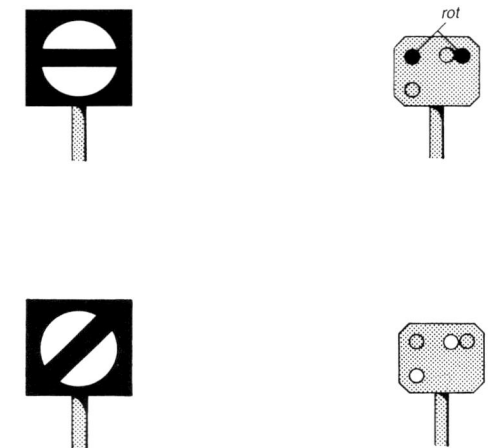

Abbildung 86: Signale Sh 0 – Sh 1.

1. als **Sperrsignal**.

2. als **Zugdeckungssignal** an Bahnsteigen (Lichtsignal). Alternativ zu der Signal-stellung Hp 0 „Halt" kann Kennlicht (ein weißes Licht) gezeigt werden, wenn das Signal betrieblich abgeschaltet ist. Das Signal wird bei Dr-Stellwerken und ESTW an Bahnsteiggleisen angebracht, um ein Gleis in mehrere Abschnitte zu unterteilen, damit ggf. mehrere Züge – jedoch nur einer je Abschnitt – in dieses Gleis eingelassen werden können. Ist ein Zug sehr lang oder soll er bis zum Ende des Bahnsteiges fahren, werden alle Zugdeckungssignale auf Kennlicht geschaltet.

3. als **Brückendeckungssignal**, das nur als Lichtsignal vorkommt,

4. als Gleissperrensignal an einer Gleissperre (Gs), wobei nur Formsignale zur Anwendung kommen,

5. als Abschlusssignal von Nebengleisen, wozu ebenfalls nur Formsignale verwendet werden.

*Das **Signal Ra 12** ist das Rangierfahrtsignal und hat die Bedeutung „Rangierfahrt erlaubt." Es kann neben dem Signal Sh 1 zur Anwendung kommen, soll jedoch nicht mehr neu errichtet werden.*

*Bei Gleissperren gibt es noch das **Signal Gsp 2**, das anzeigt, dass die Gleissperre abgelegt ist.*

Es handelt sich um einen senkrechten schwarzen Streifen auf runder weißer Scheibe.

Durch das Signal Gsp 2 wird keine Zustimmung erteilt.

Das Signal Sh 2:

Das Signal Sh 2 mit seiner Bedeutung Schutzhalt zeigt als Tageszeichen eine rechteckige rote Scheibe mit weißem Rand und als Nachtzeichen ein rotes Licht.

Dieses Signal wird wie folgt verwendet:

1. als **Wärterhaltscheibe**, ein nicht ortsfestes Signal, das unmittelbar rechts neben dem Gleis aufgestellt wird. Ist das nicht möglich, wird das Signal im Gleis aufgestellt.

2. als **Brückendeckungssignal**, das rechts neben oder über dem Gleis ange- ordnet ist,

3. als **Abschlusssignal eines Einfahrstumpfgleises**, das rechts auf der Puf- ferbohle des Prellbocks befestigt ist,

4. als **Wasserkransignal**, wobei das Nachtzeichen von beiden Seiten aus nur zu sehen ist, wenn der Wasserkran ausgeschwenkt ist.
   Steht der Ausleger parallel zum Gleis, ist von beiden Seiten ein weißes Licht sichtbar.

Die **Wärterhaltscheibe** wird angewandt
a) zur Abriegelung einer Gleisstelle, die nicht befahren werden darf,
b) zur Kennzeichnung einer Stelle, an der ausnahmsweise zu halten ist.

Das Kreissignal – Signal Sh 3

Das Kreissignal wird angewendet, wenn ein Zug oder eine Rangierfahrt sofort zum Halten gebracht werden muss. Es wird bei Tage eine rot-weiße Signalfahne, irgendein Gegenstand oder der Arm und bei Nacht eine möglichst rot abgeblendete Leuchte oder ein leuchtender Gegenstand im Kreis geschwungen.

Abbildung 90:
Signal Sh 2 als Abschlusssignal
von Einfahrstumpfgleisen.

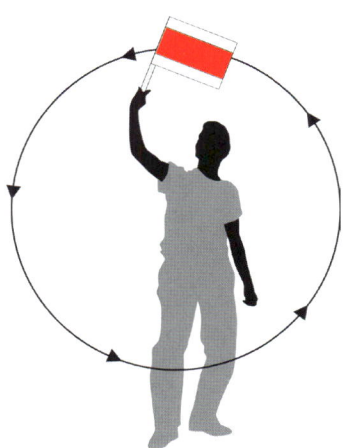

Abbildung 91:
Signal Sh 3 – Kreissignal.

Wenn es zweifelhaft ist, ob das – sichtbar zu gebende – Kreissignal wahrgenommen wird, ist außerdem das – hörbar zu gebende – Signal Sh 5 anzuwenden.

Beim Signal Sh 5 sind mehrmals nacheinander drei kurze Töne zu geben, z.B. mit der Triebfahrzeugpfeife, einer Mundpfeife oder einem Typhon, es bedeutet ebenfalls sofort halten.

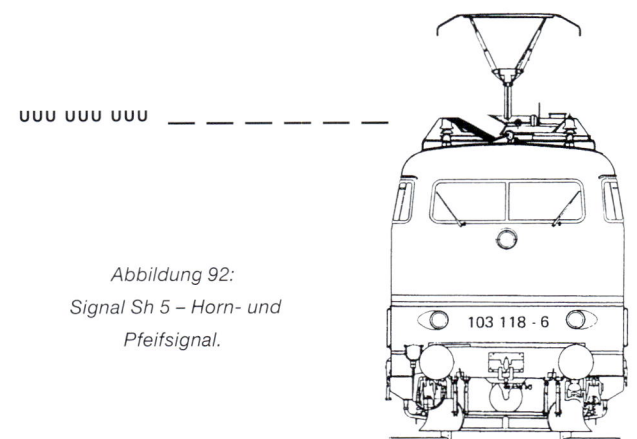

uuu uuu uuu _ _ _ _ _ _

Abbildung 92:
Signal Sh 5 – Horn- und
Pfeifsignal.

Das Signal Sh 5 – Horn- und Pfeifsignal

Signale beim Rangieren (Ra)
Es werden hier nur die ortsfesten Signale beim Rangieren behandelt.

Die Rangierhalttafel (Ra 10)
Das Signal Ra 10 hat die Bedeutung „Über diese Tafel hinaus darf nicht rangiert werden".

Die Tafel kann auch ohne Aufschrift „Halt für Rangierfahrten" aufgestellt werden.

a)   Abbildung 93: Rangierhalttafel.   b)

Die Rangierhalttafel steht in der Regel links vom Gleis am Ende des Gefahrpunkt-abstandes („Durchrutschweg") hinter dem Einfahrsignal.

Abbildung 94:

Standort der

Rangierhalttafel.

Das Signal Ra 11

Das Signal Ra 11 **Wartezeichen** bedeutet „Auftrag des Wärters zur Rangierfahrt abwarten". Es handelt sich um ein gelbes (Signal Ra 11/*Signal Ra 11 a) oder weißes (Signal Ra 11 b)* W mit schwarzem Rand.

Im Geltungsbereich der DS 301 gibt der Wärter der Rangierfahrt eine Zustimmung zur Vorbeifahrt an diesem Signal.

Die Zustimmung wird gegeben
a)   mündlich,
b)   durch Hochhalten eines Armes oder einer weißleuchtenden Laterne oder
c)   durch das Lichtsignal Sh 1.

Der Stellwerks- oder Weichenwärter gibt die Zustimmung zur Vorbeifahrt beim Signal Ra 11a durch das Signal Ra 12, beim Signal Ra 11b durch Hochhalten des Arms oder einer Handleuchte mit weißem Licht, mündlich oder fernmündlich.

Abbildung 95:

Wartezeichen in Verbindung

mit Signal Sh 1/Ra 12.

Das **Grenzzeichen** – Signal **Ra 12/*So 12***

Es kennzeichnet die „Grenze", bis zu der bei zusammenlaufenden Gleisen ein Gleis besetzt sein darf, damit im benachbarten Gleis noch Fahrten stattfinden können.

Abbildung 96:
Grenzzeichen.

Abbildung 97:
Isolierzeichen.

Das **Isolierzeichen** – Signal **Ra 13**

Auf weißem Grund ist ein blauer Pfeil zu sehen, der auf den zugehörigen isolierten Gleisabschnitt weist.

Das Signal kennzeichnet das Ende einer Gleisisolierung und gibt an, wie weit ein Gleis freizuhalten ist, damit Weichen und Signale umgestellt werden können.

Langsamfahrsignale (Lf)

Langsamfahrsignale dienen zur Kennzeichnung von

- vorübergehend eingerichteten Langsamfahrstellen (z.B. wegen Gleisbauarbei-ten); es werden die Signale Lf 1 bis Lf 3 verwendet.
- ständigen Langsamfahrstellen; es werden die Signale Lf 4 und Lf 5, im Geltungsbereich der DS 301 auf Hauptbahnen die Signale Lf 6 und Lf 7 verwendet.

Allgemeine Grundlagen

Sicherung von Langsamfahrstellen

a)

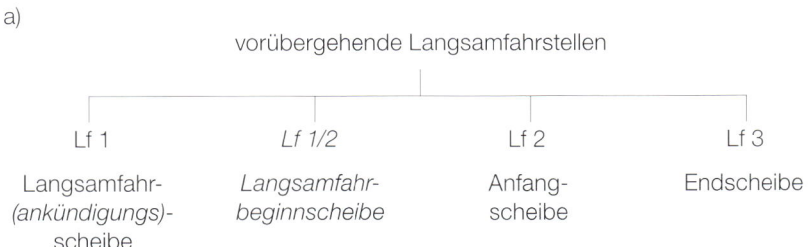

vorübergehende Langsamfahrstellen

Lf 1	*Lf 1/2*	Lf 2	Lf 3
Langsamfahr-(ankündigungs)-scheibe	*Langsamfahr-beginnscheibe*	Anfang-scheibe	Endscheibe

Signale einer **vorübergehenden** Langsamfahrstelle:

Das Signal **Lf 1 – Langsamfahrscheibe –** bedeutet, dass eine, durch Anfang-scheibe und in der Regel durch Endscheibe begrenzte, vorübergehende Lang-samfahrstelle folgt, auf der die angezeigte Geschwindigkeit nicht überschritten werden darf.

Als Tageszeichen erscheint eine auf der Spitze stehende dreieckige gelbe Scheibe mit weißem Rand, die eine schwarze Kennziffer zeigt. Bei beschränktem Raum kann die Dreieckspitze nach oben zeigen.

Als Nachtzeichen werden unter dem beleuchteten oder rückstrahlenden Tageszei-chen zwei schräg nach links steigende gelbe Lichter gezeigt – zur Unterscheidung zum Signal Vr 0 -. Bei beschränktem Raum befinden sich die Lichter etwa 15 m vor dem Tageszeichen.

Die Kennziffer bedeutet, dass der zehnfache Wert in km/h als Fahrgeschwindig-keit auf dem durch die Signale Lf 2 und Lf 3 gekennzeichneten Streckenabschnitt zugelassen ist.

Abbildung 98:
Langsamfahrscheibe – Signal Lf 1.

*Das Signal **Lf 1/ 2 – Langsamfahrbeginnscheibe** – bedeutet, dass auf dem am Signal beginnenden, in der Regel durch eine Endscheibe begrenzten Gleisabschnitt die **angezeigte Geschwindigkeit** nicht überschritten werden darf.*

Das Signal zeigt Geschwindigkeitsbeschränkungen auf den Bahnhofshauptgleisen an, soweit dies keine durchgehenden Hauptgleise sind.

Abbildung 99:
Langsamfahrbeginnscheibe Signal Lf1/2.

Das Signal **Lf 2 – Anfangscheibe** – bezeichnet den Anfang einer vorübergehenden Langsamfahrstelle und zeigt eine rechteckige, auf der Schmalseite stehende gelbe Scheibe mit weißem Rand und schwarzem A. Das Signal steht in der Regel rechts, bei Fahrten entgegen der gewöhnlichen Fahrtrichtung links neben dem Gleis. Es ist bei Dunkelheit beleuchtet oder rückstrahlend.

Abbildung 100:
Anfangscheibe – Signal Lf 2.

Das Signal **Lf 3 – Endscheibe –**. Dieses Signal bedeutet: „Ende der vorüberge-henden Langsamfahrstelle". Es ist in der Regel rechts, für Fahrten entgegen der gewöhnlichen Fahrtrichtung links neben dem Gleis aufgestellt. Es ist bei Dunkelheit beleuchtet oder rückstrahlend.

Abbildung 101:
Endscheibe – Signal Lf 3.

b)

ständige Langsamfahrstellen

Lf 4	Lf 5	Lf 6	Lf 7
Geschwindig-keitstafel	Anfangtafel/ *Eckentafel*	Geschwindigkeits-Ankündesignal	Geschwindig-keitssignal

Signale einer **ständigen** Langsamfahrstelle:
Das Signal **Lf 4 – Geschwindigkeitstafel –** bedeutet, dass eine ständige Lang-samfahrstelle folgt, auf der die angezeigte Geschwindigkeit nicht überschritten werden darf. Es steht in der Regel im Bremswegabstand der Strecke vor der Langsamfahrstelle und zeigt eine schwarze Kennziffer auf einer auf der Spitze stehenden dreieckigen weißen Tafel mit schwarzem Rand. Die Dreieckspitze kann bei beschränktem Raum nach oben zeigen.

Im Bereich der DS 301 bedeutet die Kennziffer, dass der zehnfache Wert in km/h als Fahrgeschwindigkeit zugelassen ist. *Im Berich der DV 301 wird die Geschwin-digkeitszahl direkt angezeigt.*

Das Signal Lf 4 wird auch aufgestellt, wenn auf Nebenbahnen die Geschwindigkeit vor technisch nicht gesicherten Bahnübergängen ermäßigt werden muss. Die Geschwindigkeitsermäßigung muss am Standort der **Anfangtafel/***Eckentafel* – Signal **Lf 5** –, wo diese fehlt, vor dem BÜ durchgeführt sein. Sie muss beibehalten werden, bis das erste Fahrzeug die Straßenmitte erreicht hat.

Das Signal Lf 5 mit der Bedeutung „Die durch das Signal Lf 4 angezeigte Geschwin-digkeitsbeschränkung muss durchgeführt sein" muss nur dort vorhanden sein, wo

a)   *Abbildung 102: Geschwindigkeitstafel – Signal Lf 4.*   b)

es erforderlich ist, vor Bahnübergängen die Stelle besonders zu kennzeichnen, von der ab die mit Signal Lf 4 angezeigte Geschwindigkeit gilt.

Abbildung 103: Anfangtafel – Signal Lf 5.   *Abbildung 104: Eckentafel – Signal Lf 5.*

Auf Haupt- und Nebenbahnen gibt es noch zwei weitere Lf-Signale, nämlich Lf 6 und Lf 7.

Das Signal **Lf 6 – Geschwindigkeits-Ankündesignal –** mit der Bedeutung „Ein Geschwindigkeitssignal (Lf 7) ist zu erwarten" steht in der Regel im Bremswegabstand der Strecke und zeigt eine auf der Spitze stehende, schwarz- und weißumrandete dreieckige gelbe Tafel, die eine schwarze Kennziffer zeigt.

Bei beschränktem Raum kann die Dreieckspitze nach oben zeigen. Hier bedeutet die angezeigte Kennziffer, dass der zehnfache Wert in km/h als Fahrgeschwindigkeit vom Signal Lf 7 ab zugelassen ist.

Abbildung 105:
Geschwindigkeits-Ankündesignal –
Signal Lf 6.

Abbildung 106:
Geschwindigkeitssignal –
Signal Lf 7.

Das Signal **Lf 7 – Geschwindigkeitssignal –** bedeutet, dass die angezeigte Geschwindigkeit vom Signal ab nicht überschritten werden darf. Eine rechteckige, auf der Schmalseite stehende weiße Tafel mit schwarzem Rand zeigt eine schwarze Kennziffer. Die gezeigte Kennziffer bedeutet, dass der zehnfache Wert in km/h als Fahrgeschwindigkeit zugelassen ist. Steht dieses Signal an einem Hauptsignal, so gilt es nur bei Stellung Hp 1.

Merke: Bei den ständigen Langsamfahrstellen stehen Tafeln, bei den vorübergehenden Langsamfahrstellen werden sie als Scheiben bezeichnet.

Warum sind bei den vorübergehenden Langsamfahrstellen in der Regel drei Signale
aufgestellt, bei den ständigen aber höchstens zwei?

Die Signale für ständige Langsamfahrstellen dienen nur als Orientierungshilfe für
den Triebfahrzeugführer, er kennt die ständigen Langsamfahrstellen ja aus dem
Fahrplan und seiner Streckenkenntnis. Somit kann zumindest auf eine „Endscheibe" verzichtet werden. Bei Bahnübergängen ist das Ende auch klar, nämlich die
Mitte des Bahnübergangs.

Zugsignale (Zg)
Grundsätzlich muss das erste Fahrzeug an seiner Spitze das Signal **Zg 1 – Spitzensignal** führen.

Abbildung 107:
Spitzensignal.

Es zeigt
- drei weiße Lichter in Form eines A, wenn das erste Fahrzeug ein Triebfahrzeug
  oder Steuerwagen ist, ansonsten
- zwei weiße Lichter in gleicher Höhe (z.B. bei einem geschobenen Zug).

Das Ende des Zuges wird ebenfalls besonders kenntlich gemacht, damit ersichtlich
ist, ob ein Zug die freie Stecke mit allen Fahrzeugen geräumt hat.

Das Signal **Zg 2 – Schlusssignal**
zeigt in der Regel
- eine oder zwei viereckige rot-weiße Tafeln als Tageszeichen bzw.
- ein oder zwei (nur zwei) rückstrahlende rot-weiße Tafeln als Nachtzeichen oder
- ein oder zwei rote Lichter.

Das Nachtzeichen mit rotem Licht darf blinken.

Abbildung 108:
Schlusssignal an ei-
nem Güterwagen.

Abbildung 109:
Schlusssignal an
einem ICE.

Wenn ein elektrisches Schlusssignal eingeschaltet werden kann, dürfen andere Zeichen nicht verwendet werden.

Abbildung 110:
Spitzen- und Schlusssignal.

Das Fahrleitungssignal El 6

„Halt für Fahrzeuge mit gehobenem Stromabnehmer" ist die Bedeutung des Signals El 6, das einen auf der Spitze stehenden quadratischen Rahmen mit innenliegendem weißen Quadrat angeordnet hat. Dieses Signal zeigt an, dass Fahrten darüber hinaus für Triebfahrzeuge mit gehobenen Stromabnehmern verboten sind. Wenn bei Gleisverzweigungen nur bestimmte Gleise ohne Oberleitung folgen, wird das durch Zusatzpfeile gekennzeichnet.

Abbildung 111: Fahrleitungssignal El 6.

1.7 Telekommunikationsanlagen im Bahnbetrieb

Ob analog oder digital, ob unter Nutzung des öffentlichen Netzes oder des bahninternen Netzes:

Telekommunikationsanlagen haben eine wesentliche Bedeutung im Bahnbetrieb. Eine einwandfreie Verständigung zwischen allen – beispielsweise am Prozess „Züge fahren" – Beteiligten, ist Basis für eine sichere Betriebsdurchführung. Bereits im § 16 EBO ist gefordert, dass Zugfolgestellen durch Fernmeldeanlagen zu verbinden sind und Schrankenposten sowie Streckenfernsprecher in diese Verbindung einzuschalten sind.

Weiterhin heißt es:

EBO § 16

(4) Strecken, die von Reisezügen befahren werden, sollen mit Zugfunkeinrich-
     tung ausgerüstet sein. Mit Zugfunkeinrichtungen müssen ausgerüstet sein
1.   Strecken, auf denen mehr als 160 km/h zugelassen sind,
2.   Strecken ohne Streckenblockeinrichtungen, auf denen
a)   Reisezüge oder
b)   Güterzüge mit mehr als 60 km/h verkehren.
(5) Bahnsteige an Gleisen, die mit mehr als 160 km/h befahren werden, sollen
     mit Lautsprecheranlagen ausgerüstet sein.

Fernsprechverbindungen
Die wichtigsten **drahtgebundenen** Fernsprechverbindungen sind

- Streckenfernsprechverbindung (Fs-Verbindung, Fsz/Fz-Verbindung)
- Signal-Fernsprechverbindung (FoSig- und FsSig-Verbindung, Fos-Verbin-
  dung)
- Fahrdienstleiter-Fernsprechverbindung (Fd)
- Fahrdienstleiter-Fernsprechverbindung für den Zugfunk (Fd ZF)
- Fahrdienstleiter-Fernsprechverbindung für die Zugüberwachung (FdZü)
- Fahrdienstleiter-Fernsprechverbindung für den elektrischen Zugbetrieb (Fde,
  Fbe)
- Örtliche Bahnhofs-Fernsprechverbindung (Fo)
- EL/WL-Verbindungen, z.B. Lautsprecheranlagen
- Notruffernsprecher in Tunneln
- Bahninternes Telefonnetz

In einigen Jahren wird der Fernsprechverkehr fast vollständig über **GSM-R** (Global
System for Mobile Communication – Rail), ein digitales Mobilfunksystem, erfolgen.
Mit Abschluss der 2. Ausbaustufe sollen insgesamt 32.000 km Strecke damit
ausgerüstet sein. Auf Strecken mit GSM-R wird dann auch auf Strecken- und
Signalfernsprecher verzichtet Für eine lückenlose Kommunikation sorgen u. a.
rund 2800 Sendestationen, ca. 150 000 Endgeräte sind vorgesehen. Dadurch
erfolgt eine entscheidende Verbesserung des betrieblichen Fernsprechverkehrs.
Triebfahrzeugführer erreichen auf schnellerem Wege den jeweils zuständigen
Fahrdienstleiter. Aber auch die Reisendeninformation wird eine weitere Optimie-
rung erfahren. Kurzum – Kommunikation nach dem Prinzip „jeder mit jedem" wird
leichter möglich sein!

Die Systembeschreibung
GSM-R ist ein auf dem öffentlichen Mobilfunkstandard GSM basierendes digitales
Funksystem, das um bahnspezifische Leistungsmerkmale erweitert ist. Es besteht
aus einzelnen Funkzellen, die funktechnisch miteinander verknüpft sind und etwa
2 bis 12 km Streckenbereich umfassen.

Das System besteht aus:

- der Funkübertragung zwischen mobilen Geräten und den Sende- bzw. Empfangseinrichtungen unmittelbar an der Strecke und

- den Übertragungswegen zu Schalt- und Steuerungseinheiten und zu ortsfesten Geräten mit grundsätzlich fester Anbindung.

Abbildung 112: Prinzipdarstellung GSM-R.

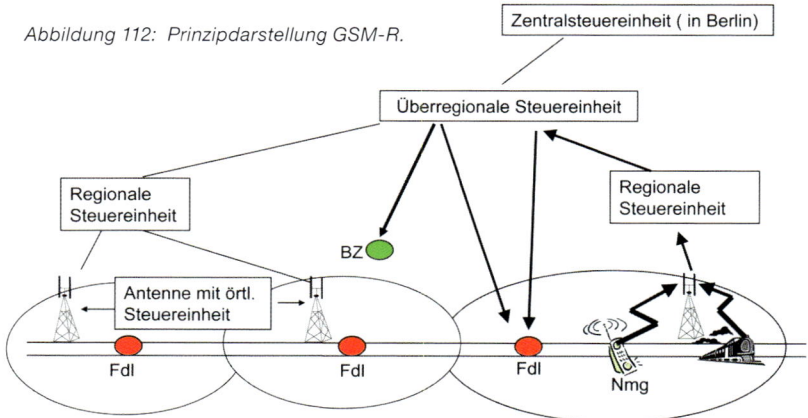

1.8 Zugbeeinflussungssysteme

Zugbeeinflussungssysteme als Komponenten der Zugsicherung überwachen punktuell oder kontinuierlich, ob die zulässige Geschwindigkeit einschließlich der Geschwindigkeit „Null" vor Gefahrpunkten eingehalten wird.

Hinsichtlich der Streckenausrüstung fordert der Gesetzgeber in der Eisenbahn-Bau- und Betriebsordnung:

EBO § 15

(2) Strecken, auf denen mehr als 100 km/h zugelassen sind, müssen mit Zugbeeinflussung ausgerüstet sein, durch die ein Zug selbsttätig zum Halten gebracht werden kann.

(3) Strecken, auf denen mehr als 160 km/h zugelassen sind, müssen mit Zugbeeinflussung ausgerüstet sein, durch die ein Zug selbsttätig zum Halten gebracht und außerdem geführt werden kann.

§ 28 der Eisenbahn-Bau- und Betriebsordnung (EBO) enthält die entsprechende Forderung des Gesetzgebers für die Ausrüstung der Fahrzeuge mit der zusätzlichen Maßgabe, dass eine Ausrüstung des Fahrzeugs auch dann erforderlich ist,

Allgemeine Grundlagen

wenn seine zulässige Geschwindigkeit zwar nur bis 100 km/h beträgt, es jedoch überwiegend auf Strecken mit Zugbeeinflussung verkehrt. Kleinlokomotiven sind von dieser zusätzlichen Forderung ausgenommen.

Die Zugbeeinflussungssysteme werden nach ihrer Wirkungsweise unterschieden in
- Punktförmig wirkende Zugbeeinflussungssysteme (PZB)
- Kontinuierlich wirkende Zugbeeinflussungssysteme (LZB) – die Abkürzung stammt von der früheren Bezeichnung „Linienzugbeeinflussung"

Punktförmige Zugbeeinflussung (PZB)
PZB 90

Die punktförmig wirkenden Zugbeeinflussungssysteme wurden und sind nach zwischenzeitlicher Weiterentwicklung dafür konzipiert, bei Halt zeigendem Signal einen Zug noch rechtzeitig vor definierten Gefahrenstellen hinter dem Signal dann zum Halten zu bringen, wenn

- der Triebfahrzeugführer an einem Vorsignal in Warnstellung (mit entsprechender punktueller Information) überhaupt nicht reagiert oder aber
- obwohl er die Vorsignalwarnstellung wahrgenommen und bestätigt hat, anschließend trotz weiterhin Halt zeigendem Hauptsignal
  - nicht rechtzeitig und ausreichend bremst,
  - weiterfährt oder
- nach Halt (am Bahnsteig) unzulässig anfährt.

Seit Abschluss der PZB 90-Fahrzeugumrüstungen gibt es hardwarebedingt – jedoch mit einheitlich definierten Geschwindigkeitsüberwachungsfunktionen – folgende PZB 90-Systeme:

- I 60R-Bauformen mit
  - I 60/ER 24, System PZB 90,
  - I60R, System PZB 90
  - I 80, System PZB 90 (in LZB 80/16 integriert) und
- PZ 80 R-Bauform mit
  - PZ 80R, System PZB 90.

Die Informationsübertragung erfolgt
- nur einseitig durch induktive Kopplung von Gleismagneten zu dem jeweils in Fahrtrichtung rechten Fahrzeugmagneten und zwar
- nur punktuell mit den Frequenzen
  - 1 000 Hz am Standort eines Vorsignals, wirksam beiVr0,Vr2 sowie bei bestimmtem signalisierten Geschwindigkeitsverminderungen mit den Funktionen
  - Wachsamkeitsprüfung des Triebfahrzeugführers (Betätigen der Wachsamkeitstaste innerhalb 4 Sekunden nach der Beeinflussung) und
  - zeit- und wegabhängigen Geschwindigkeitsüberwachungsfunktion,

- 2.000 Hz am Standort eines Hauptsignals, wirksam bei Haltstellung des Signals zum Auslösen einer Zwangsbremsung,
- 500 Hz in definierten Anwendungsfällen vor Hauptsignalen, wirksam bei signalisierten Geschwindigkeitsverminderungen auf <= 30 km/h oder Halt zum Aktivieren
  - einer wegabhängigen Geschwindigkeitsüberwachungsfunktion oder
  - einer Zwangsbremsung bei vorheriger ungerechtfertigten Befreiung aus einer 1 000 Hz-Überwachung (PZB 90-Funktionalität).

Darüber hinaus werden die Gleismagnete einzeln verlegt oder auch als Wirkmagnete innerhalb von Geschwindigkeitsüberwachungseinrichtungen, zur Überwachung an Bahnübergängen und Langsamfahrstellen verwendet.

Abbildung 113 a:
PZB-Magnet am Gleis –
500 Hz-Magnet.

Abbildung 113 b:
PZB-Magnet am Gleis –
2 000 Hz-Magnet.

Aufgrund vorgegebener Werte, die der Triebfahrzeugführer vor jeder Zugfahrt am Dateneinsteller des Fahrzeugs eingibt, werden die Züge entsprechend ihres Bremsvermögens in die PZB-Zugarten O (Obere Zugart), M (Mittlere Zugart) und U (Untere Zugart) mit jeweils unterschiedlichen Geschwindigkeitsüberwachungsfunktionen eingestuft.

Abbildung 114:
PZB-Fahrzeugmagnet.

Nur der bei Vorwärtsfahrt jeweils in Fahrtrichtung rechte Fahrzeugmagnet ist wirksam und nimmt Beeinflussungen auf.

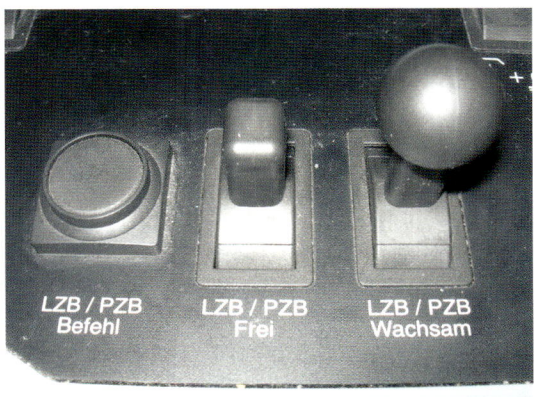

Abbildung 115:
PZB-Fahrzeugeinrichtung
– Bedienungselemente
auf dem Führerpult.

Im sogenannten kleinen Greifraum des Triebfahrzeugführers sind als Taster oder Schalter untergebracht

- Wachsamkeitstaste zum Bestätigen der Aufnahme einer Vorsignalwarnstellung
- Freitaste zum Aufheben einer Zwangsbremsung oder
  Befreien aus einer 1 000 Hz-Geschwindigkeitsüberwachungsfunktion bei Signalaufwertung,
- Befehlstaste zum Unterdrücken der Wirkung einer 2 000 Hz-Beeinflussung bei erlaubter Vorbeifahrt an Halt zeigenden Hauptsignalen.

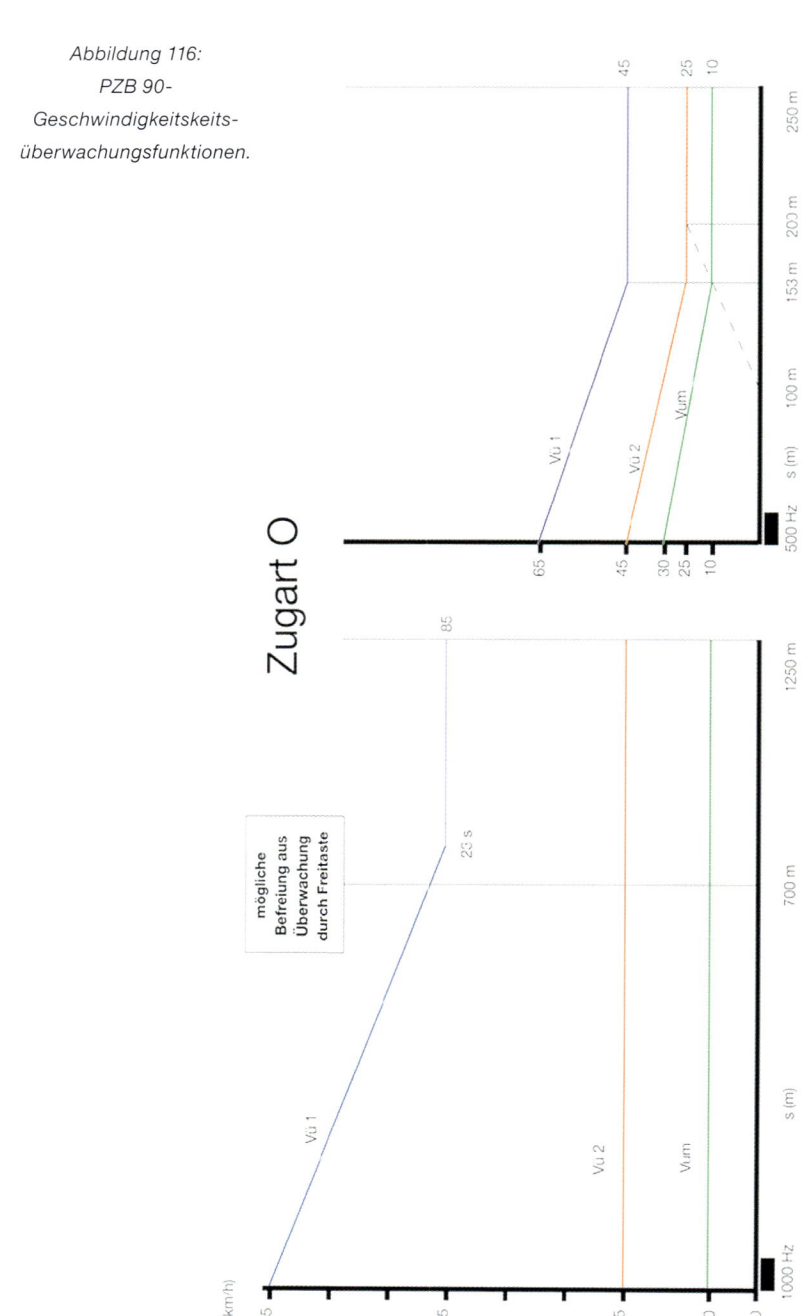

Abbildung 116:
PZB 90-
Geschwindigkeits-
überwachungsfunktionen.

Allgemeine Grundlagen

Am Beispiel der Zugart O sind in der Abbildung zu erkennen

- 1 000 Hz-Geschwindigkeitsüberwachungsfunktion
- die „normale" zeit- und wegabhängige Geschwindigkeitsüberwachungsfunktion (VÜ 1) nach einer Beeinflusung,
- die mit 10 km/h definerte Umschaltgeschwindigkeit (Vum)
- die mit 45 km/h definerte „restriktive" Geschwindigkeitsüberwachungsfunktion, wirksam, wenn der Zug die Umschaltgeschwindigkeit mindestens 15 Sekunden unterschritten hat (Halt des Zuges)
- 500 Hz-Geschwindigkeitsüberwachungsfunktion
- die „normale" wegabhängige Geschwindigkeitsüberwachungsfunktion (VÜ 1) nach einer Beeinflussung,
- die von 30 km/h auf 10 km/h fallende Umschaltgeschwindigkeit (Vum)
- die mit 45 km/h auf 25 km/h fallende wegabhängige „restriktive" Geschwindigkeitsüberwachungsfunktion, wirksam, wenn der Zug die Umschaltgeschwindigkeit mindestens 15 Sekunden unterschritten hat (Halt des Zuges).

Punktförmiges Datenübertragungssystem (GNT)

Im Neigetechnik-Betrieb sind durch die gleisbogenabhängige Wagenkastensteuerung höhere Geschwindigkeiten (Betrieb mit zulässigen erhöhten Seitenbeschleunigungen) zulässig. Auf der Grundlage der üblichen PZB-Ausrüstung von Strecke und Fahrzeug erfolgt die besondere Überwachung der höheren Geschwindigkeiten mit dem System GNT **Geschwindigkeitsüberwachung für NeiTech-Züge**.

Die Information von der Strecke (Geschwindigkeitsprofile, Zielentfernungen, Längenvorgaben, Neigungen usw.) werden in der Regel von ungesteuerten Datenpunkten am Gleis auf das Fahrzeug übertragen. Als Datenpunkte im Gleis kommen entweder Gleiskoppelspulen des Systems ZUB 100 oder nach europäischen Festlegungen spezifizierte Balisen (Eurobalisen) in Betracht. Die Gleiskoppelspulen werden – wie die PZB-Gleismagnete – in Fahrtrichtung rechts am Gleis montiert, wodurch eine fahrtrichtungsabhängige Wirksamkeit erreicht wird. Die Eurobalisen werden jedoch in Gleismitte, meist auf der Schwelle, befestigt. Deshalb wird durch die Anordnung von Balisengruppen (mit 2 Balisen) und spezieller Programmierung dieser Balisen die Wirksamkeit der jeweiligen Fahrtrichtung zugeordnet.

Wesentliche Aufgaben der GNT:

- Aufnahme bzw. Wiederaufnahme und Ausstieg aus dem GNT-Betrieb
- Ständige Überwachung des zulässigen Geschwindigkeitsprofils für Züge mit erhöhter Seitenbeschleunigung (bei Störung der gleisbogenabhängigen Wagenkastensteuerung kann auch das Geschwindigkeitsprofil für Züge mit Regelseitenbeschleunigungen überwacht werden)
- Ankündigung von Geschwindigkeitsbeschränkungen im Führerraum
- Warnmeldung und Betriebs- oder Zwangsbremsung bis zum zulässigen Geschwindigkeitsniveau bei Geschwindigkeitsüberschreitung

- Automatische Bremsung des Zuges bei fehlender oder fehlerhafter Informationsübertragung.

Kontinuierlich wirkende Zugbeeinflussungssysteme (LZB)

Kontinuierlich wirkende Zugbeeinflussungssysteme stellen sicher, dass ein Zug jederzeit die zulässige Geschwindigkeit einhält. Die LZB kann die Aufgabe der Geschwindigkeitssicherung im Prinzip ohne streckenseitige Signale erfüllen.

Die Signale werden durch nachstehend aufgeführte Führungsgrößen ersetzt, die im Führerraumanzeigegerät angezeigt werden:
- Sollgeschwindigkeit, zu beachtende zulässige Geschwindigkeit (entspricht der Angabe im Geschwindigkeitsheft)
- Zielentfernung, aktuelle Entfernung zu dem Ort, an dem sich die Sollgeschwindigkeit ändert,
- Zielgeschwindigkeit, Geschwindigkeit, die ab diesem Ort gefahren werden darf.

Sie werden bereitgestellt bis 10 Kilometer vor dem Zug.

Außerdem werden dort noch angezeigt:
- Istgeschwindigkeit
- Sonstige Aufträge zur Durchführung der Zugfahrt und
- Betriebszustände der LZB.

Mit dem Verzicht auf Streckensignale wird es möglich,
- unterbremsweglange Zugfolgeabschnitte zu installieren (wie auf der CIR-ELKE-Pilotstrecke Offenburg – Basel mit dem sog. Hochleistungsblock zur Erhöhung der Leistungsfähigkeit geschehen) oder
- mit dem Verzicht auf feste Zugfolgeabschnitte vom Fahren im festen Bremswegabstand zum beweglichen Raumabstand überzugehen, der ein Fahren im Bremswegabstand ermöglicht.

Über den im Gleis verlegten Linienleiter und die Fahrzeugantenne tauschen der LZB-Streckenrechner und das LZB-Fahrzeuggerät kontinuierlich alle für die sichere Zugfahrt erforderlichen Daten aus. Das LZB-Fahrzeuggerät wertet die vom LZB-Streckenrechner empfangenen Daten aus und setzt sie in die Führungsgrößen um. Diese werden über das Führerraumanzeigegerät an den Triebfahrzeugführer übermittelt, der sein Fahr- und Bremsverhalten daraus ableitet. Bei automatischer Fahr- und Bremssteuerung (AFB) wirken die Fahraufträge direkt auf die Fahrzeugsteuerung.

Durch diesen Kommunikationsweg ist – unabhängig von Witterungsverhältnissen – eine Streckenvorausschau über eine größere Entfernung (bis 10 km) gegeben. Dadurch sind längere Bremswege möglich, die wiederum höhere Geschwindigkeiten erlauben. Diese längeren Bremswege wären jedoch mit den im Vor-/Hauptsignalabstand zur Verfügung stehenden Bremswegen nicht mehr verträglich.

Abbildung 117:
Linienleiter.

Außerdem wäre bei den höheren Geschwindigkeiten dem Triebfahrzeugführer eine Signalbeobachtung nicht mehr zumutbar.

Die Linienleiterschleifenbereiche mit zwei Linienleiterkabeln sind max. 12,5 km lang. Alle 100 m sind die beiden Linienleiterkabel gekreuzt. Die Kreuzungsstellen werden von der LZB-Fahrzeugantenne aufgenommen und vom LZB-Fahrzeuggerät aus- gewertet zur Korrektur der radabhängigen Wegmessung des Fahrzeugs.

LZB-Bereichskennzeichen kennzeichnen den Anfang einer LZB-Strecke.

Abbildung 118:
LZB-Bereichskennzeichen.

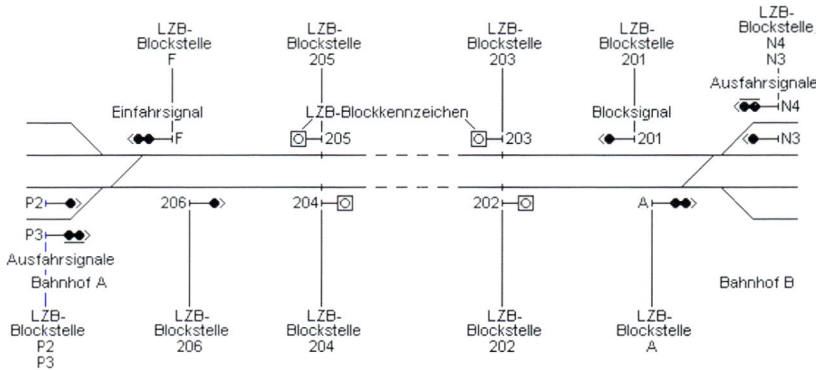

Abbildung 119: LZB-Blockstellen.

LZB-Fahrzeuggeräte werden hier selbsttätig auf LZB-Betrieb umgeschaltet. Dem Triebfahrzeugführer wird dies auf dem Führerraumanzeigegerät angezeigt.

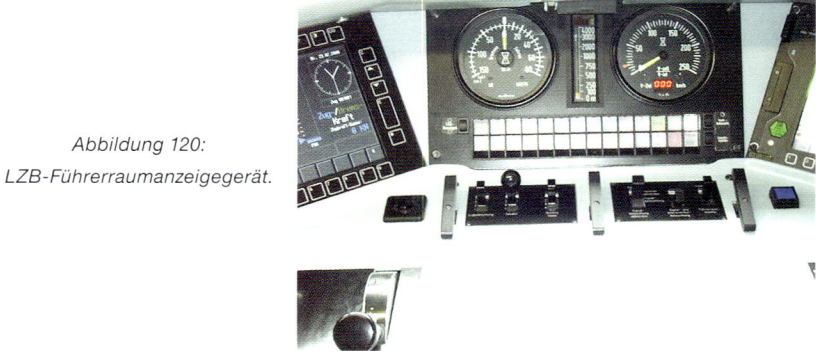

Abbildung 120:
LZB-Führerraumanzeigegerät.

Über das Führerraumanzeigegerät werden dem Triebfahrzeugführer die Führungs-größen übermittelt.

ETCS – European Train Control System

Im Rahmen der Verbesserung des grenzüberschreitenden Verkehrs wurde ein einheitliches Zugsicherungssystem unter Nutzung sog. Eurobalisen entwickelt. ETCS ist Teil des Projekts European Rail Traffic Management System (ERTMS), das die europaweite Harmonisierung von Informations- und Leitsystemen sowie der Zugbeeinflussung verfolgt.

Unterschiede zu anderen in Deutschland eingesetzten Zugbeeinflus-sungssystemen (PZB, LZB)

Es gibt zwei gravierende Unterschiede zu bisher in Deutschland existierenden Zugbeeinflussungssystemen.

- Die Art der Datenübertragung,
- über Funk, Global System for Mobil Communication – Railways (GSM-R) bzw.
- über Eurobalisen (Transponder-Prinzip)

Bisher wurden die Daten über im Gleis liegende PZB-Magnete (PZB) bzw. über Induktionsschleifen (LZB) übertragen.

- Modularer Aufbau, d.h. Teilkomponenten können von verschiedenen Signal-baufirmen eingesetzt werden.

Systemarchitektur und Funktionen von ETCS

Technische Spezifikationen der Interoperabilität (TSI)

Durch die EU wurden u.a. folgende Teilsysteme spezifiziert:

- Zugsteuerung, Zugsicherung und Signalgebung,

Für die Erarbeitung der ERTMS/ETCS-relevanten Spezifikationen ist die UNISIG-Vereinigung zuständig.

UNISIG-Spezifikationen

Die UNISIG-Vereinigung ist ein Verbund verschiedener Signalbaufirmen. In den 8 von der UNISIG spezifizierten Subsets „SRS 026 Chapter 1 – Chapter 8" werden neben einer allgemeinen Systembeschreibung, Verfahren und Prinzipien für die betriebliche Umsetzung festgelegt. Wie diese Spezifikationen in betriebliche Regeln umgesetzt werden, bleibt im Ermessen des Infrastrukturbetreibers.

Systemarchitektur

ETCS ist modular aufgebaut und gliedert sich in ein streckenseitiges und ein fahrzeugseitiges Teilsystem.

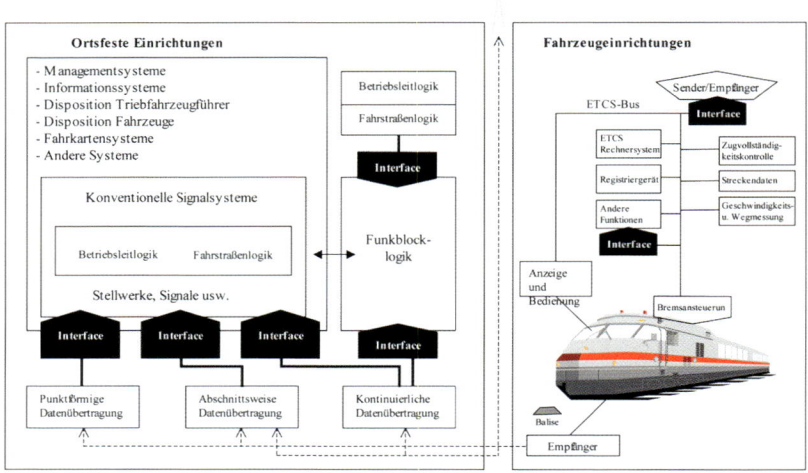

Abbildung 122: Das System ETCS im Überblick.

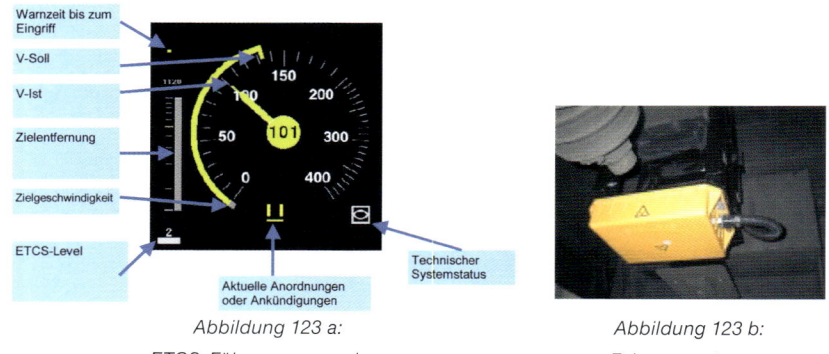

Abbildung 123 a:	*Abbildung 123 b:*
ETCS-Führerraumanzeige.	*Fahrzeugantenne.*

ETCS Level STM (staff-responsible-mode)

Grundgedanke dieses ETCS-Levels ist, dass ein national vorhandenes Zugbeeinflussungssystem (z.B. PZB oder LZB) von dem ETCS-Fahrzeuggerät ausgewertet werden kann.

Im STM werden die empfangenen Informationen in eine für ETCS zu verarbeitende Syntax übersetzt.

Allgemeine Grundlagen

Der Grad der Überwachung hängt von der Spezifikation des national vorhandenen Systems ab. Bei der in Deutschland eingesetzten PZB ist das eine Geschwindigkeitsüberwachung an Vor- und Hauptsignalen sowie an Bahnübergängen. Die notwendigen Daten werden dem Triebfahrzeugführer über das Fahrer-MMI (Man Machine Interface) mitgeteilt.

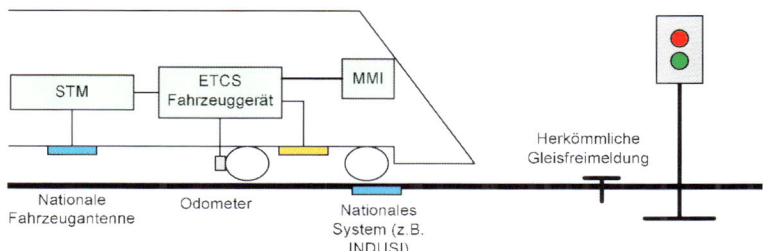

Abbildung 124: ETCS Level STM.

ETCS Level 1

Grundidee dieses Systems ist, dass die Fahrerlaubnisdaten per schaltbaren Eurobalisen an die Triebfahrzeuge übermittelt werden. Mit diesem signaltechnisch sicheren System ist es möglich, an einer punktförmigen Datenübertragung eine kontinuierliche Überwachung der Zugfahrt ähnlich dem System LZB zu generieren. Die Eurobalisen werden durch die LEU (Lineside Electronic Unit) geschaltet, die wiederum den Signalbegriff direkt am Signal abgreifen. Weiterhin werden nichtschaltbare Eurobalisen eingesetzt, die zur Ortung dienen.

Das Fahrzeuggerät übermittelt über das Fahrer-MMI Geschwindigkeitsvorgaben an den Triebfahrzeugführer. Werden die Geschwindigkeitsvorgaben durch den Triebfahrzeugführer missachtet, wird zuerst eine Warnmeldung ausgegeben und danach der Zug zwangsweise über eine Betriebsbremsung angehalten. Im Level 1 werden zwei Modi unterschieden:

1. **Full-Supervision (komplette Überwachung).** Wie beim System LZB sind nur diejenigen Bedienhandlungen möglich, die durch ETCS im Rahmen der technischen Überwachung erlaubt sind.
2. **Limited-Supervision (eingeschränkte Überwachung).** Wie beim System PZB sind alle Bedienhandlungen möglich, wenn sie nicht untersagt sind.

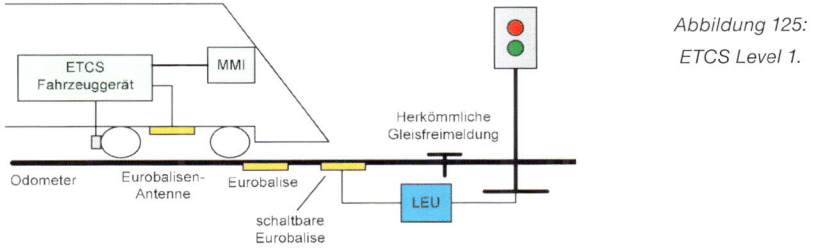

Abbildung 125:
ETCS Level 1.

ETCS Level 2

ETCS Level 2 ist eine linienförmig wirkende Zugbeeinflussungsanlage. Der Datenaustausch zwischen Fahrzeug- und Streckeneinrichtung erfolgt bidirektional per GSM-R.

Ihre Position ermitteln die Züge über Referenz-Balisen und senden diese per GSM-R zum RBC (radio-block-center). Zwischen den Balisen ermittelt ein an den Rädern angebrachter Odometer die genaue Position des Zuges.

Das streckenseitig installierte RBC verwaltet alle Standortinformationen der ETCS-Züge und sendet per GSM-R eine Fahrerlaubnis an jeden ETCS-Zug.

In der Fahrerlaubnis sind die Informationen Zielgeschwindigkeit, Zielentfernung, Streckenneigung und Sollgeschwindigkeit enthalten. Das RBC erhält die Information über das Freisein von Gleisfreimeldeabschnitten aus dem angeschlossenen Stellwerk. Im Stellwerk werden die Informationen der zugehörigen Gleisfreimeldeanlagen zusammengeführt und ausgewertet und an das RBC übermittelt. Auf dem Streckenabschnitt Berlin – Jüterbog – Leipzig wurde ETCS Level 2 bereits als Zugsicherungssystem für den Regelbetrieb zugelassen.

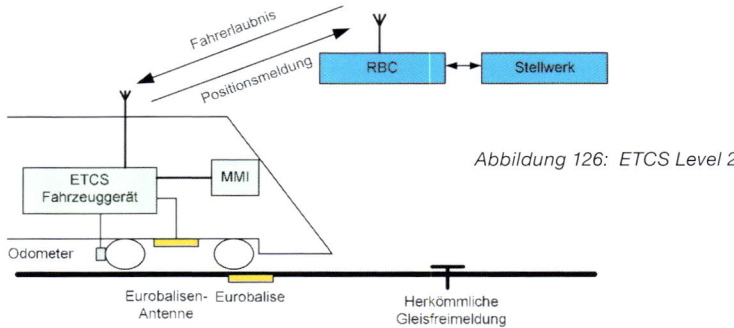

Abbildung 126: ETCS Level 2.

ETCS Level 3

ETCS Level 3 basiert, wie ETCS Level 2, ebenfalls auf dem Prinzip der linienförmigen Zugbeeinflussung. Der Hauptunterschied zu ETCS Level 2 besteht darin, dass auf eine herkömmliche Gleisfreimeldung (Achszähler, Gleisstromkreise) verzichtet wird und Fahrstraßen im herkömmlichen Sinne nicht mehr existieren. Die Fahrstraßen werden durch Führungsinformationen, die durch das RBC gebildet werden, ersetzt. Das Stellwerk übernimmt hier ausschließlich die Aufgabe des Stellens von beweglichen Fahrwegelementen und überwacht deren Lage und Endstellung. Die Zugvollständigkeit wird durch den Zug mittels durchgehender elektrischer oder Funkidentifikation der einzelnen Wagen überwacht.

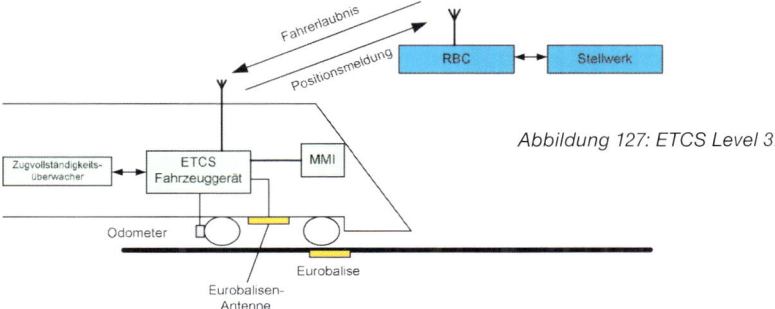

Abbildung 127: ETCS Level 3.

Sicherheitsfahrschaltung (Sifa)

Bei plötzlicher Dienstunfähigkeit des Triebfahrzeugführers ist es erforderlich, dass der Zug durch eine technische Einrichtung sofort angehalten wird. Dies erfolgt durch die Sicherheitsfahrschaltung, kurz Sifa genannt. Die Sifa leitet bei Dienstunfähigkeit des Tf eine Zwangsbremsung ein und schaltet die Antriebsleistung ab.

Wie funktioniert dies?

Der Tf muss während der Fahrt einen Fuß- oder Handtaster betätigen und diesen in regelmäßigen Abständen wieder loslassen. Drückt er diesen länger als 30 Sekunden, wird der Tf zunächst durch einen Leuchtmelder daran erinnert. Lässt er ihn nun nicht kurzzeitig los, ertönt nach ca. 2 Sekunden ein Signalton oder die Ansage „Sifa". Drückt der Tf den Sifa-Taster während der Fahrt nicht, ertönt nach ca. 2 Sekunden direkt der Signalton oder die Ansage „Sifa". Erfolgt wieder keine Reaktion, kommt es nach weiteren ca. 2 Sekunden zu der vorgenannten Zwangsbremsung.

Abbildung 128 a:

Sifa-Handtaster.

Abbildung 128 b:

Sifa-Fußtaster.

1.9 Gesetze, Rechtsverordnungen, unternehmensspezifisches Regelwerk

Seit der Bahnreform 1994, die u. a. die Deutsche Bundesbahn und die Deutsche Reichsbahn vereint und den unternehmerischen Teil in die Deutsche Bahn AG überführt hat, ist aus der „Behördenbahn" ein privatrechtliches Wirtschaftsunternehmen geworden. Hiermit verbunden war und ist die rechtliche Trennung von Eisenbahninfrastrukturunternehmen (z.B. DB Netz AG) und Eisenbahnverkehrsunternehmen (z.B. Railion) sowie die Öffnung der Schieneninfrastruktur für andere Eisenbahnverkehrsunternehmer außerhalb der DB AG. Somit wurde die rechtliche Voraussetzung für den diskrimierungsfreien Netzzugang geschaffen.

Den rechtlichen Rahmen der Strukturreform bildete auf europäischer Ebene die EU-Richtlinie 91/440. In Deutschland wurden neben der **Grundgesetz**änderung die wichtigsten Neuregelungen im **Eisenbahnneuordnungsgesetz (EneuOG)**, ein Artikelgesetz, zusammengefasst. Eines der bedeutendsten Gesetze für die Sicherheit im Bahnbetrieb ist das Allgemeine Eisenbahngesetz (AEG), auf das später noch eingegangen wird.

Die Weiterentwicklung des europäischen Eisenbahnrechts hat auch enormen Einfluss auf die nationale Gesetzgebung, insbesondere zu den Themen Interoperabilität und den Technischen Spezifikationen für die Interoperabilität (TSI).

Unter **Interoperabilität** versteht man die Möglichkeit der durchgängigen Nutzung der Schienennetze durch die Eisenbahnfahrzeuge. Daher hat man zunächst für den transeuropäischen Hochgeschwindigkeitsverkehr harmonisierte Anforderungen z.B. an Infrastruktur, Zugsicherung und Fahrzeuge gestellt.
Konkretisiert werden diese Anforderungen durch die **TSI**. Für die Anwendung des TSI in Deutschland, z.B. bezüglich der Fahrzeugabnahme gibt es ein besonderes Prüfverfahren durch die Eisenbahn-Cert (EBC) beim Eisenbahn-Bundesamt.

Kehren wir zum nationalen Recht und zu den wichtigsten Gesetzen und Rechtverordnungen zurück.

Das **Allgemeine Eisenbahngesetz (AEG)** verpflichtet u. a. die Eisenbahnen zur sicheren Betriebsführung:

AEG § 4 (1)

„Die Eisenbahnen sind verpflichtet, ihren Betrieb sicher zu führen und die Eisenbahninfrastruktur, Fahrzeuge und Zubehör sicher zu bauen und in betriebssicherem Zustand zu halten."

Weiterhin regelt das AEG, dass das **Eisenbahn-Bundesamt (EBA) die Aufsicht** über die Bundeseisenbahnen, also die DB AG, hat. Ferner wird der Bundesminister für Verkehr, Bau- und Stadtentwicklung (BMVBS) ermächtigt, für die dem öffentlichen Verkehr dienenden Eisenbahnen **Rechtsverordnungen** zu erlassen.

Der BMVBS hat für den Bahnbetrieb die Rechtsverordnungen
Eisenbahn-Bau- und Betriebsordnung (EBO)
sowie die
Eisenbahn-Signalordnung (ESO)
erlassen.

Beide Rechtsverordnungen sind bei der Deutschen Bahn AG in Richtlinien/ DS enthalten:

- DS 300 – Eisenbahn-Bau- und Betriebsordnung (EBO)
- DS 301/ *DV 301* – Signalbuch (SB) mit dem Text der Eisenbahn-Signalordnung (ESO)

Die übrigen Richtlinien für den Bahnbetrieb gehören überwiegend zur 400er Reihe, z.B. Ril 408 – Züge fahren und Rangieren (ehemal. Fahrdienstvorschrift).

Die Eisenbahn-Bau- und Betriebsordnung gliedert sich in 7 Abschnitte

- Erster Abschnitt   - Allgemeines
- Zweiter Abschnitt   - Bahnanlagen
- Dritter Abschnitt   - Fahrzeuge
- Vierter Abschnitt   - Bahnbetrieb
- Fünfter Abschnitt   - Personal
- Sechster Abschnitt - Sicherheit und Ordnung auf dem Gebiet der Bahnan-   lagen
- Siebter Abschnitt   - Schlussbestimmungen

sowie 11 Anlagen
und enthält Rahmenvorschriften zu den einzelnen Bereichen.

Die nähere Ausführung dieser Bestimmungen wird in den verschiedenen Richtlinien der 400er Reihe sowie in technischen Richtlinien geregelt.

Hierzu ein Beispiel:
In der EBO wird gefordert, dass Züge nur im Abstand der Zugfolgestellen verkehren dürfen und dass der zu befahrende Abschnitt jeweils frei sein muss. Die Ril 408 regelt hierzu im Modul 408.0241 ff „Räumungsprüfung" ausführlich die konkreten Verfahrensweisen in Abhängigkeit von der technischen Ausrüstung der Strecken. Sonderregelungen aufgrund örtlicher Verhältnisse werden in die Örtlichen Richtlinien getrennt nach Mitarbeitern auf Betriebsstellen und Zugpersonal aufgenommen.

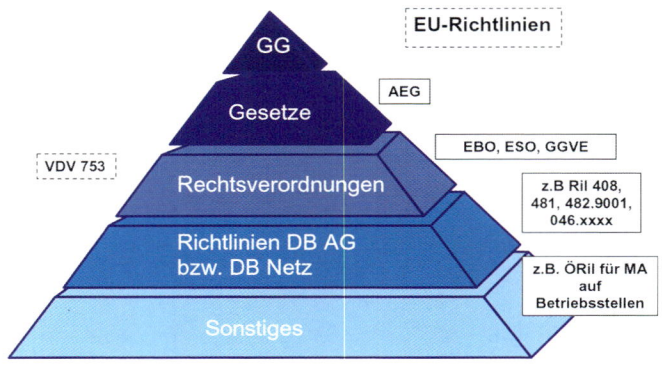

Abbildung 129: Rechtspyramide.

Das Regelwerk für den Bahnbetrieb beschreibt die sicheren Handlungsabläufe aller Beteiligten im Prozess „Züge fahren" bzw. „Rangieren". Das reibungslose Zusammenwirken der technischen Komponenten mit den Menschen, die sicherheitsrelevante Funktionen ausüben, garantiert **Betriebssicherheit**. Das betriebliche Regelwerk bildet somit eine wesentliche Grundlage für die Systemsicherheit Bahn und ist daher Teil der Netzzugangsbedingungen.

Die Inhalte der wichtigsten Richtlinien für den Bahnbetrieb sind im Abschnitt 6.2. dieses Buches zu finden.

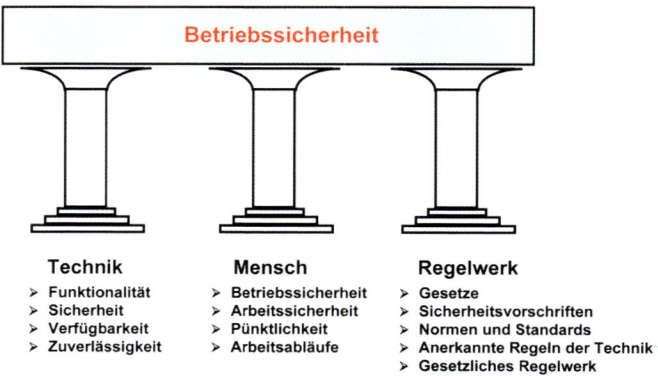

Abbildung 130: Säulen der Betriebssicherheit.

1.10 Fahrpläne

Zur reibungslosen Planung, Vorbereitung und Durchführung von Beförderungslei-
stungen sind Fahrpläne notwendig:
- für den öffentlichen Gebrauch
- für innerbetriebliche Zwecke

Zu den Fahrplänen für den öffentlichen Gebrauch zählen u.a.
- Kursbücher
- Elektronische Fahrpläne (Internet, CD ROM)
- Taschenfahrpläne
- Städteverbindungen

Fahrpläne für innerbetriebliche Zwecke sind
- Bildfahrplan
- Elektronischer Buchfahrplan und Verzeichnis vorübergehender Langsamfahr-
  stellen, Stellen mit besonderer Betriebsregelung und anderen Besonderheiten
  (EBuLa)
- Buchfahrplanhefte
    - Buchfahrplan – geschlossene Darstellung
    - Fahrzeiten- und Geschwindigkeitsheft
    - Ersatzfahrplan
    - S-Bahn-Buchfahrplan
    - Umleitungsfahrplan
- Zugverzeichnis G und P
- Sonstige Fahrplanunterlagen
    - Fahrplananordnung
    - Fahrplan für Zugmeldestellen (FfZ)
    - Fahrplan für Schrankenposten
    - Fahrplan-Mitteilung
    - Streckenfahrplan
    - Zusammenstellung der vorübergehenden Langsamfahrstellen und anderen
      Besonderheiten

Papier, Bleistift und Lineal – das waren 150 Jahre lang die typischen Arbeitsgeräte der Fahrplankonstrukteure. Heute ist das wichtigste Hilfsmittel **RUT (Rech-
nerunterstützes Trassenmanagement)**, mit dem bereits der Jahresfahrplan
1998/99 erstellt wurde. Gefüttert mit sämtlichen Infrastrukturdaten wie Streckengeschwindigkeiten und -standards sowie den Leistungsdaten der eingesetzten
Züge, wie Bremsweg und Beschleunigung, ermittelt der Rechner kurzerhand die
genaue Fahrzeit eines Zuges auf einer beliebigen Strecke. Wird eine bestimmte
Trasse (Fahrplantrasse) mit einem Zug belegt, erscheinen auf der graphischen
Benutzerfläche treppenförmige Kästchen, die anzeigen, wie lange der Abschnitt
zwischen zwei Hauptsignalen von einem Zug belegt ist. Lässt der Fahrplankon-

strukteur zwischen zwei hintereinanderfahrenden Zügen nicht genügend Puffer, markiert das Programm den Abschnitt mit einer roten Fläche. So werden Konflikte sofort erkannt und können beseitigt werden, indem der Mitarbeiter die Linien auseinanderzieht oder eine Überholung einplant. Die Fahrplanunterlagen werden sofort aktualisiert. Gleichzeitig können die Kapazitäten auf einer Strecke besser ausgenutzt werden. Grüne fallende Linien markieren die Fahrt eines Reisezuges, blau die eines Güterzuges.

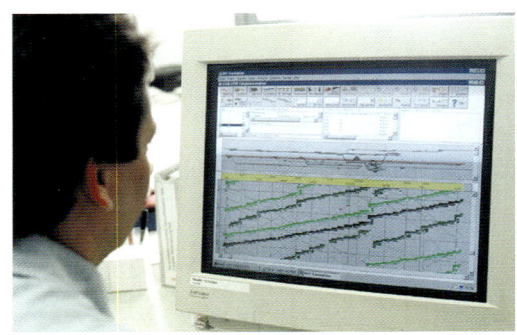

Abbildung 131:
Fahrplankonstruktion mit RUT.

Wie Fahrplantrassen kundenorientiert konstruiert und koordiniert werden, können Sie im Fachbuch „Eisenbahnbetriebstechnologie" nachlesen.

Bildfahrplan

Der **Bildfahrplan** ist eine bildliche Darstellung des Fahrplans einer Strecke und bildet die Grundlage für die Erstellung aller anderen Fahrplanunterlagen. Im Fahrplannetz sind die einzelnen Betriebsstellen durch Weglinien, die Uhrzeiten durch Zeitlinien, dargestellt. Über jeder Zuglinie (Zeit-Weglinie) werden Zuggattungen, Zugnummer und Verkehrstag angegeben. Die Ankunftszeit eines Zuges auf einer Betriebsstelle wird durch Minutenangabe über der Zuglinie und vor der Weglinie, die Ab- oder Durchfahrt unter der Zuglinie und hinter der Weglinie dargestellt.

Reisezüge sind in schwarzer, Güterzüge in blauer Farbe eingetragen. Die Zeit-Weglinien der Bedarfszüge sind unterbrochen.

Der Bildfahrplan wird jeweils für das Fahrplanjahr für jede Strecke in Deutschland für den internen Gebrauch aufgelegt. Die Kunden können Auszüge aus den Bildfahrplänen, sogenannte Trassengrafiken erwerben, um ihre Fahrlagenplanung durchzuführen.

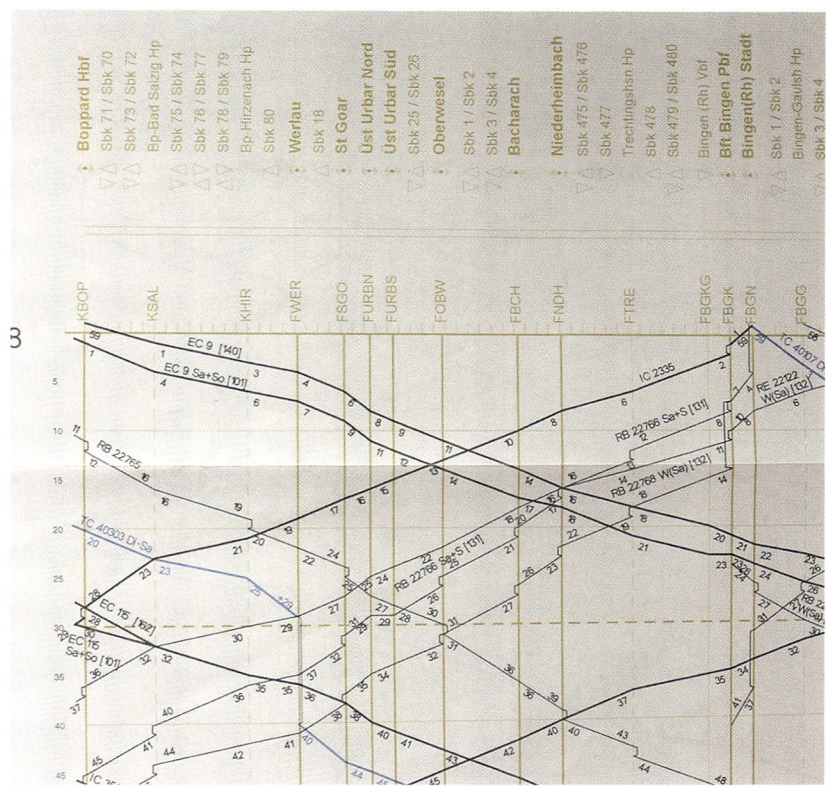

Abbildung 132: Auszug aus einem Bildfahrplan.

Buchfahrplanhefte – EBuLa

Jeder Zug benötigt einen gültigen Fahrplan.

Die wichtigsten Informationen zum Fahrplan hat der Triebfahrzeugführer in seinem Führerraum in schriftlicher und zusätzlich in digitalisierter Form: **EBuLa.** Jeder Triebfahrzeugführer hat eine sogenannte EBuLa-Karte, die er vor Fahrtantritt in eine Datenstation einführt und sich somit die Angaben der La für den gesamten Bereich der DB AG mit der Gültigkeit für den laufenden und den folgenden Kalendertag holt. Auf dem Triebfahrzeug führt der Triebfahrzeugführer seine EBuLa-Karte in das Bordgerät ein. Zum Fahrplanwechsel wurden bereits auf eine CD-ROM die Daten des Geschwindigkeitsheftes und des Fahrzeitenheftes aufgespielt und diese sogenannte EBuLa-CD in das Bordgerät eingesetzt. Durch die Eingabe der Zugnummer erfährt der Triebfahrzeugführer über Monitor alles Wissenswerte über die bevorstehende Zugfahrt. Selbst die Regelungen in den Örtlichen Richtlinien für das Zugpersonal sind abrufbar. Sämtliche Infrastrukturdaten wie Signalstandorte, Gefälle usw. liefert hierzu die DB Netz AG.

69361	EBuLa-Karte gültig bis 11.12.06	10.12.06	07:53:08

	km			Zeit	
30	25,8	Norburg		10:05,2	
	25,3	○ Esig			
	17,9	◉			
	17,5	Asig	A 60		
	15,4	**Bft Bachstedt**		09:23,4	09:52,0
	14,6	Zsig			
	13,9	**Bft Meilingen**		09:03,1	09:20,0
	12,8	Esig Bachstedt			
80	9,8				
	9,6	↖ ZF-Ende -			
70	9,3				
	9,3	∇ Üs			
60	**9,2**				
	7,6	◉			
	7,5	Asig			
	6,8	Neuhof		08:55,5	
	6,4	Esig			
	5,6	∇ Evsig			
70	3,4	Bk Angerb Hp		08:50,4	
	3,4	Bksig			
	0,6	◉			
	0,3	Asig	A 60		
	0,0	**Mittelstadt**		08:18,3	08:46,0
	83,2	↓ ZF GSM-R -			
80	84,2	Esig	E 60		
	91,9	Sbk 6		08:12,5	
	95,4	◉			
	95,7	Abzw Arensberg		08:05,0	
90	95,7	Bksig	Bk 50 ⅄		
	99,9	Edelsdorf Hp	⅄	08:01,3	
85	**102,2**	Sbk 4	⅄	07:58,4	
	104,6	◉	⅄		
	104,9	Asig	⅄		
	105,5	**Heidenau**		07:55,0	
90		↓ ZF A 63 -			

Abbildung 133: Musterdarstellung zur Führerraumanzeige des Fahrplans.

Abbildung 134:
Einführen der EBuLa-Karte.

Abbildung 135:
Bordgerät mit EBuLa-CD.

Nach und nach wird EBuLa die umfangreichen gedruckten Fahrplanunterlagen beim Triebfahrzeugführer ersetzen.

Auf Triebfahrzeugen ohne Führerraumanzeige hat der Triebfahrzeugführer die schriftliche Ausgabe des Fahrplans, den **Buchfahrplan**, während der Fahrt immer aufgeschlagen auf seinem Führerraumtisch vor sich liegen.

Der Triebfahrzeugführer ersieht aus dem Buchfahrplan u. a. die Fahrplanzeiten auf den Bahnhöfen und Haltepunkten. Der Buchfahrplan wird in Listenform herausgegeben, wobei für nebeneinander dargestellte Züge u. a. die gleichen zulässigen Geschwindigkeiten gelten.

Strecke   Heidenau - Norburg
69361
Mo-Fr Tfz 218 + 218 LG   1500 t   Mbr 70 G
90 km/h
ab Mittelstadt
Mo-Fr Tfz 218 SG   500 t(LG 900t GL) Mbr 46 G
60 km/h
Mindestens 90% der Achsen des Wagenzuges müssen gebremst sein
Bei einem Wagenzuggewicht von mehr als 800t müssen
Bremshundertstel
ausgerechnet werden

1	2	3a	3b	4	5
	90	- ZF A 63 -	105,5		
		Heidenau			7.55
		Asig	104,9		
		Y	104,6		
		<Y>	104,6		
102,2		Sbk 4 #	102,2		58
	85	Edelsdorf Hp #	99,9		8.01
95,7		Bksig #	95,7		
	90	Abzw Arensberg			05
		Y	95,4		
		<Y>	95,3		
		Sbk 6	91,9		12
84,2		Esig E 60	84,2		
	70				
83,2		- ZF GSM-R -	83,2		
0,0	60	Mittelstadt A 60	0,0	8.18	46
		Asig	0,3		
		Y	0,6		
		<Y>	0,7		
		Bksig	3,4		
		Bk Angersb Hp			50
5,6		Evsig*, 55 km/h			
		Esig	6,4		
		Neuhof	6,8		55
		Asig	7,5		
		Y	7,6		
		<Y>	7,6		
9,2					
	50				
9,3		Üs°			
	60				

Abbildung 136:
Buchfahrplan –
geschlossene
Darstellung.

In der Regel werden die Streckendaten und die allgemeinen Fahrplandaten des Buchfahrplans getrennt in zwei verschiedenen Heften dargestellt, so dass man von Buchfahrplanheften sprechen kann. Die beiden Hefte, **Geschwindigkeitsheft (GeH) und Fahrzeitenheft (FztH)** bilden gemeinsam den Buchfahrplan.

Das Geschwindigkeitsheft enthält die Streckenangaben der Spalten 1 – 3 b des Buchfahrplans, also die Geschwindigkeiten einschließlich der Kilometrierungen. Eine Drahtring-Bindung ermöglicht das vollständige Umschlagen der Seiten und erleichtert somit dem Triebfahrzeugführer die praktische Handhabung.

Geschwindigkeitsheft (GeH)

Strecke Heidenau - Norburg

100 km/h   **Mbr 72**

1	2	3a	3b
	100	- ZF A 54 -	
		Heidenau	105,5
102,2		Sbk 4	102,2
	95		
		Edelsdorf Hp	99,9
		Sbk 6	99,2
95,7		Arensberg E 50	95,7
	100	Sbk 8	93,2
		Sbk 10	90,7
84,2		Esig	84,2
	80	Mittelstadt A 60	83,2
			0,0
		Bk Angersb Hst	3,4
5,6		**VE ∇ 75 km/h**	
		Neuhof	6,8
9,2			
	60		
9,3		Üs ∇	
	70	- ZF-Ende -	
9,8			
	80	Esig Bachstedt	12,8
		Bft Bachstedt	13,9
		Bft Meilingen	15,4
		Asig A 60	17,5
25,3		Esig ⊢	25,3
	30	Norburg	25,8

Abbildung 137:
Geschwindigkeits-
heft (GeH).

Das Fahrzeitenheft enthält nur noch

- die Abfahrtzeiten auf den Zuganfangsbahnhöfen
- die Ankunftzeiten auf den Zugendbahnhöfen
- alle Haltezeiten sowie
- die Durchfahrzeiten markanter Betriebsstellen, die dem Tf im Interesse einer energiesparenden und fahrzeugschonenden Fahrweise etwa alle 10 bis 15 Minuten einen fahrzeitenmäßig wirksamen Soll-Ist-Vergleich ermöglichen.

Fahrzeitenheft (FztH)

4132, 4134

	Tfz 212	150 t	Mbr 72 R
ab Norburg	Tfz 120	150 t	Mbr 103 R

100 km/h, ab Norburg 140 km/h
GeH 2079

3c	4/5		4/5	
Betriebsstelle, Hinweis auf GeH und Mbr	**4132**		**4134**	
	Ank.	**Abf.**	**Ank.**	**Abf.**
GeH 2079 S. 231 Mbr 72				
Heidenau		18.48		23.42
Edelsdorf Hp			23.47	47
Arensberg	18.55	55	51	52
Mittelstadt	19.04	19.06	0.01	0.02
Bk Angersb Hst	09	10		
Neuhof	13	18	08	09
Bft Bachstedt	24	24		
Bft Meilingen	26	27	17	18
Norburg	37	45	0.28	
VMZ 140 km/h GeH 2079 S. 121 Mbr 103				
Marwicke	19.50	19.51		

Abbildung 138: Fahrzeitenheft (FztH).

S-Bahn-Buchfahrplan

Für den S-Bahn-Verkehr, bei dem die Züge vertaktet sind und fast immer in der gleichen Zugkonfiguration verkehren, gibt es vereinfachte S-Bahn-Buchfahrpläne.

Ersatzfahrplan

Für Züge, die ohne EBuLa verkehren und für die es kein Geschwindigkeitsheft gibt, aber auch als Rückfallebene bei Ausfall der EBuLa-Bordgeräte dient der **Ersatzfahrplan**. Er enthält für jede Strecke jeweils vier Geschwindigkeitsbereiche mit den jeweils örtlich zulässigen Geschwindigkeiten, den erforderlichen Mindestbremshundertsteln und Mindestfahrzeiten.

Sie können sich sicherlich vorstellen, dass dem Ersatzfahrplan im sogenannten „Ad-hoc-Verkehr" zur Durchführung von Sonderzügen (auch Hilfszüge) eine wichtige Funktion zukommt.

Ersatzfahrplan

Abbildung 139:
Ersatzfahrplan

Strecke 15a   Mittelstadt - Norburg
Mbr für   70 km/h = 36 R/P, 46 G
für   80 km/h = 47 R/P, 59 G
für   90 km/h = 64 R/P, 70 G
für 100 km/h = 75 R/P

1	2a	2b	2c	2d	3a	3b	4a	4b	4c	4d
	Zulässige Geschwindigkeiten für Fahrten mit				Betriebsstellen / Angaben zur LZB, Tunnelanfang und -ende, verkürzter Bremsweg ∇, von 40 km/h abweichende Geschwindigkeiten auf Signal Hp 2, Zugfunk	Lage in km	Fahrzeiten vom Streckenbeginn für			
	70	80	90	100			70	80	90	100
ab km	km/h	km/h	km/h	km/h			Min	Min	Min	Min
	70	80	90	100	- ZF A 54 -					
					Mittelstadt A 60	0,0				
					Bk Angersb Hst	3,4	3	3	3	2
					Dengler Awanst	4,0	4	3	3	3
5,5										
	60	70	80	95						
5,6					VE ∇					
	70	80	90	100						
					Neuhof	6,6	6	5	5	4
9,2										
	50	60	70	70						
9,3					Üs ∇					
	70	70								
9,8					- ZF-Ende -					
		80	80	80	Esig Bachstedt	12,8				
					Bft Bachstedt	13,9	12	11	10	9
					Bft Meilingen	17,1	15	14	13	12
					Asig A 60	17,5				
25,3					Esig ⊢	25,3				
	30	30	30	30	Norburg	25,8	23	22	21	20

Umleitungsfahrplan (U-Plan)

Für immer wieder benutzte Umleitungsstrecken, wie z.B. links-/rechtsrheinisch, werden Umleitungspläne vorgehalten, damit die BZ im Störungsfall schnell reagieren kann. Auch hier werden Geschwindigkeitsstufen dargestellt, allerdings im Gegensatz zum Ersatzfahrplan mit konkret auf den jeweiligen Zug bezogenen Fahrzeiten.

0323_S_51645_LE000_E_00.txt

```
Produktkennung: 0323_S_51645_LE000_E_00

Fplo-Nr: MI-0341

Kunden-Nr: L9951
Besteller: NL Südost, GB Netz (nur für GFD)

Umleitung (netzbedingt)

Besondere Betriebliche Anordnungen der DB Netz AG

Trassenkonflikte sind nicht geregelt !
Durchführung der Zugfahrt erfolgt dispositiv in gegenseitiger
Absprache zwischen BZ und Fdl.

KV-Profile    P/C 70 - P/C 400
DAUER LÜ ANORDNUNG  M 1010 (KV) NL MITTE BEACHTEN

Am Fr 23.03.2007 verkehrt
FIR 51645 (57.5)
Engelsdorf - Nür Rbf Einfahrt
über Bad Kösen - Gerstungen - Jossa

ab Engelsdorf
Tfz 189, Wagenzuglast 1021 t, Wagenzuglänge  448 m
HG 100 km/h

Mbr 64 P

- ab Engelsdorf
   * Streckenklasse D4
   * KV-Profil P/C 70 P/C 400
   * Ladegut: Frachten KV

Gerstungen                   05.54    Bfpl 484 S.307 Sp. 2b Mbr 64
Wild-Obersuhl                  56
Wild-Bosserode                57
Wildeck-Hönebach             06.00
Ronshausen                     04
Faßdorf                        05
Bebra Ost                      07    Bfpl 484 S.316 Sp. 2b Mbr 64
Blankenheim                    08    Bfpl 484 S.317 Sp. 2b Mbr 64
Mecklar                        10
Ludwigs-Friedlos               12
Bad Hersfeld                   15
Oberhaun                       18
Haunetal-Neukch                22
Burghaun                       28
Hünfeld                        30
Marbach/Fulda                  34
Götzenhof                      37
Fulda SFS Nord                 39
Fulda                          40
Fulda Gbf (W123)               42
Fulda(Bronnzell)               43
Neuhof Nord                    47
Neuhof(Kr Fulda)               49
Flieden                        52    Bfpl 484 S.358 Sp. 2b Mbr 61
Elm                            59
Sterbfritz                   07.07
Jossa                07.15

Fplo gilt als Fahrplanmitteilung.
Fahrplanaushändigung regelt Besteller.

DB Netz AG, Niederlassung Mitte, Fahrplan - Gelegenheitsfahrplan, I.NM-MI-F(F)
```

Abbildung 140, links:
Umleitungsfahrplan
(U-Plan).

Abbildung 141:
Yen-Zeichen.

Das Yen-Zeichen

Welche Bedeutung hat das Yen-Zeichen, das seit dem 11.12.2005 im Fahrplan verwendet wird? Das Yen-Zeichen kennzeichnet das Ende des **anschließenden Weichenbereichs** bei Ausfahrt aus einem Bahnhof oder Fahrt auf einer Abzweigstelle, also die letzte Weiche im Fahrweg. Der **anschließende Weichenbereich** hat eine hohe Bedeutung für die zulässige Geschwindigkeit eines Zuges. Damit der Triebfahrzeugführer sein Fahrverhalten darauf einstellen kann, ist das eindeutige Erkennen dieses Abschnitts im Fahrweg wichtig.

AB 3 zur DS 301 bzw. § 1 (3b) zur DV 301
Der anschließende Weichenbereich ist wie folgt begrenzt:
Der Anfang liegt an dem Signal, an dem die Fahrt zugelassen wird. Das Ende liegt
- bei einer Fahrt auf Einfahrsignal oder Zwischensignal am folgenden Hauptsignal oder an einem etwa davor liegenden gewöhnlichen Halteplatz des Zuges,
- bei einer Fahrt auf Ausfahrsignal hinter der letzten Weiche im Fahrweg,
- auf Abzweigstellen und auf Anschlussstellen mit Hauptsignal hinter der letzten Weiche im Fahrweg.

Damit der Tf das Ende des anschließenden Weichenbereichs eindeutig erkennen kann, wurde das Yen-Zeichen (¥) sowohl in EBuLa als auch in den vorgestellten Buchfahrplanheften aufgenommen.

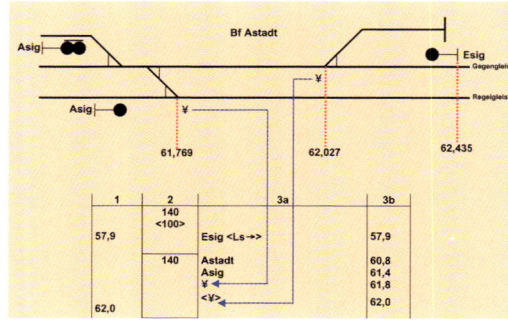

Abb 142:

Fahrplan mit Yen-Zeichen.

Zugverzeichnis G und P

In den **Zugverzeichnissen G (Güterverkehr)** bzw. **P (Personenverkehr)** sind die Züge mit Zugnummern und den entsprechenden Fahrzeiten- und Geschwindigkeitsheften aufgeführt. Züge, die mit EBuLa fahren, sind hier nicht aufgeführt.

Sonstige Fahrplanunterlagen

Fahrplananordnung (Fplo)

Mit **Fahrplananordnungen (Fplo)** können kuzfristig Fahrpläne für Sonderzüge oder fahrplanmäßige Änderungen für Regelzüge bekannt gegeben werden.

Abbildung 143:

Fahrplanan-

ordnung.

```
09/05/06  11:00:51  *              ->            F153390 (f-MVi)    Page 001 Of 001


             Produktkennung: 0509_5_90157_FMBG0_E_00
             Fplo-Nr: MI-0538
             Kunden-Nr: L4572
             Besteller: Pressnitztalbahn
             KundenID :
             Telefon: 0172-771-5910/5911
             Fax: 037343-80809

             Am Di 09./Mi 10.05.2006 verkehrt
             DGS 90157 (36.5)
             Marburg (Lahn) - Battenberg
             über Frankenbg (Eder)

             ab Marburg (Lahn)
             Tfz 204+204, Wagenzuglast 770 t, Wagenzuglänge  270 m
             HG 80 km/h
             Mbr 28 P

             - ab Marburg (Lahn)
               * Achsen 40
               * Ladegut: Holz

             Marburg (Lahn)          14.06 14.06   Bfpl 484 S.196 Sp. 2b Mbr 41
             Cölbe                         11      Bfpl 491 S.183 Sp. 2d Mbr 34
             Sarnau                +  16    18      Bfpl 491 S.177 Sp. 2d Mbr 36
             Wetter (Hess-Na)      +  25    26      Bfpl 494 S.195 Sp. 2b Mbr 44
             Simtshausen                   31
             Münchhausen           +  35    48
             Ernsthsn(Frknbg)              51
             Wiesenfeld                    58
             Birkenbringhsn             15.02
             Frankenbg (Eder)        15.07 15.47   WEITER MIT GESONDERTEM FAHRPLAN


             Fplo gilt als Fahrplanmitteilung.
             Fahrplanaushändigung regelt Besteller.

             DB Netz AG, Niederlassung Mitte, Servicecenter Sonderfahrplan, I.NM-MI-L 3 mv
             (Rufnummer: 069-26537102 / 37103)
             gez. Villmann
```

Allgemeine Grundlagen

Die schriftliche Bekanntgabe von Fahrplanheft oder Vergleichsfahrplan ist mit Fax, oder z.B. mit Fahrplan-Mitteilung möglich.

Mit Fahrplan-Mitteilung (allgemein) Nr.1 auf der Vorderseite des Vordrucks, wird dem Zugpersonal der Fahrplan eines Sonderzuges oder die Umleitung eines Zuges bekanntgegeben.

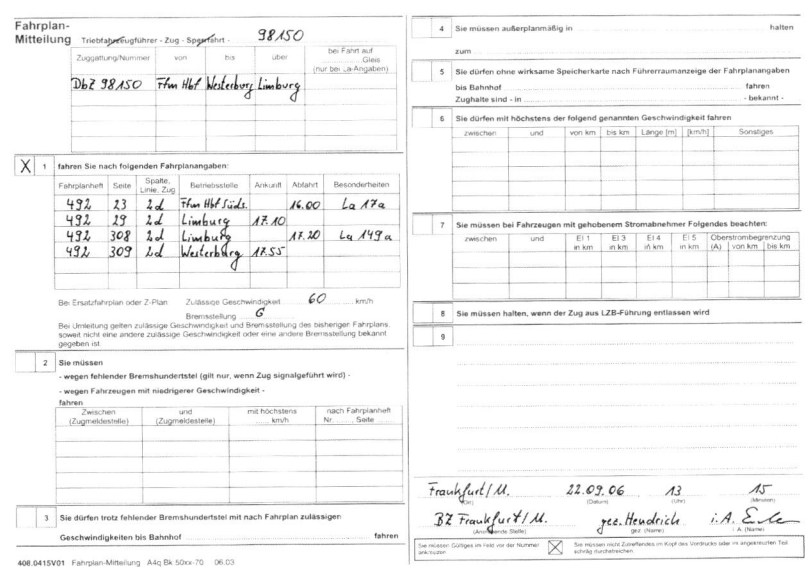

Abbildung 144: Fahrplan-Mitteilung.

Streckenfahrplan

Der Streckenfahrplan gibt Aufschluss über die Lage der fahrplanmäßigen Züge auf der freien Strecke. Er stellt in Listenform den Zugverkehr für den Streckenabschnitt zwischen zwei benachbarten Zugmeldestellen dar und informiert somit **Mitarbeiter auf der freien Strecke**, z.B. Blockstellen, über den Zugverkehr.

Streckenfahrplan

für **Bk Frickhofen**

zwischen den Zugmeldestellen **Niederzeuzheim** und **Wilsenroth**

Gültig ab **17. 12. 2006**

Erläuterungen

1. In Spalte 1 sind Zuggattung und Zugnummer eingetragen. Bei Bedarfszügen ist in der linken Unterspalte ein „B" zugefügt. Hinter der Zugnummer sind die Verkehrstage angegeben. Sind keine Verkehrstage angegeben, verkehren die Züge täglich. Wegen der Darstellung der Verkehrstage siehe Nr. 5.
2. Die Spalten 2 und 5 enthalten die Ab- oder Durchfahrtzeiten auf den Stellen, die die Züge abmelden.
3. Wo Fahren auf dem Gegengleis mit Hauptsignal und Signal Zs 6 (DS 301) oder Zs 7 (DV 301) ständig eingerichtet ist, ist bei Fahrten auf dem Gegengleis in den freien Spalten 2 bis 4 bzw. 5 bis 7 eingetragen „auf Gegengleis".
4. Wird der Streckenfahrplan auf Betriebsstellen mit Schranken benutzt, können in je einer Unterspalte der Spalte 8 die größte zulässige Geschwindigkeit (in km/h) und die Mindestfahrzeit (in Minuten) des Zuges auf dem Streckenabschnitt von der benachbarten Zugmeldestelle bis zum maßgebenden Bahnübergang eingetragen sein.
5. a) Regelzüge ohne Angabe der Verkehrstage verkehren täglich.
   b) Verkehren Züge nur an einzelnen Tagen, sind die Verkehrstage abgekürzt hinter der Zugnummer angegeben; dabei bedeutet:

W	=	Zug verkehrt werktags, d. h. der Zug verkehrt nicht an den unter S genannten Tagen.
nS	=	Zug verkehrt am Werktag nach den unter S genannten Tagen.
nach nS	=	Zug verkehrt am Tag nach den unter nS genannten Tagen.
vS	=	Zug verkehrt am Werktag vor den unter S genannten Tagen.
S	=	Zug verkehrt an Sonntagen sowie an folgenden Feiertagen: Neujahrstag, Karfreitag, Ostermontag, 1. Mai, Himmelfahrtstag, Pfingstmontag, 3. Oktober, 1. und 2. Weihnachtstag.

Weitere Feiertage sind:

In den Bundesländern	Heilige Drei Könige, 06.01.	Fron-leichnam	Mariä Himmelfahrt, 15.08.	Reforma-tionstag	Aller-heiligen	Buß- und Bettag
Baden-Württemberg	X	X			X	
Bayern	X	X	K)		X	
Brandenburg				X		
Hessen		X				
Mecklenburg-Vorpommern				X		
Nordrhein-Westfalen		X			X	
Rheinland-Pfalz		X			X	
Saarland		X	X		X	
Sachsen		1)		X		X
Sachsen-Anhalt	X			X		
Thüringen		2)		X		

V408.0421V11 **Streckenfahrplan (Titel)** A4q 4a-80 12.04

Abbildung 145 a: Streckenfahrplan – Titelseite.

Allgemeine Grundlagen

1	2	3	4	5	6	7	8
Zug	Richtung FWTH - FN12			FN12 - FWTH			Bemerkungen
	Abfahrt in	Durch- fahrt	Ankunft in	Abfahrt in	Durch- fahrt	Ankunft in	
RB 96219 W(Sa)	7.45	7.50	7.55				
RB 84466 W				8.28	8.33	8.38	
RB 96221 W(Sa)	9.09	9.14	9.19				
B Dsts 69815 W(Sa)				9.22	9.27	9.32	
RB 96223	9.34	9.39	9.44				
RB 84468				10.28	10.33	10.38	
B Dsts 69816 W(Sa)	11.01	11.06	11.11				

V408.0421V12   Streckenfahrplan (Einlage) A4q   4a-80   06.03

Abbildung 145 b: Streckenfahrplan – Einlage.

Fahrplan für Schrankenposten

Dieser Fahrplan – aufgestellt nur für Schrankenposten – enthält außer den Angaben der Zugnummer und den Ab- oder Durchfahrtzeiten der Züge auf den benachbarten Zugmeldestellen noch die
- Entfernung zu den benachbarten Zugmeldestellen in m
- die Mindestfahrzeiten von den benachbarten Zugmeldestellen bis zum Schrankenposten und
- die größte zulässige Geschwindigkeit des Zuges.

Abbildung 146 a: Fahrplan für Schrankenposten (Titel).

Nicht für Dritte

Fahrplan für Schrankenposten

für **Posten 13**
(Bezeichnung)

zwischen den Zugmeldestellen **Balduinstein** und **Laurenburg**

Laurenburg und **Balduinstein**

Gültig ab **17.12.2006**

		Entfernungen und Mindestfahrzeiten bis zum maßgebenden Bahnübergang [Min]									
		Entfernung	zulässige Geschwindigkeit [km/h]								
von	bis BÜ - in km	[m]	30	50	60	80	90	100	120	140	160
FBAL	12,800	3.900	5	4	4	3					
FLAU	12,800	3.850	5	4	4	3					

Erläuterungen

1 Auf dem Titelblatt sind die Entfernungen von den benachbarten Zugmeldestellen bis zum maßgebenden Bahnübergang und die Mindestfahrzeiten in diesen Abschnitten für die verschiedenen Geschwindigkeiten angegeben, wenn der Schrankenwärter den Zeitpunkt für das Schließen der Schranken selbst zu wählen hat.
Ist die für einen Sonderzug angegebene zulässige Geschwindigkeit in der Tabelle nicht angegeben, muss die Mindestfahrzeit für die nächst höhere zulässige Geschwindigkeit zur Ablesung herangezogen werden.

2 Der maßgebende Bahnübergang ist der jeweils in Fahrtrichtung des Zuges zuerst befahrene Bahnübergang, dessen Bahnübergangssicherungsanlagen vom Schrankenwärter bedient werden.

3. In der Spalte 1 sind Zuggattung und Zugnummer eingetragen. Bei Bedarfszügen ist in der linken Unterspalte ein " B " zugefügt. Hinter der Zugnummer sind die Verkehrstage angegeben. Sind keine Verkehrstage angegeben, verkehren die Züge täglich. Wegen der Darstellung der Verkehrstage siehe Nr. 7.

4. Die Spalten 2, 3, 6 und 7 enthalten die Ab- oder Durchfahrtzeiten auf den Stellen, die die Züge abmelden.

5 Wo Fahrten auf dem Gegengleis mit Signal Zs 6 (DS 301) oder Zs 7 (DV 301) ständig eingerichtet ist, ist bei Fahrten auf dem Gegengleis in der Spalte 1 unter der Zugnummer „auf Gegengleis" einzutragen.

6 In den Fahrplan für Schrankenposten ist die Mindestfahrzeit bis zum maßgebenden Bahnübergang in der Spalten 5 sowie die zulässige Geschwindigkeit und die Spalten 4 eingetragen, wenn der Schrankenwärter den Zeitpunkt für das Schließen der Schranken selbst zu wählen hat, sonst bleiben die Spalten frei.

7. a) Regelzüge ohne Angabe der Verkehrstage verkehren täglich.
b) Verkehren Züge an einzelnen Tagen, sind die Verkehrstage abgekürzt hinter der Zug nummer angegeben; dabei bedeutet:

W	=	Zug verkehrt werktags, d.h. der Zug verkehrt nicht an den unter S genannten Tagen.
nS	=	Zug verkehrt am Werktag nach den unter S genannten Tagen.
nach nS	=	Zug verkehrt am 2. Werktag nach den unter S genannten Tagen.
vS	=	Zug verkehrt am Werktag vor den unter S genannten Tagen.
S	=	Zug verkehrt an Sonntagen sowie an folgenden Feiertagen: Neujahrstag, Karfreitag, Ostermontag, 1.Mai, Himmelfahrtstag, Pfingstmontag, 3.Oktober, 1. und 2. Weihnachtsfeiertag

456V01 Fahrplan für Schrankenposten
Fachautor Klaus Wolny(N.BGS) Tel.: (927)6464

Seite 1
gültig ab: 12.12.2004

Allgemeine Grundlagen

1	2	3	4	5	6	7	8
Zug	Ab- oder Durchfahrt in		zuläss. Geschwindigkeit [km / h]	Mindestfahrzeit [Min]	Ab- oder Durchfahrt in		Bemerkungen
	FBAL				FLAU		
RB 12870	10.10		80	3			
RB 12873			80	3	10.40		
B IRC 12153W	10.49		60	4			
RB 12872	11.10		80	3			
RB 12875			80	3	11.40		
ICE 271			80	3	11.55		
RB 12874	12.10		80	3			
B IRC 52154W			60	4	12.21		
RB 12877			80	3	12.40		
RB 12876	13.10		80	3			
RB 12879			80	3	13.40		
ICE 372 S	13.50		80	3			
RB 12878	14.10		80	3			
RB 12881			80	3	14.40		
RB 12880	15.10		80	3			
RB 12883			80	3	15.40		
IRC 12157	15.52		60	4			
RB 12882	16.10		80	3			
ICE 272	16.18		80	3			
RB 12885			80	3	16.40		

Abbildung 146 b: Fahrplan für Schrankenposten – Einlage.

Fahrplan für Zugmeldestellen

Im Fahrplan für Zugmeldestellen ist angegeben, welche Gleise durch Züge zu benutzen sind, wenn in Bahnhöfen für eine Richtung mehrere Zugstraßen vorhanden sind. Für Fahrdienstleiter, die Signalanlagen örtlich nicht besetzter Zugmeldestellen bedienen, kann der Fahrplan auch Angaben für ferngestellte oder ferngesteuerte Zugmeldestellen enthalten.

Ein Fahrplan für Zugmeldestellen ist aufzustellen, wenn für eine Richtung mehrere Fahrstraßen vorhanden sind. Er wird für jeden Fahrplanabschnitt von den örtlichen Betriebsplanern erstellt und enthält in zeitlicher Reihenfolge alle auf dem Bahnhof verkehrenden Züge mit allen Angaben, die der Fahrdienstleiter benötigt.

Hat ein Zug längeren Aufenthalt, z.B. wegen Überholung oder Kreuzung, erscheint der Zug im Fahrplan für Zugmeldestellen zweimal, wobei jeweils die Zeit der Abfahrt oder der Ankunft eingeklammert ist.

In Spalte 8 des Fahrplans für Zugmeldestellen erscheinen Besonderheiten, z.B. Bremsproben oder Lokwechsel. Der Fahrplan für Zugmeldestellen wird in der Regel tabellarisch verwendet, er kann auch bildlich erstellt werden.

Fahrplan für Zugmeldestelle Bf Montabaur

1	2	3	4	5	6	7	8	9	10
Betr.-stelle	An-kunft	Ab-fahrt	Zug	Gleis	von	nach	Hg.	TFZ	Bemerkungen
FMTN		5:10	FZ 55490 W(Sa)	7	Montabaur(Regio)	Wallmerod/Westw	40	294	- 15.06.2006, - 01.11.2006
FMTN	5:40	5:41	DPN 84501 W(Sa)	5 b	Siershahn	Limburg (Lahn)	60	640	- 15.06.2006
FMTN	5:56		B DGZ 59510 W(Sa)	8	Limburg (Lahn)	Montabaur(Regio)	60	G10	
FMTN		6:15	B DGZ 59538 W(Sa)	8	Montabaur(Regio)	Moschheim	50	G10	
FMTN		6:20	FZ 55471 W(Sa)	7	Montabaur(Regio)	Goldhausen	60	294	- 15.06.2006, - 01.11.2006
FMTN	6:33	6:34	DPN 84503	5 b	Siershahn	Limburg (Lahn)	60	640	- 15.06.2006

Abbildung 147: Fahrplan für Zugmeldestellen – tabellarisch Bf Montabaur (Auszug).

Fahrplan für Zugmeldestelle Leipzig-Plagwitz

1	2	3	4	5	6	7	8	9	10
An-kunft	Ab-fahrt	Zug	Gleis	über von	von	nach	über nach	TFZ	Bemerkungen
0:14	0:14	S-D 9579	30	LMIA	Miltitzer Allee	Leipzig Hbf	LLEL	143	
+ 0:16	(0:22)	Lt 74066 Fr-So	1b/1a	LLGZ	Zeitz	Wiederitzsch	LLEL	628	Überführung BR 628 BurgenlandBahn
	0:19	DPF 88103 Mo	2a/2b	LLEL	Leipzig Hbf	Gera Hbf	LLGZ	642	EVU: Connex Sachsen
(+ 0:16)	0:22	Lt 74066 Fr-So	1b/1a	LLGZ	Zeitz	Wiederitzsch	LLEL	628	Überführung BR 628 BurgenlandBahn

Abbildung 148: Fahrplan für Zugmeldestellen – tabellarisch Bf Leipzig-Plagwitz (Auszug).

Allgemeine Grundlagen

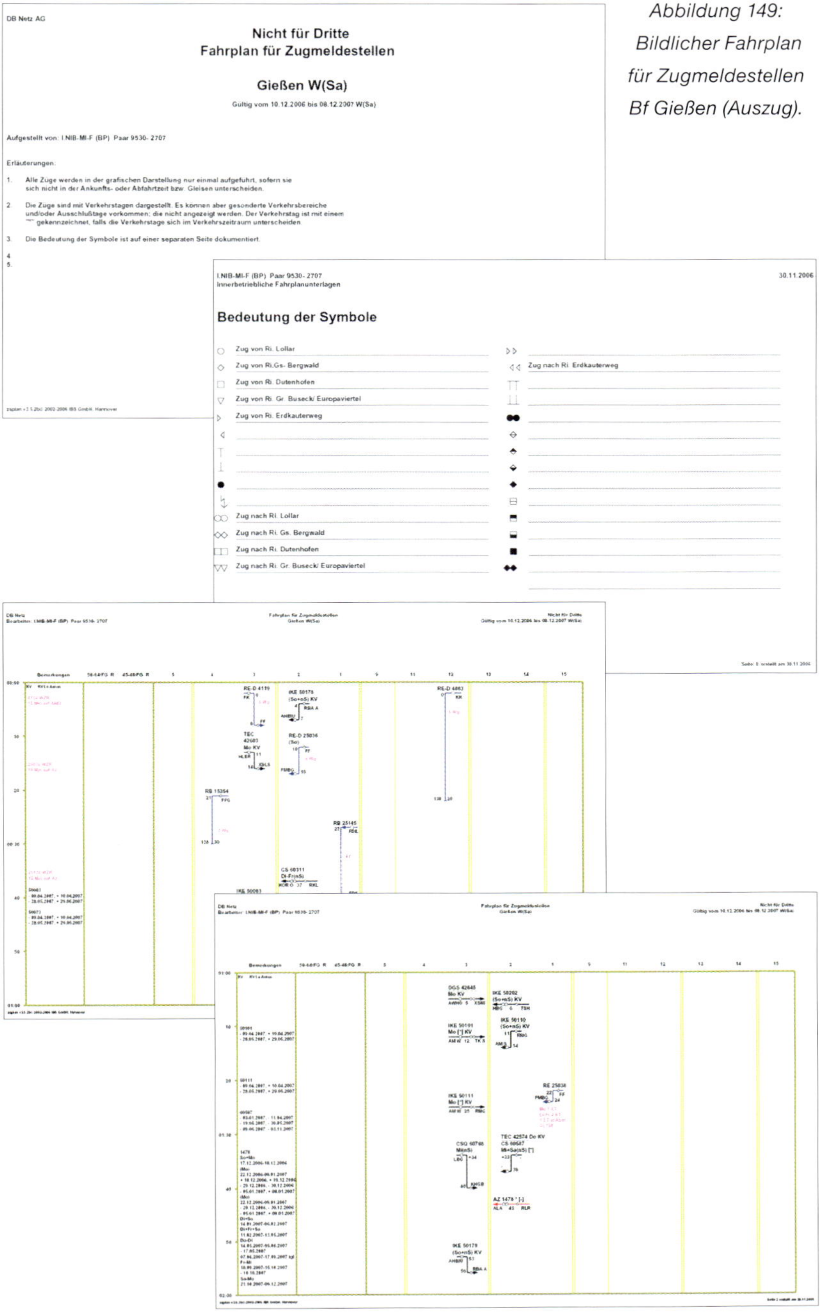

Abbildung 149:
Bildlicher Fahrplan
für Zugmeldestellen
Bf Gießen (Auszug).

2 Bahnübergänge – Aufgaben des Schrankenwärters

Bahnübergänge (BÜ) sind höhengleiche Kreuzungen der Eisenbahn mit Straßen, Wegen und Plätzen.

Übergänge, die nur dem innerbetrieblichen Verkehr dienen – wie Bohlenübergänge für Post oder Gepäckkarren – und Übergänge für Reisende bei höhengleichen Bahnsteigzugängen gehören nicht dazu.

Einteilung der Bahnübergänge

a)

b)

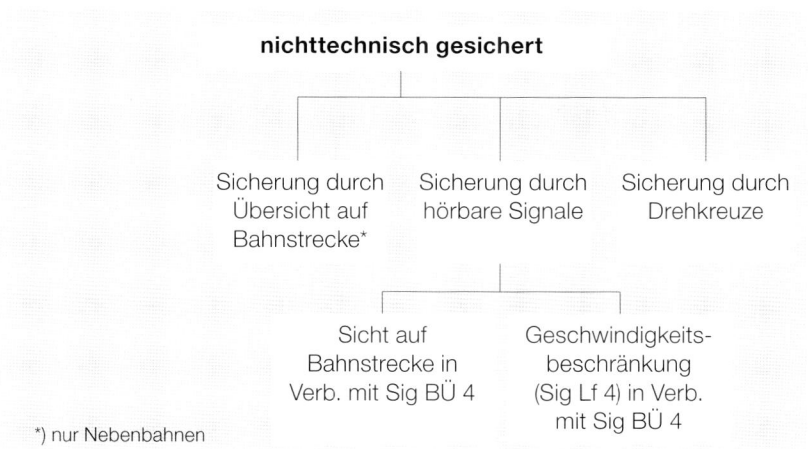

nichttechnisch gesichert

Sicherung durch Übersicht auf Bahnstrecke*

Sicherung durch hörbare Signale

Sicherung durch Drehkreuze

Sicht auf Bahnstrecke in Verb. mit Sig BÜ 4

Geschwindigkeits-beschränkung (Sig Lf 4) in Verb. mit Sig BÜ 4

*) nur Nebenbahnen

Als **technische Bahnübergangssicherungsanlagen** können vorhanden sein

a) mechanische **Schrankenanlagen**
   - handbedient ohne mechanische Winde
   - handbedient mit mechanischer Winde
   - handbedient mit elektrischer Winde
   Diese Schrankenanlagen können zusätzlich mit **Blinklicht** ausgerüstet sein

b) elektrische Schrankenanlagen mit Blinklicht
c) mechanische Anrufschrankenanlagen
d) elektrische Anrufschrankenanlagen
e) mechanische Halbschrankenanlagen
f) elektrische Halbschrankenanlagen
g) **Haltlichtanlagen**

Grundsatz:
Jeder Bahnübergang ist gesichert, entweder durch technische Einrichtungen oder nichttechnisch (= anders), z.B. durch die Übersicht auf die Bahnstrecke und/oder hörbare Signale der Eisenbahnfahrzeuge.

2.1 Nichttechnisch gesicherte Bahnübergänge

Bahnübergänge von **Nebenbahnen**, die keine technische Sicherung haben, werden durch die **Übersicht auf die Bahnstrecke** gesichert, d.h. der Wegebenutzer hat nach beiden Seiten ausreichend Sicht auf die Bahnstrecke. Diese Sicht ist vorhanden, wenn bestimmte Sichtflächen frei sind. Die Sichtflächen bemessen sich nach dem Zeit-Weg-Ablauf auf Schiene und Straße.

bei schwachem
Verkehr:

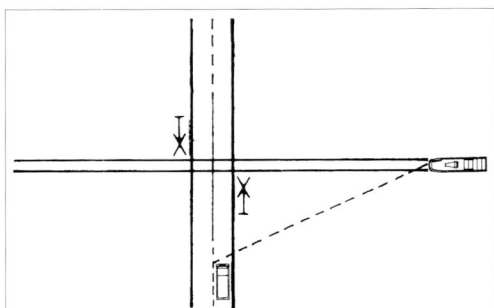

Abbildung 150:
Nichttechnisch gesicher-
ter Bahnübergang –
bei schwachem Verkehr.

bei mäßigem
Verkehr:

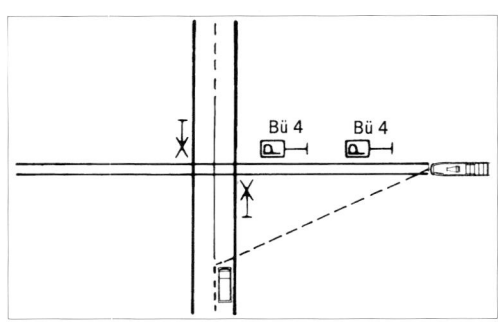

Abbildung 151:
Nichttechnisch gesicher-
ter Bahnübergang –
bei mäßigem Verkehr.

Fehlt die Übersicht auf die Bahnstrecke, wird ggf. durch **hörbare Signale** evtl. mit **Geschwindigkeitsbeschränkung** gesichert.

bei schwachem Verkehr und
fehlender Übersicht:

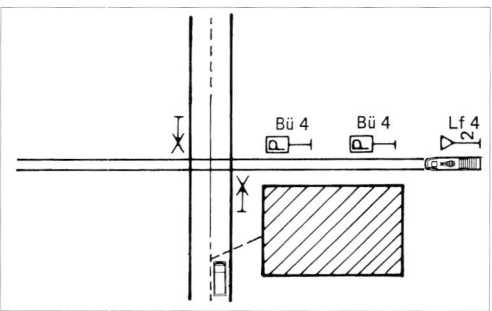

Abbildung 152:
Nichttechnisch gesicher-
ter Bahnübergang –
bei schwachem Verkehr
und fehlender Übersicht.

Abbildung 153:
Pfeiftafel.

Anmerkung: Am Bahnübergang besteht

■ Schwacher Verkehr	■ Mäßiger Verkehr	■ Starker Verkehr
bei höchstens 100 Kfz	bei mehr als 100 Kfz und bis höchstens 2500 Kfz	bei mehr als 2500 Kfz
neben anderem Verkehr innerhalb eines Tages		

Bei Fuß- und Radwegen können zusätzlich Drehkreuze oder Umlaufsperren, bei Privatwegen ohne öffentlichen Verkehr Heckentore oder ähnliche Abschlüsse vorhanden sein.

Abbildung 154:
Drehkreuz.

Abbildung 155:
Umlaufsperre.

Die folgende Übersicht gibt einen Überblick über die nach der EBO mindestens geforderte Sicherung der BÜ:

Auf **Hauptbahnen** sind Bahnübergänge **grundsätzlich technisch** gesichert.

Ausnahmen:

- Fuß- und Radwege
  Es genügen die Übersicht und Drehkreuze oder bei fehlender Übersicht die Pfeiftafel (Bü 4) und Drehkreuze.

- Privatwege ohne öffentlichen Verkehr
  Bei einer Geschwindigkeit bis 140 km/h des Eisenbahnverkehrs genügen die Übersicht und Abschlüsse (Sperrbalken, Tore). Bei höherer Geschwindigkeit als 140 km/h des Eisenbahnverkehrs ist technische Sicherung erforderlich.

Wird ein Bahnübergang ohne technische Sicherung durch einen Posten (z.B. Zugbegleiter, Rangierer) gesichert, so ist eine andere Form der Sicherung nicht erforderlich.

2.2 Technisch gesicherte Bahnübergänge

Während die „Übersicht" auf die Bahnstrecke der unmittelbaren Ankündigung eines Eisenbahnfahrzeuges an die Wegebenutzer dient, fungieren die vielfältigen technischen BÜ-Sicherungen der mittelbaren Ankündigung eines Eisenbahnfahrzeuges. Sie zeigen die Sperrung des Bahnüberganges durch optische Signale oder mechanische Einrichtungen am Bahnübergang selbst an. Auch akustische Signale werden verwendet.

Wir unterscheiden folgende Arten:

a) Lichtzeichen mit oder ohne Halbschranken

Das Straßensignal zeigt zunächst gelb, dann rot – jeweils mit Ruhelicht – an. In Grundstellung ist das Straßensignal ebenso dunkel wie der Signalschirm der Blinklichtanlage. Lichtzeichen werden z.B. in der Nähe innerörtlicher Straßenknoten verwendet, um dem Verkehrsteilnehmer eine möglichst einheitliche Signalisierung zu bieten.

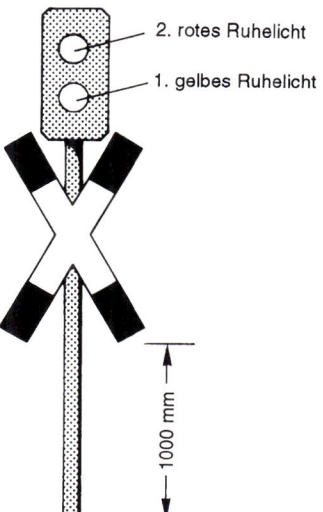

Abbildung 156: Lichtzeichen.

b) Blinklichter mit oder ohne Halbschranken

Es erscheint im Schirm des Straßensignals rotes Blinklicht ggf. auch noch die gelbe Leuchtschrift „2 Züge".

Ferner kann ein im Blinkrhythmus schlagender Wecker vorhanden sein.

Abbildung 157 a: Blinklicht dunkel.

Abbildung 157 a: Blinklicht rot.

Abbildung 158:
Blinklicht mit Halbschranke.

Anmerkung:
Als Neuanlagen werden nur noch Lichtzeichenanlagen erstellt:

oder

c) Schranken mit Lichtzeichen

Abbildung 159:
Lichtzeichen mit Halbschranke.

oder

d) Schranken

Bei Schrankenanlagen sperren die Schrankenbäume die Straße oder den Weg in deren vollen Breite.

Abbildung 160:
Mit Schranken und Lichtzeichen
gesicherter Bahnübergang.

Technische Bahnübergangssicherungen werden hinsichtlich ihrer Bedienung und Überwachung unterschieden nach

- ■ wärterbedienten
- ■ zuggesteuerten und
- ■ signalgesteuerten Anlagen

Wärterbediente Anlagen

Abbildung 161:

Wärterbediente Schranke.

Zu den wärterbedienten Anlagen gehören Schranken, die von einem Schrankenwärter, der zugleich Fahrdienstleiter oder Weichenwärter sein kann, geschlossen und geöffnet werden. Die Bedienung erfolgt entweder über Windenböcke für mechanische Schrankenantriebe oder über ein Bedienpult für elektrische Schranken.

Abbildung 162:

Windenbock für Schranke mit mechanischem Antrieb.

Abbildung 163:

Bedienpult für Schranke mit elektrischem Antrieb.

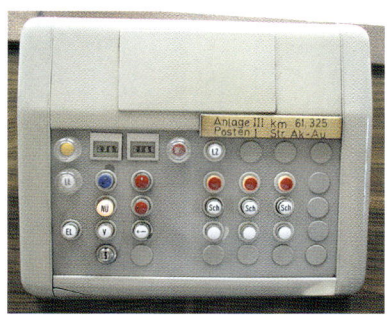

Der Schrankenwärter hat das Schließen der Schranken so zu wählen, dass Schienen- und Straßenverkehr nicht gefährdet, aber auch nicht unnötig behindert werden. Daher müssen Bahnübergänge mit Schranken – ausgenommen Schranken an Fuss- und Radwegen bzw. Anrufschranken (s.u.) – von der Bedienungsstelle aus mittelbar oder unmittelbar eingesehen werden können. Dies ist nicht erforderlich, wenn das Schließen der Schranken durch Lichtzeichen auf den Straßenverkehr abgestimmt und das Freisein des Bahnüberganges durch technische Einrichtungen festgestellt wird. Das Schließen der Schranken kann auch durch hörbare Zeichen, dem sogenannten Vorläuten, auf den Straßenverkehr abgestimmt werden.

Anrufschranken sind Schränken, die in Grundstellung geschlossen sind. Auf Verlangen des Wegbenutzers, wenn dies gefahrlos möglich ist, öffnet der Wärter die Schranken. Ist der Bahnübergang vom Wärter auch nicht einsehbar, sind Anrufschranken mit einer Sprecheinrichtung auszurüsten.

Zur Erhöhung der Betriebssicherheit können beim Schrankenwärter besondere technische Einrichtungen vorhanden sein.

Hierzu einige Beispiele:
a) Anrückmelder
Anrückmelder zeigen dem Schrankenwärter die Annäherung eines Zuges akustisch und optisch an. Sie erleichtern ihm damit die Bestimmung des Zeitpunktes für zeitgerechtes Schrankenschließen.

Sie werden durch Zugeinwirkung über Schienenkontakte oder durch Besetzen von Gleisabschnitten eingeschaltet.

b) Schranken- und signalabhängige Alarmeinrichtung (SSA-Anlage)
Bei SSA-Anlagen soll durch das Ertönen einer Alarmhupe verhindert werden, dass die einen BÜ schützenden Signale in eine Fahrterlaubnisstellung kommen, bevor die Schranken geschlossen sind. Die Alarmhupe ertönt auch, wenn die Schranken vorzeitig geöffnet werden, solange sich noch Eisenbahnfahrzeuge dem BÜ nähern.

Abbildung 164: Anrückmelder.

Neue SSA-Anlagen werden nicht mehr eingerichtet; an ihre Stelle tritt die „Signalabhängigkeit der Schranken".

Bahnübergänge – Aufgaben des Schrankenwärters

c) Signalabhängige Schranken

„Signalabhängigkeit" von Schranken schließt aus, dass die einen BÜ deckenden (schützenden) Signale auf Fahrt gestellt werden können, bevor die Schranken geschlossen und gesperrt worden sind und nicht wieder geöffnet werden können, solange sich noch Eisenbahnfahrzeuge dem BÜ nähern. Dies wird z.B. durch SpM-Anlagen technisch sichergestellt.

SpM 76-Anlagen

SpM = Sperr- und Meldeeinrichtungen
76 = Entwicklungsjahr (Abschluß der Entwicklung)

Der **Meldeteil** hat die Aufgabe, den Schrankenwärter auf die Annäherung eines Zuges aufmerksam zu machen und zum Schließen der Schranken aufzufordern. Der **Sperrauftrag** kann vom Zug oder vom Signalbediener gegeben werden. Er wird dem Schrankenwärter durch den „Sperrauftragsmelder" – SpaM – und einem Summer angezeigt. Der Sperrauftrag erfolgt jeweils gleisbezogen. Mit dem „Sperr-teil" wird eine Folgeabhängigkeit zwischen Schranke und dem den BÜ deckenden Signal hergestellt. Durch den Schrankenwärter wird nach der „Freimeldung" die Möglichkeit geschaffen, das deckende Signal auf „Fahrt" zu stellen.

Nach der Auflösung durch den Zug wird das Signal auf „Halt" zurückgestellt und die Schranken können wieder geöffnet werden.

Abbildung 165:
SpM-Anlage.

Zuggesteuerte Anlagen

Zu den zuggesteuerten Anlagen gehören **Lichtzeichen- oder Blinklichtanlagen mit oder ohne Halbschranken**, die vom Zug ein- oder ausgeschaltet werden. Sie werden unterschieden nach

■ **Anlagen mit Überwachungssignal** (Lo-Anlagen, d.h. lokführerüberwacht) und

■ **fernüberwachten Anlagen** (FÜ-Anlagen).

Die Anlagen mit Überwachungssignal werden nur auf eingleisigen Strecken eingerichtet.

Bei Anlagen mit Überwachungssignal wird dem Triebfahrzeugführer die Bahnübergangssicherung folgendermaßen signalisiert:

Bei Annäherung an den Bahnübergang fährt der Triebfahrzeugführer zuerst am **Signal BÜ 2 – Rautentafel/*So 15 Warntafel*** – vorbei, das neben dem Einschaltpunkt von Blinklichtern oder Lichtzeichen angeordnet ist. Es bedeutet, ein Überwachungssignal ist zu erwarten und kennzeichnet den Einschaltpunkt für die Blinklichter/Lichtzeichen. Es ist eine rechteckige schwarze Tafel mit vier auf den Spitzen übereinander stehenden rückstrahlenden weißen Rauten/*eine rechteckige weiße rückstrahlende Tafel mit drei waagrechten schwarzen Streifen*.

Abbildung 166 a:
Rautentafel – BÜ 2.

Bahnübergänge – Aufgaben des Schrankenwärters

Abbildung 166 b:
Warntafel – So 15.

Signal BÜ 0 – Überwachungssignal
Halt vor dem Bahnübergang!

Weiterfahrt nach Sicherung. Eine runde gelbe Scheibe in einer gelben Umrahmung */zwei waagrecht angeordnete gelbe Lichter bzw. rückstrahlende Scheiben* über einem schwarz-weiß schräg gestreiften Mastschild

Abbildung 167 a:
Überwachungssignal BÜ 0.

Abbildung 167 b:
Überwachungssignal BÜ 0.

Abbildung 168 a:
Überwachungssignal BÜ 1.

Signal BÜ 1 – Überwachungssignal

Der Bahnübergang darf befahren werden.

Ein blinkendes weißes Licht über einer runden gelben Scheibe in einer gelben Umrahmung /*ein weißes Licht über zwei waagrecht angeordneten gelben Lichtern bzw. rückstrahlenden Scheiben* über einem schwarz-weiß schräg gestreiften Mastschild.

Wenn alle roten Blinklichter am BÜ einwandfrei arbeiten oder die Lichtzeichen eingeschaltet sind, erscheint das Signal BÜ 1.

Abbildung 168 b:
Überwachungssignal BÜ 1.

Ist die Anlage gestört, wird das Signal BÜ 0 gezeigt; der Triebfahrzeugführer muss vor dem Bahnübergang anhalten und darf erst nach Sicherung des Bahnübergan- ges weiterfahren. Aus diesem Grunde sind die Überwachungssignale im Abstand des Bremswegs der Strecke vor dem Bahnübergang aufgestellt. Die Rautentafel (BÜ 2)/*Warntafel* (So 15) steht vor dem Überwachungssignal mindestens doppelt so viel Meter, wie die zulässige Geschwindigkeit in km/h am Bahnübergang beträgt, d.h. dass z.B. der Abstand der Signale voneinander mindestens 100 m beträgt, wenn am BÜ 50 km/h gefahren werden darf.

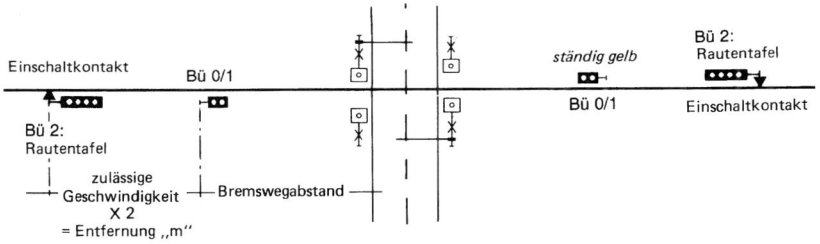

Abbildung 169:

Beispiel für eine Blinklichtanlage mit Überwachungssignalen bei der ehemaligen DB

(Lo-Anlage mit Halbschranke).

Die Anlagen mit **Fernüberwachung** werden an mehrgleisigen Bahnübergängen und an eingleisigen Bahnübergängen bei einer zulässigen Geschwindigkeit von mehr als 100 km/h eingerichtet.

Die Lichtzeichen oder Blinklichter eines Bahnüberganges mit Fernüberwachung werden ebenfalls durch Befahren von Schienenkontakten durch den Zug ein- und ausgeschaltet. Zwar wird der Einschaltpunkt dem Triebfahrzeugführer durch das **Signal BÜ 3 – Merktafel/*So 14 Merkpfahl* –** angezeigt, doch hat er bei fernüberwachten Anlagen keine Überwachungsfunktion. Unterschreitet der Zug allerdings zwischen Merktafel/Merkpfahl eine Geschwindigkeit von 20 km/h, so muss der Tf vor dem Bahnübergang anhalten. Eine Unregelmäßigkeit oder Störung der Anlage wird dem Wärter auf einem dem BÜ benachbarten Stellwerk hör- und sichtbar angezeigt.

Abbildung 170:
Merktafel/Merkpfahl.

Kennzeichnung des Einschaltpunktes von Blinklichtern oder Lichtzeichen mit Fernüberwachung/*Kennzeichnung des Einschaltpunktes von Blinklichtern.* Eine schwarz-weiß waagerecht gestreifte rückstrahlende Tafel.

Die Signalisierung einer fernüberwachten Lichtzeichenanlage (FÜ) sieht im Geltunsgbereich der DS 301 folgendermaßen aus:

Abbildung 171:
Beispiel für eine Lz FÜ 2 H-Anlage Lichtzeichenanlage mit Fern-
überwachung 2gleisiger BÜ mit Halbschranke.

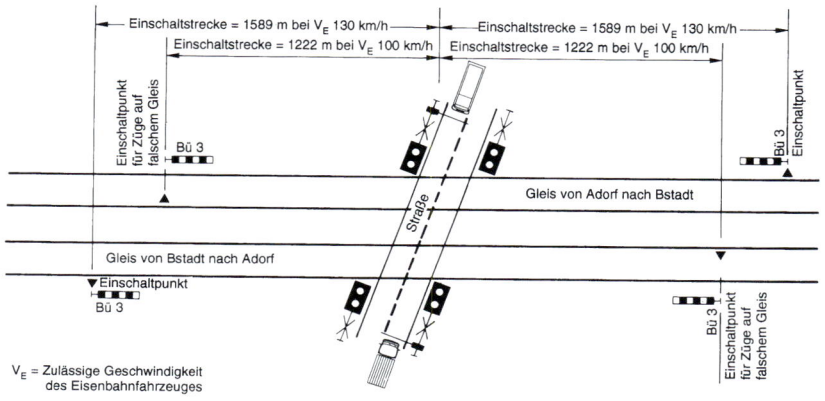

Bahnübergänge – Aufgaben des Schrankenwärters

Signalgesteuerte Anlagen

Signalgesteuert sind Schranken, Blinklicht- oder Lichtzeichenanlagen, die in Zug- oder Rangierstraßen einbezogen sind oder die als Anlagen der freien Strecken von selbsttätigen Blocksignalen gesteuert werden. Sie arbeiten mit dem Einlaufen und Auflösen der Fahrstraße bzw. in Abhängigkeit mit einem Blocksignal selbsttätig. Eine Mitwirkung des Wärters ist nur bei Anlagen mit vollem Schrankenabschluss notwendig, weil die Anlage nicht feststellen kann, ob ein Verkehrsteilnehmer zwischen den Schranken eingeschlossen worden ist (Beobachtung des Gefahrraums). Die Beobachtung des Gefahrraums kann direkt, über Videosysteme oder indirekt durch eine Gefahrraumüberwachung mittels Radar erfolgen.

Es gibt noch ältere **BÜS 72-Anlagen** (Bahnübergangs-Sicherung, Entwicklungsjahr 1972). Bei der ehemaligen DB wurden Anlagen mit zentraler Stromversorgung (BÜS 72-Z), als ferngestellte Einrichtungen, sowie Anlagen mit dezentraler Stromversorgung (BÜS 72-D) und Fernsteuerung gebaut.

Folgende Einschaltmöglichkeiten bestehen:
- ■ Einschalten vom Stellwerk aus mit Einschalttaste (ET) und Gleistaste bzw. mit Dauereinschalttaste (DET) und bzw. mit Dauereinschalttaste (DET) und Bahnübergangstaste (BÜT)

Abbildung 172:
Tastenbedienung bei signalgesteuerter
BÜ-Sicherung.

- ■ Automatisches Einstellen über die Anschaltgruppe der Fahrstraße (Start- und Zieltaste)

- ■ Zugbewirkte Einschaltung nach vorausgegangener Fahrstraßeneinstellung (Gleisschaltmittel)

Trotz der Anwendung der BÜS 72-Technik (mit Schranken) muss der Wärter noch beibehalten werden. Seine Aufgaben sind jedoch andere als bisher:

Das Schließen der Schranken wird durch den Zug oder durch den Wärter mit Einstellen der Zugstraße eingeleitet.

Nachdem die Schranken geschlossen sind, stellt der Wärter fest, ob der Bereich zwischen den Schranken (Gefahrraum) frei ist. Daraufhin bedient er die Bahn-übergang-Freimelde-Taste (BÜFT) und die Bahnübergangstaste (BÜT). Durch die technische Freimeldung wird das den BÜ schützende Hauptsignal freigegeben (Fahrtstellung).

Gruppentasten mit gelbem Punkt werden immer mit der oberen Taste des BÜ-Feldes gedrückt, also mit der BÜT.

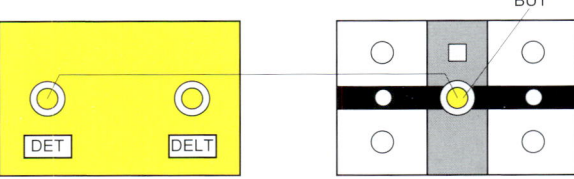

Abbildung 173:
BÜ-Freimeldung
nach dem Schlie-
ßen der Schranke.

Gruppentasten ohne gelben Punkt werden mit der Gleistaste oder BÜT des jeweiligen Gleises an dem betreffenden BÜ bedient.

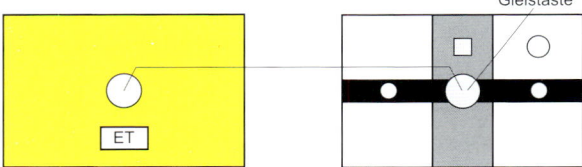

Es handelt sich hier um eine halbautomatische Bedienungsweise, weil der Wärter bei der Fahrtstellung des Signals noch mitwirken muss.

Im Gefahrfall hat der Wärter die Möglichkeit, durch Bedienen bestimmter Tasten (z.B. Signalnottaste und Bahnübergangstaste); das Signal auf Halt zu stellen.

Abbildung 174: Haltstellung der Signale im Gefahrfall.

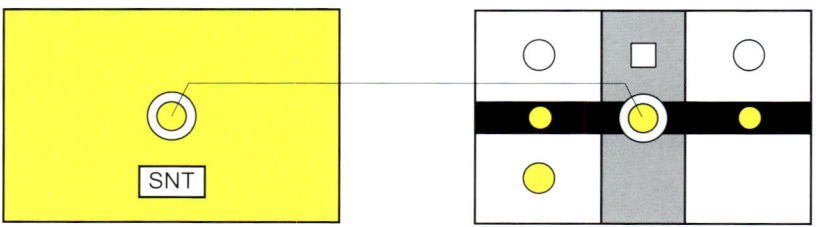

Bahnübergänge – Aufgaben des Schrankenwärters

Die **Einheits-BÜ-Technik (EBÜT 80)** ist universell einsetzbar, eine Kombination der verschiedenen Sicherungssysteme ist möglich und die Tauschbarkeit aller modularen Bauteile ist gewährleistet.

Keine der bisher entwickelten BÜ-Techniken war in der Lage, die unterschiedlichen Bedarfsfälle in ihrer Gesamtheit zu lösen. Die neu entwickelten Techniken waren jeweils nur für den hinzugekommenen Anwendungsbereich geeignet. Das führte zu einer großen Vielfalt der Anlagen, die hohe Kosten für die Vorhaltung der unterschiedlichen Ersatzteile verursachte. Deshalb wurde ein neues Konzept entwickelt, nämlich eine neue elektronische Technik, die **BÜS 2000** bzw. die **RBÜT-Technik**. Der konsequent modulare Aufbau ermöglicht einzelne Anpassungen mit geringfügigem Aufwand und bedeutet u.a. eine vorbeugende Diagnose zur besseren Vermeidung von Störungen.

Liegen Bahnübergänge mit zuggesteuerten Bahnübergangssicherungsanlagen nah an Straßenkreuzungen mit Ampelanlagen, so müssen die Anlagen in ihrer Wirkungsweise aufeinander abgestimmt werden. Man spricht dann von einer BÜSTRA-Anlage.

2.3 Aufgaben des Schrankenwärters

Sicher können Sie sich unter den „Aufgaben des Schrankenwärters" etwas vorstellen! Fragt man im Bekanntenkreis danach, hört man meistens die gleiche Antwort: „Schranken schließen, sobald ein Zug sich dem Bahnübergang nähert und Schranken öffnen, nachdem der Zug den Bahnübergang geräumt hat und das ganze bitte rechtzeitig."

Was sagt die Richtlinie „Regeln für Schrankenwärter" – Ril 456 – dazu?

Zeitpunkt
Den Zeitpunkt für das Schließen der Schranken hat der Wärter so zu wählen, dass Schienen- und Straßenverkehr nicht gefährdet, aber auch nicht unnötig behindert werden

Also rechtzeitig, wie von jedermann (s.o.) gefordert.

Woher weiß der Schrankenwärter, wann ein Zug kommt?
Was bedeutet nun rechtzeitiges Schließen und Öffnen der Schranken?

Lesen wir zunächst weiter in der Ril 456:
Hierzu hat sich der Wärter zu richten nach
- der Abmeldung
- den in den Fahrplanunterlagen angegebenen Mindestfahrzeiten und
- den Anzeigen von Anrückmeldern bei signalabhängigen Schranken und dabei

zu berücksichtigen die örtlichen Verhältnisse

- die zulässigen Abweichungen von der gemeldeten Ab- oder Durchfahrzeit (unter zwei Minuten) und
- den Zeitbedarf für den Schließvorgang einschließlich Abstimmen auf den Straßenverkehr durch Hinsehen oder Lichtzeichen oder durch Vorläuten.

Die Regeln für Schrankenwärter (Ril 456) sagen dazu:

„Der Zeitpunkt für das Schließen der Schranken ist in den Örtlichen Richtlinien festgelegt."

„Unabhängig vom vorgegebenen Zeitpunkt für das Schließen der Schranken müssen Sie die Schranken in folgenden Fällen sofort schließen:

- wenn der Notruf ertönt,
- wenn der Nothaltauftrag „Betriebsgefahr, alle Züge sofort anhalten!" eingeht,
- wenn die Verständigung nach dem Ertönen eines Zugmelderufs unterbrochen ist (unabhängig hiervon erhalten Züge durch den Fahrdienstleiter einen schriftlichen Befehl, vor dem Bahnübergang zu halten und erst weiterzufahren, wenn der Bahnübergang gesichert ist),
- bevor Sie sich vor Vorbeifahrt eines Zuges nach einem Einzelruf, Sammelruf oder nach Ertönen eines weiteren Zugmelderufes oder zur Abgabe einer dringenden Meldung an den Fernsprecher begeben,
- wenn gemeldet wird, dass das Spitzensignal eines Zuges erloschen ist,
- bevor Sie eine dringende Meldung abgeben oder
- wenn nach Eingang der Meldung über die voraussichtliche Ab- oder Durchfahrtszeit ungenügende Sichtverhältnisse oder unsichtiges Wetter vorherrschen."

Und außerdem:

„Sie haben sich nach einem Ruf (gemeint ist hier der Zugmelderuf) mit der Bezeichnung des Schrankenpostens zu melden.

Z.B.: „Schrankenwärter Posten 45".

Melden Sie sich, nachdem die gerufene Zugmeldestelle sich gemeldet hat, möglichst in der Reihenfolge der Postennummer."

Der rufende Fahrdienstleiter hat darauf zu achten, dass sich alle Stellen melden und – wenn es in den Örtlichen Richtlinien vorgegeben ist – das Schließen der Schranken zu bestätigen.

Der Schrankenwärter wird also über Fahrten, die sich dem BÜ nähern, informiert.

Mithören von Zugmeldungen.

Aus dem Fahrplan für Schrankenposten (siehe Kapitel „Fahrpläne") erhält der Wärter Angaben über die planmäßige Zugfolge, Zuggattungen und Zugnummern sowie deren Verkehrstage und Höchstgeschwindigkeiten. Besonders wichtig ist die angegebene **Mindestfahrzeit** von der Zugmeldestelle zum Bahnübergang, so dass der Wärter den frühestmöglichen Zeitpunkt berechnen kann, zu dem der Zug am BÜ ist.

Während im Fahrplan für Schrankenposten nur Angaben für Regelzüge und Bedarfszüge enthalten sind, ergänzen die **„Anordnungen über den Zugverkehr"** den Fahrplan, indem sie über das Verkehren von Sonder- und Bedarfszügen sowie sonstige Besonderheiten, z.B. außergewöhnliche Sendungen, informieren.

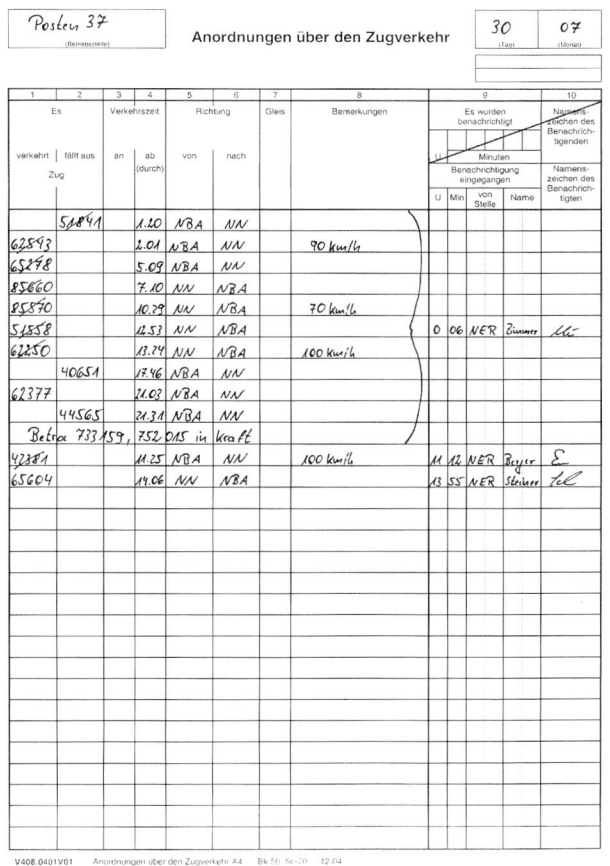

Abbildung 175:
Anordnungen über
den Zugverkehr.

Die **unmittelbare Benachrichtigung über den Zugverkehr** erfolgt anhand des Mithörens einer Zugmeldung, der Abmeldung. Anhand eines Beispiels wird Ihnen das Zugmeldeverfahren und gleichzeitig das Verhalten der Schrankenwärter bei der Schrankenbedienung dargestellt:

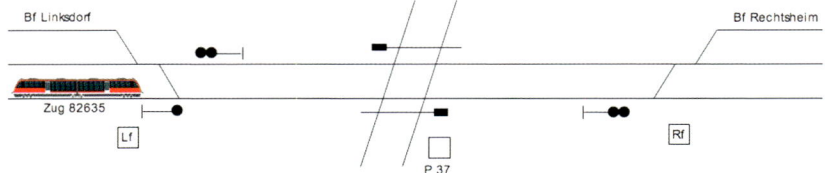

Abbildung 176: Streckenbandskizze.

Die Durchführung einer Zugfahrt wird eingeleitet durch den Zugmelderuf, das sind ein bzw. zwei lange Zeichen auf der Streckenfernsprechverbindung – je nach Fahrtrichtung des Zuges. Aus der Art des Zugmelderufs weiß der Schrankenwärter P 37, welcher Fahrdienstleiter einen Zug abmelden will.

In unserem Fall gehen wir davon aus, dass in Linksdorf ein Zug auf die Reise gehen soll. Nachdem es geläutet hat, nimmt der Schrankenwärter den Hörer ab und wartet, bis sich der Fahrdienstleiter Rechtsheim gemeldet hat. Danach meldet sich der Schrankenwärter mit den Worten: „Posten 37"

Nun gibt der Fdl Linksdorf die Zugmeldung ab

„Fahrdienstleiter Linksdorf, Zugmeldung. Zug 82635 voraussichtlich ab 48".

Während des Mithörens hat der Schrankenwärter die Meldung in den **„Nachweis der Zugmeldungen"** eingetragen:

Abbildung 177: Nachweis der Zugmeldungen.

1	2	3	4	5	6	7	8	9
Ab- oder Durchfahrt in		Ab- oder Durchfahrt in		Ab- oder Durchfahrt in		Ab- oder Durchfahrt in		
Linksdorf		*Rechtsheim*						Meldungen
Zugnummer	vsl. ab / durch [Std / Min]	Zugnummer	vsl. ab / durch [Std / Min]	Zugnummer	vsl. ab / durch [Std / Min]	Zugnummer	vsl. ab / durch [Std / Min]	
82635	*13.48*							

Bereithalten

Der Wärter muss sich sofort nach dem Mithören der Zugmeldung oder einer anderen Benachrichtigung über den Zugverkehr an der Bedienungsstelle zum Schließen der Schranken bereithalten und dabei die Bahnstrecke und den Straßenverkehr beobachten.

Nun soll unser Schrankenwärter rechtzeitig die Schranken schließen, wie wir schon in der Ril 456, Abschnitt 15 herausgelesen haben. In seinen Örtlichen Richtlinien kann ihm ein fester Zeitpunkt vorgeschrieben sein.

Fester Zeitpunkt

Der Wärter muss den Zeitpunkt des Schrankenschließens nicht nach Ril 456 Abschnitt 15, Abs. 1 selbst bestimmen, wenn in den Örtlichen Richtlinien das Schließen in einem bestimmten Zeitpunkt vorgeschrieben ist, z.B.

■ sofort nach Mithören der Zugmeldung oder einer anderen Benachrichtigung über den Zugverkehr
■ sofort nach Aufleuchten des Sperrauftragmelders des SpM-Gerätes oder
■ unmittelbar vor der Signalbedienung

Bei Schrankenanlagen mit vier Bäumen schließt der Wärter zunächst die Schrankenbäume, die die Zufahrt zum BÜ unmittelbar sperren (jeweils rechte Fahrbahnseite). Hierbei achtet er darauf, dass keine Verkehrsteilnehmer durch die Schrankenbäume gefährdet werden. Sollte diese Gefahr drohen, könnte er den Schließvorgang kurzzeitig unterbrechen.

Wenn alle Verkehrsteilnehmer den BÜ verlassen haben, schließt er auch die übrigen Schrankenbäume. Die geschlossenen Schranken dürfen nur zur Abwendung einer drohenden Betriebsgefahr nochmals und nur so weit geöffnet werden, dass andere Verkehrsteilnehmer nicht verleitet werden, den BÜ zu überqueren, z.B. kann das ein drohender Zusammenprall mit einem Kfz sein, das sich die Zufahrt auf den BÜ erzwungen hat.

Während der Vorbeifahrt des Zuges **beobachtet** der Schrankenwärter **den Zug** und achtet besonders auf
■ Signale am Zug

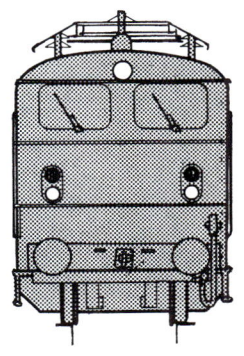 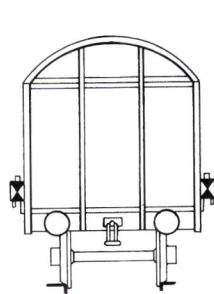

Abbildung 178:
Signale am Zug.

nach außen aufgeschlagene Türen und bei Reisezugwagen andere offene Außentüren

Abbildung 179: offene Tür bei einem Reisezugwagen.

■ Unregelmäßigkeiten an Fahrzeugen oder an Ladungen

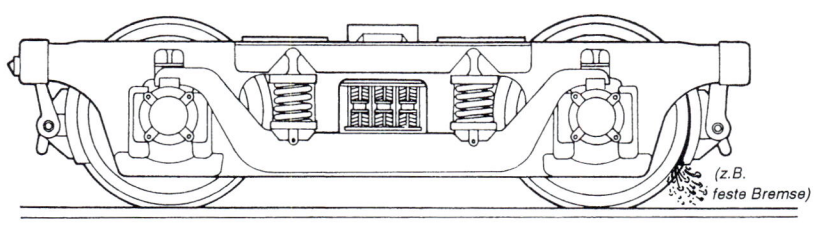

(z.B.
feste Bremse)

Abbildung 180: Unregelmäßigkeiten am Fahrzeug – feste Bremse.

Abbildung 181: Unregelmäßigkeiten an Ladungen – lose Wagendecke.

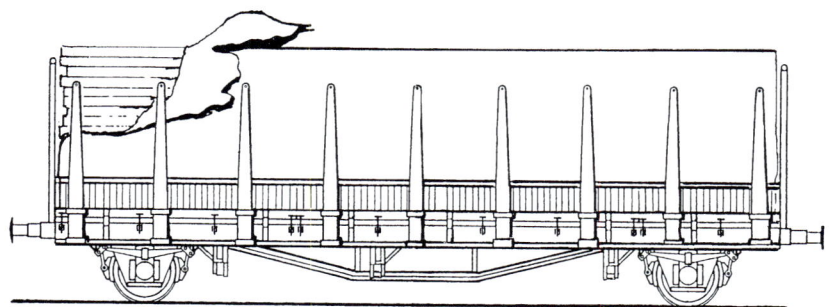

■ Feuer im Zug

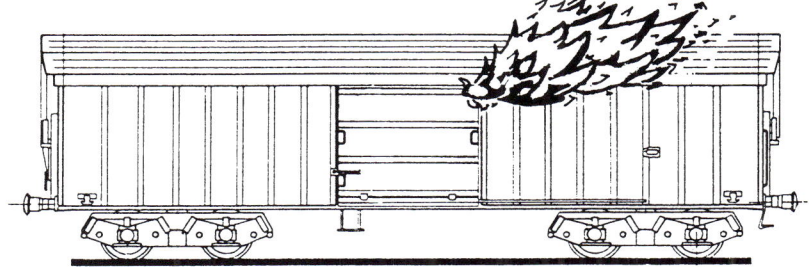

Abbildung 182: Feuer im Zug.

■ Unregelmäßigkeiten an Stromabnehmern

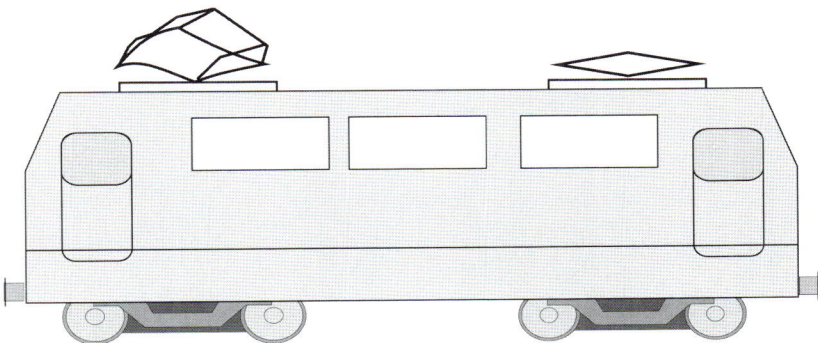

Abbildung 183: Stromabnehmer beschädigt.

Nachdem der Zug den BÜ mit Schlusssignal geräumt hat – Hände weg von der Bedienungseinrichtung der Schranke – **streicht** der Schrankenwärter **die Zug-nummer** in dem „Nachweis der Zugmeldungen" durch und schaut nach, ob nicht ein weiterer Zug derselben Fahrtrichtung oder der Gegenrichtung (sog. Gegenzug) zu erwarten ist und keine anderen Fahrzeuge sich dem BÜ nähern. Wenn nichts entgegensteht, öffnet er nun die Schranken.

1	2	3	4	5	6	7	8	9
Ab- oder Durchfahrt in Linksdorf		Ab- oder Durchfahrt in Rechtsheim		Ab- oder Durchfahrt in		Ab- oder Durchfahrt in		Meldungen
Zugnummer	vsl. ab / durch [Std / Min]	Zugnummer	vsl. ab / durch [Std / Min]	Zugnummer	vsl. ab / durch [Std / Min]	Zugnummer	vsl. ab / durch [Std / Min]	
82635	13.48							

Abbildung 184: Nachweis der Zugmeldungen

So, das wäre geschafft!

Nur wenn die Reihenfolge der Handlungen beim Öffnen der Schranken gleich bleibt und durch ständiges Richtigmachen „in Fleisch und Blut" übergegangen ist, kann der Schrankenwärter sicher sein, keinen Gegenzug zu vergessen.

DER BILDUNGSTRÄGER IM VERKEHRSMARKT

V D E F

Verband
Deutscher
Eisenbahnfachschulen

Als von der Deutschen Bahn Netz AG anerkannter Bildungsträger
und als Kompetenzzentrum der Akademie des Verbandes
Deutscher Verkehrsunternehmen bieten wir

Aus-, Fort- und Weiterbildung u. a. in den Bereichen

- **Bahnfachwissen**
  z. B.
  - Sicherungsposten
  - Sicherungsaufsicht
  - Schrankenwärter/Bahnübergangsposten
  - Führer von Zweiwegebaggern und Eisenbahnkränen
  - Zugführer und Rangierbegleiter im Rahmen von Baumaßnahmen
  - Bauüberwacher/Sicherungsüberwacher - alle Schwerpunkteinsatzgebiete -
  - Eisenbahnfahrzeugführer (VDV-Schrift 753) - Einsatz von interaktiven Fahrsimulatoren -
  - Eisenbahnbetriebsleiter

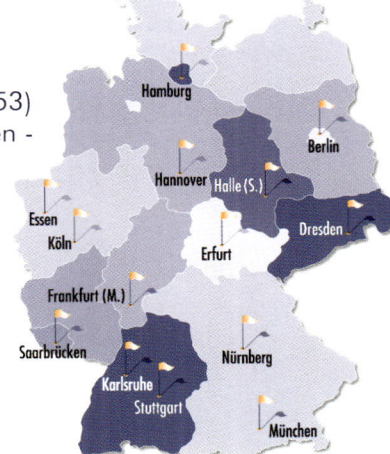

- **IHK-Industriemeister**
  z. B. Fachrichtungen
  - Gleisbau
  - Leit- u. Sicherungstechnik - Eisenbahn
  - Techn. Wagenbehandlung - Eisenbahn

Bundesweit in den VDEF-Bildungszentren

Information und Anmeldung:
VDEF Verband Deutscher Eisenbahnfachschulen
Verbandsgeschäftsstelle
Bahnhofplatz 1, 76137 Karlsruhe
Tel.: 0721 47662-0, Fax: 0721 47662-22, E-Mail: Verband@vdef.de

Besuchen Sie uns auch im Internet: http://www.vdef.de

3 Rangieren –
eine Gemeinschaftsaufgabe

3.1 Allgemeines

Das Rangieren ist das Bewegen von Fahrzeugen, ausgenommen das Fahren der Züge. Es umfasst alle Tätigkeiten, die erforderlich sind, um

- Züge zu bilden,
- Züge aufzulösen,
- Fahrzeuge für Züge bereitzustellen.

Wo wird rangiert?

Rangieraufgaben fallen dort an, wo Züge beginnen, enden, oder gebildet werden und wo Gleisanschlüsse vorhanden sind:

- **im Bahnhof** z.B. am Bahnsteig
- an der Ladestraße
- im Gleisanschluss
- auf der freien Strecke, nur in **Anschlussstellen** bzw. Ausweichanschlussstellen (Beachten Sie: Fahrten vom Bf zur Anschlussstelle bzw. Ausweichanschlussstelle und umgekehrt sind „Zugfahrten", da sie auf die freie Strecke übergehen!)
- in **Baugleisen.**

Begriffe beim Rangieren

Alle Fahrzeugbewegungen, die erforderlich sind, um Züge zu bilden oder aufzulösen, Ladestellen zu bedienen oder Fahrzeuge für Züge bereitzustellen, werden Rangieren genannt.

Hierzu einige Auszüge aus der Ril 408:

Modul 408.0801
Begriffserklärungen Rangieren
(1) a) Rangieren ist das Bewegen von Fahrzeugen, ausgenommen das Fahren der Züge. Das Bewegen von Fahrzeugen im Baugleis ist Rangieren.

Dabei wird unterschieden nach

- Rangierfahrt
- Abdrücken, Ablaufen
- Abstoßen
- Beidrücken
- Aufdrücken und
- Verschieben

Rangierfahrt

Bei einer Rangierfahrt werden

- ■ einzeln fahrende Triebfahrzeuge oder
- ■ eine Gruppe gekuppelter Fahrzeuge, von denen mindestens ein Fahrzeug ein arbeitendes Triebfahrzeug ist, bewegt

Beispiel: Umsetzen der Wagen vom Gleis 4a nach Gleis 2 mit einer Rangierlok

Abbildung 185: Rangierfahrt.

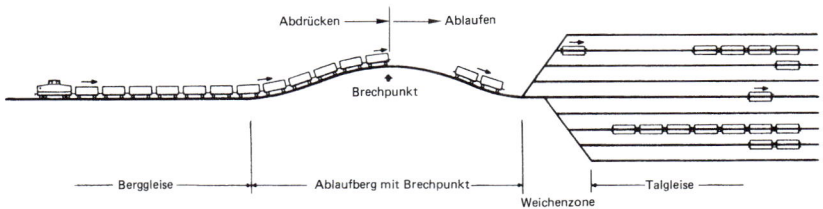

Abbildung 186: Abdrücken/Ablaufen.

Ablaufen, Abdrücken

Ablaufen ist das Bewegen von Fahrzeugen durch Schwerkraft im allgemeinen von einem Ablaufberg herab, über den die Fahrzeuge abgedrückt werden.

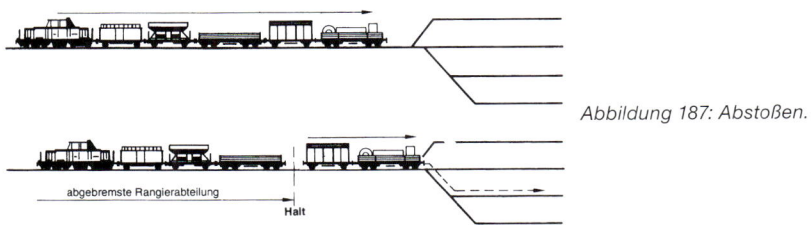

Abbildung 187: Abstoßen.

Abstoßen

Abstoßen ist das Bewegen geschobener, nicht mit einem arbeitenden Triebfahrzeug gekuppelter Fahrzeuge durch Beschleunigen, so dass die Fahrzeuge allein weiterfahren, nachdem das Triebfahrzeug angehalten hat.

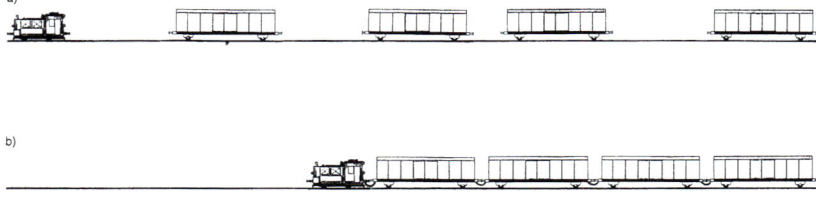

Abbildung 188: Beidrücken.

Beidrücken
Beidrücken ist das Bewegen getrennt stehender Fahrzeuge zum Kuppeln.

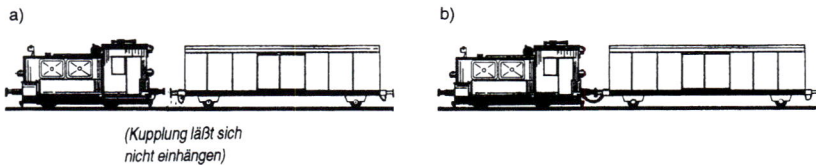

*(Kupplung läßt sich
nicht einhängen)*

Abbildung 189: Aufdrücken.

Aufdrücken
Aufdrücken ist das Bewegen von Fahrzeugen zum Entkuppeln oder von kuppelreif stehenden Fahrzeugen zum Kuppeln.

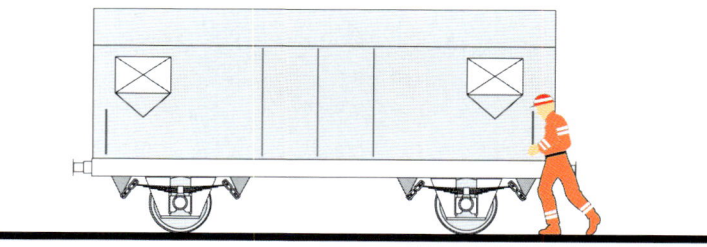

Abbildung 190: Verschieben.

Verschieben
Verschieben ist das Bewegen von Fahrzeugen durch Menschenkraft oder durch einen Antrieb, der nicht von einem Triebfahrzeug ausgeht.

Zweckmäßig und sicher
Grundsätzlich muss bei jeder Rangierfahrt darauf geachtet werden, dass niemand verletzt oder gefährdet wird und auch das Beförderungsgut nicht beschädigt wird.

Anders als bei Zugfahrten können für die Durchführung von Rangierfahrten nicht alle Abläufe bis in die Einzelheiten geplant werden. So ist es beispielsweise im Güterverkehr nicht vorhersehbar, wieviele Wagen unsere Kunden an welchem Tag, für welche Ziele aufliefern werden. Damit weiß man auch nicht, wieviele Rangierfahrten zur Bildung oder Auflösung des gleichen Zuges an den einzelnen Tagen erforderlich werden und in welcher Reihenfolge sie am *zweckmäßigsten* durchgeführt werden.

Ferner kann für Rangierfahrten nicht der gleiche technische Sicherheitsstandard garantiert werden, wie für Zugfahrten. So werden Züge nur in freie Gleise eingelassen, wohingegen der Zweck einer Rangierfahrt gerade die Fahrt in ein besetztes Gleis sein kann, etwa um an einen dort eingefahrenen Zug Wagen beizustellen. Das Rangierpersonal muss u.a. durch Fahrwegbeobachtung selbst dafür sorgen, dass niemand verletzt wird, also die Rangierfahrten sicher durchgeführt werden

Aufbau und Aufgaben der Rangierbahnhöfe

Damit die einzelnen Güterwagen aus den Gleisanschlüssen der Kunden möglichst wirtschaftlich zu den Empfängern gebracht werden können, gibt es bei der Bahn Rangierbahnhöfe (Rbf) und Knotenpunktbahnhöfe (Kbf).

Ihre Aufgabe besteht darin, gesammelte Güterwagen aus der Umgebung nach Richtungen gebündelt mit Ferngüterzügen sozusagen auf große Fahrt zu schicken – bzw. diejenigen Güterwagen, die gebündelt von weither ankommen, nach Richtungen sortiert in die Umgebung zu verteilen.

Um dieser Aufgabe gerecht zu werden, sind fast alle Rangierbahnhöfe unterteilt in
- Einfahrgruppe
- Ablaufberg
- Richtungsgruppe
- Ausfahrgruppe

Man spricht von einem **„einseitigen" Rangierbahnhof**, wenn das oben angegebene System für eine Richtung eingerichtet ist. Ein **„zweiseitiger" Rangierbahnhof** liegt vor, wenn z.B. ein Nord-Süd-System und ein Süd-Nord-System eingerichtet sind.

Die Weiterverteilung bzw. das Sammeln der Güterwagen erfolgt in sog. Knotenbahnhöfen (Kbf) und deren Satelliten (= kleinere Bahnhöfe).

Damit die Güterwagen der Kunden von den verschiedenen Aufkommenspunkten (Satelliten) möglichst wirtschaftlich zu den Empfängern gebracht werden können, müssen die einzelnen Wagen unterwegs zusammengefasst und zu Wagenströmen gebündelt werden.

Abbildung 191: Luftaufnahme Rangierbahnhof Maschen.

Der Kbf sammelt die Güterwagen aus der ihm zugeordneten Fläche und fährt dann diese Wagen weiter zu seinem zuständigen Rbf. Umgekehrt verteilt der Kbf die vom Rbf zugefahrenen Wagen an seine Empfangsstellen in der Fläche. Produktionstechnisch spricht man hier von „Sammlung" und „Verteilung".

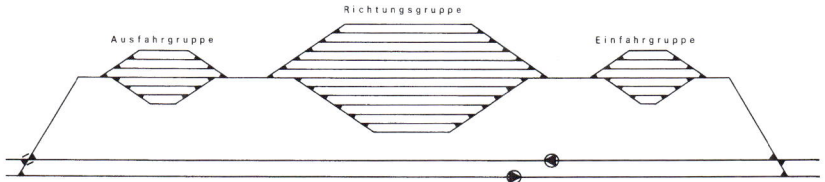

Abbildung 192: Einseitiger Rangierbahnhof.

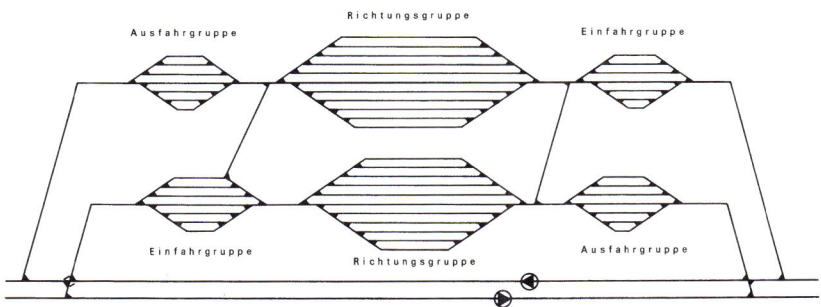

Abbildung 193: Zweiseitiger Rangierbahnhof.

Abbildung 194: Rangiereinheit im Rangierbahnhof Nürnberg

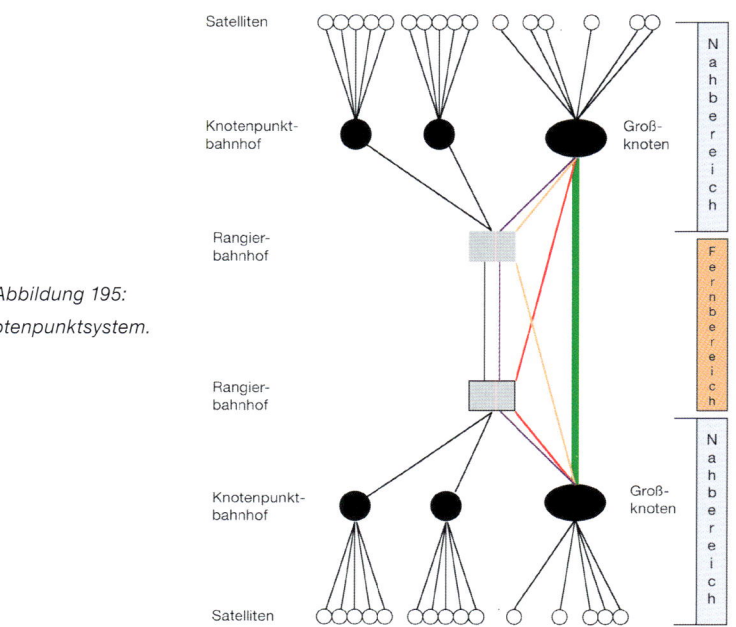

Satelliten

Knotenpunkt-bahnhof

Groß-knoten

Rangier-bahnhof

Rangier-bahnhof

Knotenpunkt-bahnhof

Groß-knoten

Satelliten

Nahbereich

Fernbereich

Nahbereich

Abbildung 195:
Knotenpunktsystem.

DB Cargo Bahnhof Nürnberg					lfd. Nummer					25	26

Nürnberg Rbf

Gruppenbahnhöfe

Zug | Lfd Nr

E+F-Ü Plan

Ausgang Fernverkehr
Di - Fr

Gültig vom 05.09.2005 an

Stand: 24.08.2005

Eingang

lfd. Nr.	Ausgangs-bahnhof	Tk	Nummer	Verkehrstage	Ankunft	Wochenendruhen			Rangierpause	Ablaufende	Wagen		
						Sa	So	Mo					
1													1
2	Rostock		52845	Di-Sa	23.05					0.10	25	52845	2
3	Landshut	X	52754	W(Sa)	23.13					0.20	21	52754	3
4	Cheb		44330	Di-Sa	23.19					0.30	24	44330	4
5	Reg Ost		56892	W(Sa)	23.30					0.40	24	56892	5
6	Kornwesth		52685	Di-Fr (nS)	23.27					0.45	27	52685	6
7	Augsburg		56018	W(Sa)	23.37					0.55	25	56018	7
8													8
9	Nur Dutz		56696	W(Fr+Sa)	23.47					1.00	18	56696	9
10	Schweinfurt		56945	W(Sa)	23.54					1.10	25	56945	10
11	Schwandorf		56856	Di-Sa (nS)	0.14					1.15	22	56856	11
12	Ingolstadt		52742	Di-Sa (nS)	0.17					1.25	26	52742	12
13	Rf		101	W(Mo)	0.10					1.30	11	101	13
14	Rf		704	Mo-Do	23.59					1.40	18	704	14
15	Reg Ost		56894	Di-Sa (nS)	0.39					1.45	25	56894	15
16													16
17	Linz	X	44924	Di-Sa (nS)	0.50					2.00	24	44924	17
18	Rf		801	Di-Sa	1.00					2.05	23	801	18
19	Furth i.W.	X	44344	Di-Fr(nS)	1.03							44344	19

Abbildung 196:
Wagenübergangsplan
Bf Nürnberg Rbf.

Rangieren

Abbildung 197 a: Bf Nürnberg Rbf – ankommender Stern.

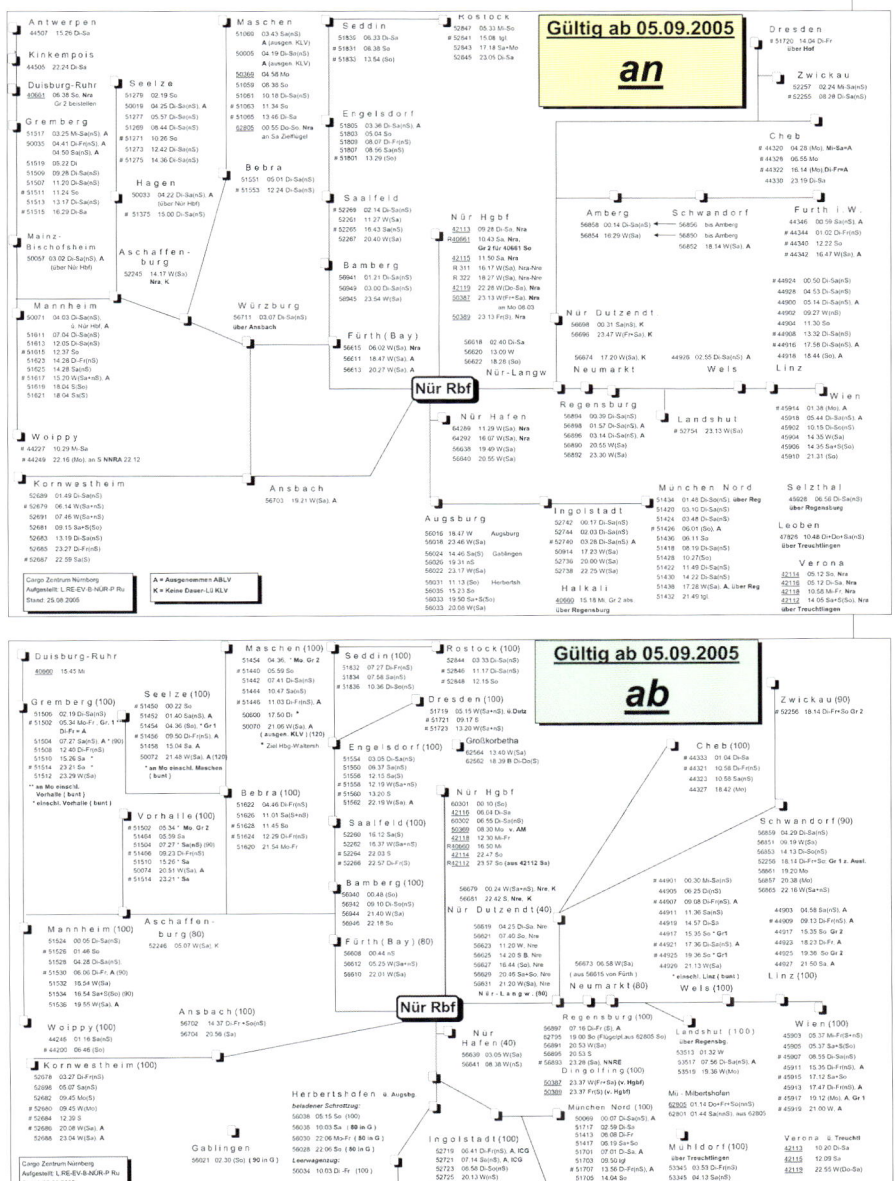

Abbildung 197 b: Bf Nürnberg Rbf – abgehender Stern.

Im Rbf werden die aus mehreren Kbf eingegangenen Wagen nach Richtungen zusammengefasst und mit Ferngüterzügen zu anderen Rbf abgefahren. Wagen, die aus der Ferne ankommen und für die Verteilung bestimmt sind, fährt der Rbf zu seinen angeschlossenen Kbf.

Arbeitsunterlagen und Rangiergeräte

Jeder am Rangieren beteiligte Mitarbeiter muss die für ihn wichtigen Besonderheiten der Betriebsstellen, auf denen er rangiert, kennen. Diese Besonderheiten sind in den **Örtlichen Richtlinien** enthalten, z.B.

- Rangierseite
- Geschwindigkeit beim Rangieren beschränken
- Maßnahmen wegen Gefälle
- Abstoß- und Ablaufverbot
- Bremsen bei Rangierfahrten
- Festlegen von Fahrzeugen
- Rangierverbot, wenn Zugfahrten gefährdet werden können

Eine weitere Grundlage für das Rangieren sind die **Zugbildungspläne**. Diese werden im nächsten Kapitel behandelt.

Der **Wagenübergangsplan** ist das Bindeglied zwischen den Eingangs- und Ausgangszügen eines Rangierbahnhofs. Ihm kann entnommen werden, auf welchen Ausgangszug die ankommenden Wagen übergehen, d. h. es kann der Übergang eines Wagens ermittelt werden. Der Wagenübergangsplan enthält auf der linken Seite alle Eingangszüge in der zeitlichen Reihenfolge von 0.00 bis 24.00 Uhr. Im Kopf sind von links nach rechts die einzelnen Ausgangsrichtungen und darunter die jeweiligen Güterzüge mit ihrer Abfahrtszeit und die Stunde des Eingangs auf dem Zugendbahnhof angegeben.

Es gibt für die Mitarbeiter beim Rangieren unentbehrliche Arbeitsgeräte, die wir Ihnen vorstellen möchten: Hemmschuh und Radvorleger sowie Entkupplungsstange.

F-Rangiertafel Rbf Nürnberg 670-00
Gültig vom 05.09.2005

Abbildung 198:
Rangiertafel
Bf Nürnberg Rbf.

Richt/Kennzahl	Gleis	Zugbildung	Bemerkung
010-00 - 049-10	073	Maschen	
150-00 - 165-96	081	Seelze	
201-00 - 291-81	067	Vorhalle	
301-00 - 330-91	075	Gremberg	
350-00 - 361-88	045	Bebra	
371-00 - 395-99	077	Mannheim	
396-00 - 396-61	075	Gremberg	
396-62 - 410-15	077	Mannheim	
410-16 - 410-20	083	Kornwestheim	
410-30 - 410-59	077	Mannheim	

Abbildung 199:
Hemmschuh.

Der Hemmschuh

Mit diesem Gerät können ablaufende Fahrzeuge angehalten werden. Dabei „entfaltet" der Hemmschuh seine Bremswirkung auf zweifache Weise: erstens wird er durch das Fahrzeug auf der Schiene mitgeschleift, wodurch Reibung entsteht, welche der Bewegung des Fahrzeuges entgegenwirkt; zweitens erzeugt das sich noch drehende Rad auf der Sohle des Hemmschuhs ebenfalls Reibung und verstärkt damit die Bremswirkung.

Daneben eignet sich der Hemmschuh auch zum Festlegen von Fahrzeugen gegen unbeabsichtigtes Bewegen.

Es gibt drei Formen von Hemmschuhen, die sich untereinander durch verschiedene Farbanstriche unterscheiden und jeweils nur auf bestimmte Schienenformen passen.

Abbildung 200:
Radvorleger.

Der Radvorleger

Der Radvorleger lässt sich mittels einer Flügelschraube auf der Schiene festschrauben und verhindert so ebenfalls das unbeabsichtigte Bewegen von Fahrzeugen. Dabei ist seine Wirkung allerdings wesentlich besser als die eines Hemmschuhs.

Abbildung 201:
Entkupp-
lungsstange.

Die Entkupplungsstange

Beim Abdrückvorgang am Ablaufberg werden die bereits „langgemachten" Schraubenkupplungen mit Hilfe einer Entkupplungsstange ausgehängt.

Mitarbeiter beim Rangieren

In der Regel rangiert der Triebfahrzeugführer. Im Rangier- oder Dienstplan können Aufgaben des Triebfahrzeugführers einem Rangierbegleiter (Rb) übertragen sein. Der Triebfahrzeugführer darf ebenfalls Aufgaben einem Rangierbegleiter übertragen.

Abbildung 202: Triebfahrzeugführer einer Rangierlokomotive.

Abbildung 203:
Rangierbegleiter beim Kuppeln.

Grundlage beim Rangieren ist die Tätigkeit des **Triebfahrzeugführers**. Er führt die Bewegungen der Fahrzeuge durch. Der Triebfahrzeugführer hat daher festzustellen, dass die Bedingungen für das Bewegen der Fahrzeuge erfüllt sind.

Kann dies der Triebfahrzeugführer nicht selbst feststellen, muss ein anderer Mitarbeiter diese Feststellungen treffen. Die Aufgaben werden dann vom **Rangierbegleiter** wahrgenommen. Der Triebfahrzeugführer darf Aufgaben einem Rangierbegleiter übertragen. Dies kann von Fall zu Fall notwendig werden. Steht von vornherein fest, dass Aufgaben vom Triebfahrzeugführer nicht wahrgenommen werden können, z.B. beim Rangieren mit nicht funkferngesteuerten Triebfahrzeugen, ist es zweckmäßig, Aufgaben einem Rangierbegleiter im Rangier- oder Dienstplan zu übertragen.

Das Übertragen von weiteren Aufgaben an den Rangierbegleiter ist möglich, z.B. die Verständigung des Weichenwärters, das Geben eines Fahrauftrages, das Beobachten des Fahrweges, Kuppeln, Festlegen von Fahrzeugen usw.

Der Rangierbegleiter hat die Ausführung der Aufgaben dem Triebfahrzeugführer zu bestätigen, ausgenommen dann, wenn er den Fahrauftrag erteilt. Der Fahrauftrag an den Triebfahrzeugführer ist erforderlich, wenn der Rangierbegleiter den Fahrweg und die Signale beobachtet.

Bevor Fahrzeuge bewegt werden, hat der Triebfahrzeugführer den **Weichenwärter** über Ziel, Zweck und Besonderheiten (z.B. Lü-Sendung, außergewöhnliche Länge, Bewegen von Kleinwagen) der Fahrzeugbewegung zu verständigen.

Abbildung 204:
Weichenwärter auf dem Stellwerk.

Es kann auch umgekehrt sein: Sind dem Triebfahrzeugführer Ziel und Zweck der Fahrzeugbewegung nicht bekannt, hat er diese beim Weichenwärter zu erfragen.

Wen hat der Triebfahrzeugführer noch zu verständigen?

Bevor Fahrzeuge bewegt werden, hat der Triebfahrzeugführer zu verständigen:

1. beteiligte **Rangierer** über Ziel und Zweck der Fahrzeugbewegung sowie über Besonderheiten, die beim Durchführen der Fahrzeugbewegung zu beachten sind,

2. andere Triebfahrzeugführer oder Rangierbegleiter, die Fahrzeug-

bewegungen durchführen, wenn eine gegenseitige Gefährdung eintreten kann.

Zustimmung des Weichenwärters

Bevor Fahrzeuge bewegt werden , ist in der Regel die Zustimmung des Weichenwärters erforderlich.

Abbildung 205: Verständigung durch den Triebfahrzeugführer.

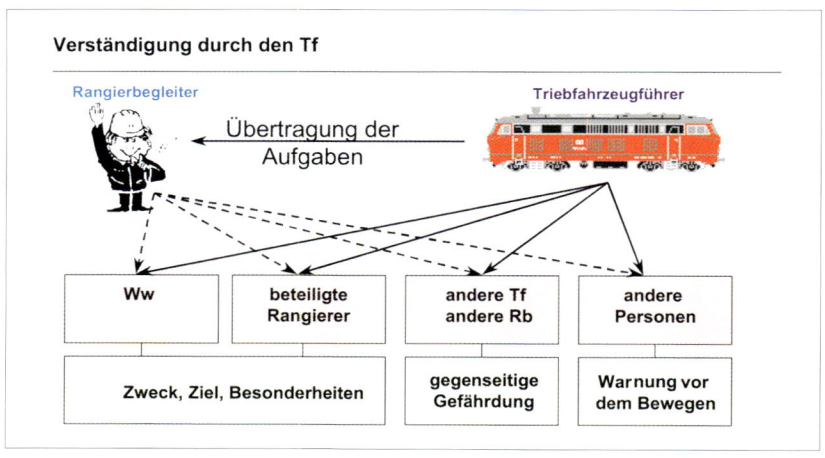

Rangieren

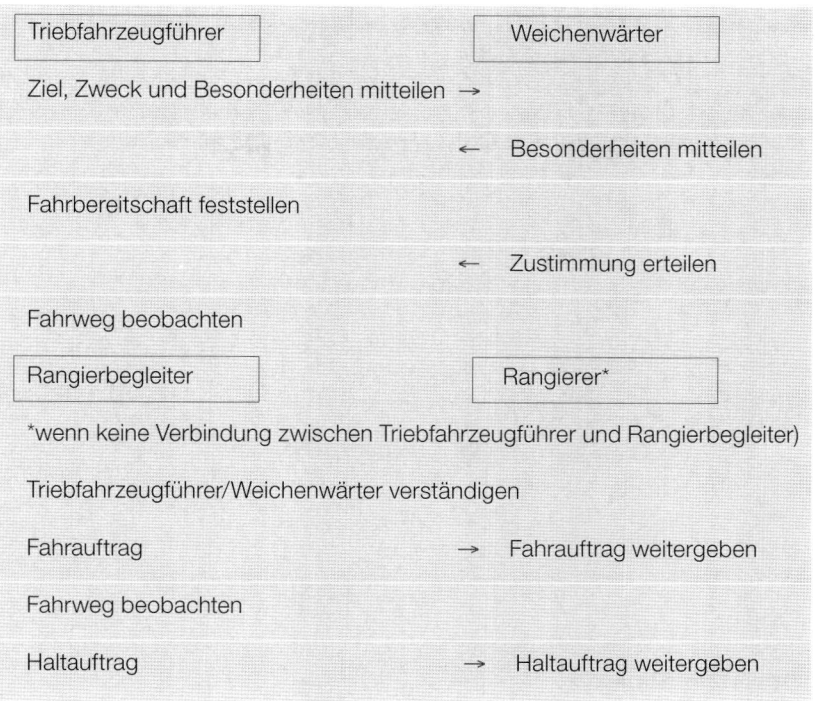

Abbildung 206: Aufgaben der Mitarbeiter beim Rangieren.

Voraussetzung für die Zustimmung des Weichenwärters ist z.B., dass er den Fahrweg eingestellt hat.

Wie gibt der Weichenwärter seine Zustimmung?

Der Weichenwärter gibt seine Zustimmung durch
1. Signal Sh 1 am Sperrsignal oder Hauptsignal, *Ra 12*
2. mündlich oder
3. Hochhalten eines Arms oder einer weißleuchtenden Handleuchte.

Und noch etwas ist wichtig:

Beim Wechsel der Fahrtrichtung ist für die Weiterfahrt stets eine neue Zustimmung erforderlich.

3.2 Rangierfahrten vorbereiten und durchführen

Wir möchten die wichtigsten Aufgaben der Beteiligten vor, während und nach einer Rangierfahrt anhand eines Beispiels vorstellen. Hierbei wird Ihnen bewusst nur soweit Einblick verschafft, wie es erforderlich ist, um Unterschiede zwischen Rangierfahrten und Zugfahrten zu erkennen.

Im Bahnhof Hberg soll folgende Rangierfahrt durchgeführt werden:

von Gleis 6 sollen 3 Wagen in die Firma Dunlop gefahren werden

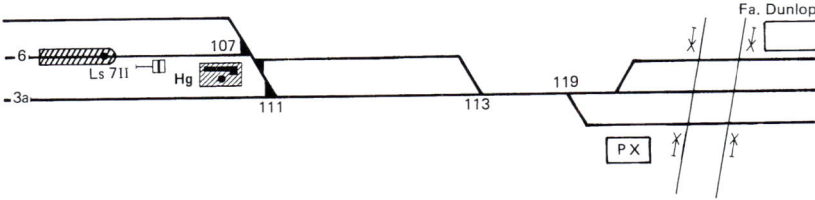

Abbildung 207: Durchführen einer Rangierfahrt im Bf Hberg.

Vorbereiten der Fahrt
Zunächst wird sich der Triebfahrzeugführer mit dem Weichenwärter „Hg" in Verbindung setzen, um ihn über Ziel und Zweck der Fahrzeugbewegung zu **verständigen**:

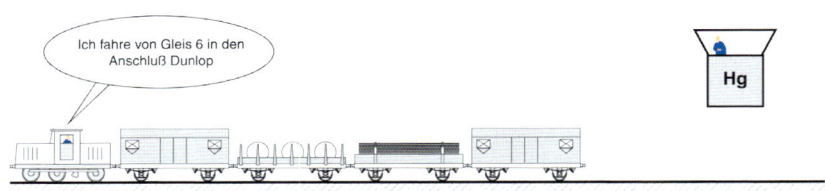

Abbildung 208: Triebfahrzeugführer verständigt Weichenwärter.

Falls es Besonderheiten gibt, die der Weichenwärter wissen muss, z.B. ob sich in der Rangierfahrt ein Fahrzeug mit Lademaßüberschreitung (Lü) befindet, muss der Triebfahrzeugführer dies ebenfalls mitteilen. Ebenso muss der Weichenwärter den Triebfahrzeugführer über eventuelle Abweichungen vom üblichen Fahrweg unterrichten.

Der Weichenwärter stellt daraufhin die zu befahrenden ferngestellten Weichen 107 und 111 in die richtige Lage. Außerdem ist er dafür verantwortlich, dass andere Weichenwärter über die Rangierfahrt informiert werden, falls die Fahrt auch durch deren Stellwerksbezirk führt. (Dies trifft jedoch in unserem Beispiel nicht zu).

Der Triebfahrzeugführer muss andere Triebfahrzeugführer oder Rangierbegleiter warnen, wenn eine gegenseitige Gefährdung eintreten kann.

Da sich der Schrankenposten X am Rangierweg befindet, muss der Weichenwärter dem Schrankenwärter die Fahrt ankündigen, damit dieser den Bahnübergang rechtzeitig sichern kann.

Nachdem der Weichenwärter alle Bedingungen für die Fahrt erfüllt hat, gibt er sein Einverständnis, d. h. seine Zustimmung zur Fahrt, durch Stellen des Lichtsperrsignals 7 II in Stellung Sh 1.

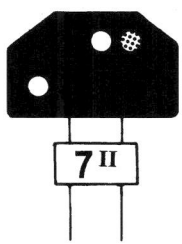

Abbildung 209:
Ls 7 II zeigt Sh 1;
Zustimmung des Weichenwärters.

Bevor die Rangierfahrt in Bewegung gesetzt werden darf, muss die **Fahrbereit-schaft** festgestellt werden. Der Triebfahrzeugführer entfernt z.B. Hemmschuhe oder Radvorleger unter den Wagen und sieht nach, ob Handbremsen gelöst sind und alle Fahrzeuge untereinander gekuppelt sind.

In unserem Fall werden nur 6 Achsen bewegt, daher müssen die Wagen nicht an die Bremsleitung angeschlossen werden.

Die Bremskraft des Triebfahrzeuges reicht bis zu 40 Wagenachsen aus, bei Kleinlokomotiven z.B. bis zu 22 Achsen. Bei stärkeren Wagengruppen ist für je weitere angefangene 10 Achsen ein Fahrzeug mit wirkender Druckluftbremse an die Hauptluftleitung anzuschließen. Dann müsste an diesem luftgebremsten Fahrzeug(en) eine vereinfachte Bremsprobe ausgeführt werden.

Da der Triebfahrzeugführer in unserem Fall den Fahrweg und die Signale nicht überblicken kann, ist ein Rangierbegleiter erforderlich. Dieser ist mit **Rangierfunk** ausgerüstet. Der Triebfahrzeugführer und der Rangierbegleiter müssen einen gemeinsamen Funkkanal festlegen und ein Probegespräch führen, um während der Fahrt eine einwandfreie Sprechverbindung zu gewährleisten. Zur Erteilung

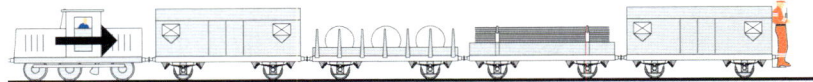

Abbildung 210: Fahrauftrag an den Triebfahrzeugführer.

des Fahrauftrages stellt sich der Rangierbegleiter an die Spitze der Rangierfahrt, damit er während der Fahrt den Fahrweg gut beobachten kann. Er sucht sich einen sicheren Standplatz und beauftragt den Tf über Funk vorzuziehen, also loszufahren.

Durchführen der Fahrt

Beim Rangieren wird die Geschwindigkeit so geregelt, dass unter Beachtung des Bremsweges, der u.a. von einem etwaigen Gefälle im Gleis und vom Gewicht der Wagen abhängig ist, vor Gefahrstellen im Fahrweg, die einen Halt erfordern – insbesondere Fahrzeugen – vor Halt zeigenden Signalen, sowie am Ziel der Fahrt rechtzeitig angehalten werden kann. Dabei darf in der Regel nicht schneller als **25 km/h** gefahren werden!

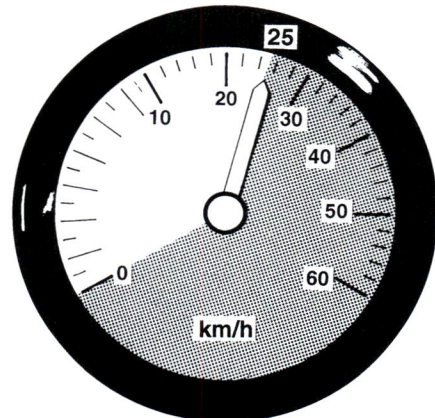

Abbildung 211:
Rangiergeschwindigkeit

Der Rangierbegleiter achtet darauf, dass keine Fahrzeuge im Gleis stehen, dass Gleissperren und sonstige Einrichtungen richtig gestellt sind, z.B. die ortsgestellten Weichen 113 und 119, dass sich an den Weichen keine gefährdenden Fahrten nähern und dass der Bahnübergang Posten X gesichert ist, also die Schranken geschlossen wurden.

Auch der Triebfahrzeugführer beteiligt sich an der **Fahrwegbeobachtung**, soweit es ihm möglich ist.

Abstellen und Festlegen der Fahrzeuge

Am Ziel angelangt, werden die abzustellenden Wagen abgekuppelt und mit Hemmschuhen bzw. Radvorlegern gegen Entlaufen festgelegt.

3.3 Besonderheiten beim Rangieren mit ortsgestellten Weichen

Ortsgestellte Weichen befinden sich hauptsächlich in Nebengleisen und werden grundsätzlich durch das Rangierpersonal durch Umlegen des Hebelgewichtes über ein Gestänge mechanisch umgestellt.

Die Hebelgewichte haben unterschiedliche Anstriche mit jeweils besonderer Bedeutung.

Kennzeichnung ortsgestellter Weichen/Rückfallweichen

Bedeutung:	ehemaliger Bereich der **DB**:	ehemaliger Bereich der **DR**:
Grundstellung		
keine Grundstellung erforderlich		
Nur mit Zustimmung des Weichenwärters umstellen		
Rückfallweichen		
Weiche ohne Spitzenverschluss		

Abbildung 213:
Übersicht der Kennzeichnung ortsgestellter Weichen.

Abbildung 214:
Ortsgestellte Weiche, mit
„W" gekennzeichnet.

Mit „W" gekennzeichnete Hebelgewichte ortsgestellter Weichen dürfen nur nach **Zustimmung des zuständigen Weichenwärters** umgestellt werden.

Die Hebelgewichte der Weichen, für die **eine Grundstellung vorgeschrieben** ist, sind im Geltungsbereich der DS 301 zur Hälfte weiß und schwarz gestrichen/ *haben einen gelb-schwarzen Anstrich.*
Die Hebelgewichte der Weichen, für die **keine Grundstellung** vorgeschrieben ist, haben einen gelben/*zur Hälfte weißen und schwarzen Anstrich.*

Abbildung 215:
Ortsgestellte Weiche
mit gelbem Anstrich.

Abbildung 216:
Ortsgestellte Weiche
in Grundstellung.

Bei ortsgestellten Weichen mit **weiß/schwarzem** Anstrich ist im Geltungsbereich der DS 301 **eine** Grundstellung, *im Geltungsbereich der DV 301* **keine** *Grundstellung* vorgeschrieben. Stehen sie in Grundstellung, ist der schwarze Teil des Hebelgewichts der Erde zugekehrt.

Nach einer Rangierfahrt müssen sich ortsgestellte Weichen wieder in Grundstellung befinden, wenn eine solche – je nach Anstrich des Umstellgewichtes – vorgesehen ist.

Weichen ohne Spitzenverschluss erfordern besondere Aufmerksamkeit beim Rangieren. Beim Befahren solcher Weichen gegen die Spitze muss das Hebel- bzw. Umstellgewicht kräftig niedergedrückt werden.

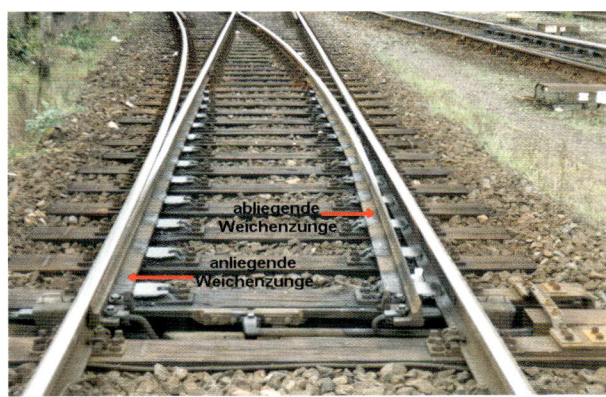

Abbildung 217:
Ortsgestellte
Weiche ohne
Spitzenverschluss
(Geltungsbe-
reich DS 301).

Im Zuge der Inbetriebnahme von ESTW werden vermehrt EOW-Bereiche eingerichtet; d.h. in Bereichen, in denen ausschließlich Rangierbetrieb stattfindet, werden die Weichen elektrisch ortsgestellt (kurz: EOW genannt).

Daher lassen Sie uns einen kurzen Exkurs zum Rangieren in **EOW-Bereichen** anhand des Beispiels Ffm Hbf machen.
Der Bf Ffm Hbf Innenbahnhof hat vier EOW-Bereiche:

EOW-Bereich	Lage	Zust. Fdl
110 **Taunus**	Südlich des Einfahrgleises aus Richtung Abzw Gutleuthof	Fdl 1
256 **Bebra**	Zwischen Ausfahrgleis nach Abzw Gutleuthof und Bebraeinfahrgleis aus Richtung Abzw Frankfurt Main-Neckar-Brücke	Fdl 1
380 **Neckar Süd**	Zwischen Neckarausfahrgleis in Richtung Abzw Frankfurt Main-Neckar-Brücke und Verkehrsgleis nach/von Fa	Fdl 2
390 **Neckar Nord**	Zwischen Verkehrsgleis von/nach Fa und Einfahrgleis aus Richtung Ffm Galluswarte.	Fdl 2

Rangiert ein Triebfahrzeugführer in Gleisbereichen mit ortsgestellten Weichen, nimmt er für alle Weichen die Aufgaben eines Bedieners wahr; er stellt den Fahrweg ein, verständigt Beteiligte und benötigt keine Zustimmung zur Fahrt durch den Weichenwärter. Jedoch wird immer eine Rangierverständigung durchgeführt und der Tf durch den Fdl (bzw. Weichenwärter) über etwaige Besonderheiten informiert.

- Vor der ersten Fahrt ist eine **Rangierverständigung** zwischen Tf und Fdl durchzuführen.
- **Der Fdl unterrichtet den Tf über die Besonderheiten** nach Ril 408.0811 Abschnitt 1 Absatz 3 a).
- Der **Tf verständigt die Beteiligten** nach 408.0811 Abschnitt 1 Absatz 1 d) und e) (beteiligte Rangierer, anderer Tf wenn gegenseitige Gefährdung möglich, Personen in Fahrzeugen vor dem Heranfahren)
- **Fahrwegbeobachtung nach 408.0821 Abschnitt 4 durchführen** (u.a. Freisein des Fahrweges, richtige Stellung der Weichen, Fz die sich in gefährdender Weise nähern)
- **Einstellen des Fahrweges/Umstellen von Weichen nach Ril 482.9004 und Fahrtbeginn**
- **Weitere Fahrwegbeobachtung nach 408.0821 Abschnitt 4**

Abbildung 218: Fahrwegstelltafel Taunus 110 Bf Ffm Hbf.

Je nach Bedienungsart der EOW, ob über die Fahrwegstelltafel oder über einen Schlagtaster oder durch Befahren der Kontakte, ist eine andere Reihenfolge bzw. eine Wiederholung einzelner Schritte erforderlich.

Nach dem Einschalten mit dem Vierkant kann über Start- und Zieltastenbedienung die Weiche eingestellt werden.

Die Schlagtaster dienen dem Umstellen der Weichen.

Jede Weiche kann auch direkt am Weichensignal mit Vierkant umgestellt werden.

Abbildung 219: Schlagtaster.

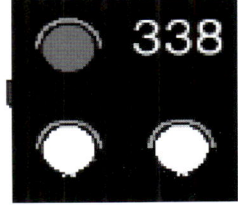

Abbildung 220: Weichensignal der Weiche 338 Bf Ffm Hbf.

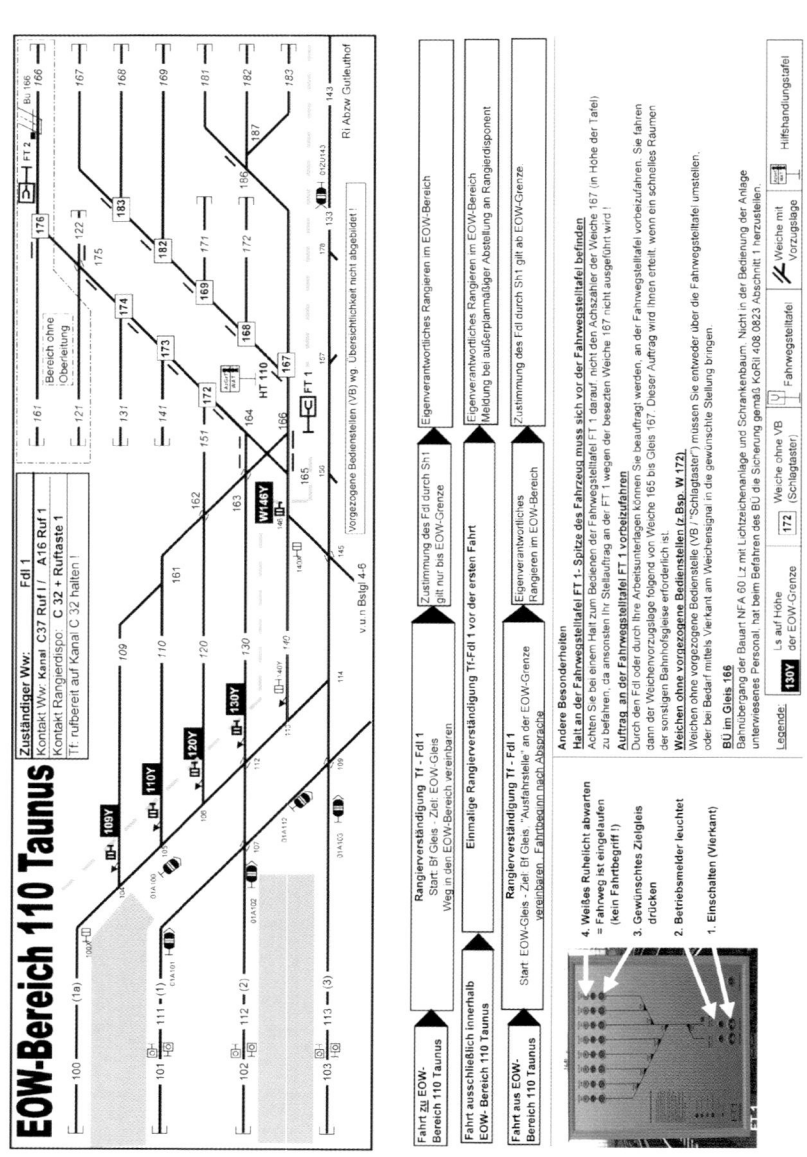

Abbildung 221: Merkkarte EOW-Bereich Taunus 110 Bf Ffm Hbf.

Die Bestimmungen zum Rangieren in den vier EOW-Bereichen Ffm Hbf einschl. der Merkkarten sind in den Örtlichen Richtlinien (ÖRil) für Mitarbeiter ESTW Ffm Hbf bzw. in den ÖRil Zub veröffentlicht.

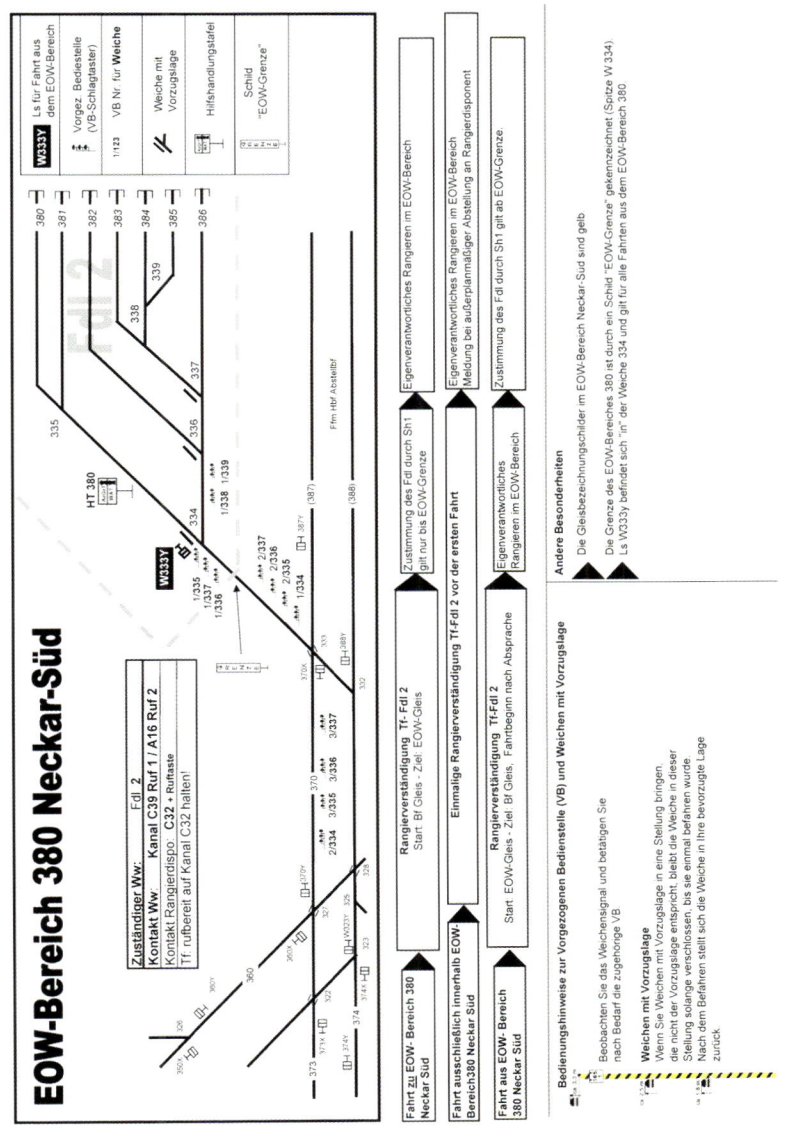

Abbildung 222: Merkkarte EOW-Bereich 380 Neckar-Süd Bf Ffm Hbf.

3.4 Rangieren auf Hauptgleisen

Hauptgleise sind die von Zügen planmäßig befahrenen Gleise, auf denen nur mit Vorwissen des zuständigen Fahrdienstleiters rangiert werden darf; dies gilt auch für das Abstellen von Fahrzeugen.

Für die Durchführung von Zugfahrten müssen Hauptgleise **rechtzeitig von Rangierfahrten geräumt** werden. Auf Bahnhöfen ohne Einfahrsignale muss dies spätestens 10 Minuten vor der voraussichtlichen Ankunft eines Zuges erfolgt sein. In den Örtlichen Richtlinien können andere Zeiten zugelassen werden. Auf Strecken mit unterbrochener Arbeitszeit müssen die durchgehenden Hauptgleise frei von Fahrzeugen bleiben, da es erforderlich werden kann, während der Arbeitszeitunterbrechung einen dringlichen Hilfszug über die Strecke zu leiten.

Wenn ein Bahnhof kein besonderes **Ausziehgleis** für Rangierfahrten hat, soll auf zweigleisigen Strecken möglichst auf dem **Ausfahrgleis** rangiert werden. Muss auf eingleisigen oder zweigleisigen Strecken auf dem **Einfahrgleis** rangiert werden, darf die Spitze der Rangierfahrt nur bis zur Rangierhalttafel (Signal Ra 10) fahren; diese ist am Ende des Durchrutschweges hinter dem Einfahrsignal aufgestellt. Wenn auf dem Einfahrgleis keine Rangierhalttafel vorhanden ist, darf nur bis zur ersten Weiche des Bahnhofs, der Einfahrweiche, rangiert werden. Darüber hinaus ist das Rangieren nur mit schriftlicher Erlaubnis (Befehl Nr. 10) des Fahrdienstleiters zulässig.

Beachten Sie, dass die Rangierhalttafel
- im Geltungsbereich der DS 301 in der Regel links vom Gleis aufgestellt ist,
- im *Geltungsbereich der DV 301* unmittelbar rechts vom zugehörigen Gleis steht.

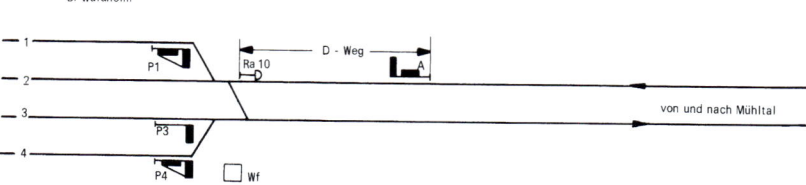

Abbildung 223: Rangieren auf Hauptgleisen.

Unterschiede Rangierfahrt – Zugfahrt

Rangierfahrten finden grundsätzlich im Bahnhof statt und nicht auf der freien Strecke. Weitere Unterscheidungsmerkmale zu Zugfahrten sind aus der Abbildung ersichtlich.

Gegenüberstellung Zugfahrt – Rangierfahrt

Merkmal	Zugfahrt	Rangierfahrt
Verantwortlicher	Zugführer	Triebfahrzeugführer
Triebfahrzeugführer	kann Aufgaben des Zugführers wahrnehmen	Kann Aufgaben an Rangier- begleiter delegieren
Durch Maschinenkraft bewegt	Muss immer gewährleistet sein	Kann, muss nicht (z. B. Ablaufberg) gewährleistet sein
Einheiten	Feste Zugeinheiten (Umläufe)	Rangierfahrten mit ständiger Neubildung
Fahrplan	Jeder Zug hat einen Fahrplan	Rangierfahrten benötigen keinen Fahrplan
Nummer	Jeder Zug hat eine Zugnummer	Erkennung erfolgt über Arbeitsbezeichnungen, z. B. Lok 1 usw.
Verkehrsgleise	Hauptgleise (Regel)	Haupt- und Nebengleise sowie Baugleise
Freie Strecke	Geht über auf freie Strecke	verkehrt grundsätzlich im Bahnhof
Bremsberechnung	Nach Zuggewicht (t)	Nach Achsenzahl
Bremsprobe	Volle oder vereinfachte Bremsprobe	Vereinfachte Bremsprobe
Signale am Zug	Zg 1 (Spitzensignal), Zg 2 (Schlusssignal)	Fz 1 (Rangierlokomotivsignal), Fz 2 (Gelbe Fahne)
Fahrweg	Stets gesichert (einschl. D-Weg, Flankenschutz)	Evtl. Rangierstraßen (nur bei Spurplanstellwerken und ESTW)
Vorbedingungen	1. Planmäßige Verkehrszeit muss bekannt sein 2. Gleise frei 3. Zustimmung Fdl zur Fahrt 4. Abfahrauftrag	1. Rangiervereinbarung; Beteiligte verständigen 2. Gleise können besetzt sein 3. Zustimmung durch Ww 4. Rangierauftrag
Gültigkeit der Hauptsignale	Hp 0, Hp 1/Ks1, Hp 2/Ks 2	Hp 0
Zustimmung zur Fahrt	durch Fdl Hp 1/Ks 1, Hp 2/Ks 2 usw. Schriftlicher Befehl	durch Weichenwärter Sh 1 oder mündlich
Geschwindigkeit	Fahrplan, Signale, La, schriftl. Befehl, Ril 408	1. Vorsichtig 2. Höchstens 25 km/h (40 km/h bei Ansage des freien Fahrwegs)

Abbildung 224: Unterschiede Zugfahrt – Rangierfahrt.

DB-Fachbücher

Jürgen Janicki / Horst Reinhard

DB-Fachbuch

Schienenfahrzeugtechnik

2. überarbeitete und erweiterte Auflage, 06/2008
524 Seiten, Paperback, Preis: EUR 54,90
ISBN 978-3-9808002-5-9

Die Schienenfahrzeugtechnik wird durch die Anforderungen an die Transportaufgaben des Bahnverkehrs vorangetrieben. In diesem DB-Fachbuch stellen die Autoren den aktuellen Stand der Schienenfahrzeugtechnik vor und erklären die Funktionsweise aller Bauteile und Komponenten moderner Schienenfahrzeuge. Aktuelle Entwicklungen wie Hochgeschwindigkeitszüge und Mehrsystemtechnik werden ebenso berücksichtigt wie neue Zugleit- und Sicherungssysteme. Zahlreiche Abbildungen veranschaulichen die komplexen technischen Sachverhalte.

Jürgen Janicki

DB-Fachbuch

Systemwissen Eisenbahn

1. Auflage, 8/2011
ca. 300 Seiten, Paperback, Format: 17 x 24 cm, Preis: EUR 49,90
ISBN 978-3-9808002-6-6

Das Fachbuch beschreibt die Funktionsweise der Eisenbahn und das Zusammenwirken der verschiedenen Teilsysteme. Grundsätzliche technische Komponenten und Sicherungseinrichtungen werden ebenso erläutert, wie die verschiedenen Betriebsformen und eisenbahnspezifischen Tätigkeiten. Ein unentbehrliches Nachschlagewerk für jeden Eisenbahner und ein praktischer Helfer für Berufsanfänger und Quereinsteiger in die Bahnbranche.

4 Bilden der Züge

Im Kapitel 1.5 haben Sie erfahren, wie die Fahrzeuge eingeteilt werden. Dieser Abschnitt unseres Buches soll Sie über den Einsatz der Reisezug- und Güterwagen informieren, über die Unterlagen, sowie die grundsätzlichen Bestimmungen für die Zugbildung.

Näheres über die Fahrzeugtechnik erfahren Sie in dem Fachbuch „Fahrzeugtechnik – Teil 1 Wagen, Teil 2 Triebfahrzeuge"!

4.1 Einsatz der Wagen

Güterwagen sind meist (ausgenommen sog. Heimatwagen) keiner bestimmten Stelle zugeteilt, sondern werden z.B. bei Railion bundesweit durch das „Güterwagenmanagement" in Duisburg bedarfsweise disponiert.

Dazu wird auf der Grundlage der Bestellungen der Kunden täglich der Wageneinsatz geplant.

Wenn die Güterwagen nach Entladung durch den Empfänger wieder für andere Transporte zur Verfügung stehen, ergeht ebenfalls eine entsprechende Information an das Güterwagenmanagement, damit jederzeit ein Überblick über die einsetzbaren Wagen möglich ist. Darüber hinaus besteht durch moderne satellitengestütze Navigation die Möglichkeit, Standorte einzelner Güterwagen jederzeit zu ermitteln.

Reisezugwagen sind grundsätzlich bei größeren Bahnhöfen beheimatet, die im Reisezugverkehr wichtige Zugbildungsaufgaben wahrnehmen. Der Einsatz dieser Wagen ist so geregelt, dass sie nach Ablauf eines bestimmten Zeitraumes immer wieder zum Heimatbahnhof zurückkehren („Umlauf").

Der Heimatbahnhof
- ■ verwendet die ihm zugewiesenen Wagen für das Bilden von Regel-, Sonder-, Entlastungs-, Ersatzzügen
- ■ überwacht den planmäßigen Umlauf der Wagen
- ■ führt eine tägliche Bestandsaufnahme der vorhandenen Wagen durch
- ■ sorgt für die fristgerechte Zuführung der Wagen zu den Ausbesserungswerken zwecks Untersuchung.

Daneben gibt es nichtbahneigene (private) Reisezug- und Güterwagen, für die der Eigentümer jeweils besondere Einstellungsverträge mit der DB AG abschließt.

4.2 Unterlagen für die Zugbildung

Allgemeines

Die betrieblichen Bestimmungen zum Bilden der Reise- und Güterzüge sind in Ril 408 „Züge fahren und Rangieren", enthalten.

Hierin findet man z.B. Regelungen über
- die zulässige Geschwindigkeit der Wagen
- die höchste zulässige Länge der Züge
- Fahrzeuge, die nicht in Züge eingestellt werden dürfen
- Fahrzeuge, die an einer bestimmten Stelle des Zuges eingestellt werden müssen

60   (Frankfurt)
(825)   Aschaffenbg Hbf - Mz-Bischofsheim

FZ 5 55545   Status: **42**

ab Aschaffenbg Hbf   64.7 060 06   W(Sa+nS)   nicht 15.08.06, nicht 01.11.06
ab Aschaffenbg Hbf   EBuLa Tfz 294   998t GL, Mbr 41 P, 80km/h, 550m
ab Aschaffenbg Hbf   Dauer-Lü-KLV P70, C70, P400, C400, Sk:D4

FZ 5 55567   Status: **42**

ab Mz-Bischofsheim   64.7 124 04   W(Sa)
ab Mz-Bischofsheim   EBuLa Tfz 140   1298t GL, Mbr 54 P, 90km/h, 680m
ab Mz-Bischofsheim   Sk:D4

Tk FZT 5 55579   Status: **42**

ab Aschaff.Hbf Einf   63.7 124 04   W(Sa)
ab Aschaff.Hbf Einf   EBuLa Tfz 140   1298t GL, Mbr 41 P, 80km/h, 550m
ab Aschaff.Hbf Einf   Dauer-Lü-KLV P70, C70, P400, C400, Sk:D4

		5 55545 W(Sa+nS)	5 55567 W(Sa)	5 55579 W(Sa)
NAH E	Aschaff.Hbf Einf			17.49
NAH	Aschaffenbg Hbf	10.14		17.51
FMB	Mz-Bischofsheim	11.30	03.52	
FDK	Da-Kranichstein		04.15	18.28
FMB	Mz-Bischofsheim			19.01
FSTK	Stockstadt (M)		04.44 C 05.00 *1	
NAH	Aschaffenbg Hbf		05.08	

Abbildung 225:

Auszug aus dem Zp G.

5 55545   NLC-Folge: 60   DB-Transp.-d: 1:15 h   DB-Transp.-g: 52 km/h
              NLN-Folge: 5   DB-km: 66   NE-km: 0   Ausl-km: 0

5 55567   *1 = Wg ab

              NLC-Folge: 60   DB-Transp.-d: 0:17 h   DB-Transp.-g: 227 km/h
              NLN-Folge: 5   DB-km: 64   NE-km: 0   Ausl-km: 0

5 55579   NLC-Folge: 60   DB-Transp.-d: 0:46 h   DB-Transp.-g: 84 km/h
              NLN-Folge: 5   DB-km: 65   NE-km: 0   Ausl-km: 0

Zp G 5 55545

ab Aschaffenbg Hbf
          1.1   FMB   Befplan aS, Mz-Bischofsheim

Zp G 5 55567

ab Mz-Bischofsheim
          1.1   NOE   Cl+Qua, Obernbg.-Elsenf.
          2.2   NANI   Cl+Qua, Aschaff.Nilkheim
          3.3   NAHA   Cl+Qua, Aschaffenbg Hfn
          4.4   NAH   Cl+Qua, Aschaffenbg Hbf
          5.5   NM   Cl+Qua, Miltenberg
          6.6   FSTK   Cl+Qua, Stockstadt (M)

ab Stockstadt (M)
          1.1   NOE   Cl+Qua, Obernbg.-Elsenf.
          2.2   NANI   Cl+Qua, Aschaff.Nilkheim
          3.3   NAHA   Cl+Qua, Aschaffenbg Hfn
          4.4   NAH   Cl+Qua, Aschaffenbg Hbf
          5.5   NM   Cl+Qua, Miltenberg

gedruckt: 02.02.06 / 08:47

Güterzüge

Die Zusammensetzung der einzelnen Güterzüge ist im **Zugbildungsplan für Güterzüge (Zp G)**, der zugleich auch Fahrplanheft ist, festgelegt. Diese Unterlage wird zu jedem Fahrplanwechsel neu herausgegeben.

Fahrzeiten und Zugbildung lassen sich am Beispiel des FZ 55567 nachvollziehen. Je nach Gutaufkommen der Kunden ist der Bedarf an Güterwagen jedoch unterschiedlich groß. Daher kann man für Güterzüge keine starre Zugbildung vorgeben, sondern man beschränkt sich darauf, die Wagen nach Zielrichtungen so zu gruppieren, dass der Arbeitsaufwand auf den Rangierbahnhöfen möglichst gering gehalten wird.

Reisezüge

Die Ril **Reisezugwagen disponieren und einsetzen** (Ril 409) enthält Bestimmungen über

- die Einteilung und Beheimatung des Wagenbestandes
- die Regel- und Sonderzugbildung
- Platzreservierungen.

Daneben gibt es noch eine Reihe von **Zugbildungsplänen für Reisezüge**, welche zu jedem Fahrplanwechsel neu herausgegeben werden.

Abbildung 226: Rotheft.

```
Kö           FV     VERW 80        SEITE:  332       Kö           FV     VERW 80

   ICE-A 679                                   ICE-A 678

   Linien-Nr. 801200                           Linien-Nr. 801200

So auch 26.12.05,17.04.06,01.05.06,      Karlsruhe Hbf - Frankfurt(M) Hbf =
05.06.06,03.10.06,nicht 25.12.05,16.,    (So) nicht 26.12.05,15.,17.04.06,
30.04.06,04.06.06,01.10.06               01.05.06,05.06.06

Hmb-Eidelst Ef - Hamburg-Altona =        Frankfurt(M) Hbf - Hmb-Eidelst Ef =
LICE-A                                   tgl

Hamburg-Altona - Stuttgart Hbf = ICE     Karlsruhe Hbf - Hamburg-Altona = ICE

besonderer Fahrpreis                     Hamburg-Altona - Hmb-Eidelst Ef =
                                         LICE-A

                                         besonderer Fahrpreis
---------------------------------------------------------------------------------
AB          HG    HV     TFZ  LAST  MBR  AB          HG    HV     TFZ  LAST  MBR

AE  F      250           401   852  (1)  RK         250           401   852  (1)
        (1)R+Mg                                  (1)R+Mg
---------------------------------------------------------------------------------
AB    BIS       ZKM   RZ  RG  HA ZGGNR   AB    BIS       ZKM   RZ  RG  HA ZGGNR

AE  F AA                          14.2   RK    AA                          14.1
AA    TS                          14.1   AA    AE  F                       14.2
---------------------------------------------------------------------------------

                   --   1849    Hmb-Eidelst Ef     1009    --
               Z1858   1909    Hamburg-Altona      950   1000
                               --------------
               Z1915   1917    Hamburg Dammtor   A 941    943
               Z1920   1924    Hamburg Hbf       A 935    938
                       1933    Hmb-Harburg                925
                       1936    Maschen Pbf                922
                       2000    Uelzen                     857
                2038   2041    Hannover Hbf        817    820
                       2047    Han Mess/Laatzen           811
                       2054    Sorsum                     804
                2115   2117    Göttingen           741    743
                       2124    Jühnde                     736
                2136   2138    Ksl-Wilhelmshöhe    721    723
                       2206    Fulda                      652
                       2218    Flieden                    640
                     |
                     |         Hanau Nordseite     609    611
                     |
                       2255    Offenbach(M) Hbf           601
                       2258    Ffm Süd                    558
                2301   2311    Frankfurt(M) Hbf    545    555
                               ----------------        |
                       2316    Neu-Isenburg            |
                2325   2327    Darmstadt Hbf           |
                       2345    Weinheim(Bergst)        |
                 001    003    Heidelberg Hbf          |
```

```
Kö           FV     VERW 80        SEITE:  330       Kö           FV     VERW 80

   ICE-A 677                                   ICE-A 676

   Linien-Nr. 801200                           Linien-Nr. 801200

Hmb-Eidelst Ef - Frankfurt(M) Hbf =      (So) nicht 26.12.05,15.,17.04.06,
tgl                                      01.05.06,05.06.06

Frankfurt(M) Hbf - Karlsruhe Hbf =       Stuttgart Hbf - Hamburg-Altona = ICE
(Sa) nicht 25.12.05,14.,16.,30.04.06,
04.06.06                                 Hamburg-Altona - Hmb-Eidelst Ef =
                                         LICE-A
Hmb-Eidelst Ef - Hamburg-Altona =
LICE-A                                   besonderer Fahrpreis

Hamburg-Altona - Karlsruhe Hbf = ICE

besonderer Fahrpreis
---------------------------------------------------------------------------------
AB          HG    HV     TFZ  LAST  MBR  AB          HG    HV     TFZ  LAST  MBR

AE  F      250           401   852  (1)  TS         250           401   852  (1)
        (1)R+Mg                                  (1)R+Mg
---------------------------------------------------------------------------------
AB    BIS       ZKM   RZ  RG  HA ZGGNR   AB    BIS       ZKM   RZ  RG  HA ZGGNR

AE  F AA                          14.2   TS    AA                          14.1
AA    RK                          14.1   AA    AE  F                       14.2
---------------------------------------------------------------------------------

                   --   1751    Hmb-Eidelst Ef     1108    --
               Z1759   1809    Hamburg-Altona    A1050   1100
                               --------------
               Z1815   1817    Hamburg Dammtor   A1041   1043
               Z1820   1824    Hamburg Hbf       A1035   1038
                       1833    Hmb-Harburg               1025
                       1836    Maschen Pbf               1022
                       1900    Uelzen                     957
                1938   1941    Hannover Hbf        917    920
                       1947    Han Mess/Laatzen           911
                       1954    Sorsum                     904
                2015   2017    Göttingen           841    843
                       2024    Jühnde                     836
                2036   2038    Ksl-Wilhelmshöhe    821    823
                       2106    Fulda                      752
                       2118    Flieden                    740
                       2154    Offenbach(M) Hbf           704
                       2158    Ffm Süd                    701
                2200   2205    Frankfurt(M) Hbf    653    658
                               ----------------        |
                       2210    Ff-Niederrad            |
                     |
                     |         Ffm Flughf Fbf      638    642
                     |         --------------
                       2224    Riedst-Goddelau            626
                       2235    Lampertheim                609
                2242   2244    Mannheim Hbf        559    601
```

Die Stellung der einzelnen Wagen im Zug wird in den **Reihungsplänen** – getrennt nach Fern- und Nahverkehr – dargestellt:

Zugbildungsplan A: Reihungsplan für Züge des Schienenpersonenfernverkehrs (Zp AR)

Dieser Plan dient übrigens als Grundlage zur Erstellung des Wagenstandanzeigers.

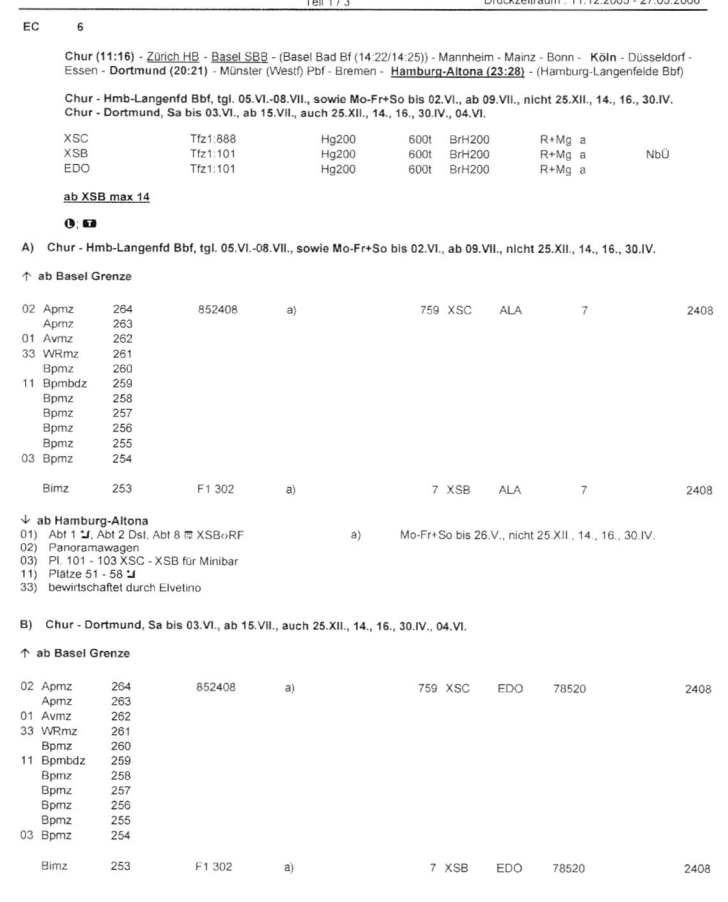

Abbildung 227: Auszug aus dem Zp AR.

Zugbildungsplan C: Reihungsplan für Züge des Schienenpersonennahverkehrs (ZpCR)

Der Lauf der einzelnen Wagen und Wagengruppen von Zug zu Zug („Umlauf") wird in den **Umlaufplänen** dargestellt:

<table>
<tr><td colspan="6">1</td><td colspan="2">Druckzeitraum : 11.12.2005 - 09.12.2006</td></tr>
<tr><td colspan="8"></td></tr>
<tr><td>RE-D</td><td>4060</td><td></td><td></td><td></td><td></td><td></td><td></td></tr>
<tr><td colspan="8">Mannheim Hbf (06:02) - Frankfurt (Main) Hbf (07:16)</td></tr>
<tr><td colspan="8">Mannheim Hbf - Frankfurt(M) Hbf, w(Sa)</td></tr>
<tr><td></td><td>Tfz1:111</td><td>Hg140</td><td>220t</td><td>BrH149</td><td></td><td>R</td><td>a</td></tr>
<tr><td colspan="8">FF 265.00 m</td></tr>
<tr><td>DABpza
DBpza
DBpza
DBpza
DBpbzfa</td><td>15 602</td><td></td><td>4587
4073</td><td>RM</td><td>FF</td><td></td><td>4063</td></tr>
<tr><td colspan="8"></td></tr>
<tr><td>RE-D</td><td>4061</td><td></td><td></td><td></td><td></td><td></td><td></td></tr>
<tr><td colspan="8">Frankfurt (Main) Hbf (06:33) - Mannheim Hbf (07:47)</td></tr>
<tr><td colspan="8">Frankfurt(M) Hbf - Mannheim Hbf, w(Sa)</td></tr>
<tr><td></td><td>Tfz1:111</td><td>Hg140</td><td>220t</td><td>BrH149</td><td></td><td>R</td><td>a　←</td></tr>
<tr><td colspan="8">RLD 197.00 m</td></tr>
<tr><td>DBpbzfa
DBpza
DBpza
DBpza
DABpza</td><td>15 602</td><td></td><td>18100</td><td>FF</td><td>RM</td><td></td><td>4062</td></tr>
<tr><td colspan="8"></td></tr>
<tr><td>RE-D</td><td>4062</td><td></td><td></td><td></td><td></td><td></td><td></td></tr>
<tr><td colspan="8">Mannheim Hbf (08:03) - Frankfurt (Main) Hbf (09:24)</td></tr>
<tr><td colspan="8">Mannheim Hbf - Frankfurt(M) Hbf, w(Sa)</td></tr>
<tr><td></td><td>Tfz1:111</td><td>Hg140</td><td>220t</td><td>BrH149</td><td></td><td>R</td><td>a</td></tr>
<tr><td colspan="8">FF 265.00 m</td></tr>
<tr><td>DABpza
DBpza
DBpza
DBpza
DBpbzfa</td><td>15 602</td><td></td><td>4061</td><td>RM</td><td>FF</td><td></td><td>4067</td></tr>
</table>

Abbildung 228: Auszug aus dem Zp CR.

Zugbildungsplan A: Umlaufplan für Züge des Schienenpersonenfernverkehrs (ZpAU)

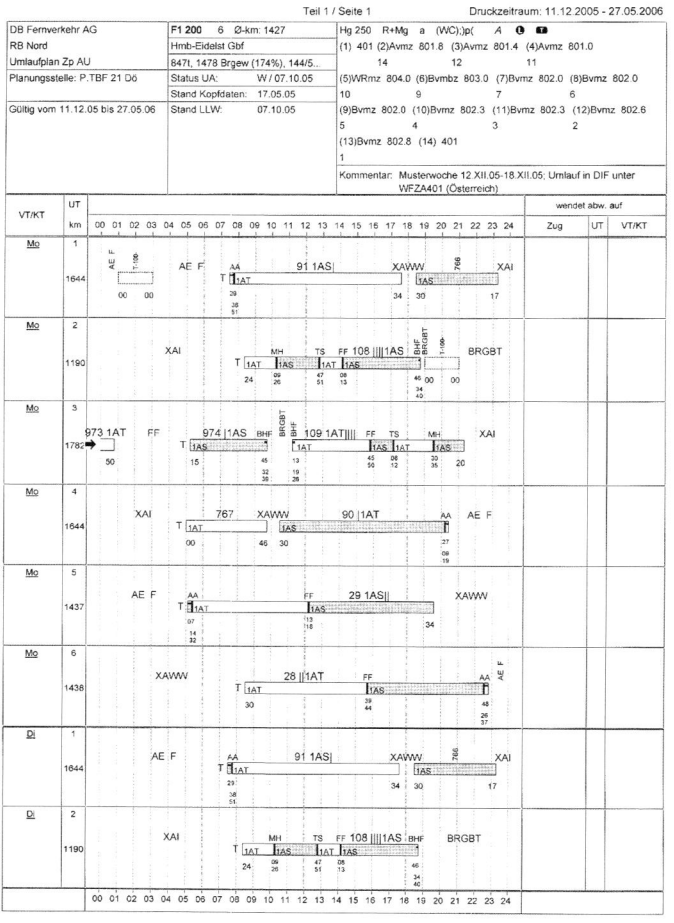

Abbildung 229: Auszug aus dem ZpAU.

Bilden der Züge

Zugbildungsplan C: Umlaufplan für lokbespannte Züge des Schienen-personennahverkehrs (ZpCU I)

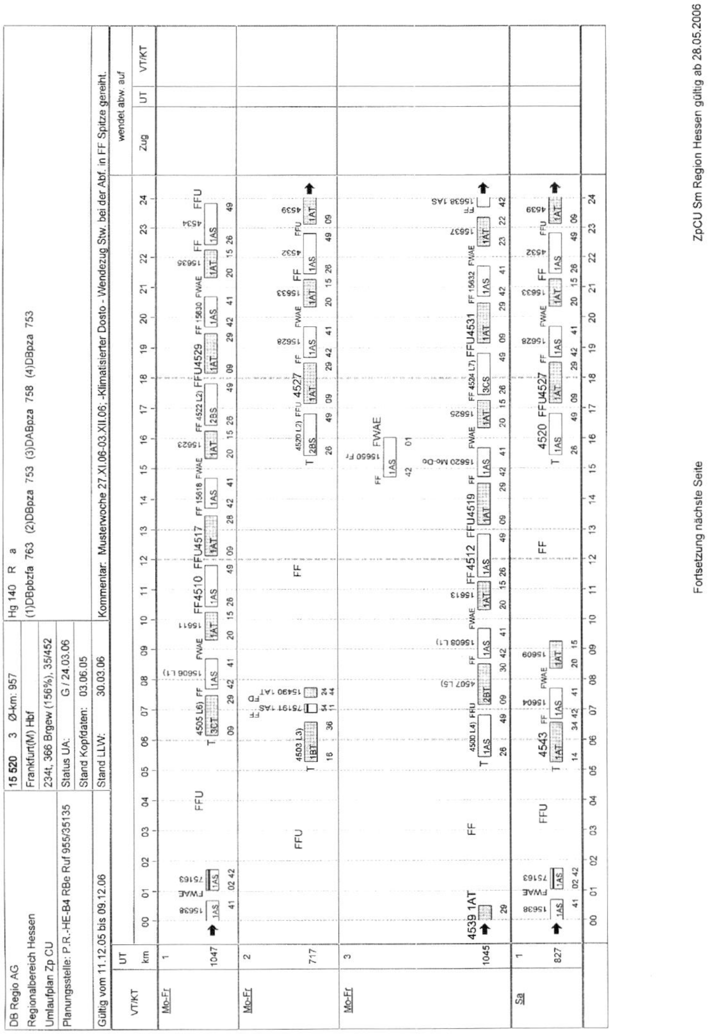

Seite 1

DB Regio AG	15 520	3	Ø-km: 957	Hg 140	R	a
Regionalbereich Hessen	Frankfurt(M) Hbf		(1)DBpbzfa 763	(2)DBpza 753	(3)DABpza 758	(4)DBpza 753
Umlaufplan Zp CU	2241, 366 Brgew (156%), 35/452					
Planungsstelle: P.R.-HE-B4 RBe Ruf 955/35135	Status UA:	G / 24.03.06				
	Stand Kopfdaten:	03.06.05				
Gültig vom 11.12.05 bis 09.12.06	Stand LLW:	30.03.06				

Kommentar: Musterwoche 27.XI.06-03.XII.06; -Klimatisierter Dosto - Wendezug Stw bei der Abf. in FF Spitze gereiht.

Abbildung 230: Auszug aus dem Zp CU I.

ZpCU Sm Region Hessen gültig ab 28.05.2006

Fortsetzung nächste Seite

Zugbildungsplan C: Umlaufplan für Züge des Schienenpersonennahverkehrs aus Trieb-, Steuer-, Mittel-, Beiwagen (Laufplan der Triebfahrzeuge) (ZpCU II)

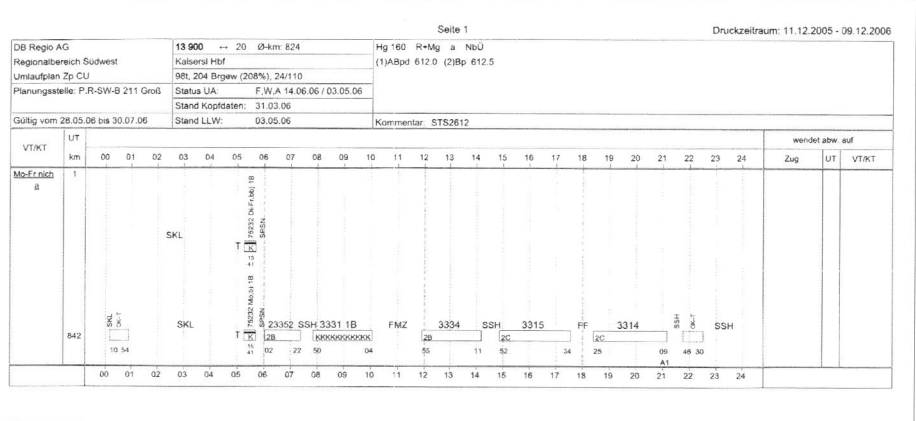

Abbildung 231: Auszug aus dem Zp CU II.

Unterlagen für die Zugbildung

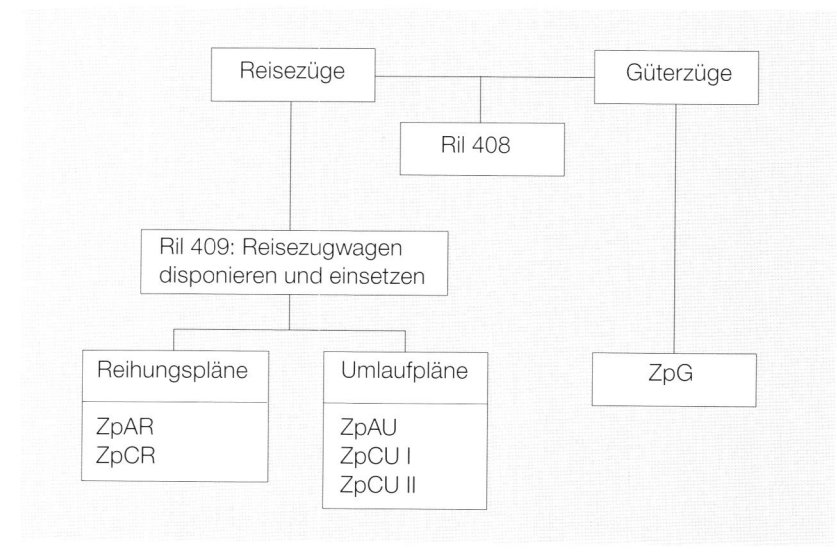

4.3 Grundsätzliche Bestimmungen für das Bilden der Züge

Allgemeine Regeln

Beim Bilden der Züge ist vor allem darauf zu achten, dass…

- nur Fahrzeuge eingestellt werden, die zur Beförderung mit dem Zug zugelassen sind,
- die Fahrzeuge vorschriftsmäßig gekuppelt sind,
- lose Fahrzeugteile (z.B. Rungen) und bewegliche Fahrzeugeinrichtungen (z.B. Türen, Klappen, Dächer, Wände, verstellbare Pufferträger) richtig festgelegt bzw. verriegelt sind,
- der Zustand der Fahrzeuge und Ladungen die Betriebssicherheit nicht gefährden kann. Bei Zweifeln entscheidet der Wagenmeister, wenn keiner anwesend ist, der Triebfahrzeugführer,
- bei Reisezugwagen die Stirnwandtüren an der Spitze und am Schluss des Wagenzuges verschlossen sind.

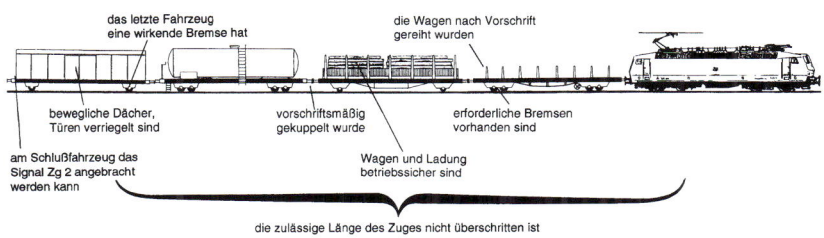

Abbildung 232: Allgemeine Regeln der Zugbildung.

Dabei müssen alle Fahrzeuge im Zug für die Geschwindigkeit des Zuges zugelassen sein.

Die zulässige Geschwindigkeit der Fahrzeuge ist angeschrieben.

- bei Reisezugwagen am Längsträger
- bei Güterwagen im bzw. neben dem Lastgrenzraster

Die Geschwindigkeitsangabe kann in Zahlen oder in verschlüsselten Buchstaben – ggf. mit Zusatzzeichen – erfolgen.

Dabei steht
* SS
S bzw. 90 mit dem Zusatzzeichen ** (zwei weiße Sterne)
S bzw. 90 mit dem Zusatzzeichen ° (ein weißer Punkt)
für **120 km/h**

*S
90 mit Zusatzzeichen * (ein weißer Stern)
für **100 km/h**

Abbildung 233:
Anschrift der Geschwindigkeit an Reisezugwagen.

Abbildung 234:
Güterwagenanschriften.

Wagen ausländischer Bahnen dürfen nur eingestellt werden, wenn sie das Kurzzeichen „D" oder „DB" im Vereinbarungsraster haben.

oder dem Internationalen Übereinkommen über Güter- bzw. Reisezugwagen entsprechen; dies ist an der Anschrift

■ **RIV** (regolamento internationale dei veicoli) bei Güterwagen bzw.

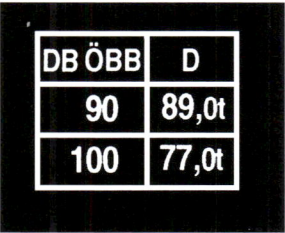

Abbildung 235:
Vereinbarungsraster DB.

■ **RIC** (regolamento internationale delle carosse) bei Reisezugwagen zu erkennen.

Für bestimmte Fahrzeuge ist eine **besondere Stellung im Zug** vorgeschrieben, z.B. am **Schluss** von Zügen eingestellt werden müssen
■ Einheiten mit einer Ladung von mehr als 60 Metern Länge,
■ Wagen, die nur durch die Ladung oder zusätzlich durch Steifkupplung miteinander verbunden sind.

Unmittelbar vor oder hinter **besetzten** Personenwagen dürfen nicht eingestellt werden

■ zwei oder mehr Wagen, über die dieselbe Ladung reicht,
■ Wagen, deren Ladung höher ist, als die Stirnwand und die sich in Längsrichtung leicht verschieben kann.

Es sind **auszuschließen**
■ Fahrzeuge, bei denen das Gewicht der Ladung die am Fahrzeug angeschriebene **Lastgrenze** überschreitet.

Hierzu sind die zu befahrenden Strecken oder Streckenabschnitte in einer besonderen Richtlinie, der Ril 457 – Übersicht über die Einteilung der Strecken der DB nach Streckenklassen – in **Streckenklassen** eingeteilt.

Abbildung 236: Fahrzeuge mit besonderer Stellung im Zug – Ladung länger als 60 m.

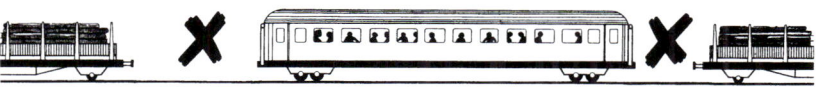

Abbildung 237: Fahrzeuge mit besonderer Stellung im Zug – besetzter Reisezugwagen.

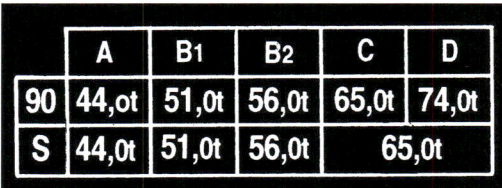

Abbildung 238: Streckenklasse.

A ist die niedrigste Streckenklasse, D 4 die höchste. Die Einteilung der Strecken ist in einer besonderen Übersichtskarte als Anlage der genannten Richtlinie dargestellt.

■ Fahrzeuge, deren Begrenzung oder Ladung die für die zu befahrenden Strecken maßgebenden Begrenzungslinien oder Lademaße überschreitet

■ Fahrzeuge, deren zulässige **Geschwindigkeit** niedriger ist als die zulässige Geschwindigkeit des Zuges

■ bei Reisezügen solche Güterwagen,
   1. deren Gesamtgewicht mehr als **40 t** beträgt und die keine wirkende Druckluftbremse haben,
   2. die über die für die Streckenklasse **C4** angeschriebene Lastgrenze hinaus beladen sind.

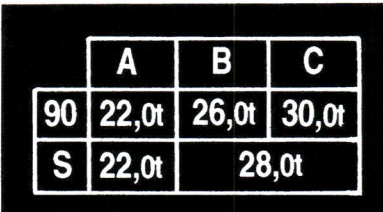

Abbildung 239:
Lastgrenzenraster.

Länge der Züge

Die Länge der Züge richtet sich nach

- örtlichen Gegebenheiten, z.B. Gleis- und Bahnsteiglängen, sowie
- wagentechnischen Gegebenheiten, z.B. den Zug- und Stoßeinrichtungen bzw. den Bremsen.

In der Ril 408 sind für die verschiedenen Zugarten Höchstlängen in Metern oder Achsen festgelegt. Hierzu eine Übersicht:

Länge der Züge

Gesamtstärke der Züge (mit Triebfahrzeug) = 250 Achsen

Länge der Wagenzüge (einschließlich
nicht arbeitender Triebfahrzeuge)   = 700 Meter

Leerreisezüge, Autoreisezüge   = 100 Achsen

andere Reisezüge   = 80 Achsen

Wendezüge mit Steuerwagen an der Spitze   = 60 Achsen
einschließlich eines gezogenen Zugteils   max. 80 Achsen.

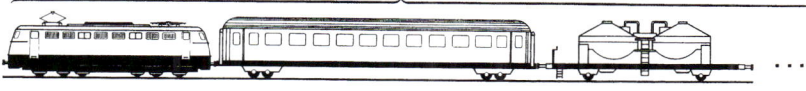

Abbildung 240 a: Gesamtstärke der Züge.

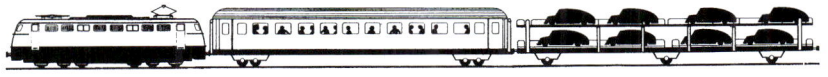

Abbildung 240 b: Autoreisezug.

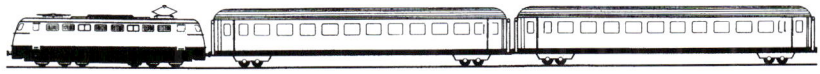

Abbildung 240 c: Reisezug.

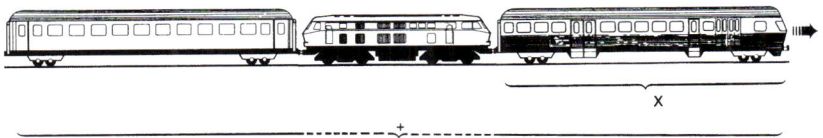

Abbildung 240d: Wendezug.

Außergewöhnliche Sendungen

Außergewöhnliche Sendungen dürfen nur in Züge eingestellt werden, wenn dies in einer **Beförderungsanordnung** zugelassen ist. Diese enthält Angaben über

- die Bezeichnung der Sendung,
- den Beförderungstag,
- die zu benutzenden Züge,
- die Beförderungsbedingungen.

Außergewöhnliche Sendungen sind

- Schwerwagen

Hierunter versteht man z.B.

- Güterwagen, die über die angeschriebene Lastgrenze hinaus beladen sind
- Fahrzeuge mit der Anschrift „Schwerwagen"
- beladene Wagen ohne Lastgrenzraster
- Sendungen mit Lademaßüberschreitung (Lü)

Hierunter versteht man Überschreitungen des Lademaßes **nach oben oder unten.**

Abbildung 241:
Lademaß.

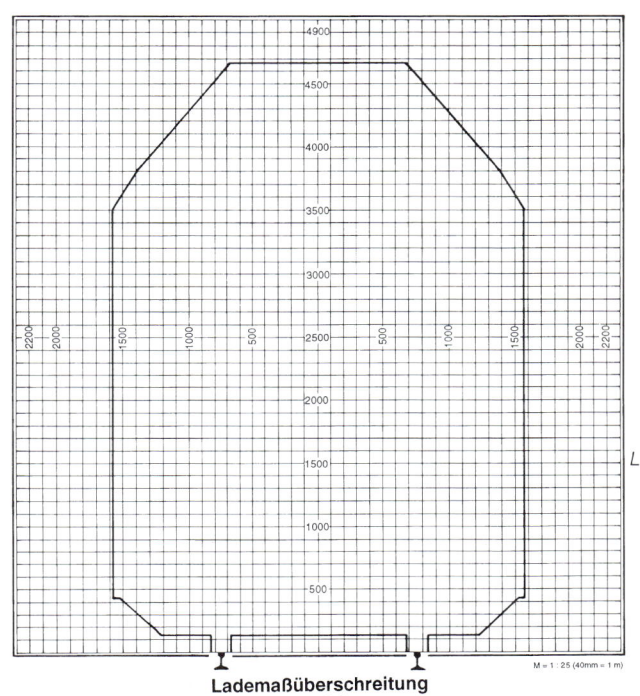

Abbildung 242:
Lademaß gemäß RIV.

Lademaßüberschreitung
Kritische Punkte

Punkt	Querabstand von der Wagenlängsachse auf der		Höhe über SO	Längsabstand von Endachse bzw Drehzapfen	
	einen Seite	anderen Seite			
	(12a) (mm)	(12b) (mm)	(13) (mm)	(14) n_i (mm)	(15) n_a (mm)
A					
B					
C					
D					

Abbildung 243:
Schwerwagen „Kran".

Solche Sendungen erhalten die Bezeichnung „**Lü Anton**" und betreffen grundsätzlich nicht das benachbarte Gleis.

Überschreitungen des Lademaßes nach außen

Solche Sendungen erhalten die Bezeichnung „Lü Berta", „Lü Cäsar" oder „Lü Dora", je nachdem, wie stark das benachbarte Gleis mit betroffen ist:

a)   Eine Sendung „**Lü Berta**" reicht maximal bis zur Mitte zwischen zwei Gleisen und erlaubt im Nachbargleis die Vorbeifahrt
■   normaler Sendungen
■   von Sendungen mit Lü Anton
■   von Sendungen mit Lü Berta

b)   Eine Sendung „**Lü Cäsar**" reicht über die Mitte zwischen zwei Gleisen hinaus, erlaubt aber im Nachbargleis die Vorbeifahrt
■   normaler Sendungen
■   von Sendungen mit Lü Anton

c)   Eine Sendung „**Lü Dora**" reicht soweit in den Bereich des Nachbargleises hinein, dass dort keine Fahrt stattfinden kann.

■   andere Sendungen, die nur unter besonderen Bedingungen befördert werden, z.B. sind ICE-Triebzüge außergewöhnliche Sendungen, wenn sie auf Strecken verkehren, die nicht ICE-Strecken oder ICE-Umleitstrecken sind.

Abbildung 244: Betriebliche Einteilung der Lü.

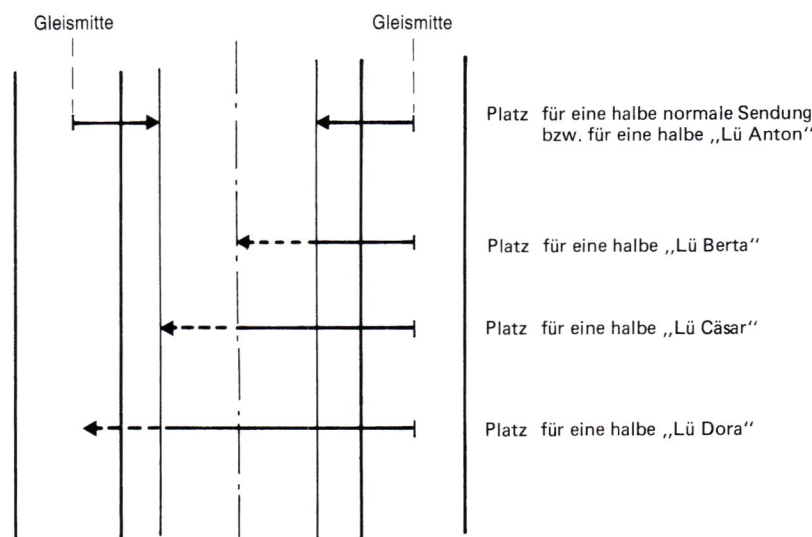

Bilden der Züge

Zettel Muster U zum Beispiel

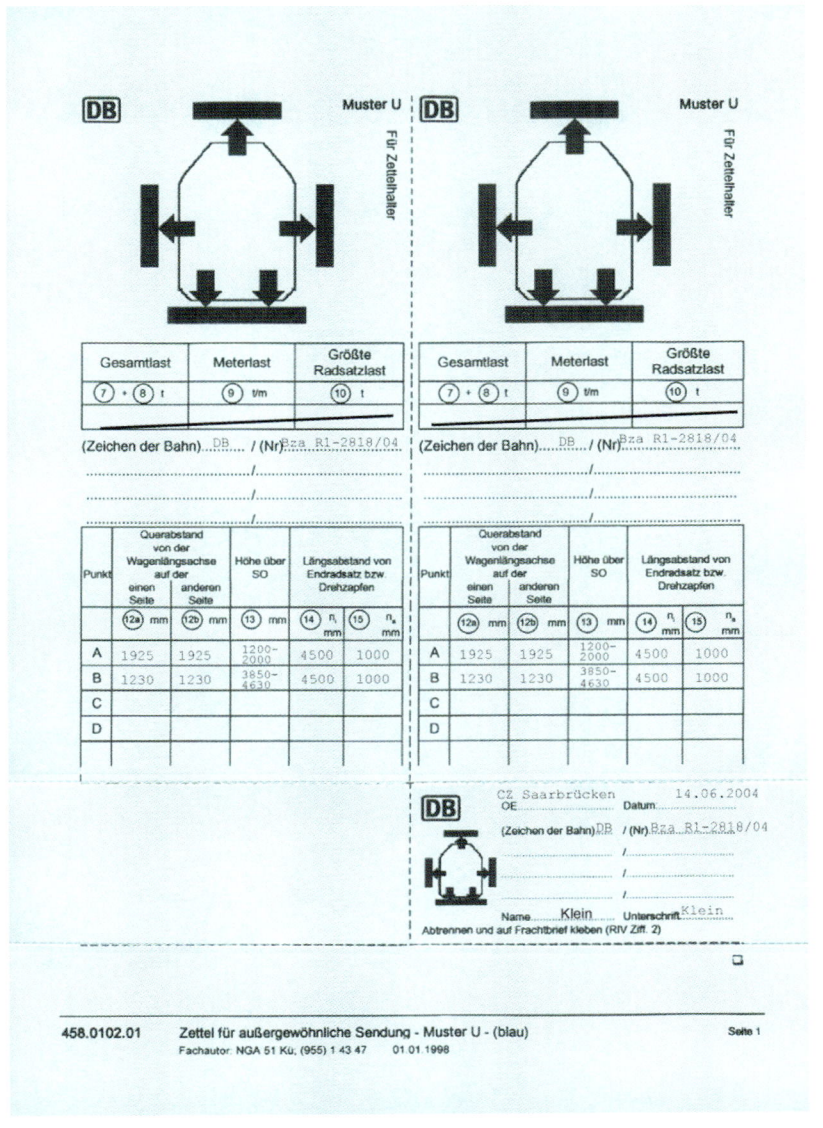

Abbildung 245: Zettel für außergewöhnliche Sendungen.

5 Von der Bereitstellung bis zur Abfahrt des Zuges – Aufgaben der Mitarbeiter am Zug

Das ist der Zugführer des IC 2074. Zusammen mit dem Zugschaffner und dem Triebfahrzeugführer bildet er das **Zugpersonal**. Dieses Team werden wir auf der Fahrt von Hannover Hauptbahnhof nach Hamburg-Altona begleiten.

IC 2074 wurde vom örtlich zuständigen Personal um 14.45 Uhr am Gleis 7 bereitgestellt, die planmäßige Abfahrt erfolgt um 14.59 Uhr.

Die **Zugaufsicht** obliegt dem Zugführer. Dies bedeutet: er ist im Rahmen seiner Funktion verantwortlich, dass der Zug den Bahnhof Hannover Hauptbahnhof planmäßig verlässt. In größeren Bahnhöfen oder wenn es die örtlichen Verhältnisse erfordern, kann die Funktion der Zugaufsicht an eine örtliche Aufsicht übertragen sein. Sobald alle Voraussetzungen für die Abfahrt des Zuges vorliegen, wird der

Abbildung 246:
Zugführer des IC 2074.

Abbildung 247:
Zugzielanzeiger.

Zugführer dies dem Fahrdienstleiter direkt, oder, wenn vorhanden, der örtlichen Aufsicht melden, welche den Abfahrauftrag an den Triebfahrzeugführer erteilt.

Zunächst bespricht der Zugführer mit dem Zugschaffner die Aufgabenverteilung am Zug.

Der Zugführer überprüft die **Zugbildung** anhand des Zugbildungsplanes ZpAR

Abbildung 248: Auszug aus Zp AR.

Teil 2 / 149 Druckzeitraum : 12.06.2005 - 10.12.2005

IC **2074**

Hannover (14:59) - Hamburg-Altona (16:44)

Hannover - Hamburg-Altona, Mo-Fr nicht 24., 31.XII., 25., 28.III., 16.V., 03.X.

Tfz1:120 Hg200 480t BrH200 R+Mg a

ab HH max 10, AA 9

[illegible]; [illegible]
FIS

	Bpmbdzf	5	F1 930	a)	2077	HH	AA	2173
	Bpmz	6						
	Bpmz	7						
	Bpmz	8						
11	Bpmbz	9						
41	Bvmsz	10						
40	ARkimbz	11						
	Avmz	12						

11) Plätze 51 - 58 [illegible] a) Mo-Fr ab 13.VI., nicht 03.X.
40) Abt 2 [illegible]
41) Abt 1 Kka, Abt 10 Catering, Abt 11 Zfk

IC **2076**

Hannover (12:59) - Hamburg-Altona (14:44)

Hannover - Hamburg-Altona, Fr ab 07.I., auch 17., 23., 30.XII., 24.III., 04.V., nicht 25.III., 06.V.

Tfz1:120 Hg200 480t BrH200 R+Mg a

ab HH max 10, AA 9

[illegible]; [illegible]
FIS

	Bpmbdzf	5	F1 560	a)	2079	HH	AA	2171
	Bpmz	6						
	Bpmz	7						
	Bpmz	8						
11	Bpmbz	9						
41	Bvmsz	10						
40	ARkimbz	11						
	Avmz	12						

11) Plätze 51 - 58 [illegible] a) Fr ab 17.VI.
40) Abt 2 [illegible]
41) Abt 1 Kka, Abt 10 Catering, Abt 11 Zfk

ZpAR 2005 Sommer Teil 2 Endstück

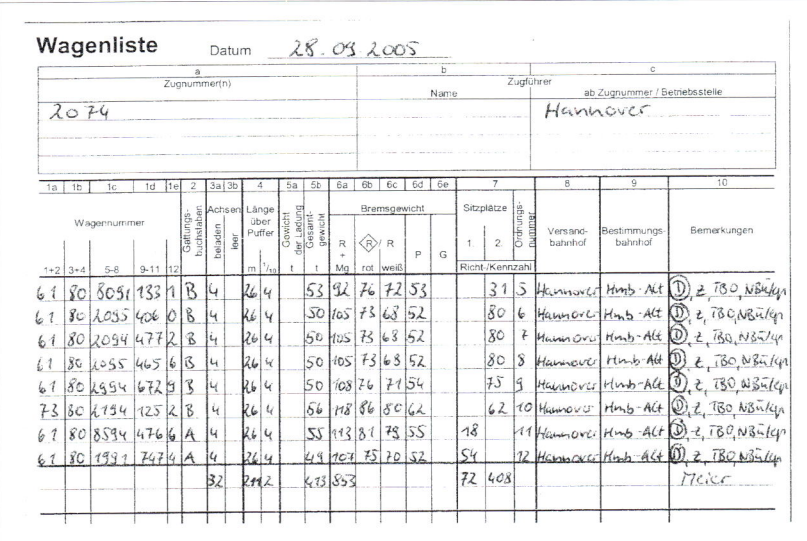

Abbildung 249: Wagenliste.

und vergleicht, ob die vom örtlich zuständigen Personal gefertigte Wagenliste der tatsächlichen Reihung entspricht.

Der Zugführer gibt die entsprechenden Daten in das Fahrgastinformationssystem ein.

Zur Vorbereitung des Zuges gehört außerdem, dass

■ die Fahrzeuge ordnungsgemäß gekuppelt sind, z.B. auch die IS-Leitung (**IS = Information und Steuerung**), welche für die Bedienung der Lok vom

Abbildung 250:   *Abbildung 251:*

Fahrgastinformationssystem.   *Bremsprobesignal Zp 8.*

Bilden der Züge

Steuerwagen unerlässlich ist

- die **wagentechnische Behandlung** ausgeführt ist, d. h. die Wagen wurden auf ihren betriebstauglichen Zustand geprüft
- soweit erforderlich, die **Bremsprobe** ausgeführt und der **Bremszettel** erstellt ist
- die Zugsignale (Spitzen- und Schlusssignal) eingeschaltet sind.

Bremszettel — Datum 28. 09. 2005

a	b
Zugnummer(n)	ab Betriebsstelle
2074	Hannover

	Zeile	Bezeichnung	Wagenzug	arbeitende Triebfahrzeuge	Gesamtzug
	1	2	3	4	5	6
Angaben für Reise- und Güterzüge	1	Gewicht [t]	413	84	497
	2	Bremsgewicht [t]	853	168	1021
	3	Zahl der Achsen	32	4	36
	4	Mindestbremshundertstel			193
	5	Vorhandene Bremshundertstel — Zeile 2, Sp. 6 x 100 / Zeile 1, Sp. 6			205
	6	Fehlende Bremshundertstel			*)
	7	Nummer des letzten Fahrzeugs	Lok: 101 041		
	8	Zahl der einlösigen Bremsen			
	9	Zahl der mehrlösigen Bremsen	8		
	10	Zahl der Bremsen mit ⒟	8		
	11	Zahl der Bremsen mit ⓚ			
	12	Zahl der Matrossow-Bremsen			
	13	Länge [m]	211,2		
	14	Zahl der gebremsten Achsen			
	15	Zahl der erforderlichen gebremsten Achsen — Zeile 3, Sp. 4 x 9 / 10			
	16	Im Wagenzug sind Fahrzeuge, deren zulässige Geschwindigkeit niedriger ist als die des Zuges.	nein / ja *)		
		Wenn ja, niedrigste zulässige Geschwindigkeit eines Fahrzeugs im Wagenzug .... km/h			
Besondere Angaben für Reisezüge	21	NBÜ/ep-Bremse an allen Fahrzeugen im Wagenzug vorhanden	nein / ja		
	22	Notbremsüberbrückung wirksam	nein / ja		
	23	Im Wagenzug sind Fahrzeuge mit — den Kennbuchstaben **h, z,** oder **ee**	nein / ja		
	24	Fahrzeuge mit — den Kennbuchstaben **n** oder **y**	nein / ja		
	25	Im Wagenzug sind ausschließlich — Fahrzeuge mit **TB 0**	nein / ja		
	26	Fahrzeuge mit dem Kennbuchstaben **a**	nein / ja		
Besondere Angaben für Güterzüge	31	Im Wagenzug sind Fahrzeuge mit gefährlichen Gütern	nein / ja		
	32	ep-Bremse an allen Fahrzeugen im Wagenzug wirksam	nein / ja		

Nicht Zutreffendes schräg durchstreichen

Bremszettel ausgefertigt (Name) Meier

V408.0312V01   Bremszettel A5 Bk 100 06.03

*) Weisung der Betriebszentrale einholen

Abbildung 252: Bremszettel.

Der Zugschaffner schaltet die Klimaanlage und die Beleuchtung ein. Anschließend geht er durch den Zug und schaut nach, ob in jedem Abteil das Faltblatt „Ihr Reiseplan" ausliegt.

Die ordnungsgemäße Erledigung seiner Aufgaben meldet er dem Zugführer.

Mittlerweile ist es 14.55 Uhr: Zeit, den IC 2074 an den Fahrdienstleiter **vorbereitet** zu melden. Dies geschieht in unserem Fall durch die örtliche Aufsicht per Sprechverbindung zum Stellwerk.

Eine wichtige Vorbedingung für den Fahrdienstleiter, das Ausfahrsignal rechtzeitig auf Fahrt zu stellen, d. h. die Zustimmung zur Fahrt zu erteilen.

Sobald die Abfahrtzeit herangerückt ist, wird die Abfahrt des Zuges am Bahnsteig vorbereitet:
Zunächst werden die Reisenden über Lautsprecher zum Einsteigen aufgefordert; hierzu betätigt die örtliche Aufsicht die Bandansage („Meine Damen und Herren an Gleis 17. Ihr Zug fährt jetzt ab. Bitte steigen Sie ein. Vorsicht an den Türen, und

Abbildung 253:
Auszug aus dem Faltblatt „Ihr Reiseplan".

Bilden der Züge

Abbildung 254:
Zugführer IC 2074 beim Schließen der
Türen.

Abbildung 255:
Zugschaffnerin mit
Zugbegleiter-Meldescheibe.

bei der Abfahrt des Zuges. Vielen Dank."). Ca. 5 Sekunden vor der veröffentlichten Abfahrzeit gibt der Zugführer den **Achtungspfiff**, der das Schließen der Türen ankündigt.

Mit Zeigersprung **schließt** der Zugführer zentral die **Türen**, wobei er darauf achtet, dass keine Reisenden gefährdet werden.

Beide, Zugführer und Zugschaffner, achten darauf, dass alle Türen an den ihnen zugewiesenen Wagen geschlossen sind.

Jetzt erfolgt die Meldung über die Abfahrbereitschaft: der Zugschaffner signalisiert dem Zugführer durch Hochheben der orangefarbenen Zugbegleiter-Meldescheibe (bei Dunkelheit mit weißleuchtender Handleuchte), dass bei ihm alles in Ordnung ist.

Nun erteilt die **örtliche Aufsicht** den **Abfahrauftrag** an den Triebfahrzeugführer durch Bedienen des Lichtsignals Zp 9.

Jetzt kommt es auf den Triebfahrzeugführer an, denn **er darf nur abfahren**, wenn
- der Abfahrauftrag erteilt ist, sofern er nicht selbst die Zugaufsicht wahrnimmt (z.B. bei Güterzügen)
- die akustische Meldung anzeigt, dass die Türen schließen
- und das für ihn gültige Signal die Fahrt erlaubt.

Abbildung 256:
Bedienen des Zp 9-Lichtsignals.

Abbildung 257:
Ks 1 + Zs 3 (6) + Zp 9 am Zwischensignal am Bahnsteig.

Bei der Abfahrt beobachtet die örtliche Aufsicht die Vorgänge am Zug. Auf Bahn-höfen ohne örtliche Aufsicht werden die beschriebenen Aufgaben durch den Zugführer und den Zugbegleiter übernommen.

Das Zugbegleitpersonal, also Zugführer und Zugbegleiterin, hat während der Fahrt überwiegend kundendienstliche Aufgaben.

Der Triebfahrzeugführer dagegen beobachtet die Signale am Fahrweg, sofern er sich nicht innerhalb der Überwachung durch die LZB befindet und sich anhand der **Führerraumanzeige** orientiert, und sorgt für die Einhaltung der Fahrzeiten nach Fahrplan (gedruckt oder nach EBuLa). Dabei darf er jedoch selbst bei Verspätungen niemals schneller fahren, als es sein Fahrplan zulässt.

Abbildung 258:
Triebfahrzeugführer
während der Fahrt.

Planmäßig um 16.44 Uhr läuft der IC 2074 in Hamburg-Altona ein. Auf das Zugbe-gleitpersonal kommen jetzt die **Abschlussarbeiten** zu: nachdem alle Reisenden ausgestiegen sind, geht das Zugbegleitpersonal durch die einzelnen Wagen und achtet darauf, dass

- alle Fenster geschlossen sind
- die Abteile sich in ordnungsgemäßem Zustand befinden
- die Reisenden keine Gegenstände zurückgelassen haben (diese Gegenstände müssten bei der örtlichen Fundstelle abgegeben werden) und
- an und in den Wagen keine Schäden oder Mängel vorhanden sind (diese wären ins Bordbuch einzutragen).

Anschließend wird die Klimaanlage, die Beleuchtung sowie das Schlusssignal ausgeschaltet und der Zug dem örtlichen Personal übergeben.

So könnte unsere Zugfahrt verlaufen! Aber je nach Art und Besetzung des Zuges sowie aufgrund der Örtlichkeit und nicht zuletzt aus der betrieblichen Situation heraus können sich andere Abläufe ergeben.

Nr. 0611444

Meldezettel (Mz)

Wagen-Nr.	Bauart-Nr.

Heimat-NL

Zug-Nr.	Ordn.-Nr. wenn nicht vorhanden Umlauf-Nr.

Gegenstand — 1

10 Drehgestell	17 Klimaanlage	24 Fenster
11 Bremse	18 Beschallung	25 WC-Anlage
12 Notbremse	19 ZBF-Wechsel-Sprechanlage	26 Waschanlage
13 Tür Einstiegtür 1), 2)	20 UIC/IS-Kabel	27 Aschenbecher Abfallbehälter 1)
14 Türschließ-einrichtung	21 Kabel Zugsammelschiene (ZS) 1)	28 Wagenlaufschilder innen/außen 1)
15 Beleuchtung	22 Fußboden Teppich 1)	29 Ersatzteile
16 Heizung 1) Energieversorgung	23 Sitz	30

Schaden festgestellt:

Datum _____

Name _____

OE _____

Schaden/Mangel wird vorgemeldet an*

☐ Mit MDG erfasst

☐ Z-BSL 955/19349

☐ BSL/Disponat
(Ruf-Nr. siehe Deckblatt Bordbuch)

Stamm

Nr. 0611444

Wagen-Nr.	Bauart-Nr.

Heimat-NL

Zug-Nr.	Ordn.-Nr. wenn nicht vorhanden Umlauf-Nr.

Gegenstand — 1

10 Drehgestell	17 Klimaanlage	24 Fenster
11 Bremse	18 Beschallung	25 WC-Anlage
12 Notbremse	19 ZBF-Wechsel-Sprechanlage	26 Waschanlage
13 Tür Einstiegtür 1), 2)	20 UIC/IS-Kabel	27 Aschenbecher Abfallbehälter 1)
14 Türschließ-einrichtung	21 Kabel Zugsammelschiene (ZS) 1)	28 Wagenlaufschilder innen/außen 1)
15 Beleuchtung	22 Fußboden Teppich 1)	29 Ersatzteile
16 Heizung 1) Energieversorgung	23 Sitz	30

Schaden festgestellt:

Datum _____

Name _____

OE _____

Schaden/Mangel wird vorgemeldet an*

☐ Mit MDG erfasst

Ort — 2

40 1,3 R¹	40 1,3 L¹	44 Abteil-Nr. _____	48 Übergang, Durchgang
41 2,4 R¹	41 2,4 L¹	45 Platz-Nr. _____	49 Gepäckraum
42 gesamter Wagen		46 WC-Raum	50 Dienstraum Führerraum 1)
43 Seitengang		47 Waschraum	51

Zustand — 3

70 defekt/schadhaft	75 schwergängig	80 übermäßig
71 fehlt	76 klappert/vibriert unruhiger Lauf 1)	81 kein Wasser
72 gebrochen gerissen 1)	77 Anomale Geräusche	82 nicht dicht
73 öffnet nicht schließt nicht 1)	78 Flachstelle	83 verstopft
74 blockiert nicht (elmgn. Türblkg.) 1)	79 ungenügend	84 verschmutzt abnorm. Geruch

1 Welche roten Leuchtmelder leuchten? _____

2 Batteriespannung _____ Volt

3 Diagn.-Einrichtg. Code Nr. _____

Ergänzende Angaben _____

Bezeichnung der Arbeit	Arbeits-zeit	Wege-zeit

c-70 (rosa) 02.03

Arbeitszettel

Nr. 0611444

Wagen-Nr.	Bauart-Nr.

Heimat-NL

Zug-Nr.	Ordn.-Nr. wenn nicht vorhanden Umlauf-Nr.

Gegenstand — 1

10 Drehgestell	17 Klimaanlage	24 Fenster
11 Bremse	18 Beschallung	25 WC-Anlage
12 Notbremse	19 ZBF-Wechsel-Sprechanlage	26 Waschanlage
13 Tür Einstiegtür 1), 2)	20 UIC/IS-Kabel	27 Aschenbecher Abfallbehälter 1)
14 Türschließ-einrichtung	21 Kabel Zugsammelschiene (ZS) 1)	28 Wagenlaufschilder innen/außen 1)
15 Beleuchtung	22 Fußboden Teppich 1)	29 Ersatzteile
16 Heizung 1) Energieversorgung	23 Sitz	30

Schaden festgestellt:

Datum _____

Name _____

OE _____

Schaden/Mangel wird vorgemeldet an*

☐ Mit MDG erfasst

☐ Z-BSL 955/19349

☐ BSL/Disponat
(Ruf-Nr. siehe Deckblatt Bordbuch)

Untersuchung durch Wgm 3)

Datum _____ Uhrzeit _____

Name _____

NL, F, R, L¹⁾ _____

Instandsetzen bis:

Datum _____ Uhrzeit _____

Instandgesetzt

Datum _____ Uhrzeit _____

Name _____ Beruf _____

NL, F, R, L/Werk 1)

Ort — 2

40 1,3 R¹	40 1,3 L¹	44 Abteil-Nr. _____	48 Übergang, Durchgang
41 2,4 R¹	41 2,4 L¹	45 Platz-Nr. _____	49 Gepäckraum
42 gesamter Wagen		46 WC-Raum	50 Dienstraum Führerraum 1)
43 Seitengang		47 Waschraum	51

Zustand — 3

70 defekt/schadhaft	75 schwergängig	80 übermäßig
71 fehlt	76 klappert/vibriert unruhiger Lauf 1)	81 kein Wasser
72 gebrochen gerissen 1)	77 Anomale Geräusche	82 nicht dicht
73 öffnet nicht schließt nicht 1)	78 Flachstelle	83 verstopft
74 blockiert nicht (elmgn. Türblkg.) 1)	79 ungenügend	84 verschmutzt abnorm. Geruch

Anzeigen — 4

1 Welche roten Leuchtmelder leuchten? _____

2 Batteriespannung _____ Volt

3 Diagn.-Einrichtg. Code Nr. _____

Sonstiges — 5

Ergänzende Angaben _____

Bezeichnung der Arbeit	Arbeits-zeit	Wege-zeit

1) Nichtzutreffendes bitte streichen
2) siehe auch Kästchen 40 und 41
3) ausfüllen entfällt
   wenn bei Untersuchung instandgesetzt wird
* siehe Meldezettel

Gleis _____

V 983.0145V12 (Blatt 2) Arbeitszettel (RIC) A 5 Bk 25 x 3 5c-70 (gelb) 02.03

Abbildung 259:
Auszug aus dem Bordbuch.

Zugaufsicht

Die Aufsicht am Zug obliegt auf Bahnhöfen mit Ausfahrsignal dem **Zugführer**, auf Bahnhöfen ohne Ausfahrsignal darf sie nur von der örtlichen Aufsicht wahrgenommen werden.

Auf Bahnhöfen mit Ausfahrsignal kann in den Örtlichen Richtlinien angegeben sein, dass die Zugaufsicht von der örtlichen Aufsicht wahrgenommen wird. Dann kann wiederum die örtliche Aufsicht die Zugaufsicht im Einzelfall dem Zugführer übertragen. Dies geschieht mit den Worten: „Zugführer (Zugnummer), bitte Zugaufsicht übernehmen".

Meldung an den Fahrdienstleiter

Die Meldung der Zugaufsicht an den Fahrdienstleiter, dass der Zug **vorbereitet** ist – wie im Beispiel dargestellt – ist nicht immer erforderlich, sondern nur auf dem Zugausgangsbahnhof oder auf Unterwegsbahnhöfen, wenn sich die Zusammensetzung oder die Fahrtrichtung des Zuges ändert.

Zustimmung zur Fahrt

Im Regelfall erfolgt die Zustimmung zur Fahrt – wie oben dargestellt – durch das **Auffahrtstellen des Hauptsignals**.

Lässt sich ein Hauptsignal nicht auf Fahrt stellen, weil z.B. das Signal nicht für diese Fahrstraße vorgesehen ist oder eine Störung vorliegt, kann die Vorbeifahrt am Halt zeigenden oder gestörten Signal zugelassen werden durch

Signale im gesamten Geltungsbereich des Signalbuches (DS/DV 301) – sogenannter harmonisierter Bereich:

Zs 1 (Ersatzsignal) oder Zs 8 (Gegengleisfahrt-Ersatzsignal)

Signal im Geltungsbereich der DS 301:

Zs 7 (Vorsichtsignal)

Signal im Geltungsbereich der DV 301:

Zs 11 (Vorsichtsignal)

Wo diese Signale nicht vorhanden sind bzw. aus betrieblichen Gründen nicht bedient werden können oder dürfen, erhalten die Züge Weisungen durch **schriftliche Befehle**.

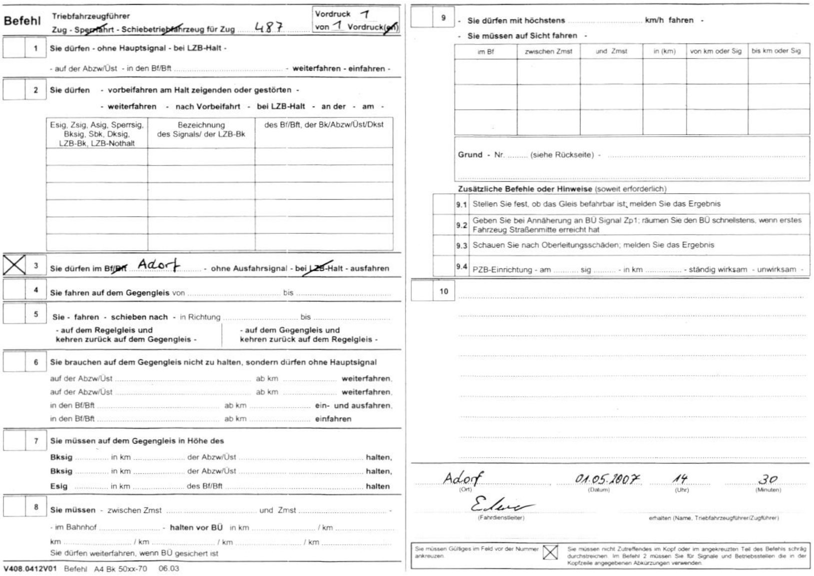

Befehl 3 (oberes Formular)

Befehl	Triebfahrzeugführer	Vordruck 1
	Zug - Sperrfahrt - Schiebetriebfahrzeug für Zug 487	von 1 Vordruck(en)

1 Sie dürfen - ohne Hauptsignal - bei LZB-Halt -
- auf der Abzw/Üst - in den Bf/Bft .... - weiterfahren - einfahren -

2 Sie dürfen - vorbeifahren am Halt zeigenden oder gestörten -
- weiterfahren - nach Vorbeifahrt - bei LZB-Halt - an der - am -

Esig, Zsig, Asig, Sperrsig, Bksig, Sbk, Dksig, LZB-Bk, LZB-Nothalt	Bezeichnung des Signals/ der LZB-Bk	des Bf/Bft, der Bk/Abzw/Üst/Dkst

[X] 3 Sie dürfen im Bf/Bft Adorf .... - ohne Ausfahrsignal - bei LZB-Halt - ausfahren

4 Sie fahren auf dem Gegengleis von .... bis ....

5 Sie - fahren - schieben nach - in Richtung .... bis ....
- auf dem Regelgleis und kehren zurück auf dem Gegengleis - | - auf dem Gegengleis und kehren zurück auf dem Regelgleis -

6 Sie brauchen auf dem Gegengleis nicht zu halten, sondern dürfen ohne Hauptsignal
auf der Abzw/Üst .... ab km .... weiterfahren.
auf der Abzw/Üst .... ab km .... weiterfahren.
in den Bf/Bft .... ab km .... ein- und ausfahren.
in den Bf/Bft .... ab km .... einfahren.

7 Sie müssen auf dem Gegengleis in Höhe des
Bksig .... in km .... der Abzw/Üst .... halten.
Bksig .... in km .... der Abzw/Üst .... halten.
Esig .... in km .... des Bf/Bft .... halten

8 Sie müssen - zwischen Zmst .... und Zmst .... -
- im Bahnhof .... halten vor BÜ in km .... / km ....
km .... / km .... / km ....
Sie dürfen weiterfahren, wenn BÜ gesichert ist

V408.0412V01 Befehl A4 Bk 50xx-70 06.03

9 - Sie dürfen mit höchstens .... km/h fahren -
- Sie müssen auf Sicht fahren -

im Bf	zwischen Zmst	und Zmst	in (km)	von km oder Sig	bis km oder Sig

Grund - Nr. .... (siehe Rückseite) - ....

Zusätzliche Befehle oder Hinweise (soweit erforderlich)

9.1	Stellen Sie fest, ob das Gleis befahrbar ist; melden Sie das Ergebnis
9.2	Geben Sie bei Annäherung an BÜ Signal Zp1; räumen Sie den BÜ schnellstens, wenn erstes Fahrzeug Straßenmitte erreicht hat
9.3	Schauen Sie nach Oberleitungsschäden; melden Sie das Ergebnis
9.4	PZB-Einrichtung - am .... sig .... - in km .... - ständig wirksam - unwirksam -

10 ....

Adorf .... 01.05.2007 .... 14 30
(Ort) .... (Datum) .... (Uhr) .... (Minuten)
Ebert
(Fahrdienstleiter) .... erhalten (Name, Triebfahrzeugführer/Zugführer)

Sie müssen Gültiges im Feld vor der Nummer ankreuzen. [X] Sie müssen nicht Zutreffendes im Kopf oder im angekreuzten Teil des Befehls schräg durchstreichen. Im Befehl 2 müssen Sie für Signale und Betriebsstellen die in der Kopfzeile angegebenen Abkürzungen verwenden.

Abbildung 260: Befehl 3.

Abbildung 261: Befehl 2.

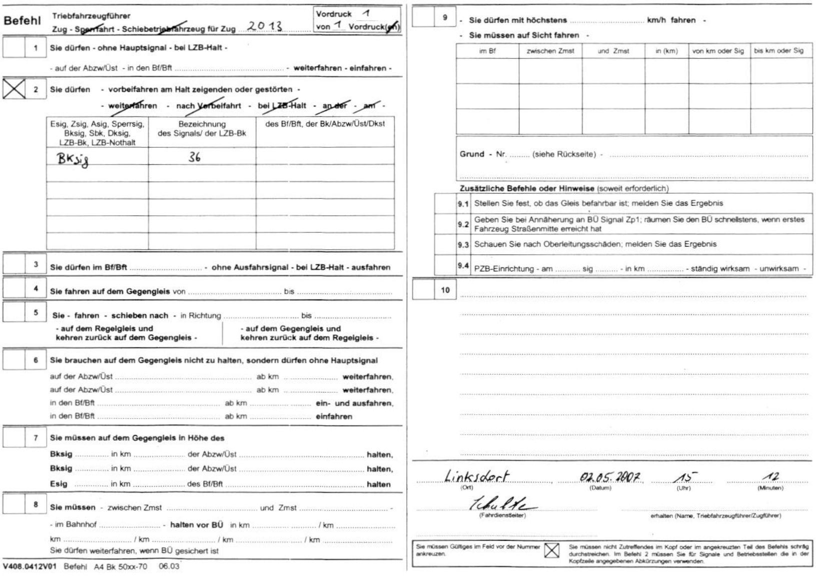

Befehl 2 (unteres Formular)

Befehl	Triebfahrzeugführer	Vordruck 1
	Zug - Sperrfahrt - Schiebetriebfahrzeug für Zug 2013	von 1 Vordruck(en)

1 Sie dürfen - ohne Hauptsignal - bei LZB-Halt -
- auf der Abzw/Üst - in den Bf/Bft .... - weiterfahren - einfahren -

[X] 2 Sie dürfen - vorbeifahren am Halt zeigenden oder gestörten -
- weiterfahren - nach Vorbeifahrt - bei LZB-Halt - an der - am -

Esig, Zsig, Asig, Sperrsig, Bksig, Sbk, Dksig, LZB-Bk, LZB-Nothalt	Bezeichnung des Signals/ der LZB-Bk	des Bf/Bft, der Bk/Abzw/Üst/Dkst
Bksig	36	

3 Sie dürfen im Bf/Bft .... - ohne Ausfahrsignal - bei LZB-Halt - ausfahren

4 Sie fahren auf dem Gegengleis von .... bis ....

5 Sie - fahren - schieben nach - in Richtung .... bis ....
- auf dem Regelgleis und kehren zurück auf dem Gegengleis - | - auf dem Gegengleis und kehren zurück auf dem Regelgleis -

6 Sie brauchen auf dem Gegengleis nicht zu halten, sondern dürfen ohne Hauptsignal
auf der Abzw/Üst .... ab km .... weiterfahren.
auf der Abzw/Üst .... ab km .... weiterfahren.
in den Bf/Bft .... ab km .... ein- und ausfahren.
in den Bf/Bft .... ab km .... einfahren.

7 Sie müssen auf dem Gegengleis in Höhe des
Bksig .... in km .... der Abzw/Üst .... halten.
Bksig .... in km .... der Abzw/Üst .... halten.
Esig .... in km .... des Bf/Bft .... halten

8 Sie müssen - zwischen Zmst .... und Zmst .... -
- im Bahnhof .... halten vor BÜ in km .... / km ....
km .... / km .... / km ....
Sie dürfen weiterfahren, wenn BÜ gesichert ist

V408.0412V01 Befehl A4 Bk 50xx-70 06.03

9 - Sie dürfen mit höchstens .... km/h fahren -
- Sie müssen auf Sicht fahren -

im Bf	zwischen Zmst	und Zmst	in (km)	von km oder Sig	bis km oder Sig

Grund - Nr. .... (siehe Rückseite) - ....

Zusätzliche Befehle oder Hinweise (soweit erforderlich)

9.1	Stellen Sie fest, ob das Gleis befahrbar ist; melden Sie das Ergebnis
9.2	Geben Sie bei Annäherung an BÜ Signal Zp1; räumen Sie den BÜ schnellstens, wenn erstes Fahrzeug Straßenmitte erreicht hat
9.3	Schauen Sie nach Oberleitungsschäden; melden Sie das Ergebnis
9.4	PZB-Einrichtung - am .... sig .... - in km .... - ständig wirksam - unwirksam -

10 ....

Linksdorf .... 02.05.2007 .... 15 12
(Ort) .... (Datum) .... (Uhr) .... (Minuten)
(Fahrdienstleiter) .... erhalten (Name, Triebfahrzeugführer/Zugführer)

Sie müssen Gültiges im Feld vor der Nummer ankreuzen. [X] Sie müssen nicht Zutreffendes im Kopf oder im angekreuzten Teil des Befehls schräg durchstreichen. Im Befehl 2 müssen Sie für Signale und Betriebsstellen die in der Kopfzeile angegebenen Abkürzungen verwenden.

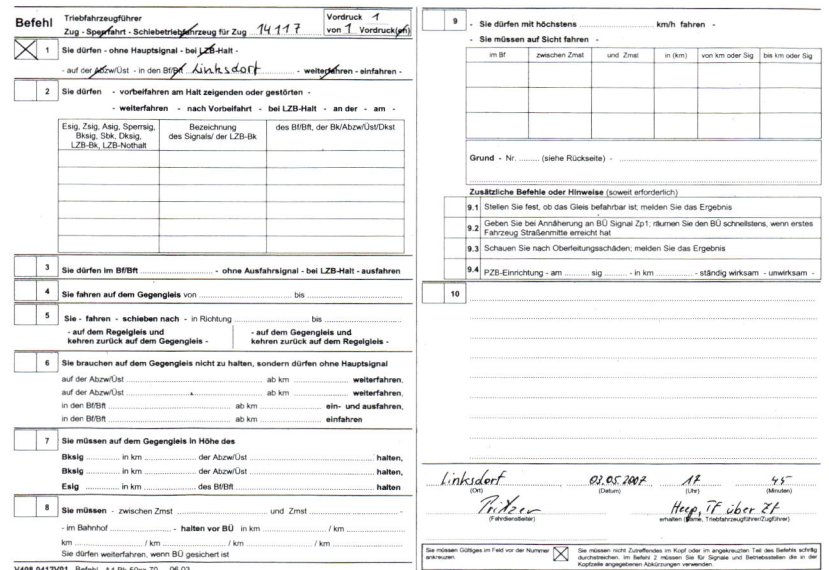

Abbildung 262: Befehl 1.

Als Zustimmung zur Fahrt gelten die Befehle 1 bis 3 und in besonderen Fällen auch Befehl 6:

■ Zustimmung durch Befehl 3: Abbildung 260.
■ Zustimmung durch Befehl 2: Abbildung 261.
■ Zustimmung durch Befehl 1: Abbildung 262.

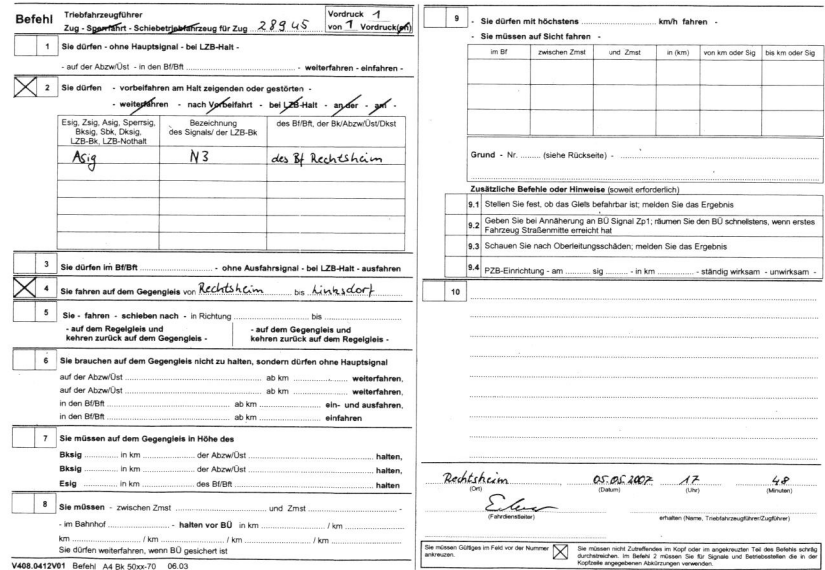

Befehl — Triebfahrzeugführer
Zug - Sperrfahrt - Schiebetriebfahrzeug für Zug 2 8 9 4 5   Vordruck 1 von 1 Vordruck(en)

1 Sie dürfen - ohne Hauptsignal - bei LZB-Halt -
  - auf der Abzw/Üst - in den Bf/Bft .... - weiterfahren - einfahren -

2 Sie dürfen - vorbeifahren am Halt zeigenden oder gestörten -
  - weiterfahren - nach Vorbeifahrt - bei LZB-Halt - an der - am -

Esig, Zsig, Asig, Sperrsig, Bksig, Sbk, Dksig, LZB-Bk, LZB-Nothalt	Bezeichnung des Signals/ der LZB-Bk	des Bf/Bft, der Bk/Abzw/Üst/Dkst
Asig	N 3	des Bf Rechtsheim

3 Sie dürfen im Bf/Bft .... - ohne Ausfahrsignal - bei LZB-Halt - ausfahren

4 Sie fahren auf dem Gegengleis von Rechtsheim bis Linksdorf

5 Sie - fahren - schieben nach - in Richtung .... bis ....
  - auf dem Regelgleis und kehren zurück auf dem Gegengleis -   - auf dem Gegengleis und kehren zurück auf dem Regelgleis -

6 Sie brauchen auf dem Gegengleis nicht zu halten, sondern dürfen ohne Hauptsignal
  auf der Abzw/Üst .... ab km .... weiterfahren.
  auf der Abzw/Üst .... ab km .... weiterfahren.
  in den Bf/Bft .... ab km .... ein- und ausfahren.
  in den Bf/Bft .... ab km .... einfahren

7 Sie müssen auf dem Gegengleis in Höhe des
  Bksig .... in km .... der Abzw/Üst .... halten.
  Bksig .... in km .... der Abzw/Üst .... halten.
  Esig .... in km .... des Bf/Bft .... halten

8 Sie müssen - zwischen Zmst .... und Zmst .... -
  - im Bahnhof .... - halten vor BÜ in km .... / km ....
  km .... / km .... / km ....
  Sie dürfen weiterfahren, wenn BÜ gesichert ist

V408.0412V01 Befehl A4 Bk 50xx-70 06.03

9 - Sie dürfen mit höchstens .... km/h fahren -
  - Sie müssen auf Sicht fahren -

im Bf	zwischen Zmst	und Zmst	in (km)	von km oder Sig	bis km oder Sig

Grund - Nr. .... (siehe Rückseite) - ....

Zusätzliche Befehle oder Hinweise (soweit erforderlich)

9.1 Stellen Sie fest, ob das Gleis befahrbar ist; melden Sie das Ergebnis

9.2 Geben Sie bei Annäherung an BÜ Signal Zp1; räumen Sie den BÜ schnellstens, wenn erstes Fahrzeug Straßenmitte erreicht hat

9.3 Schauen Sie nach Oberleitungsschäden; melden Sie das Ergebnis

9.4 PZB-Einrichtung - am .... sig .... - in km .... - ständig wirksam - unwirksam -

10 ....

Rechtsheim .... (Ort)   05.05.2007 (Datum)   17 (Uhr)   48 (Minuten)
Elen (Fahrdienstleiter)   .... erhalten (Name, Triebfahrzeugführer/Zugführer)

Sie müssen Gültiges im Feld vor der Nummer ankreuzen. [X]   Sie müssen nicht Zutreffendes im Kopf oder im angekreuzten Teil des Befehls schräg durchstreichen. Im Befehl 2 müssen Sie für Signale und Betriebsstellen die in der Kopfzeile angegebenen Abkürzungen verwenden.

Abbildung 263: Befehl 2 und Befehl 4.

Abbildung 264: Befehl 4 und Befehl 4.

Befehl — Triebfahrzeugführer
Zug - Sperrfahrt - Schiebetriebfahrzeug für Zug 4 2 8 3 1   Vordruck 1 von 1 Vordruck(en)

1 Sie dürfen - ohne Hauptsignal - bei LZB-Halt -
  - auf der Abzw/Üst - in den Bf/Bft .... - weiterfahren - einfahren -

2 Sie dürfen - vorbeifahren am Halt zeigenden oder gestörten -
  - weiterfahren - nach Vorbeifahrt - bei LZB-Halt - an der - am -

Esig, Zsig, Asig, Sperrsig, Bksig, Sbk, Dksig, LZB-Bk, LZB-Nothalt	Bezeichnung des Signals/ der LZB-Bk	des Bf/Bft, der Bk/Abzw/Üst/Dkst

3 Sie dürfen im Bf/Bft Rechtsheim - ohne Ausfahrsignal - bei LZB-Halt - ausfahren

4 Sie fahren auf dem Gegengleis von Rechtsheim bis Linksdorf

5 Sie - fahren - schieben nach - in Richtung .... bis ....
  - auf dem Regelgleis und kehren zurück auf dem Gegengleis -   - auf dem Gegengleis und kehren zurück auf dem Regelgleis -

6 Sie brauchen auf dem Gegengleis nicht zu halten, sondern dürfen ohne Hauptsignal
  auf der Abzw/Üst .... ab km .... weiterfahren.
  auf der Abzw/Üst .... ab km .... weiterfahren.
  in den Bf/Bft .... ab km .... ein- und ausfahren.
  in den Bf/Bft .... ab km .... einfahren

7 Sie müssen auf dem Gegengleis in Höhe des
  Bksig .... in km .... der Abzw/Üst .... halten.
  Bksig .... in km .... der Abzw/Üst .... halten.
  Esig .... in km .... des Bf/Bft .... halten

8 Sie müssen - zwischen Zmst .... und Zmst .... -
  - im Bahnhof .... - halten vor BÜ in km .... / km ....
  km .... / km .... / km ....
  Sie dürfen weiterfahren, wenn BÜ gesichert ist

V408.0412V01 Befehl A4 Bk 50xx-70 06.03

9 - Sie dürfen mit höchstens .... km/h fahren -
  - Sie müssen auf Sicht fahren -

im Bf	zwischen Zmst	und Zmst	in (km)	von km oder Sig	bis km oder Sig

Grund - Nr. .... (siehe Rückseite) - ....

Zusätzliche Befehle oder Hinweise (soweit erforderlich)

9.1 Stellen Sie fest, ob das Gleis befahrbar ist; melden Sie das Ergebnis

9.2 Geben Sie bei Annäherung an BÜ Signal Zp1; räumen Sie den BÜ schnellstens, wenn erstes Fahrzeug Straßenmitte erreicht hat

9.3 Schauen Sie nach Oberleitungsschäden; melden Sie das Ergebnis

9.4 PZB-Einrichtung - am .... sig .... - in km .... - ständig wirksam - unwirksam -

10 ....

Rechtsheim .... (Ort)   05.05.2007 (Datum)   18 (Uhr)   10 (Minuten)
Elen (Fahrdienstleiter)   .... erhalten (Name, Triebfahrzeugführer/Zugführer)

Sie müssen Gültiges im Feld vor der Nummer ankreuzen. [X]   Sie müssen nicht Zutreffendes im Kopf oder im angekreuzten Teil des Befehls schräg durchstreichen. Im Befehl 2 müssen Sie für Signale und Betriebsstellen die in der Kopfzeile angegebenen Abkürzungen verwenden.

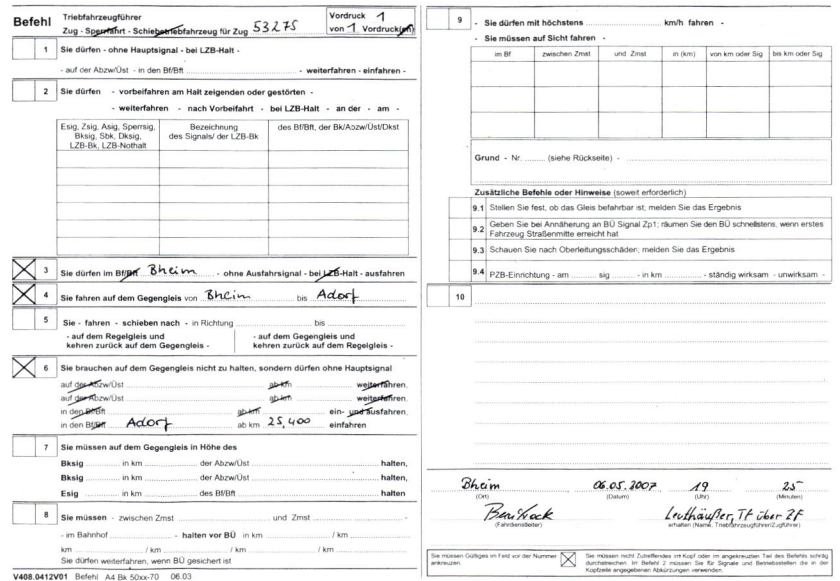

Abbildung 265: Befehl 3, Befehl 4 sowie Befehl 6.

■ Zustimmung durch Befehl 2 –, Vorbeifahren am Halt zeigenden oder gestörten Asig, und Befehl 4, Fahren auf dem Gegengleis, Abbildung 263.

■ Zustimmung durch Befehl Befehl 3, Ausfahren ohne Ausfahrsignal, und Befehl 4, Fahren auf dem Gegengleis, Abbildung 264.

■ Zustimmung durch Befehl 3 – Vorbeifahren am Halt zeigenden oder gestörten Asig, und Befehl 4, Fahren auf dem Gegengleis, sowie Befehl 6, Einfahren in den nächsten Bahnhof, Abbildung 265.

■ Zustimmung bei Gruppensignalen, Abbildungen 266 a und 266 b.

Bei der Fahrtstellung des Gruppensignals und eines hohen Formsperrsignals bzw. eines Lichtsperrsignals wird zweifelsfrei klargestellt, welcher der ggf. gleichzeitig zur Abfahrt bereitstehenden Züge die Zustimmung des Fahrdienstleiters erhalten hat.

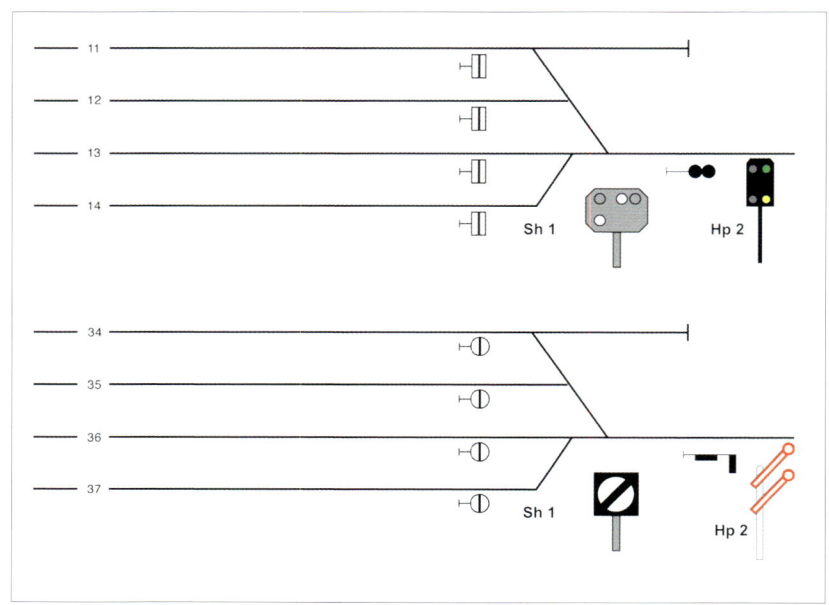

Abbildung 266 a: Zustimmung durch Stellen des Ausfahrsignals und Sh 1.

Abbildung 266 b: Zustimmung durch Stellen des Ausfahrsignals und besonderem Auftrag.

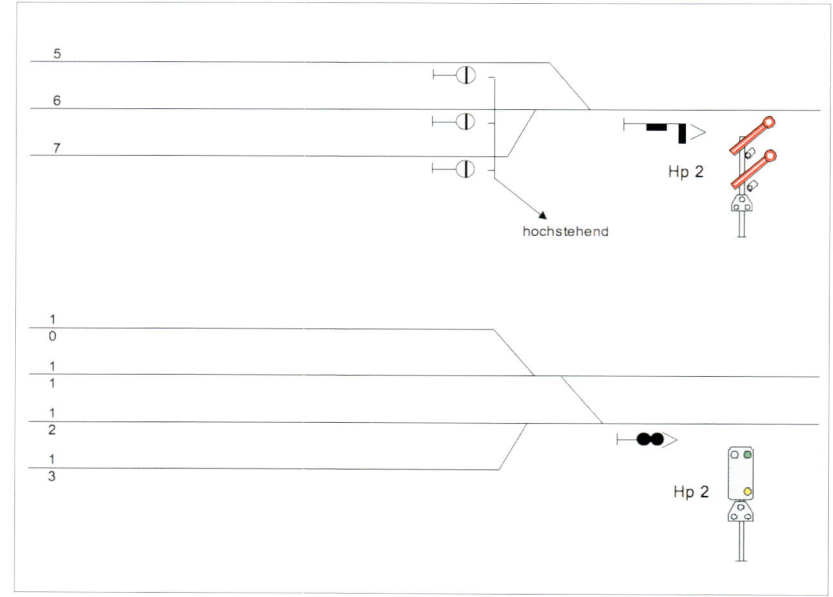

Fehlt das Lichtsignal bzw. das hohe Formsperrsignal am Ausfahrgleis, muss der Fahrdienstleiter zusätzlich zur Fahrtstellung des Hauptsignals einen besonderen Auftrag an die Zugaufsicht erteilen.

Abfahrauftrag
Der Abfahrauftrag wird mündlich oder durch **Signal Zp 9** gegeben.

Wo ein Lichtsignal Zp 9 vorhanden ist, muss dieses bedient werden, weil es abhängig von der Fahrtstellung des Hauptsignals und für jedes Gleis gesondert eingerichtet ist – also nicht von einem Triebfahrzeugführer eines anderen Zuges irrtümlich auf sich bezogen werden kann.

Falls kein Lichtsignal vorhanden, oder dieses gestört ist, wird der Abfahrauftrag durch eine andere Form des Signals Zp 9, d. h. durch

- Hochhalten des Befehlsstabes (bei Tag)

oder
- Hochhalten der grün abgeblendeten Handleuchte (bei Dunkelheit)

bei Triebwagen durch einen mäßig langen Ton über die Summer- oder Klingelanlage erteilt.

Nimmt der Triebfahrzeugführer die Zugaufsicht wahr, entfällt der Abfahrauftrag.

Abbildung 267:	*Abbildung 268:*
Hochhalten des	*Hochhalten der grün abgeblendeten*
Befehlsstabes – Zp 9.	*Handleuchte – Zp 9.*

6 Züge fahren – Aufgaben des Fahrdienstleiters

6.1 Allgemeine Aufgaben

Jede Zugfolgestelle muss – solange Züge verkehren – einem **Fahrdienstleiter** (Fdl) zugeteilt sein.

Örtlich nicht besetzte Bahnhöfe und Abzweigstellen sowie selbsttätige Blockstellen sind dem Fahrdienstleiter zugeteilt, der auf diese Signalanlagen von seinem Stellwerk aus einwirken kann.

Der Fdl regelt in eigener Verantwortung die Zugfolge sowie die Durchführung von Zugfahrten.

Dabei hat er die Weisungen der Betriebszentrale zur pünktlichen, flüssigen und wirtschaftlichen Durchführung der Zugfahrten zu beachten.

Abbildung 269:
Der Arbeitsplatz des
Fahrdienstleiters – Stell-
werk „Gf" Bf Großenlüder.

Abbildung 270:
Der Arbeitsplatz des
Fahrdienstleiters Gie-
ßen in der BZ Ffm.

6.2 Arbeitsunterlagen

Um den genannten Aufgaben gerecht zu werden, stehen dem Fdl am Arbeitsplatz eine Reihe von Unterlagen zur Verfügung:

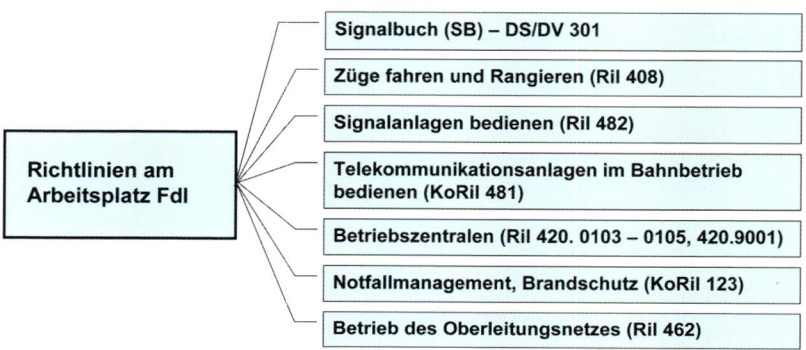

Abbildung 271: Richtlinien am Arbeitsplatz des Fdl – Auszug.

Züge fahren und Rangieren – Ril 408

Die Richtlinie 408 – enthält die wesentlichen Regeln für die sichere Handhabung des Bahnbetriebs. Sie gliedert sich in neun Gruppen

- 408.01 Züge fahren und Rangieren – Allgemeines
- 408.02 Züge fahren – Regelfall (für das örtliche Personal)
- 408.03 Züge fahren – Regelfall (für das Zugpersonal)
- 408.04 Züge fahren – Besonderheiten
- 408.05 Züge fahren – Unregelmäßigkeiten im Bahnbetrieb
- 408.06 Züge fahren – Unregelmäßigkeiten an technischen Einrichtungen
- 408.07 Züge fahren – Bilden der Züge
- 408.08 – Rangieren
- 408.09 Züge fahren und Rangieren – Besonderheiten und Unregelmäßigkeiten

Die 9 Gruppen sind in die Abschnitte 01 – 99 unterteilt, diese wiederum in Absätze.

Beispiel, Bezeichnung im Text: 408.0231 Abschnitt 3 Abs. 1:

Regelwerk	408				
Gruppe		02			
Modul			0231		
Abschnit				3	
Absatz					1

Im Anhang „Übersicht der für bestimmte Mitarbeiter geltenden Regeln" ist angegeben, welche Abschnitte für die Mitarbeiter, z.B. Triebfahrzeugführer, gelten.

Zum Auffinden bestimmter Textstellen leistet das „Stichwortverzeichnis" am
Schluss gute Dienste.

Telekommunikationsanlagen im Bahnbetrieb bedienen – KoRil 481

Diese Konzernrichtlinie besteht u.a. aus den Modulen
- Grundlagen für drahtgebundene Fernsprechverbindungen – 481.0101
  Hierin findet man u.a. die Aufzählung der Verbindungsarten wie Strecken-
  fernsprechverbindung (Fs), Fahrdienstleiter-Fernsprechverbindung für den
  Zugfunk (FdZF) oder ARCOR-Netz (früher Basa); außerdem Angaben über
  die Rangfolge der Gespräche, die Sprechdisziplin sowie Rufzeichen- und
  Rufnummerntafel.
- Grundlagen für Verbindungen des Betriebs- und Instandhaltungsfunks im
  GSM-R Netz – 481.0103
- Grundlagen für Verbindungen des analogen Zugfunks – 481.0201
- Gespräche über analogen Zugfunk führen – 481.0202
- Grundlagen für Verbindungen des Zugfunks im GSM-R Netz – 481.0205
- GSM-R Fernsprechbedienteil für ortsfeste Teilnehmer der Bauform Dicora-C
  bedienen – 481.9020
- GSM-R Fernsprechbedienteil für ortsfeste Teilnehmer der Bauform Dicora-S
  bedienen – 481.9021
- GSM-R Fernsprechbedienteil für ortsfeste Teilnehmer der Bauform Wenzel
  bedienen – 481.9023

Signalanlagen bedienen – Ril 482

Diese Richtlinie besteht u.a. aus den Modulgruppen
- Allgemeines – 482.9001
  Hierin findet man Grundlagen sowie Maßnahmen bei Störungen und Unregel-
  mäßigkeiten einschl. der Einträge in das Arbeits- und Störungsbuch.
- Mechanische Stellwerke – 482.9002/482.9054
- Elektromechanische Stellwerke – 482.9003/482.9055
- Gleisbildstellwerke Dr S2 – 482.9006
- Spurplanstellwerk Sp Dr S 60 – 482.9009
- Gleisbildstellwerksanlagen GS II – 482.9056
- Felderblock – 482.9018
- Selbsttätiger Streckenblock – 482.9021
- Signalgesteuerte Bahnübergangssicherungen – 482.9033

Auf jedem Stellwerk liegt das Modul Allgemeines – 482.9001 – sowie die jeweilige
Bedienungsanleitung der technischen Einrichtungen aus, welche vor Ort vorhanden sind.

Betriebszentralen – Ril 420

mit den Modulen
- Betriebszentralen DB Netz AG; Fahrdienst – 420.0103
- Betriebszentralen DB Netz AG; Netzdisposition – 420.0104
- Dispositionsregeln – 420.0105
- Kodierung der Verspätungsursachen mit Zuordnungsbeispielen – 420.9001

Diese Ril regelt die Zusammenarbeit der Fdl und Disponenten innerhalb der DB Netz AG – auch mit den Transportleitungen der Eisenbahnverkehrsunternehmen – zur flüssigen Betriebsabwicklung.

Notfallmanagement, Brandschutz – KoRil 123

Diese Richtlinie enthält neben allgemeinen Grundsätzen u.a. die Vorbereitung der Notfallhilfe, Aufruf von Hilfe, Melden, Untersuchen und Statistik von Ereignissen.

Betrieb des Oberleitungsnetzes – Ril 462

Sie enthält Angaben über die Durchführung des elektrischen Zugbetriebes, Weisungen für Umbauten und Unregelmäßigkeiten und vor allem Maßnahmen zum Schutz des im Bereich der Oberleitung tätigen Personenkreises.

Sonstige Unterlagen

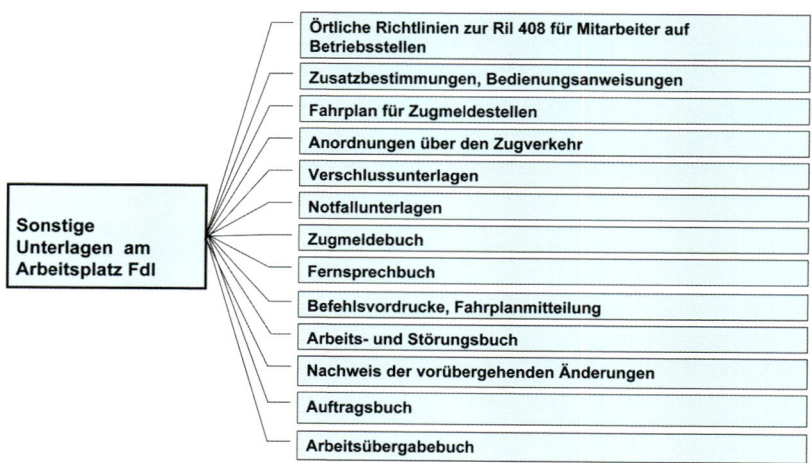

Abbildung 272: Sonstige Unterlagen am Arbeitsplatz Fdl.

Örtliche Richtlinien zur Ril 408 für Mitarbeiter auf Betriebsstellen

In den Örtlichen Richtlinien sind den Mitarbeitern auf Betriebsstellen zusätzliche

Züge fahren

Regeln zur Ril 408 gegeben. Dabei werden die Betriebsstellen mit ihren Anlagen, Einrichtungen und Besonderheiten beschrieben, z.B.

- Lage, Grenzen, Gleise und Bahnsteige der Betriebsstelle
- Zusatzanlagen
- Bahnübergänge
- Telekommunikationsanlagen
- Wasser-, Strom- und Gasversorgung.

Ferner sind zusätzliche Regeln gegeben zur Ril 408, z.B.

- Zugaufsicht durch örtliche Aufsicht,
- Uhrzeitvergleich,
- Besonderheiten zu Zugmeldungen,
- Grenzen der selbsttätigen Gleisfreimeldeanlage,
- Durchrutschwege,
- Besonderheiten bei der Fahrwegprüfung,
- Ausfertigen schriftlicher Befehle,
- Besonderheiten bei Lü-Sendungen,
- Besonderheiten beim Fahren im Gegengleis
- Maßnahmen beim Rangieren usw.

Außerdem können zusätzliche Regelungen zu weiteren Ril/DS/DV gegeben, z.B. zu

- DS/DV 301 (Signalbuch)
- Richtlinie 436 (ZLB = Zug- und Rangierfahrten im Zugleitbetrieb durchführen)
- Richtlinie 437 (SZB = Zug- und Rangierfahrten im Signalisierten Zugleitbetrieb durchführen)
- Ril 456 – Regeln für den Schrankenwärter

Auch Anhänge gehören zu den Örtlichen Richtlinien, z.B.

- Lageplan der Betriebsstelle
- Verzeichnis der Bahnübergänge
- Verzeichnis der Zugschlussstellen
- Übersicht über die Prüfung der Fahrwege

Zusatzbestimmungen, Bedienungsanweisungen

Zusatzbestimmungen zur Ril 482 – je nach technischer Einrichtung, z.B. bei Spurplanstellwerken – sowie Bedienungsanweisungen, z.B. für Lichtzeichenanlagen, sind aufgrund der örtlichen Besonderheiten erforderlich.

Auf vielen Stellwerken liegen „Mappen für Betriebliche Unterlagen" auf, in denen diese und weitere Unterlagen geordnet aufbewahrt werden.

Fahrplan für Zugmeldestellen

siehe Kapitel 1.10

Anordnungen über den Zugverkehr

In den Anordnungen über den Zugverkehr nach dem Muster der Ril 408 werden

- das Verkehren von Sonderzügen
- der Ausfall von Zügen

- Züge mit außergewöhnlichen Sendungen
- das Inkrafttreten von Betriebs- und Bauanweisungen (Betra)/Betrieblichen Anordnungen usw. eingetragen.

Verschlussunterlagen

Für jedes Stellwerk gibt es eine Verschlussunterlage (z.B. Verschlussplan), in der die Bedienungshandlungen aller für das Bilden einer Fahrstraße an einer Zugfahrt Beteiligten in zeitlich geordneter Reihenfolge aufgeführt bzw. die dazugehörenden Fahrwegelemente genannt sind.

Notfallunterlagen

Notfallunterlagen dienen der Sicherung der Hilfeleistung bei gefährlichen Ereignissen. Damit möglichst zeitnah und effizient Hilfsmaßnahmen eingeleitet werden können, ist jedem Fahrdienstleiter die Rufnummer der für ihn zuständigen Notfallleitstelle bekanntgegeben. Sie dient dem Alarmieren externer und interner Hilfskräfte sowie des Notfallmanagers. Dem Fahrdienstleiter obliegt die Weiterführung des Betriebes in seinem Zuständigkeitsbereich.

Eine der wichtigsten Notfallunterlagen ist die **Notfallmappe** mit folgendem Inhalt:
Abgrenzung des Zuständigkeitsbereiches, erforderliche Rufnummern zum Aufruf von Hilfe, Wegekarten u.a. mehr.

Beim Aufrufen von Hilfeleistung sind – je nach Erfordernis – durch die Notfallleitstelle mit Vermerk von Uhrzeit und Kommunikationspartner zu verständigen:
- Rettungsleitstelle,
- Notfallmanager,
- Zentralschaltstelle,
- Notfalltechnik,
- Bundespolizei,
- Landespolizei,
- Fahrbahn,
- Entstörkräfte,
- ggf. weitere Stellen.

Die einzelnen Notfallbezirke sind im System der Notfallleitstelle enthalten.

Zugmeldebuch

Es gibt Zugmeldebücher für eingleisige und zweigleisige Strecken, deren Muster – und Mustereinträge – in der Ril 408 zu finden sind. In das Zugmeldebuch sind alle Zug- und Sperrfahrten sowie Sperrungen von Streckengleisen einzutragen. In der Spalte Meldungen und Vermerke werden
- das Ausstellen schriftlicher Befehle
- die Arbeitsaufnahme und der Arbeitsabschluss
- die Benachrichtigung der beteiligten Mitarbeiter und
- sonstige betrieblich bedeutsame Vorgänge

vermerkt.

Züge fahren

Zugnummernmeldeanlagen in Verbindung mit Zugzeitdruckern ersetzen bei vielen Stellwerken für den Regelbetrieb das Zugmeldebuch.

Fernsprechbuch

Vorgänge, die die Durchführung der Züge betreffen oder Aufträge und Meldungen sind von den Betriebsstellen im Fernsprechbuch nachzuweisen,

- wenn kein Zugmeldebuch geführt wird oder
- wenn zwar ein Zugmeldebuch geführt wird, aber für Einträge, für die keine Spalten vorgesehen sind, der Nachweis im Fernsprechbuch zweckmäßig ist.

In den Örtlichen Richtlinien kann vorgeschrieben sein, dass ein **Fernsprechbuch für häufige Meldungen mit festem Wortlaut** zu führen ist. Hier sind im Kopf des Spaltenbaus feststehende Wortlaute für häufig stattfindende Gespräche auf Grund der Örtlichkeit aufgeführt, so dass von den Gesprächsführenden nur noch die Angaben über Zugnummer, Gleise oder Weichen einzutragen und die abgebende und annehmende Stelle, die Namen der Gesprächspartner und die Uhrzeit zu vermerken sind.

Befehlsvordrucke

Beim Fdl liegen Befehlsvordrucke zum Ausstellen von Befehlen auf. Die über den schriftlichen Befehl an den Triebfahrzeugführer zu übermittelnden Aufträge sind in alphanumerischer Reihenfolge im Vordruck vorgegeben und müssen vom

Konzernrichtlinie | Deutsche Bahn DB
Züge fahren | 408.0203V41
Vordruck Fernsprechbuch | Seite 1 von 2

Fernsprechbuch

für ....

Begonnen am ...., abgeschlossen am ....

Inhalt 80 Seiten

V408.0203V41 Fernsprechbuch A5 H80 5c-70 in 75-250 rot 06.03

gültig ab 15.06.2003

408.0203V41 | Züge fahren
Seite 2 von 2 | Vordruck Fernsprechbuch

1	2	3	4
Wortlaut des Gespräches	Abgabe durch (Sprechstelle, Name)	Zeit Std/Min	Annahme durch (Sprechstelle, Name)

gültig ab 15.06.2003

Abbildung 273: Fernsprechbuch.

Befehl (Vorderseite – linke Spalte)

1 Sie dürfen - ohne Hauptsignal - bei LZB-Halt -
  - auf der Abzw/Ust - in den Bf/Bft - - weiterfahren - einfahren -

2 Sie dürfen - vorbeifahren am Halt zeigenden oder gestörten -
  - weiterfahren - nach Vorbeifahrt - bei LZB-Halt - an der - an -

Esig, Zsig, Asig, Sperrsig, Bksig, Sbk, Dksig, LZB-Bk, LZB-Nothalt	Bezeichnung des Signals/ der LZB-Bk	des Bf/Bft, der Bk/Abzw/Ust/Dkst

3 Sie dürfen im Bf/Bft ___ - ohne Ausfahrsignal - bei LZB-Halt - ausfahren

4 Sie fahren auf dem Gegengleis von ___ bis ___

5 Sie - fahren - schieben nach - in Richtung ___ bis ___
  - auf dem Regelgleis und kehren zurück auf dem Gegengleis -
  - auf dem Gegengleis und kehren zurück auf dem Regelgleis -

6 Sie brauchen auf dem Gegengleis nicht zu halten, sondern dürfen ohne Hauptsignal
  auf der Abzw/Ust ___ ab km ___ weiterfahren,
  auf der Abzw/Ust ___ ab km ___ weiterfahren,
  in den Bf/Bft ___ ab km ___ ein- und ausfahren,
  in den Bf/Bft ___ ab km ___ einfahren

7 Sie müssen auf dem Gegengleis in Höhe des
  Bksig ___ in km ___ der Abzw/Ust ___ halten,
  Bksig ___ in km ___ der Abzw/Ust ___ halten,
  Esig ___ in km ___ des Bf/Bft ___ halten

8 Sie müssen - zwischen Zmst ___ und Zmst ___
  - im Bahnhof ___ - halten vor BÜ ___ / km ___
  km ___ / km ___ / km ___ / km ___
  Sie dürfen weiterfahren, wenn BÜ gesichert ist

V408.0412V01 Befehl A4 Bk 50xx-70 12 04

Befehl (Vorderseite – rechte Spalte)

9 - Sie dürfen mit höchstens ___ km/h fahren -
  - Sie müssen auf Sicht fahren -

im Bf	zwischen Zmst	und Zmst	in (km)	von km oder Sig	bis km oder Sig

Grund - Nr. ___ (siehe Rückseite) - ___

Zusätzliche Befehle oder Hinweise (soweit erforderlich)

9.1 Stellen Sie fest, ob das Gleis befahrbar ist; melden Sie das Ergebnis

9.2 Geben Sie bei Annäherung an BÜ Signal Zp1; räumen Sie den BÜ schnellstens, wenn erstes Fahrzeug Straßenmitte erreicht hat

9.3 Schauen Sie nach Oberleitungsschäden; melden Sie das Ergebnis

9.4 PZB-Einrichtung - am ___ sig ___ - in km ___ - ständig wirksam - unwirksam -

10 ___

(Ort) ___ (Datum) ___ (Uhr) ___ (Minuten) ___

(Fahrdienstleiter) ___ erhalten (Name, Triebfahrzeugführer/Zugführer) ___

Sie müssen Gültiges im Feld vor der Nummer ankreuzen. Sie müssen nicht Zutreffendes im Kopf oder im angekreuzten Teil des Befehls schräg durchstreichen. Im Befehl 2 müssen Sie für Signale und Betriebsstellen die in der Kopfzeile angegebenen Abkürzungen verwenden.

Abbildung 274:   **Gründe**   Geben Sie auf der Vorderseite im Befehl 9 folgende Weisung

Befehl, Vorder-
und Rückseite.

Gleisbelegung, Zugfolge		
1	Gleis kann besetzt sein	auf Sicht
2	Fahrzeuge im Gleis	auf Sicht
3	Mehrere Sperrfahrten unterwegs	auf Sicht
4	Einfahrt in ein Stumpfgleis	30 km/h
5	Einfahrt in ein teilweise besetztes Gleis oder nur teilweise befahrbares Gleis	20 km/h
6	Durchrutschweg besetzt, nicht vollständig befahrbar oder nicht ausreichend	30 km/h
7	Verständigung zwischen den Zugmeldestellen gestört	auf Sicht
8	Auf der Strecke ruht die Arbeit	50 km/h
Bahnübergänge, Übergänge zu Bahnsteigen		
10	Bahnübergänge nicht ausreichend gesichert	20 km/h
11	Spurrillen nicht von Eis und Schnee gereinigt	30 km/h
12	Höhengleiche Übergänge zu Bahnsteigen nicht gesichert	auf Sicht
Arbeiten, La		
20	Bauarbeiten	*)
21	Unbefahrbare Stelle im gesperrten Gleis	auf Sicht
22	Zustand nach Bauarbeiten	*)
23	Arbeitsstelle nicht benachrichtigt	auf Sicht
24	Niedrigere Geschwindigkeit gegenüber der La	*)
Mängel an Bahnanlagen		
30	Mängel am Oberbau	*)
31	Verdacht auf Oberleitungsschäden (auch im Nachbargleis)	auf Sicht
32	Verdacht auf Unwetterschäden (Erdrutsch, Sturmschäden usw.)	auf Sicht
33	Verdacht auf Eiszapfenbildung im Tunnel	auf Sicht
34	PZB-Streckeneinrichtung gestört	100 km/h
35	Weichen außer Abhängigkeit von Signalen	50 km/h
Besonderheiten am Zug		
40	Engstelle bei Lü-Sendungen	10 km/h
41	Eingeschränkte Tragfähigkeit der Bahnanlagen für Schwerwagen	*)
42	Spitzensignal unvollständig	40 km/h

*) Unterschiedliche Geschwindigkeitsvorgaben

Züge fahren

Fahrdienstleiter entsprechend angekreuzt und die entsprechenden Textfelder ausgefüllt werden.

Fahrplanmitteilung
s. Kapitel 1.10

Arbeits- und Störungsbuch
Das Arbeits- und Störungsbuch liegt bei allen Stellen auf, von denen aus Signalanlagen bedient oder überwacht werden.

Es werden
- das Ereignis (Arbeiten oder Unregelmäßigkeiten)
- Auswirkungen, betriebliche Maßnahmen (bei Arbeiten)
- Zustimmung (zugest.) des Bedieners
- Unterbrechung der Arbeiten, ggf. weiterhin erforderliche Maßnahmen
- Ende der Arbeiten

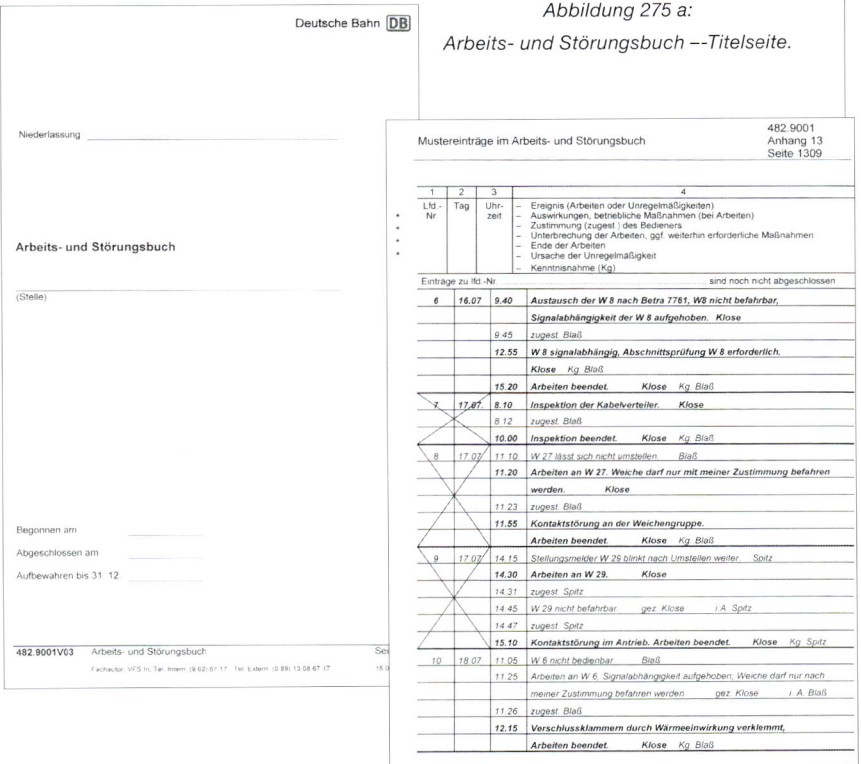

Abbildung 275 a:

Arbeits- und Störungsbuch –-Titelseite.

Abbildung 275 b: Arbeits- und Störungsbuch – Einlegeblatt (Auszug).

- Ursache der Unregelmäßigkeit
- Kenntnisnahme des Bedieners (Kg)

eingetragen.

Die Einträge im Arbeits- und Störungsbuch dienen der Betriebssicherheit. Einträge mit Bleistift sind – wie bei allen betrieblichen Unterlagen – unzulässig. Es muss gut lesbar geschrieben werden und irrtümliche Einträge sind so durchzustreichen, dass sie lesbar bleiben und:

Die Einträge sind vor Beginn der Arbeiten vorzunehmen! Der Bediener darf Einträge im Auftrag der technischen Fachkräfte vornehmen, wenn diese nicht auf dem Stellwerk anwesend sind. Bei der Unterschrift trägt er dann den Namen der technischen Fachkraft mit dem Zusatz „gez." ein und unterschreibt mit „i. A. (Name)".

Die Benutzung von Einrichtungen mit Zählwerk wird im **Nachweis der Zählwerke** eingetragen, z.B. Bedienen von Zs 1, Zs 7, Zs 8. Ordnungsgemäß arbeitende Störungsdrucker ersetzen die Einträge in den Nachweis der Zählwerke, allerdings nicht die Einträge in das Arbeits- und Störungsbuch.

Nachweis der vorübergehenden Änderungen

Werden an Signalanlagen vorübergehende Änderungen vorgenommen, eingerichtet, so trägt die Fachkraft dies in den Nachweis der vorübergehenden Änderungen

Abbildung 276: Nachweis der vorübergehenden Änderungen.

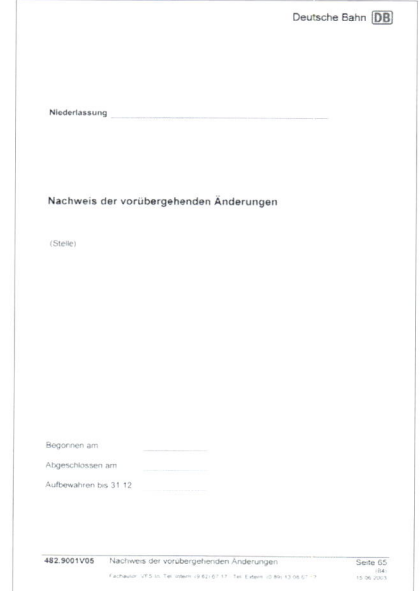

ein. Auch die Herstellung des endgültigen Zustandes ist einzutragen, die Bediener der Signalanlagen nehmen davon Kenntnis.

Auftragsbuch

Das Auftragsbuch enthält vorübergehende Aufträge d.h. Ausnahmen und Abweichungen von den Regeln. Die Aufträge sind fortlaufend zu nummerieren. Länger gültige Aufträge sind in die Örtlichen Richtlinien zu übernehmen. Nach Arbeitsaufnahme ist das Auftragsbuch sofort einzusehen.

Arbeitsübergabebuch

Die Arbeitsübernahme und die Arbeitsübergabe werden vom Fahrdienstleiter üblicherweise im Zugmeldebuch bescheinigt. Bei den übrigen Mitarbeitern, z.B. dem Weichenwärter, ist die vorgesehene Unterlage in den Örtlichen Richtlinien bestimmt. Dabei kann es sich um das Arbeitsübergabebuch handeln. Ein solches Arbeitsübergabebuch wird also geführt, sofern nicht – wie z.B. beim Fdl – eine andere Unterlage zur Verfügung steht.

6.3 Aufträge und Meldungen, Fernsprechverbindungen

Aufträge und Meldungen allgemein

Es werden Aufträge und Meldungen mit **festem Wortlaut** und Aufträge und Meldungen **ohne festen Wortlaut** unterschieden. Bei Aufträgen und Meldungen mit festem Wortlaut werden die Züge mit dem Wort „Zug" und der Zugnummer bezeichnet. Das Wort „Zug" wird bei Sperrfahrten durch „Sperrfahrt", bei Kleinwagenfahrten durch „Sperrfahrt Kl" ersetzt.

Aufträge oder Meldungen mit festem Wortlaut sind wörtlich zu **wiederholen**. Bei Aufträgen und Meldungen ohne festen Wortlaut muss die Wiederholung alle wesentlichen Angaben enthalten. Bei fernmündlicher Verständigung ist jede Wiederholung einzuleiten mit den Worten „Ich wiederhole". Die Richtigkeit der Wiederholung ist mit „Richtig" zu bestätigen.

Einseitig gerichtete Sprechverbindungen dürfen wegen möglichem Informationsverlust und/oder unvollständiger Aufnahme für Meldungen nicht benutzt werden. Aufträge dürfen über einseitige Sprechverbindungen jedoch gegeben werden, wenn dies im Einzelfall nicht verboten ist und die Ausführung vom Empfänger gemeldet werden muss oder vom Auftraggeber selbst erkannt werden kann, z.B. „Zugführer (Zugnummer) bitte Zugaufsicht übernehmen". Um Hörfehler möglichst auszuschließen, sind Aufträge über einseitig gerichtete Sprecheinrichtungen zweimal zu geben. Die zweite Durchsage ist mit den Worten „Ich wiederhole" einzuleiten.

Fernsprechverbindungen,
die für den Fdl von besonderer Bedeutung sind

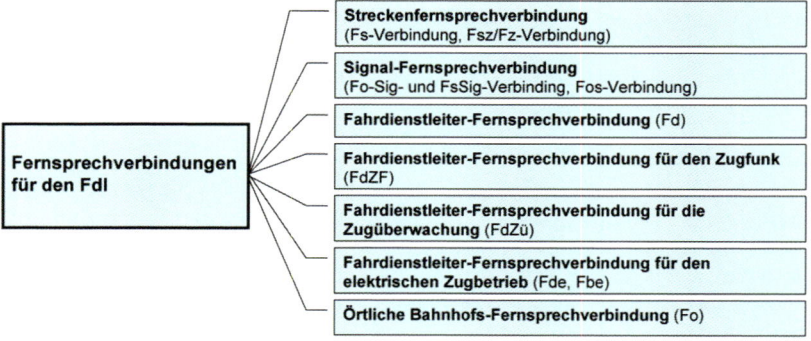

Abbildung 277: Fernsprechverbindungen.

Streckenfernsprechverbindung (Fs-Verbindung, Fsz/Fz-Verbindung)
Im Regelfall sind eingeschaltet
- die benachbarten Zugmeldestellen
- die dazwischen liegenden Blockstellen
- die dazwischen liegenden Schrankenposten,
- die dazwischen liegenden Sprechstellen der freien Strecke (Fernsprechbuden, -kästen).

Die Streckenfernsprechverbindung wird insbesondere zur Abgabe von Zugmeldungen zwischen zwei Zugmeldestellen verwendet, wofür der Zugmelderuf mit dem Zeichen 10 oder 10 10 (einmal 10 Kurbelumdrehungen oder zweimal 10 Kurbelumdrehungen), je nach Fahrtrichtung des Zuges, zu verwenden ist.

Ferner können Meldungen und Aufträge an einzelne Stellen abgegeben werden, die mit ihrem besonderen Rufzeichen gemäß **Rufzeichentafel** zu rufen sind.

Meldungen, ausgenommen Zugmeldungen, die für alle Stellen der Strecke interessant sind, werden mit dem Sammelruf . . . −. . . − eingeleitet.

Schließlich sollte jeder Mitarbeiter das Zeichen für den **Notruf** 10 10 10 (dreimal 10 Kurbelumdrehungen) zum Melden einer Betriebsgefahr bzw. zum Anfordern von Hilfe kennen.

Wollen mehrere Mitarbeiter gleichzeitig Gespräche führen, gilt folgende Rangfolge:

Abbildung 277a:

Strecken-

fernsprecher.

Rufzeichentafel	Nr.
Fs-Verbindung .... Wilsenroth - Westerburg	5024

Notruf   — — —

Zugmelderuf   — —   Richtung .... Wilsenroth

         —   Richtung .... Westerburg

Sammelruf   ... — ... —

Unbesetzte Sprechstellen und tragbare OB-Fernsprecher   •• — •• —

Sprechstelle	Strecken-km	Rufzeichen
Wilsenroth	21,630	— — —
BÜ Berzhahn	23,870	— — — — — —
Willmenrod-Schalthaus	25,386	— —
Posten 4	25,656	— — — —
Stellwerk „Ws"	28,428	—
Westerburg	28,600	— —

Abbildung 278:
Rufzeichentafel.

Rufzeichen	•	–	—
Zahl der Kurbelumdrehungen	1	3	10
Dauer des Tastendrucks in Sekunden	0,3	1	3
Ziffer auf der Wähltastatur	2	9	besondere Taste

() Sprechstelle nicht besetzt   + Sprechstelle nicht ständig besetzt

Name und Rufzeichen der eigenen Sprechstelle sind rot unterstrichen

1. Notruf, Nothaltauftrag
2. Unfallmeldungen
3. Zugmeldungen, Zuglaufmeldungen
4. Aufträge und Meldungen, z.B. Übermittlung schriftlicher Befehle
5. andere wichtige Gespräche, z.B. dringliche Schaltgespräche, Verspätungsmeldungen
6. sonstige Gespräche

Signal-Fernsprechverbindung
(FoSig- und FsSig-Verbindung, Fos-Verbindung)
Über diese Verbindung kann das Zugpersonal bei Einfahr-,
Ausfahr- oder Blocksignalen eine direkte Verbindung zum
zuständigen Fdl herstellen.

Fahrdienstleiter-Fernsprechverbindung (Fd)
Sie verbindet die Zugmeldestellen einer Strecke und abzwei-
gender Strecken untereinander und dient z.B. der raschen
Weitergabe von Verspätungsmeldungen.

Fahrdienstleiter-Fernsprechverbindung für den Zugfunk
(FdZF)
Sie dient der Verständigung zwischen den Fahrdienstleitern
und den Zügen.

Abbildung
277b: Signal-
fernsprecher.

In der Regel wird die Verbindung über die **Zugfunk-Bedienstelle** bei der Betriebs-zentrale hergestellt. Diese kann den Fahrdienstleiter direkt mit dem Triebfahrzeug-führer verbinden oder Kurzinformationen in codierter Form übermitteln.

Bei drohender Betriebsgefahr kann der Fahrdienstleiter dem Triebfahrzeugführer einen **Nothaltauftrag** durch eine Sammel-Notdurchsageverbindung erteilen. Es ist möglich, die Notdurchsageverbindung in eine Einzel- Sprechverbindung mit einem Triebfahrzeugführer umzuwandeln. Eine Notrufverbindung kann nur durch den Triebfahrzeugführer aufgebaut werden.

Fahrdienstleiter-Fernsprechverbindung für die Zugüberwachung(FdZü)
Sie dient der direkten Verständigung zwischen Fahrdienstleiter und den Mitarbei-tern der Betriebszentrale.

Fahrdienstleiter-Fernsprechverbindung für den elektrischen Zugbetrieb (Fde, Fbe)
Sie dient als Verbindung zwischen Fahrdienstleiter und Schaltdienstleiter einer Zentralschaltstelle auf elektrisch betriebenen Strecken.

Örtliche Bahnhofs-Fernsprechverbindung (Fo)
Sie dient der Verständigung der Mitarbeiter eines Bahnhofs untereinander.

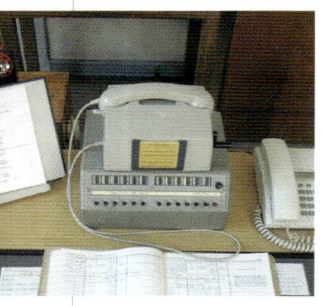

Abbildung 277c:
Fernsprecher am
Arbeitsplatz Fdl.

Abbildung 277d:
Allfernsprecher
beim Fdl.

Bereits im Kapitel 1.7 hatten wir die Einführung von GSM-R angesprochen, hier nun konkrete Funktionalitäten und deren Anwendung:

Das Prinzip der Adressierung im System GSM-R
■ Funktionale Adressierung
Mobile Teilnehmer im GSM-R-Netz erhalten eine funktionale Adressierung (Ruf-nummer). Diese funktionale Nummer wird systemintern der jeweiligen Gerätenum-mer zugeordnet. Zur Gewährleistung der eindeutigen Erreichbarkeit eines Zuges über die Zugnummer (Regelfall) kann eine Zugnummer nur einmal im GSM-R-Netz registriert sein. Bei Fahrzeuggeräten besteht die funktionale Rufnummer u.a. aus Zugnummer bzw. Triebfahrzeugnummer und der betrieblichen Funktion des zu rufenden Mitarbeiters, z.B. Triebfahrzeugführer.

Züge fahren

■ Ortsabhängige Adressierung

Bei der ortsabhängigen Adressierung werden Rufe zu einem bestimmten Empfänger in Abhängigkeit vom Stand-/ Fahrort des rufenden mobilen Anrufers aufgebaut. Die Genauigkeit in der Ortsbestimmung entspricht i. d. R. der jeweiligen Größe der Funkzelle. Über die ortsabhängige Adressierung werden z. Zt. vom Triebfahrzeugführer erreicht:

■ Fahrdienstleiter,
■ Zugdisponent der Betriebszentrale und
■ Zentrale Schaltstelle (ZES)

Für jede dieser Funktionen kann allerdings je Zelle nur eine Rufnummer angegeben werden.

■ Gruppenrufe

Durch die Einrichtung von Gruppenrufen besteht die Möglichkeit, mit einem Ruf mehrere vorgegebene Teilnehmer (Örtlichkeit und Funktion) gleichzeitig zu erreichen. Gruppenrufe werden nur in vorher festgelegten Bereichen ausgestrahlt. Diese Bereiche werden „Gruppenrufbereiche" genannt. Besondere Gruppenrufbereiche sind die Notrufbereiche.

Beispiele für Gruppenrufe:
■ Zugfunknotruf
■ Notruf Strecke
■ Alle Triebfahrzeugführer im Bereich
■ Alle Instandhalter

■ Priorisierung von Gesprächen

Im GSM-R-Netz sind mehrere Gespräche gleichzeitig möglich. Jedem Gespräch wird systemintern eine Priorität zugeordnet.

Abbildung 279 a:
GSM-R-Endgerät beim Fdl – Dicora S.

Abbildung 279 b:
GSM-R-Endgerät beim Fdl – Dicora C.

Abbildung 279 c:
GSM-R-Endgerät beim Fdl – Wenzel.

- 0: Bahn-Notrufe
- 2: Gruppenruf „Alle Züge im Bereich"
- 3: bahnbetriebliche Gespräche
- 4. dispositive Gespräche

Um sicherzustellen, dass besonders wichtige Gespräche den Teilnehmer sofort erreichen, während dieser ein anderes Gespräch führt, beendet ein eingehendes Gespräch mit höherer Priorität beim **mobilen** Teilnehmer sofort ein Gespräch mit niedrigerer Priorität (Verdrängung). Bei **ortsfesten** Teilnehmern verdrängt nur der Bahn-Notruf.

6.4 Zugmeldeverfahren

Das Zugmeldeverfahren dient der **Regelung und Sicherung der Zugfolge**. Es ist erforderlich, um z.B. Hauptsignale rechtzeitig stellen zu können und um mitzuteilen, dass ein Zug die Blockstrecke vollständig geräumt hat.

Zum Zugmeldeverfahren gehören das
- **Anbieten und Annehmen**
- **Abmelden**
- **Rückmelden**

Welche Zugmeldungen anzuwenden sind, richtet sich nach der Art der Strecke (eingleisig, zweigleisig) sowie nach den vorhandenen technischen Einrichtungen (Streckenblock, technische Meldeeinrichtungen).

Ersatz von Zugmeldungen durch technische Meldeeinrichtungen

Die Zugmeldungen Anbieten, Annehmen und Abmelden werden bei ordnungsge-mäß wirkendem Streckenblock immer häufiger durch optische Meldungen unter Verwendung von **Zugnummernmeldeanlagen** ersetzt. Bei diesem Verfahren werden die Zugnummern dem Fdl in sogenannten Anzeigefeldern dargestellt. Diese befinden sich entweder direkt auf dem Stelltisch bzw. der Stell- und Meldetafel oder auf einem separaten Monitor, auf dem der Gleisplan dargestellt wird.

Abbildung 280:
Zugnummernmeldeanlage.

Züge fahren

Die Zugnummern werden nur einmal manuell in das System eingegeben und dem Gleisabschnitt, in dem sich der Zug zum Zeitpunkt der Eingabe befindet, zugeordnet. Während der Fahrt des Zuges wird die Zugnummer automatisch mit Haltfall des Signals in das Anzeigefeld des nächsten Zugfolgeabschnittes fortgeschaltet.

Wenn der Zug an seinem Ziel angekommen ist, nimmt der Fdl die Zugnummer aus dem System (Löschen der Zugnummer).

In zusätzlichen Anzeigefeldern werden einem Fdl Züge angezeigt, die auf seinen Stellwerksbereich zulaufen (=Ersatz für Abmeldung). Diese Einrichtung benötigt er, um rechtzeitig disponieren zu können.

Das Anbieten und Annehmen der Züge erfolgt mittels Anbiete- und Annahmetasten mit entsprechenden Anzeigen bei beiden benachbarten Zugmeldestellen.

Als Ersatz für das Zugmeldebuch dient ein **Zugnummerndrucker**, der die Abfahrt-, Durchfahrt- und Ankunftzeiten druckt.

Bei Störungen der Meldeeinrichtungen, erforderlichem Rückmelden, Fahrten im Gegengleis, Sperrfahrten oder Lü-Cäsar müssen die Züge dennoch fernmündlich angeboten und angenommen sowie abgemeldet werden. In diesem Fall ist das Zugmeldebuch zu führen.

Wo benachbarte Zugmeldestellen demselben Fahrdienstleiter zugeteilt sind, werden keine Zugmeldungen gegeben.

Bei fernmündlichen Zugmeldungen sind Züge auf eingleisigen Strecken anzubieten und anzunehmen sowie abzumelden, **auf zweigleisigen Strecken nur abzumelden**, wobei die Zugmeldungen auf der in den Örtlichen Richtlinien genannten Fernsprechverbindung gegeben werden.

Immer auf der Fernsprech-Streckenverbindung (Fs) sind Züge anzubieten und abzumelden, wenn Blockstellen oder Schrankenposten sich auf den Zugmelderuf melden müssen oder wenn sich zwischen den Zugmeldestellen Bahnübergänge befinden. Dann sind die Zeichen des **Zugmelderufs** anzuwenden und mit dem einheitlichen Rufzeichen

10 bzw. 10 10

(je nach Fahrtrichtung des Zuges) einzuleiten.

Nach Ertönen des Rufzeichens meldet sich die benachbarte Zugmeldestelle mit „Fahrdienstleiter/Zugmelder (Name der Betriebsstelle)" und bei der ersten Abmeldung nach Arbeitsübernahme mit dem Namen (z.B. Fdl Ypsilon, Müller) ;
im Anschluss daran melden sich die Mitarbeiter der übrigen Stellen nur mit ihrer Bezeichnung (z.B. Blockstelle (Name der Betriebsstelle), Posten 17).

Es folgt einer der vorgeschriebenen Wortlaute.

Jede Zugmeldung ist einzuleiten mit dem Wort „Zugmeldung".

Die einzelnen Varianten des Zugmeldeverfahrens werden anhand der folgenden Strecke erläutert:

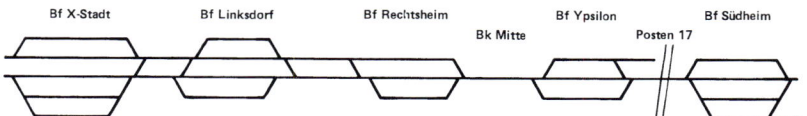

Abbildung 281: Streckenbandskizze Xstadt-Südheim.

Dabei werden die Abkürzungen
- Fdl für Fahrdienstleiter
- Z für Zug
- und vsl für voraussichtlich verwendet.

Zugmeldungen auf zweigleisigen Strecken
Die Züge sind **bis zu fünf Minuten** vorher mit der voraussichtlichen Ab- oder Durchfahrtzeit abzumelden und ggf. zurückzumelden.

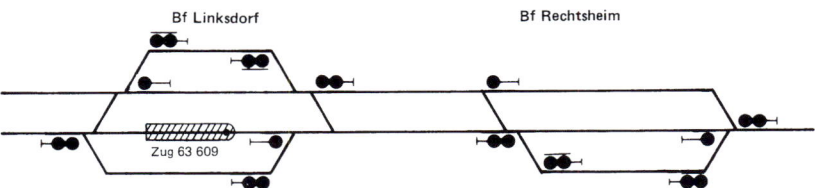

Abbildung 282: Streckenbandskizze Linksdorf-Rechtsheim.

(Zugmelderuf von Bf Linksdorf bis Bf Rechtsheim)

„Fdl Rechtsheim"
„Fdl Linksdorf, Zugmeldung:
Z 63609 vsl ab , 15"
„Ich wiederhole: Z 63609 vsl ab , 15"
„Richtig"

Züge fahren

Auszug aus den Zugmeldebuch des Fdl Linksdorf, Abbildung 283.
Auszug aus dem Zugmeldebuch des Fdl Rechtsheim, Abbildung 284.

1	2	3	4	5	6	7	8	9
Tag	Gleis von *Xstadt*				Gleis nach *Rechtsheim*			Meldungen und Vermerke
30.7.	Annahme (ausnahmsweise)	Gemeldete Abfahrt	Abgabe der Rückmeldung	Ankunft	Annahme (ausnahmsweise)	Abfahrt (Abmeldung)	Eintreffen der Rückmeldung	
Zugnummer	U | M	U | M	U | M	U | M	U | M	U | M	U | M	
63609		10 | 09		10 | 15		10 | 15		

Abbildung 283: Auszug aus Zugmeldebuch des Fdl Linksdorf.

1	2	3	4	5	6	7	8	9
Tag	Gleis von *Linksdorf*				Gleis nach			Meldungen und Vermerke
	Annahme (ausnahmsweise)	Gemeldete Abfahrt	Abgabe der Rückmeldung	Ankunft	Annahme (ausnahmsweise)	Abfahrt (Abmeldung)	Eintreffen der Rückmeldung	
Zugnummer	U | M	U | M	U | M	U | M	U | M	U | M	U | M	
63609		10 | 15						

Abbildung 284: Auszug aus Zugmeldebuch des Fdl Rechtsheim.

Voraussichtlich abmelden bedeutet, der Zug wird mit einer geschätzten Zeit zuerst abgemeldet, dann wird das Ausfahrsignal auf Fahrt gestellt und die Zugfahrt kann stattfinden. Bei diesem Verfahren kann der Fahrdienstleiter den Zug zurückhalten, wenn sich z.B. ein Schrankenwärter auf den Zugmelderuf nicht meldet.

In den Örtlichen Richtlinien kann zugelassen sein, dass Züge mit der **tatsächlichen Ab- oder Durchfahrtzeit** abgemeldet werden, wenn keine Blockstellen oder Schrankenwärter über den Zugverkehr zu benachrichtigen sind.

Mit der tatsächlichen Zeit abmelden bedeutet, zuerst wird das Ausfahrsignal auf Fahrt gestellt. Wenn der Zug abfährt oder bei Durchfahrten mit der Spitze des Zuges

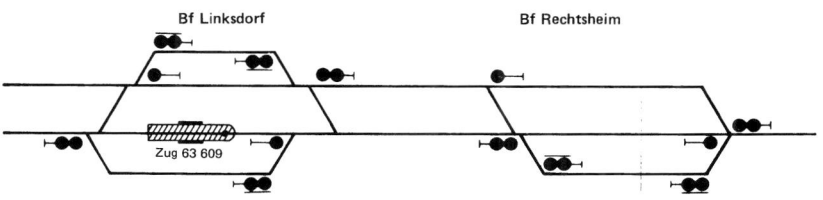

Abbildung 285: Streckenbandskizze Linksdorf-Rechtsheim.

beim Fahrdienstleiter vorbeifährt, wird er mit der beobachteten Zeit abgemeldet. In besonderen Fällen werden Züge **auch auf zweigleisigen Strecken angeboten, angenommen und abgemeldet**, zum Beispiel bei Mitführen einer Lü-Sendung „Cäsar": mit dem Zusatz „mit Lü-Cäsar".

(Zugmelderuf von Bf Linksdorf bis Bf Rechtsheim)
„Fdl Rechtsheim"
„Fdl Linksdorf, Zugmeldung:
Wird Z 63609 mit **Lü Cäsar** angenommen?"
„Z 63609 mit **Lü Cäsar** ja"
„Z 63609 vsl ab, 15"
„Ich wiederhole, Z 63609 vsl ab, 15"
„Richtig"

Auszug aus dem Zugmeldebuch des Fdl Linksdorf, Abbildung 286.
Auszug aus dem Zugmeldebuch des Fdl Rechtsheim, Abbildung 287.

1	2		3		4		5		6		7		8		9
Tag	Gleis von _Xstadt_						Ankunft		Gleis nach _Rechtsheim_						Meldungen und Vermerke
31.7. Zugnummer	Annahme (aus-nahms-weise)		Gemel-dete Abfahrt		Abgabe der Rück-meldung		Ankunft		Annahme (aus-nahms-weise)		Abfahrt (Abmel-dung)		Ein-treffen der Rück-meldung		
	U	M	U	M	U	M	U	M	U	M	U	M	U	M	
63609	10	05	10	09			10	15	10	13	10	15			Lü-Cäsar

Abbildung 286: Auszug aus Zugmeldebuch des Fdl Linksdorf.

1	2		3		4		5		6		7		8		9
Tag	Gleis von _Linksdorf_						Ankunft		Gleis nach						Meldungen und Vermerke
31.7. Zugnummer	Annahme (aus-nahms-weise)		Gemel-dete Abfahrt		Abgabe der Rück-meldung		Ankunft		Annahme (aus-nahms-weise)		Abfahrt (Abmel-dung)		Ein-treffen der Rück-meldung		
	U	M	U	M	U	M	U	M	U	M	U	M	U	M	
63609	10	13	10	15											Lü-Cäsar

Abbildung 287: Auszug aus Zugmeldebuch des Fdl Rechtsheim.

Zugmeldungen auf eingleisigen Strecken

Auf eingleisigen Strecken werden Züge grundsätzlich **angeboten, angenommen und abgemeldet**.

Ein Zug darf **frühestens 5 Minuten** vor der voraussichtlichen Ab- oder Durch-fahrtzeit angeboten werden.

Ein Zug darf erst angeboten werden, wenn
a) der letzte vorausgefahrene Zug auf der nächsten Zugfolgestelle,
b) der letzte aus der Gegenrichtung angenommene Zug auf der eigenen Zugmel-
    destelle
angekommen ist.

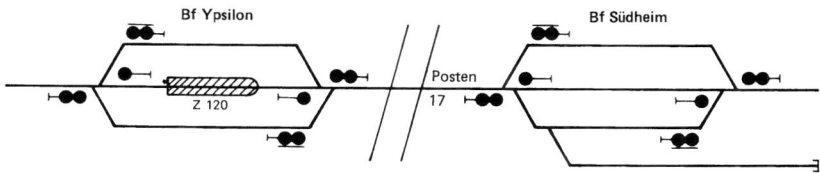

Abbildung 288: Streckenbandskizze Ypsilon-Südheim.

(Zugmelderuf von Bf Ypsilon bis Bf Südheim)
„Fdl Südheim"
„Posten 17"
„Fdl Ypsilon, Zugmeldung,
wird Z 120 angenommen?"
„Z 120 ja"
„Z 120 vsl ab , 15"
„Ich wiederhole: Z 120 vsl ab , 15"
„Richtig"

Auszug aus dem Zugmeldebuch des Fdl Ypsilon, Abbildung 289.
Auszug aus dem Zugmeldebuch des Fdl Südheim, Abbildung 290.

Richtung von und nach   Südheim

1	2	3		4		5		6		7
Tag 7. 8.		An-nahme		Gemeldete Abfahrt		Ankunft ———— Abfahrt (Abmel-dung)		Rück-meldung		Meldungen und Vermerke
von	nach									
Südheim										
nach	von									
Zugnummer		U	M	U	M	U	M	U	M	
	120	7	12			7	15			

Abbildung 289: Auszug aus Zugmeldebuch des Fdl Ypsilon.

Richtung von und nach *Ypsilon*

1	2	3		4		5		6		7
Tag 7.8.		An-nahme		Gemeldete Abfahrt		Ankunft		Rück-meldung		Meldungen und Vermerke
von	nach									
Ypsilon					Abfahrt (Abmel-dung)				
nach	von									
Zugnummer		U	M	U	M	U	M	U	M	
120		7	12	7	15					

Abbildung 290: Auszug aus Zugmeldebuch des Fdl Südheim.

Ist der Zug mit Zugschluss an der Signalzugschlussstelle des Einfahrsignals des Bf Südheim vorbeigefahren und zeigt dieses Einfahrsignal Halt, darf der Zug zurückgemeldet werden.

Beachten Sie:
Während die Zugmeldungen (Anbieten, Annehmen und Abmelden) mit **Zugmelderuf** eingeleitet werden, wird die Rückmeldung mit **Einzelruf** eingeleitet.

(Einzelruf von Fdl Südheim an Fdl Ypsilon)

„Fdl Ypsilon"
„Fdl Südheim, Zugmeldung, Z 120 in Südheim"
„Ich wiederhole: Z 120 in Südheim"
„Richtig"

Zugmeldebuch des Fdl Südheim, Abbildung 291.

Richtung von und nach *Ypsilon*

1	2	3		4		5		6		7
Tag 7.8.		An-nahme		Gemeldete Abfahrt		Ankunft		Rück-meldung		Meldungen und Vermerke
von	nach									
Ypsilon					Abfahrt (Abmel-dung)				
nach	von									
Zugnummer		U	M	U	M	U	M	U	M	
120		7	12	7	15	7	19	7	20	

Abbildung 291: Auszug aus Zugmeldebuch des Fdl Südheim.

Die Rückmeldung ist die fernmündliche Bestätigung der Räumungsprüfung. Auf Strecken mit Streckenblock wird das Rückmelden durch das Rückblocken ersetzt, solange der Streckenblock ordnungsgemäß arbeitet.

Abweichen beim Anbieten und Annehmen

Zur Beschleunigung des Betriebsablaufes darf ein Zug **bis zu 2 Minuten** vor der voraussichtlichen Ankunft des letzten aus der **Gegenrichtung** angenommenen Zuges angeboten und unmittelbar nach dessen Ankunft abgelassen werden.

(Zugmelderuf von Bf Rechtsheim bis Bf Ypsilon)

„Fdl Ypsilon"
„Fdl Rechtsheim, Zugmeldung:
Wird Z 340 angenommen, **wenn Z 125 in Rechtsheim?"**
„Wenn Z 125 in Rechtsheim,
darf Z 340 kommen"
„Z 340 vsl ab 15"
„Ich wiederhole, Z 340
vsl ab 15"
„Richtig"

Auszug aus dem Zugmeldebuch des Fdl Rechtsheim, Abbildung 293.

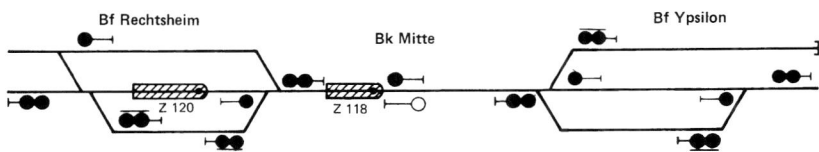

Abbildung 292: Streckenband Rechtsheim-Ypsilon.

Richtung von und nach Ypsilon (Bk Mitte)   143 25

1	2	3	4	5		6		7
Tag 10. 8.		An-nahme	Gemeldete Abfahrt	Ankunft		Rück-meldung		Meldungen und Vermerke
von	nach			Abfahrt (Abmel-dung)				
Ypsilon								
nach	von							
Zugnummer		U	M	U	M	U	M	U	M	
	118	7	05			7	08			
	120	7	10			7	13			wenn Z 118 in NHIT

Abbildung 293: Auszug aus Zugmeldebuch des Fdl Rechtsheim.

Richtung von und nach Rechtsheim (Bk Mitte)

1	2	3	4	5		6	7
Tag 10. 8.				Ankunft			
von	nach	An-nahme	Gemeldete Abfahrt	Abfahrt (Abmel-dung)		Rück-meldung	Meldungen und Vermerke
Rechtsheim							
nach	von						
Zugnummer		U	M	U	M	U	M	U	M	
118		7	05	7	08					
120		7	10	7	13					wenn Z 118 in NHIT

Abbildung 294: Auszug aus Zugmeldebuch des Fdl Ypsilon.

Auszug aus dem Zugmeldebuch des Fdl Ypsilon, Abbildung 294.

Ebenso darf ein Zug bei ordnungsgemäß wirkendem Streckenblock **bis zu zwei Minuten** vor der voraussichtlichen Ankunft des letzten **vorausgefahrenen Zuges** auf der nächsten Zugfolgestelle angeboten werden. Der Zug darf abgelassen werden, sobald das Hauptsignal auf Fahrt gestellt werden kann (d.h. der Rückblock eingegangen ist).

Die Zugmeldung lautet dann wie folgt:

(Zugmelderuf von Bf Rechtsheim bis Bf Ypsilon)
„Fdl Ypsilon"
(Fdl Bk Mitte hört mit)
„Fdl Rechtsheim, Zugmeldung:
wird Z 120 angenommen, **wenn Z 118 in Mitte?"**
              „Wenn Z 118 in Mitte, darf Z 120 kommen"
„Z 120 vsl ab 13"
              „Ich wiederhole, Z 120 vsl ab 13"
„Richtig"

Auszug aus dem Zugmeldebuch des Fdl Rechtsheim, Abbildung 296.
Auszug aus dem Zugmeldebuch des Fdl Ypsilon, Abbildung 297.

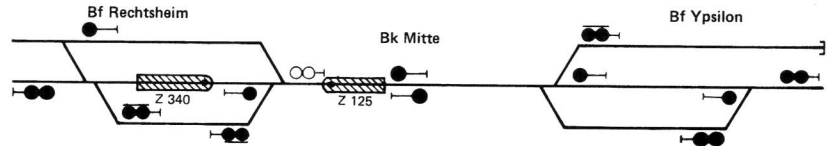

Abbildung 295: Streckenbandskizze Rechtsheim-Ypsilon.

Züge fahren

Richtung von und nach *Ypsilon (BK Drübe)*

1	2	3 An-nahme		4 Gemeldete Abfahrt		5 Ankunft / Abfahrt (Abmeldung)		6 Rück-meldung		7 Meldungen und Vermerke
Tag 10.8.										
von Ypsilon nach	nach von									
Zugnummer		U	M	U	M	U	M	U	M	
125		18	24	18	29	18	38			
	340	18	36			18	37			wenn Z 125 in NRE

Abbildung 296: Auszug aus Zugmeldebuch des Fdl Rechtsheim.

Richtung von und nach *Rechtsheim (BK Mitte)*

1	2	3 An-nahme		4 Gemeldete Abfahrt		5 Ankunft / Abfahrt (Abmeldung)		6 Rück-meldung		7 Meldungen und Vermerke
Tag 10.8.										
von Rechtsheim nach	nach von									
Zugnummer		U	M	U	M	U	M	U	M	
	125	18	24			18	29			
340		18	36	18	37					wenn Z 125 in NRE

Abbildung 297: Auszug aus Zugmeldebuch des Fdl Ypsilon.

6.5 Räumungsprüfung

Im Kapitel 1.4 Bahnanlagen und Betriebsstellen – wurde bereits das Fahren im **Zugfolgeabstand** erwähnt: Ein Zug darf nur in einen freien Abschnitt eingelassen werden. Zu jedem Abschnitt wird auch ein Durchrutschweg freigehalten. Darüber

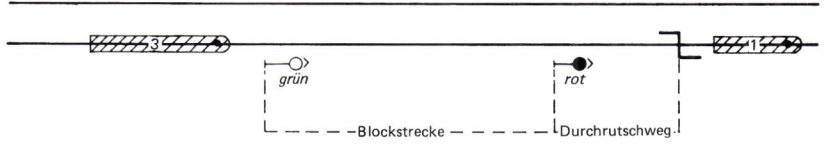

Abbildung 298: Fahren im Zugfolgeabstand.

hinaus ist sicherzustellen, dass ein ggf. vorausfahrender Zug durch ein Halt zeigendes Hauptsignal gegen nachfolgende Züge geschützt wird (er sich also „unter Deckung des Hauptsignals" befindet).

Dass der Zug den Zugfolgeabschnitt geräumt hat, wird durch die Räumungsprüfung festgestellt.

Bei der **Räumungsprüfung** ist festzustellen, dass

- der Zug an der Signal-Zugschlussstelle des Hauptsignals am Ende des Zugfolgeabschnitts vorbeigefahren ist,
- der Zug mindestens ein Zeichen des Schlusssignals hat und
- das Hauptsignal auf der Räumungsprüfstelle Halt zeigt und der Melder des Signals Zs 1, Zs 7, Zs 8 oder Zs 11 erloschen ist.

Die Räumungsprüfung wird auf der Räumungsprüfstelle durchgeführt.

Räumungsprüfstelle ist
- bei Strecken ohne Streckenblock und bei Strecken mit nichtselbsttätigem Streckenblock die Zugfolgestelle,
- bei Strecken mit selbsttätigem Streckenblock die Zugmeldestelle am Ende des Zugfolgeabschnitts.

Die Rückmeldung ist die fernmündliche Bestätigung der Räumungsprüfung. Auf Strecken mit Streckenblock wird das Rückmelden durch das **Rückblocken** ersetzt, solange der Streckenblock ordnungsgemäß arbeitet.

6.6 Der Streckenblock

Der Streckenblock hat die Aufgabe, Zugfahrten auf der freien Strecke zu sichern, und zwar auf zweigleisigen Strecken gegen einen **nachfolgenden** Zug.

Auf eingleisigen Strecken gegen einen **nachfolgenden und einen entgegenkommenden** Zug.

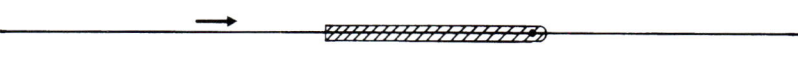

Abbildung 299: Allgemeine Aufgaben des Streckenblocks auf zweigleisigen Strecken.

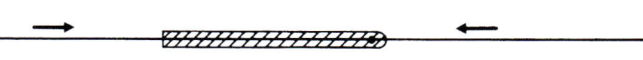

Abbildung 300: Allgemeine Aufgaben des Streckenblocks auf eingleisigen Strecken.

Züge fahren

Bei den Bauformen unterscheiden wir nach

nichtselbsttätigem Streckenblock, dazu gehören

- Felderblock
- Trägerfrequenzblock 71
- Relaisblock und

selbsttätigem Streckenblock, dazu gehören

- Selbstblock
- Zentralblock
- LZB-Zentralblock
- Integrierter Streckenblock
- automatischer Streckenblock

Wirkungsweise des Felderblocks

Auf Strecken mit Felderblock wird die Zugfolge durch **handbediente** Blockein-richtungen gesichert.

Beim Felderblock für zweigleisige Strecken wirken zwei Felder zusammen: das **Anfangsfeld** auf der Zugfolgestelle am Anfang der Blockstrecke und das **Endfeld** auf der (benachbarten) Zugfolgestelle am Ende der Blockstrecke. Beide – Anfangs- und Endfeld – zeigen in Grundstellung weiße Farbscheibe, d.h. es findet keine Zugfahrt statt. (Abbildung 301)

Anfangs- und Endfelder sind Wechselstromfelder, die bei niedergedrückter Block-taste und Drehen des Kurbelinduktors die Farbscheibe wechseln.

Das Anfangsfeld **kann erst bedient (= geblockt)** werden, wenn

- der Ausfahr- oder Blocksignalhebel um- und wieder zurückgelegt worden ist und **darf erst bedient** werden, wenn
- das Ausfahr- oder Blocksignal Halt zeigt und
- der Zug mit Schlusssignal an der Signalzugschlussstelle (= Ende des Durch-rutschweges) vorbeigefahren ist.

Wir unterscheiden demnach technische bzw. betriebliche (Mensch) Voraussetzun-gen zum Bedienen des Anfangsfeldes, dem sog. **Vorblocken**.

Um sicherzugehen, dass ein Ausfahrsignal zum Zeitpunkt des Vorblockens tat-sächlich Halt zeigt, sind Ausfahrsignale der durchgehenden Hauptgleise sowie Gruppenausfahrsignale in der Regel mit elektrischer **Flügelkupplung** ausgerüstet. Mit der elektrischen Flügelkupplung wird ein Signal durch Befahren einer Zugein-wirkungsstelle (durch die erste Achse) selbsttätig auf Halt gestellt. Auf diese Weise wird u.a. verhindert, dass ein zweiter Zug auf die Signalstellung für den ersten Zug in die bereits besetzte Blockstrecke einfahren kann.

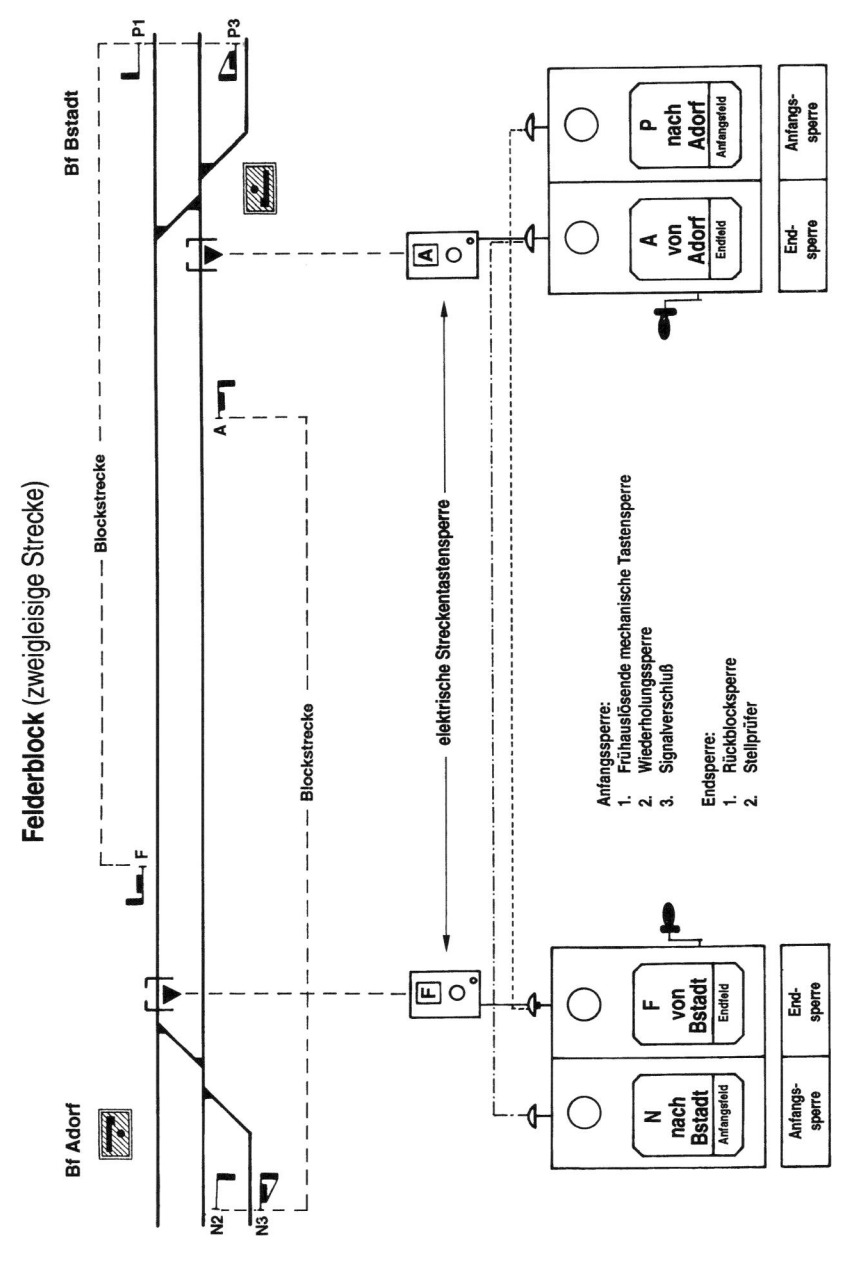

Abbildung 301: Felderblock (zweigleisige Strecke).

Mit Bedienen des Anfangsfeldes wechselt die Farbscheibe am Anfangs- **und** am Endfeld der benachbarten Zugfolgestelle von weiß in rot. Das Endfeld wird dadurch entblockt (= bedienbar), aber auch hier gibt es technische Bedingungen, die das sofortige Bedienen des Endfeldes verhindern. Auch hier muss der Einfahr- oder Blocksignalhebel um- und wieder zurückgelegt worden sein. Außerdem muss der Zug (letzte Achse) durch Befahren einer Zugeinwirkungsstelle am Ende des D-Weges hinter dem Einfahrsignal die **elektrische Streckentastensperre** ausgelöst haben, die über der Taste des Endfeldes angeordnet ist (Farbscheibe wechselt von schwarz auf weiß). Somit ist das Bedienen des Endfeldes – sog. Rückblocken von der **Mitwirkung des Zuges** abhängig. Der Stromkreis für die elektrische Streckentastensperre wird mit Umlegen des Einfahr- oder Blocksignalhebels geschlossen.

Fassen wir die Voraussetzungen zum Bedienen des Endfeldes zusammen.
Das Endfeld **kann erst bedient** werden, wenn
- der Vorblock eingegangen ist und
- die elektrische Streckentastensperre ausgelöst hat und
- der Einfahr- oder Blocksignalhebel in Grundstellung ist und
- das Einfahr- oder Blocksignal Halt zeigt (wird technisch durch den Signalflügelstromschließer erreicht) und
  darf erst bedient werden, wenn
- der Zug mit Schlusssignal an der Signalzugschlussstelle vorbeigefahren ist.

Die Abhängigkeit zwischen den Hauptsignalen (Ein-, Ausfahr- oder Blocksignal) und den Streckenblockfeldern wird hauptsächlich durch verschiedene Blocksperren hergestellt. Eine der wichtigsten ist die **Streckenwiederholungssperre**,

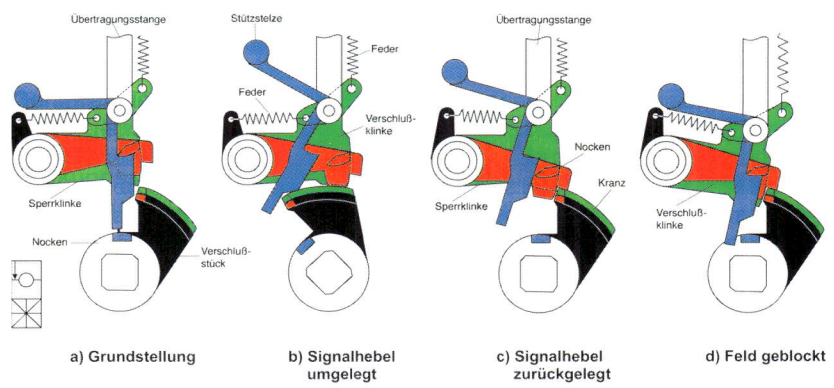

Abbildung 302: Streckenwiederholungssperre.

Teil der Anfangssperre, die sich am Anfang einer Blockstrecke (d.h. unter dem Anfangsfeld) befindet und alle Ausfahrsignale, die in dieselbe Blockstrecke weisen, sperrt, sobald ein Signalhebel umgelegt worden ist.

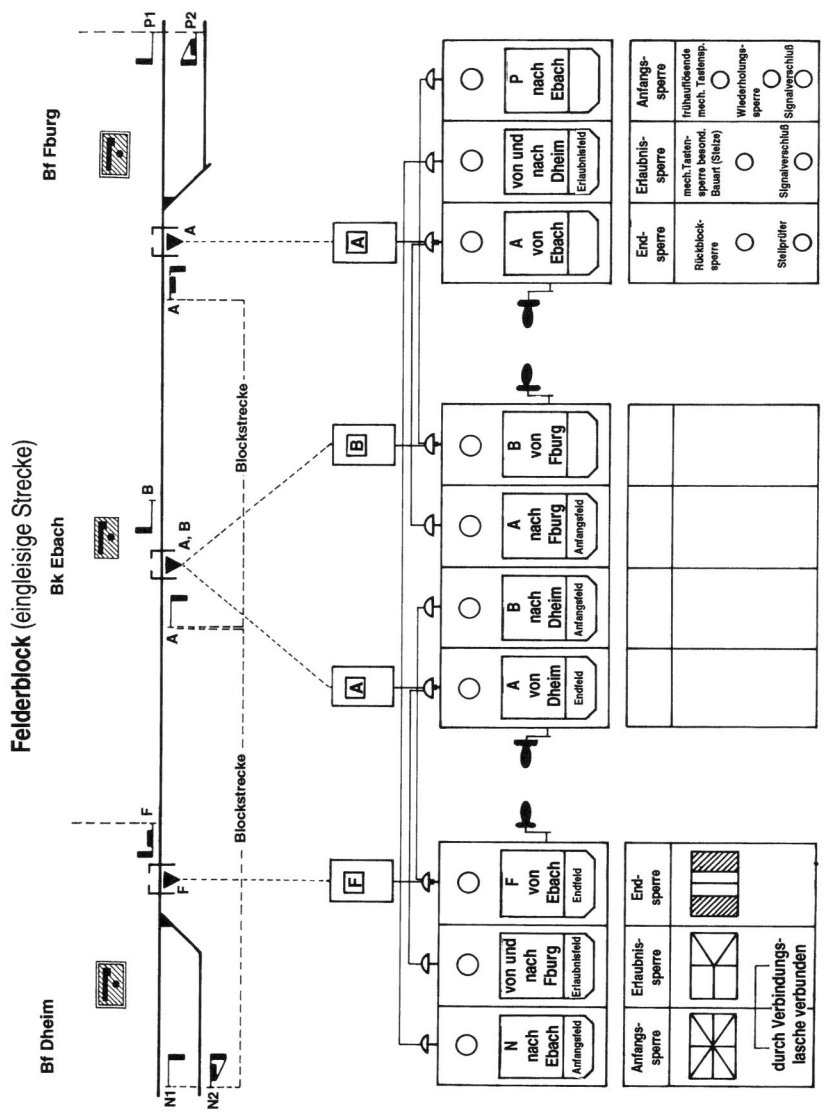

Abbildung 303: Felderblock (eingleisige Strecke).

Züge fahren

Beispiel: Sobald das Ausfahrsignal N 3 Bf Adorf auf Fahrt gestellt worden ist, verhindert die Wiederholungssperre das gleichzeitige Auffahrtstellen des Signals N 2. Auch die wiederholte Signalstellung von N 3 ist nicht möglich. Die Strecken-wiederholungssperre wird nach Eingang des Rückblocks in die Grundstellung gebracht.

Auf eingleisigen Bahnen muß auch sichergestellt sein, dass nicht gleichzeitig einem Zug aus der Gegenrichtung signalmäßig die Zustimmung zur Fahrt gegeben werden kann, wenn die Blockstrecke bereits besetzt ist. Dies wird durch das **Erlaubnisfeld** mit entsprechenden Blocksperren sichergestellt. Die beiden zusammenwirkenden Erlaubnisfelder zeigen nicht gleiche Farbscheibe. Weiße Farbscheibe bedeutet Erlaubnis, d.h. die Stelle mit der weißen Farbscheibe kann ihr Ausfahrsignal auf Fahrt stellen. Auf der benachbarten Stelle zeigt das Erlaubnisfeld dann rote Farbscheibe, d.h. die Ausfahrsignale sind in Haltstellung verschlossen. Das Erlaubnisfeld wird von Hand gewechselt.

Wirkungsweise des Relaisblocks

Beim Relaisblock wird die Zugfolge durch **zug- oder wärterbediente** Blockein-richtungen gesichert.

Auch hier ist das Ausfahrsignal wie beim Felderblock abhängig, also nur einmal stellbar.

Ist Relaisblock mit elektromechanischem Stellwerk kombiniert, so geschieht der Vorblock in der Regel von Hand über die Vorblocktaste.

Voraussetzungen für das Vorblocken von Hand:
- Der Fahrstraßensignalhebel wurde 1 x um- und zurückgelegt und
- das Ausfahrsignal steht auf Halt und
- die blaue mechanische Tastensperre hat ausgelöst (Mitwirken des Zuges erzwungen)

Ist Relaisblock mit Gleisbildstellwerken kombiniert, wird stets das Vorblocken durch den Zug bewirkt, wenn
- das Ausfahrsignal Halt zeigt und
- der letzte Abschnitt des Ausfahrweges oder die Zugeinwirkungsstelle hinter der letzten Weiche befahren worden ist.

Bei vorhandener Streckengleisfreimeldung wird erst vom Zug vorgeblockt, wenn der Ausfahrabschnitt geräumt und das Streckengleis besetzt ist. Auf dem vorliegenden Stellwerk ertönt beim Eingang der Vorblockung kurzzeitig ein langsam schlagender Wecker.

Das Rückblocken geschieht von Hand oder zugbewirkt.

Bei elektromechanischen Stellwerken wird mit Zurücklegen des Fahrstraßensignalhebels, bei Gleisbildstellwerken durch Bedienen der Rückblocktaste und der Blockgruppentaste zurückgeblockt, wenn die Voraussetzungen erfüllt sind:

■ Der Vorblock ist eingegangen
■ das Einfahrsignal steht auf Halt
■ der Räumungsmelder blinkt
■ das Schlusssignal wurde erkannt.

Bei zugbewirktem Rückblock ist zu unterscheiden, ob eine selbsttätige Gleisfreimeldeeinrichtung vorhanden ist oder ein Zugschlussmeldeposten die Räumung des Streckengleises bestätigen muss. Der zugbediente Rückblock erfolgt deshalb, wenn

■ das Einfahrsignal Halt zeigt und
■ das Streckengleis bei vorhandener, selbsttätiger Gleisfreimeldeeinrichtung geräumt ist oder
■ ein Zugschlussmeldeposten mit Bedienen der Zugschlussmeldetaste die Räumung des Streckengleises bestätigt hat.

Auf eingleisiger Strecke gibt es noch Erlaubnismelder.

Wirkungsweise des Trägerfrequenzblocks
Der Trägerfrequenzblock 71 (Tf-Block 71) ist ein Streckenblock für **eingleisige** Strecken – in der Regel ohne Streckengleisfreimeldung.

Auch hier ist das Ausfahrsignal streckenblockabhängig, die Wirkungsweise ist dem Relaisblock ähnlich.

Die Blockverbindung erfolgt über die Strecken-Fernsprechverbindung (Fs-Leitung). Der **Vorblock erfolgt zugbewirkt, der Rückblock von Hand**, zusätzlich ist grundsätzlich Erlaubnis vorhanden.

Bei einer signalmäßigen Ausfahrt blockt der Zug selbsttätig mit Befahren einer Zugeinwirkungsstelle hinter dem Ausfahrsignal vor, nachdem das Ausfahrsignal auf Halt gekommen ist. Beim Vorblocken ertönt 3 Sekunden lang ein Blockwecker. Sind die Ausfahrsignale als Formsignale ausgebildet, die von einem mechanischen Stellwerk aus bedient werden, ertönt zusätzlich nach der selbsttätigen Vorblockung ein Erinnerungswecker, der den Wärter auffordert, den Signalhebel sofort zurückzulegen. Dies ist notwendig, weil das Rückblocken bei umgelegtem Ausfahrsignalhebel unwirksam bleibt.

Nachdem der Zug mit Zugschluss an der Signalzugschlussstelle hinter dem Einfahrsignal des benachbarten Bahnhofs vorbeigefahren ist, wird der Signalhebel in Grundstellung gelegt. Mit Befahren einer Zugeinwirkungsstelle hinter dem Einfahrsignal wird das wärterbediente Rückblocken ermöglicht. Hierbei ertönt auf beiden Stellwerken wieder der Blockwecker.

Ist Tf-Block 71 mit Streckengleisfreimeldung vorhanden, entfällt die Zugschlussfeststellung durch den Wärter.

Wirkungsweise des selbsttätigen Streckenblocks

Bei Selbstblock und Zentralblock wird die Zugfolge durch zugbediente Blockeinrichtungen gesichert. Bedienungseinrichtungen sind nur für das Wechseln der Erlaubnis und für Störungen notwendig. Hier übernimmt die Streckengleisfreimeldeanlage die Aufgabe, die Besetzung oder das Freisein des Streckengleises festzustellen und über Blockrelaisgruppen die Signale, die in einen Blockabschnitt weisen, zu sperren oder freizugeben.

Sind bei Selbstblock Blocksignale, sog. **Selbstblocksignale**, zur Unterteilung der Blockstrecke zwischen zwei Betriebsstellen vorhanden, so zeigen diese in Grundstellung Fahrt (Hp 1). Diese Signale werden fortlaufend genummert, in einer Fahrtrichtung gerade (z.B. 2, 4, 6) und in der Gegenrichtung ungerade (z.B. 1, 3, 5). Selbstblocksignale gehören in der Regel jeweils zu der rückgelegenen Zugmeldestelle. Ihre Stellung wird dem Wärter (Fdl) durch Fahrt- oder Haltmelder angezeigt. Sind die dazugehörigen Blockabschnitte durch einen Zug besetzt, erhält der Fdl eine Besetztanzeige (Rotausleuchtung).

Die technischen Einrichtungen der Selbstblocksignale sind in Betonschalthäusern unmittelbar neben dem Selbstblocksignal untergebracht. Nach einer Zugfahrt kommt ein Selbstblocksignal erst wieder in Grundstellung (= Fahrt), wenn

■ der Zug mit allen Achsen die Zugeinwirkungsstelle (= Ende des D-Weges) des folgenden Hauptsignals befahren hat und

■ das vorliegende Hauptsignal Halt zeigt (Haltpolung).

Der Zentralblock ist eine Sonderform des Selbstblocks.

Beim Zentralblock sind alle technischen Einrichtungen zentral in Relaisräumen des „Zentralstellwerkes" untergebracht. Die Blocksignale bei Zentralblock, sog. **Zentralblocksignale**, zeigen in Grundstellung Halt (Hp 0) und können vom zuständigen Fdl oder durch den Zug in Fahrtstellung gebracht werden.

Näheres zu Selbstblock und Zentralblock siehe DB-Fachbuch „Sp Dr 60-Stellwerke bedienen", zu ESTW „Elektronische Stellwerke bedienen".

6.7 Signalanlagen

Begriff

Unter Signalanlagen versteht man die technischen Einrichtungen zur Sicherung der Zug- und Rangierfahrten.

Zu den Signalanlagen gehören
- Stellwerke mit Außenanlagen
- ortsgestellte Weichen und Gleissperren
- Gleisfreimeldeanlagen
- Streckenblockeinrichtungen
- Bahnübergangssicherungsanlagen
- Ankündigungsanlagen und
- Zugbeeinflussungssysteme.

Stellwerke

Die Stellwerke dienen der Erhöhung der Betriebssicherheit und der Beschleunigung des Betriebsablaufs. Dies wird erreicht, indem die Hauptsignale, Weichen, Gleissperren, Riegel und Sperrsignale von einer Stelle aus bedient und voneinander abhängig gemacht werden.

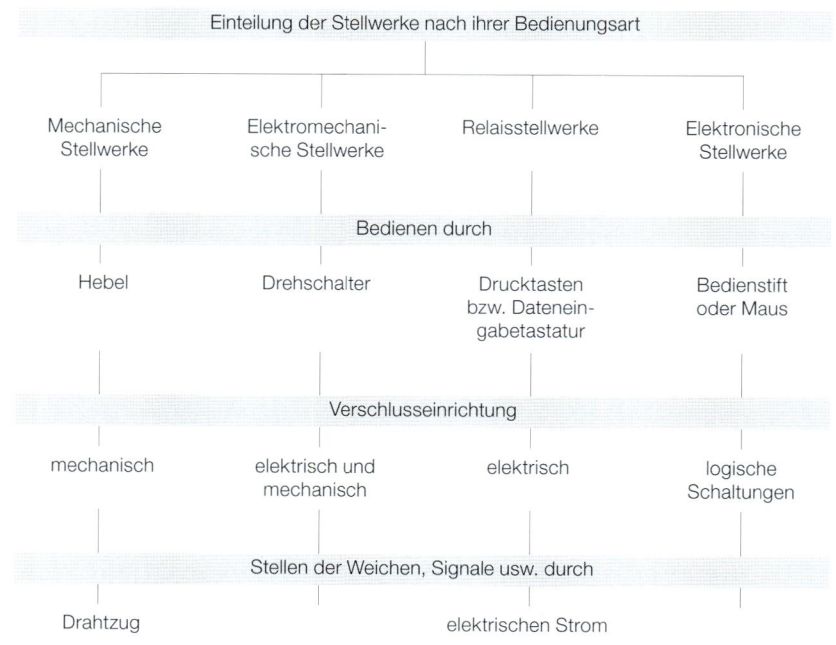

Die Stellwerke werden unterschieden nach
- ihrer Bedienungsart und
- ihrer betrieblichen Bestimmung.

Die Unterscheidung nach der Bedienungsart richtet sich nach
- der Art des Verschlusses der Stellhebel im Stellwerk und nach
- der Art des Antriebes

und ist in der Übersicht auf Seite 234 dargestellt.

Nach der betrieblichen Bestimmung werden die Stellwerke unterteilt in
- Fahrdienstleiter-
- Wärter- oder
- Rangierstellwerke

Fahrdienstleiterstellwerke sind z.B. Befehlsstellwerke, Befehlsstellen, Zentral-stellwerke, Fernsteuerzentralen, Blockstellen, Abzweigstellen.

Befehlsstellwerke sind Stellwerke, auf denen ein Fdl die Zugfolge regelt, Weichen und Signale bedient und einem abhängigen Wärterstellwerk „Befehle" zum „Auf-Fahrt-stellen" von Hauptsignalen erteilt.

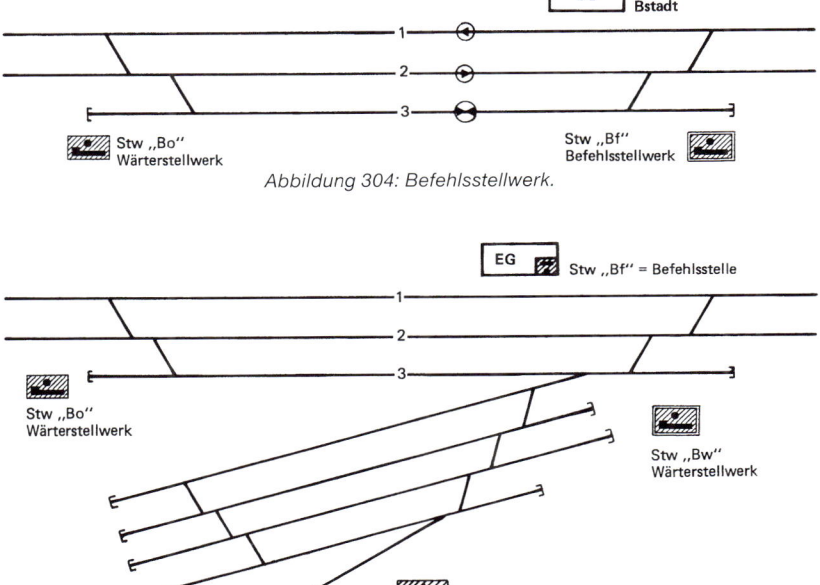

Abbildung 304: Befehlsstellwerk.

Abbildung 305: Befehlsstelle.

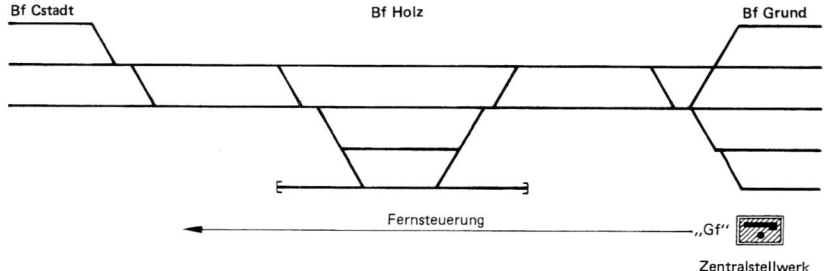

Abbildung 306: Zentralstellwerk.

Befehlsstellen sind dagegen Einrichtungen, die mit einem Fdl besetzt sind und „Befehle" an abhängige Stellwerke geben, von denen aus aber keine Weichen und Signale bedient werden.

Stellwerke, auf denen neben Signalanlagen des eigenen Bahnhofs noch Signalanlagen örtlich nicht besetzter Zugmeldestellen bedient werden, werden als **Zentralstellwerk** bezeichnet.

Wärterstellwerke sind von einem Befehlsstellwerk oder einer Befehlsstelle abhängig.

Rangierstellwerke dienen nur dem Rangieren, z.B. Ablaufstellwerke.

6.8 Vom Fahrweg zur Fahrstraße

Die Hauptgleise im Bahnhof und deren Fortsetzung auf der freien Strecke bilden den Fahrweg der Züge. Weichen ermöglichen hierbei den Wechsel von einem Gleis zum anderen. Der Fahrweg für Zugfahrten wird unter Anwendung der Signalabhängigkeit besonders gesichert und dadurch zur Fahrstraße, d.h. Fahrstraßen sind signaltechnisch gesicherte Fahrwege.

Züge fahren

Bauarbeiten, Betriebsstörungen und Unfälle können ein Abweichen vom vorgesehenen, regelmäßig benutzten Fahrweg zur Folge haben.

Einstellen einer Fahrstraße

Eine Fahrstraße setzt sich zusammen aus dem Fahrweg, dem Durchrutschweg und den zugehörigen Flankenschutzeinrichtungen.

Zum Fahrweg gehören
- Weichen
- Riegel
- Gleissperren
- Sperrsignale

Weichen

Die Teile einer Weiche wurden bereits unter dem Kapitel 1.3 „Oberbau" beschrieben.

Betrieblich werden zwei Arten von Weichen unterschieden:

a) Weichen, die vom Stellwerk aus gestellt werden – **ferngestellt** –

b) Weichen, die **ortsgestellt** werden (sog. Handweichen).

Die betrieblichen Besonderheiten beim Rangieren mit ortsgestellten Weichen einschl. Rangieren in EOW-Bereichen wurden bereits im Kapitel „Rangieren" behandelt.

Die vom Stellwerk aus gestellten Weichen werden entweder durch Drahtzug – mechanisch – oder durch einen Elektromotor – elektrisch – angetrieben.

Abbildung 307: Drahtzugweichenantrieb an einer einfachen Weiche.

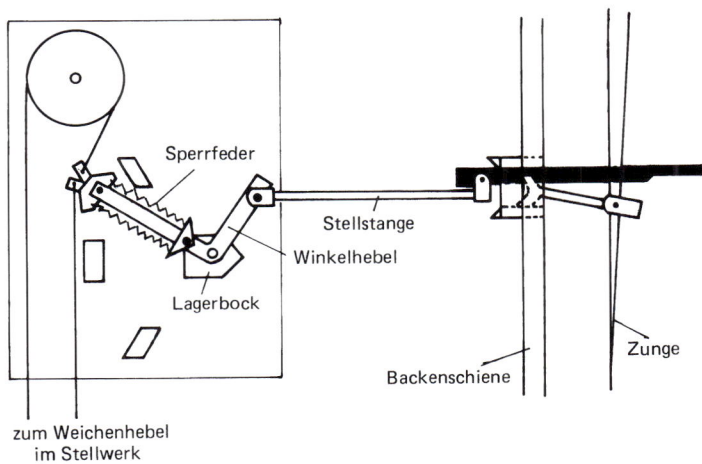

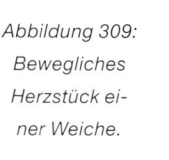

Abbildung 308:
Gleichstrom-
Weichenantrieb.

Weichenverschlüsse

Um eine Weiche während des Befahrens in ihrer Endlage festzuhalten, gibt es je nach Länge und Schienenform der Weiche verschiedene Verschlüsse:

- Zungenverschlüsse
  hierzu zählen Spitzenverschluss, Mittelverschluss, Hakenspitzenverschluss
- Herzstückverschlüsse
  für bewegliche Herzstückspitzen

Abbildung 309:
Bewegliches
Herzstück ei-
ner Weiche.

Der am häufigsten verwendete Spitzenverschluss ist der **Klammerspitzenver-schluss**.

Seine Wirkungsweise beruht auf der Verklammerung der anliegenden Zunge mit der Backenschiene.

Züge fahren

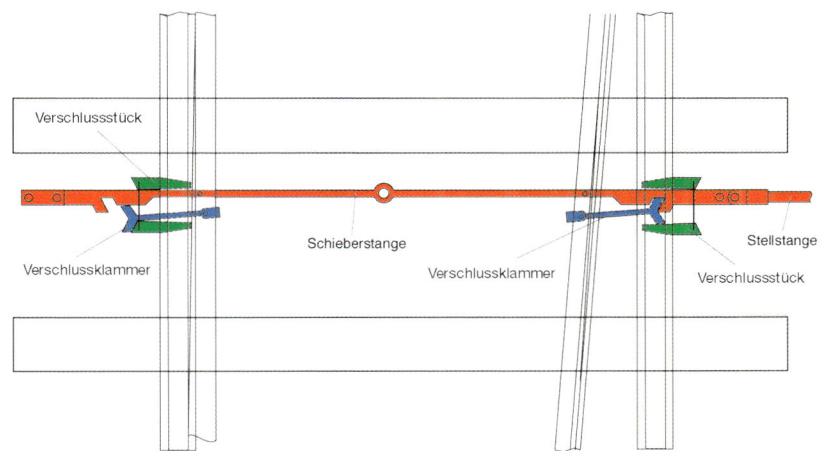

Abbildung 310: Klammerspitzenverschluss.

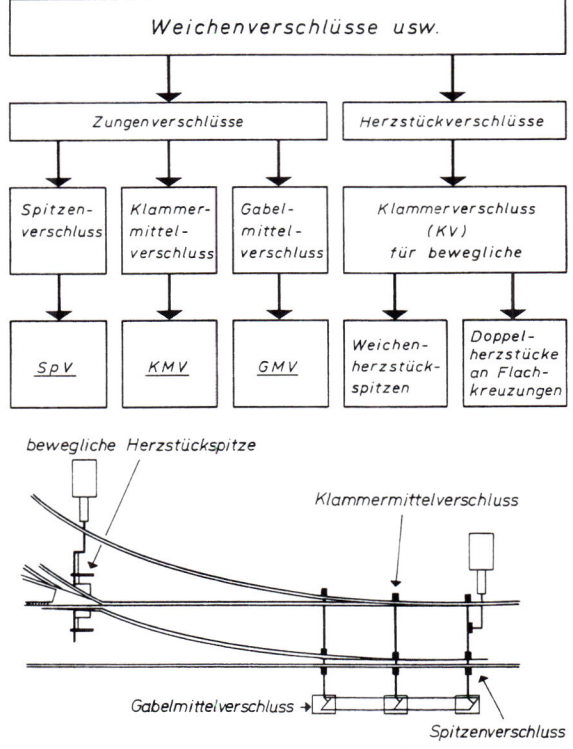

Abbildung 311: Weichenverschlüsse.

Da der Spitzenverschluss einer Weiche vom Stellwerk aus nicht überwacht werden kann, ist der Wärter oder ein anderer Mitarbeiter verpflichtet, in gewissen Zeitabständen die Weiche zu überprüfen. Hierbei wird besonders auf die Splinte, die Schrauben und Muttern sowie die Schraubensicherungen der Verschlusseinrichtungen an der Weiche geachtet.

Den Umstellvorgang einer Weiche kann man in drei Abschnitte gliedern:

Im ersten Drittel öffnet sich der Spitzenverschluss und gleichzeitig bewegt sich die abliegende Weichenzunge zur Backenschiene hin. Ist der Verschluss vollständig geöffnet, bewegen sich im zweiten Drittel beide Weichenzungen, bis die zuerst abliegende an der Backenschiene anliegt.

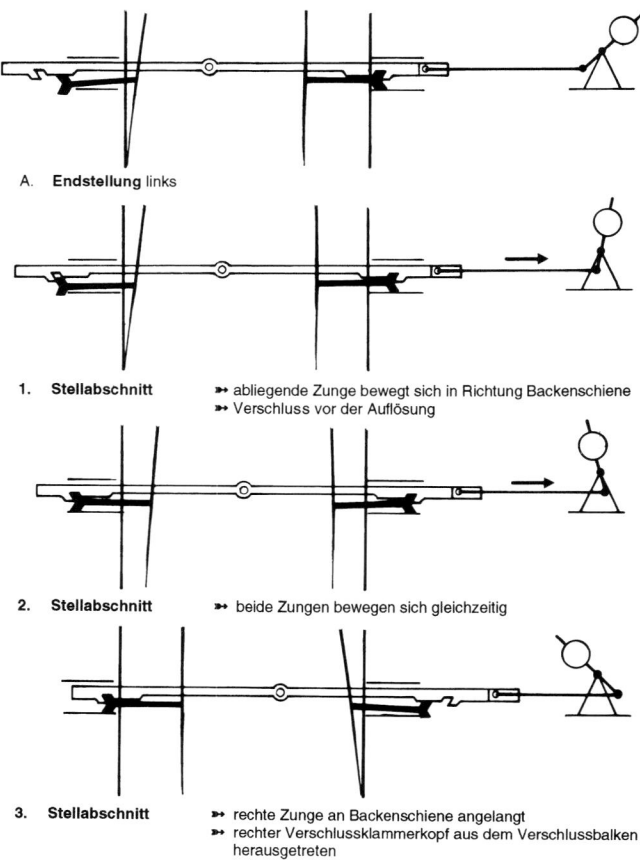

Abbildung 312: Umstellvorgang einer Weiche.

Dann wird im letzten Drittel der Spitzenverschluss der anliegenden Weichenzunge an der Backenschiene vorgenommen und gleichzeitig bewegt sich die
zuerst anliegende Weichenzunge in einem ausreichenden Abstand von der
Backenschiene.

Riegel

Im mechanischen Stellwerk werden vor allem gegen die Spitze befahrene Weichen
im durchgehenden Hauptgleis zusätzlich gegen unbeabsichtigtes Umstellen geschützt. Diese Aufgabe übernimmt der Riegel.

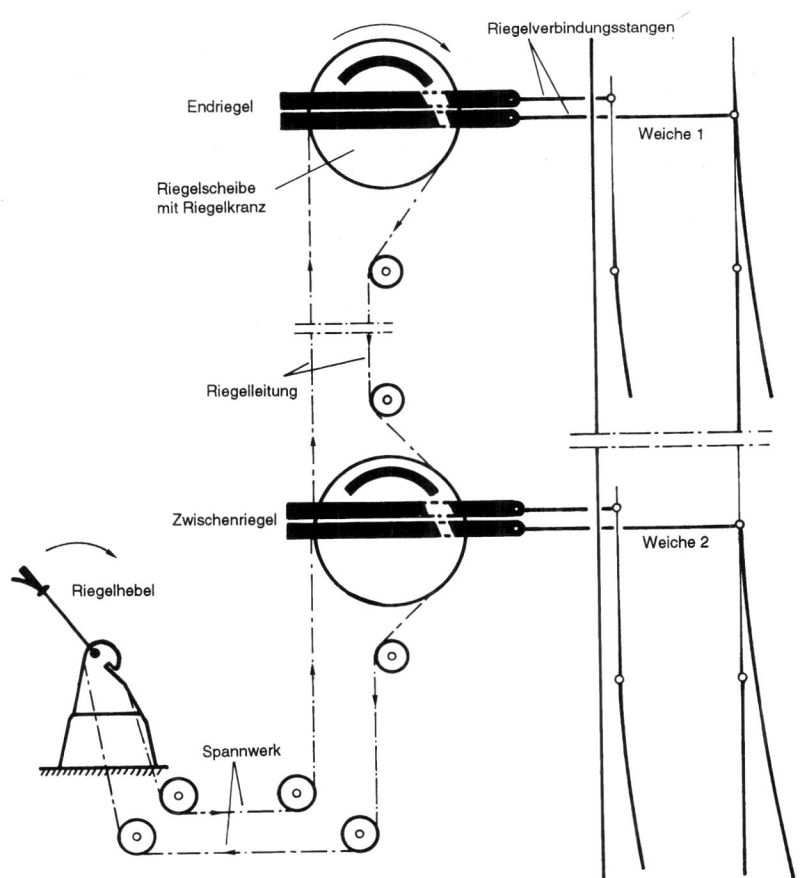

Abbildung 313: Riegel an einer Weiche.

Durchrutschwege

Bei Haltstellung des Hauptsignals dürfen Züge höchstens bis zum Standort des Signals fahren. Wir sichern jedoch vor Zulassung der Fahrt auch einen gewissen Sicherheitsabstand hinter dem Haltsignal, den Durchrutschweg (D-Weg). Seine Länge richtet sich nach der Geschwindigkeit und den Streckenverhältnissen (Steigung, Neigung, unübersichtliche Kurve usw.), mit der auf das Signal zuge-fahren werden darf. Dieser Sicherheitsabstand soll Betriebsgefährdungen durch „Verbremsen" verhindern.

Der D-Weg am Einfahrsignal endet vor dem ersten Gefahrenpunkt des Bahnhofes. Gefahrenpunkte können sein, z.B.

- die Rangierhalttafel
- die Spitze der ersten spitzbefahrenen Weiche
- das Grenzzeichen der ersten stumpfbefahrenen Weiche
- die Spitze oder der Schluss eines am gewöhnlichen Halteplatz stehenden Zuges

D-Wege verschiedener Fahrwege dürfen sich berühren.

Wird an einem Hauptsignal der D-Weg besonders kurz eingerichtet, oder ein D-Weg überhaupt nicht freigehalten, so muss die Einfahrgeschwindigkeit herab-gesetzt werden.

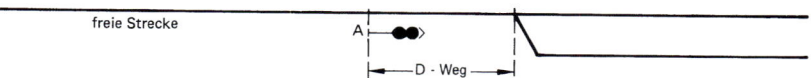

Abbildung 314: Gefahrpunktabstand (Durchrutschweg).

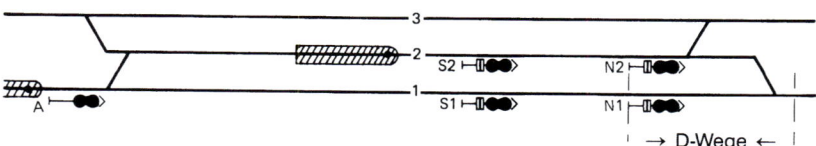

Abbildung 315: D-Wege dürfen sich berühren.

Abbildung 316: Geschwindigkeitsbeschränkung bei verkürztem D-Weg.

Züge fahren

Bei vielen Stellwerksbauformen (z.B. Sp Dr 60) kann wahlweise ein kurzer oder langer D-Weg eingestellt werden, wenn es aus betrieblichen Gründen geboten ist. Man spricht dann von der D-Weg-Wahl.

Flankenschutzeinrichtungen

Flankenschutzeinrichtungen sind signaltechnische Einrichtungen, die Fahrten auf Fahrstraßen gegen gefährdende Zug- und Rangierfahrten schützen.

Rangierfahrten, die eine Zugfahrt gefährden können, dürfen nicht durchgeführt werden.

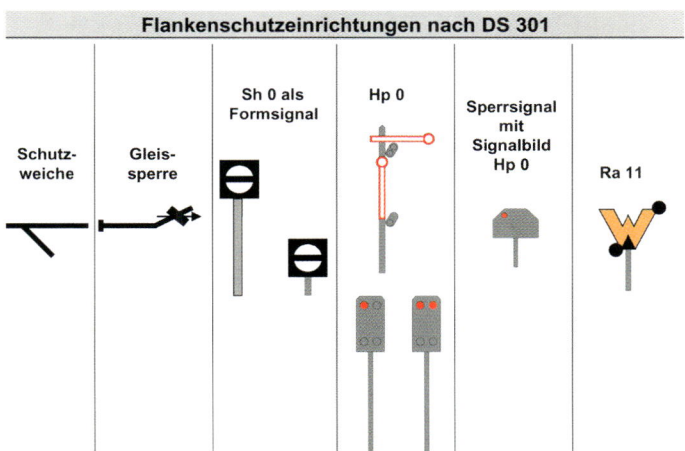

Abbildung 317 a: Flankenschutzeinrichtungen nach DS 301.

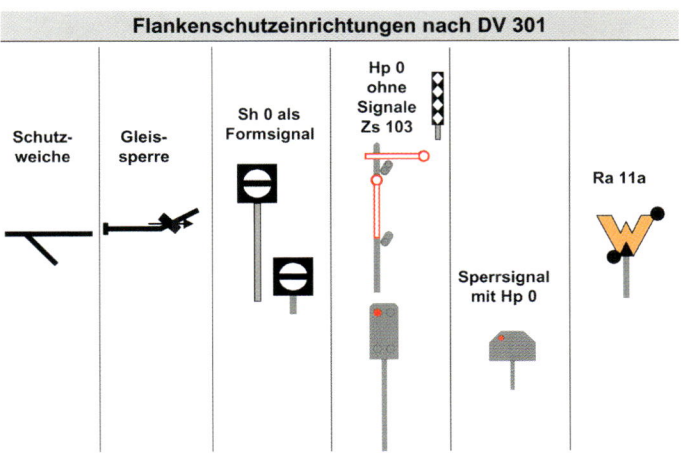

Abbildung 317 b: Flankenschutzeinrichtungen nach DV 301.

Sollte keine der vorgenannten Einrichtungen vorhanden bzw. vorhandene Einrichtungen nicht ausreichend sein, muss der Zug durch betriebliche Maßnahmen vor gefährdenden Fahrten geschützt werden:

Hierfür gibt es in den Örtlichen Richtlinien die „Übersicht der während einer Zugfahrt geltenden Rangierverbote", wo folgendes vorgesehen sein kann:

– Rangierverbot in Richtung der gefährdeten Zugfahrt
– absolutes Rangierverbot
– freizuhaltender Gleisabschnitt

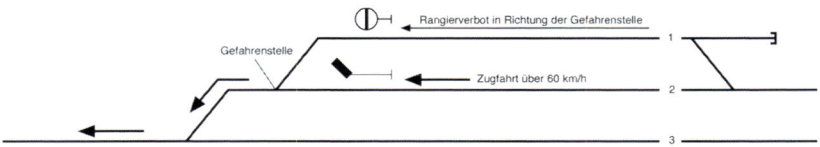

Abbildung 318:
Gefährdende Rangierfahrt, wenn Abstand zwischen Signal und Gefahrstelle < 10 m.

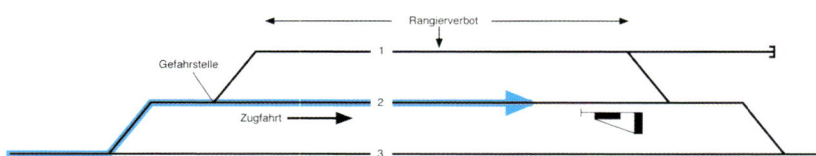

Abbildung 319: Absolutes Rangierverbot.

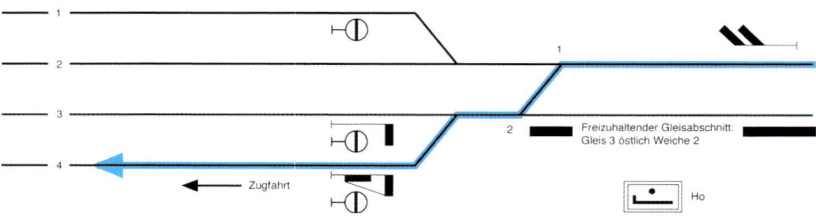

Abbildung 320: Freizuhaltender Gleisabschnitt.

1	2	3	4	5
Zugfahrt		Während einer Zugfahrt	Das Rangierverbot spricht aus	Bemerkungen
auf Signal	nach Gleis/in Richtung	verbotene Rangierfahrten im Gleis unterstrichene Gleisabschnitte dürfen nicht besetzt sein[1.]		
G	Gleis206 bis 212	<u>229</u>	Fdl	
N 206 bis N 212	Lands- weiler	<u>229</u>	Fdl	
S 113 bis S 137	Nof	113 bis 137	Fdl	gilt nur für Gleise, in denen die Sicherung durch Sicherungshemmschuh/- radvorleger aufgehoben ist.
S 212	140	<u>145</u>	Fdl	
R 140	212	<u>145</u>	Fdl	

[1.] Gleisabschnitte, die nach Modul 408.0231 Abschnitt 1e freizuhalten sind, weil sich zwischen einer Flankenschutzeinrichtung und einer Weiche oder Kreuzung im Fahrweg keine Fahrzeuge befinden dürfen, sind hier nicht aufgeführt.

Abbildung 321: Übersicht der während einer Zugfahrt geltenden Rangierverbote.

Einstellen der Fahrstraße

Das Einstellen einer Fahrstraße erfolgt bei mechanischen und elektromechanischen Stellwerken sowie bei einigen (vor allem älteren) Drucktastenstellwerken durch Einzelumstellung der erforderlichen Fahrwegelemente.

Bei neueren Stellwerksbauformen genügt ein Anstoß z.B. durch eine Start-Zielta- stenbedienung oder durch den Zug – damit die Fahrstraße selbsttätig einläuft.

Verschlussunterlagen

Auf jedem Stellwerk gibt es eine Unterlage, aus der für jede Fahrstraße ersichtlich ist, welche Weichen, Riegel, Gleissperren, Sperrsignale in welcher Stellung für die Fahrstraße benötigt werden. Hierfür gibt es je nach Stellwerkstechnik unterschiedli- che Darstellungsformen, z.B. den Verschlussplan, insbesondere bei mechanischen und elektromechanischen Stellwerken bzw. die Verschlusskartei oder Bildkartei bei Sp Dr-Stellwerken.

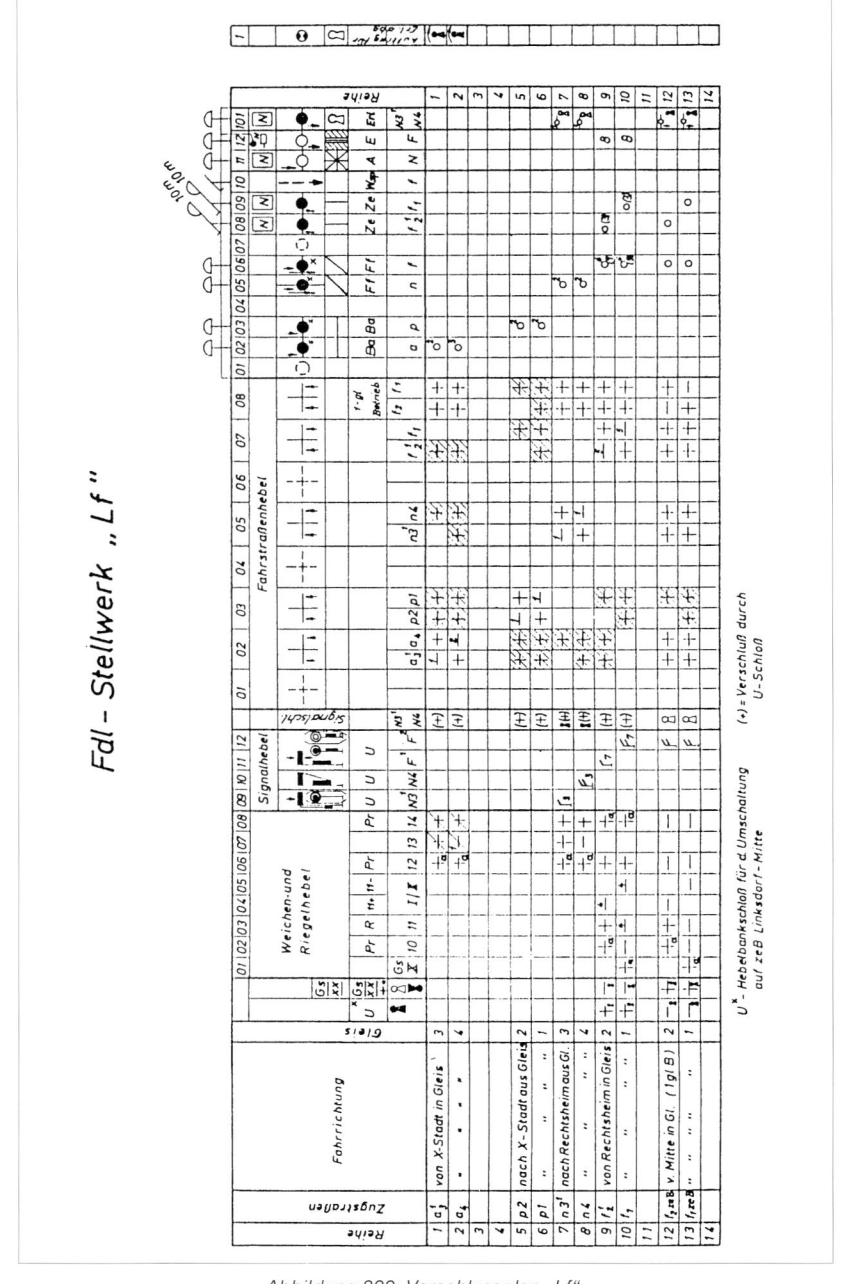

Abbildung 322: Verschlussplan „Lf".

Züge fahren

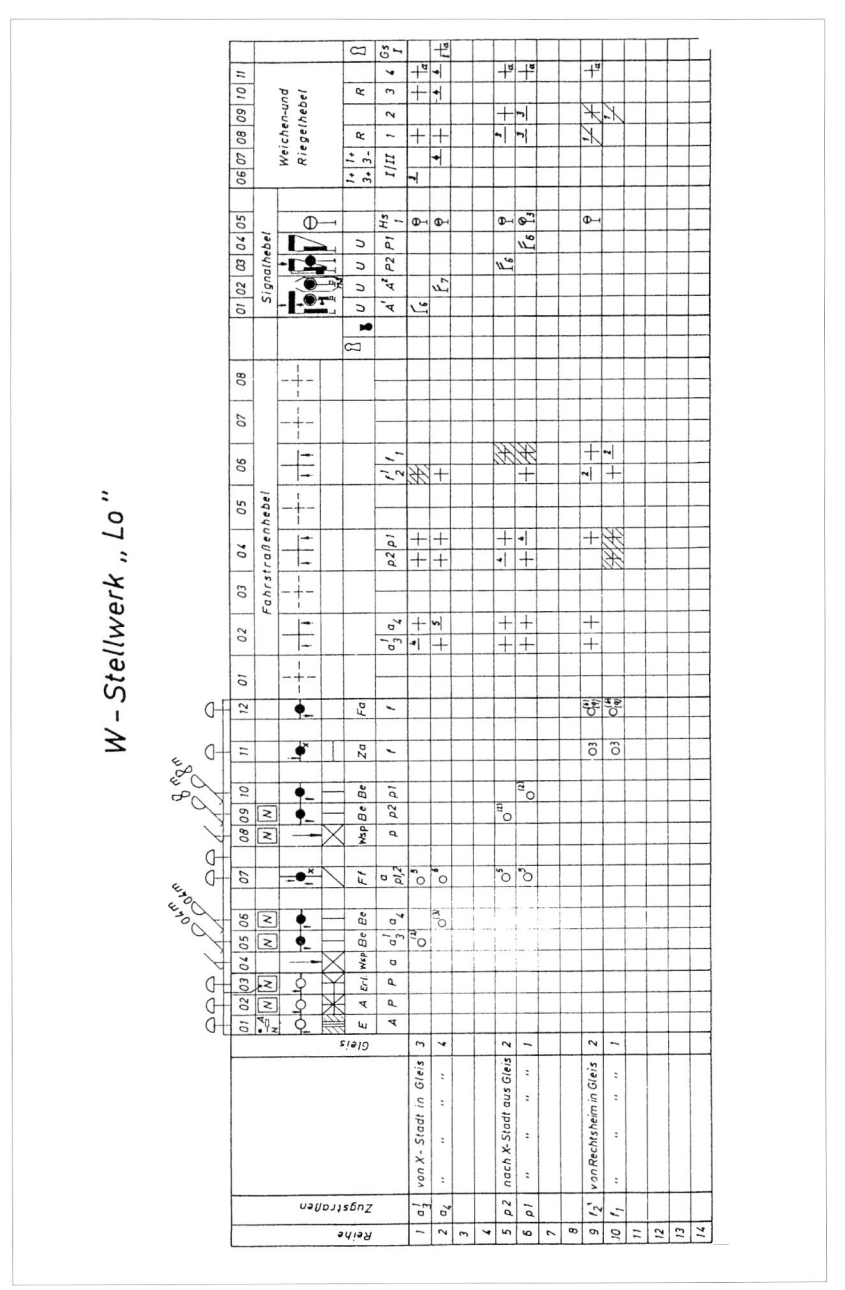

Abbildung 323: Verschlussplan „Lo".

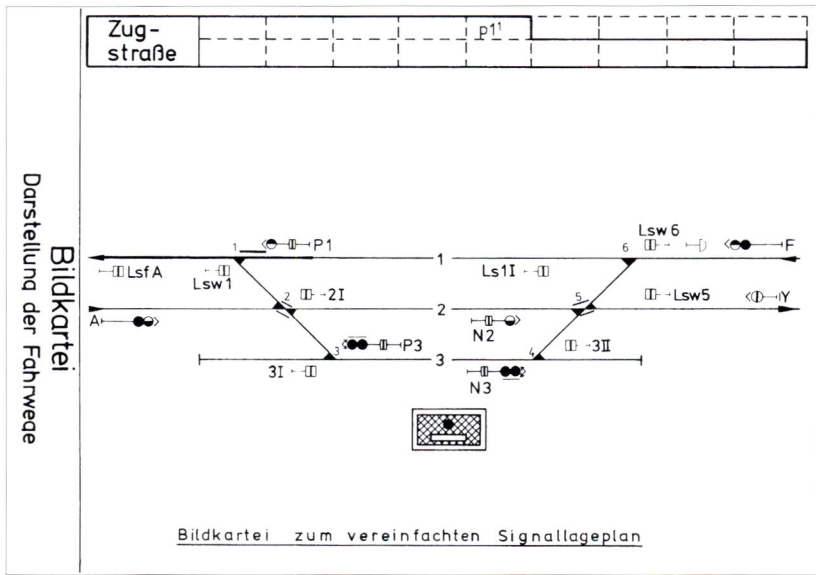

Abbildung 324: Bildkartei.

Prüfen des Fahrweges

Vor Zulassung einer Zugfahrt im Bahnhof ist durch den Fahrdienstleiter bzw. Weichenwärter eine **Fahrwegprüfung** erforderlich. Dies erfolgte früher grundsätzlich durch Hinsehen, teilweise unter Einbeziehung anderer Mitarbeiter (Fahrwegprüfbezirke). Mittlerweile gibt es in vielen Stellwerken – bei Relaisstellwerken und ESTW grundsätzlich – selbsttätige Gleisfreimeldeanlagen.

Bei der Fahrwegprüfung ist festzustellen, dass

- ■ a) die zu befahrenden Weichen, die Weichen im Durchrutschweg und die Flankenschutzeinrichtungen richtig stehen,
- ■ b) der Fahrweg frei von Fahrzeugen ist,
- ■ c) der zugehörige Durchrutschweg frei von Fahrzeugen ist,
- ■ d) die einmündenden Gleisabschnitte bis zum Grenzzeichen frei von Fahrzeugen sind,
- ■ e) zwischen Flankenschutzeinrichtung und Grenzzeichen einer Weiche oder Kreuzung im Fahrweg keine Fahrzeuge stehen,
- ■ f) Rangierverbote beachtet werden,
- ■ g) Bahnübergänge – soweit es in den Örtlichen Richtlinien vorgeschrieben ist, gesichert sind.

Wenn es die Länge der Züge erfordert, dürfen diese über die dem Flankenschutz dienenden Signale hinaus stehen, jedoch höchstens bis zum Grenzzeichen der

Züge fahren

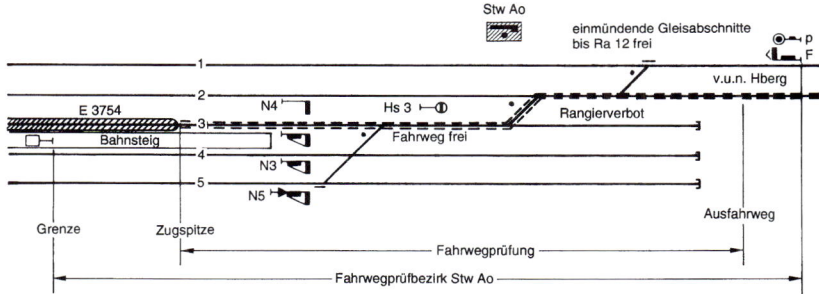

Abbildung 325: Fahrwegprüfung.

Einmündungsweiche. Auch darf an diesem Zug nicht rangiert werden. Dabei ist zu berücksichtigen, dass Züge sich nach dem Anhalten strecken können.

Wo keine selbsttätige Gleisfreimeldeanlage vorhanden ist, dürfen die Feststellungen nach b), c) oder d) – wenn sie nicht durch Hinsehen getroffen werden können – mittelbar getroffen werden. Dabei gilt der Fahrweg in der Regel als frei, wenn festgestellt ist, dass der zuletzt gefahrene Zug ihn mit Schlusssignal durchfahren hat und vor Zulassung einer weiteren Zugfahrt dort nicht rangiert worden ist.

Dabei sind bestimmte Voraussetzungen zu erfüllen:

■ Es muss festgestellt sein, dass der zuletzt gefahrene Zug den Fahrweg, Durchrutschweg bzw. bei Abschnittsprüfung den betroffenen Abschnitt mit Schlusssignal durchfahren hat.
■ Es muss festgestellt sein, dass bei Zügen, die zur Kreuzung oder Überholung im Bahnhof halten, Zugspitze und Zugschluss grenzzeichenfrei stehen. Der Zugführer darf nach dem Anhalten des Zuges aufgefordert werden, eine Zugschlussmeldung für seinen Zug abzugeben oder zu melden, dass der Zug grenzzeichenfrei steht.
■ Bei Zügen, die im Fahrweg oder im betroffenen Abschnitt beginnen, enden oder halten oder wenn dort rangiert worden ist, muss vor dem Zulassen der nächsten Zugfahrt durch Hinsehen festgestellt werden, dass Fahrweg, Durchrutschweg und einmündende Gleisabschnitte bis zum Grenzzeichen frei von Fahrzeugen sind und dass zwischen Flankenschutzeinrichtungen und Grenzzeichen einer Weiche oder Kreuzung im Fahrweg – bei einer Abschnittsprüfung bis zu den begrenzenden Weichen, Sperrsignalen oder Hauptsignalen – keine Fahrzeuge stehen. Auf die Feststellungen kann verzichtet werden, wenn an haltenden Zügen nicht rangiert wurde oder nach Beendigung des Rangierens alle Fahrzeuge den für die mittelbare Fahrwegprüfung vorgesehenen Bereich verlassen haben und dies gemeldet wurde.
■ Es muss sichergestellt sein, dass im Fahrweg, Durchrutschweg oder im betroffenen Abschnitt kein Zug oder Zugteil abgestellt worden ist.

Aber: bevor mittelbar geprüft wird, sind die Feststellungen nach b), c), d) oder e) durch Hinsehen zu treffen, auch bei ständig nicht einsehbaren Gleisabschnitten.

Bei selbsttätigen Gleisfreimeldeanlagen gilt gleiches für evtl. erforderliche Abschnittsprüfungen bei Störungen oder Arbeiten.

Mit gehobenem Stromabnehmer darf ein elektrisches Triebfahrzeug nur dann in einen Fahrweg eingelassen werden, wenn Oberleitung vorhanden ist und diese unter Spannung steht. Für den D-Weg darf die Oberleitung abgeschaltet sein.

Selbsttätige Gleisfreimeldeanlagen

Selbsttätig bedeutet, dass dort, wo diese Anlagen vorhanden sind, nicht durch Hinsehen geprüft werden muss, sondern durch Auswerten der Meldeanzeigen.

Dies bedeutet, dass trotz vorhandener Gleisfreimeldeanlage ein Teil der Fahrwegprüfung weiterhin vom Fahrdienstleiter vorgenommen wird, wie das Beachten der Rangierverbote und die Sicherung der Bahnübergänge.

Es gibt drei Bauarten der selbsttätigen Gleisfreimeldeanlagen:

a) Gleisfreimeldung durch Gleisstromkreise

Gleisstromkreise erfordern, dass die eine Fahrschiene eines Gleises von der anderen isoliert ist, d.h. dass beide Fahrschienen nicht direkt elektrisch miteinander verbunden sind.

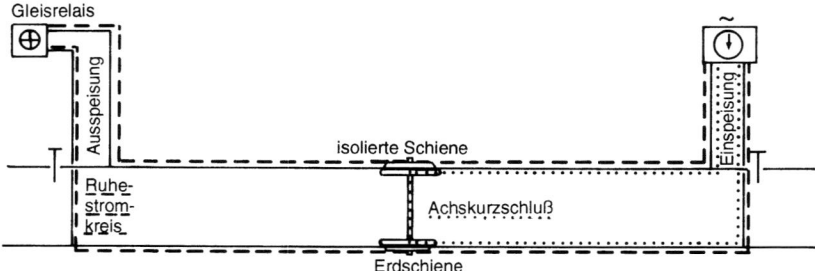

Abbildung 326: Gleisfreimeldung durch Gleisstromkreise.

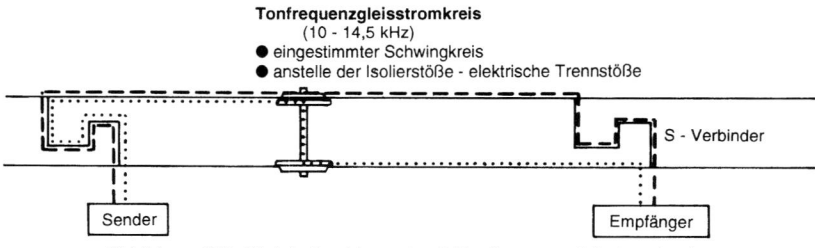

Abbildung 327: Gleisfreimeldung durch Tonfrequenzgleisstromkreise.

Züge fahren

Zwischen den beiden Schienen ist ein Ruhestromkreis so angeschaltet, dass am Anfang des Abschnittes eine Spannung angelegt wird. Am Ende zeigt ein Relais an, ob dieses Gleis frei oder besetzt ist. Bei unbesetztem Gleis ist das Relais angezogen. Werden die beiden Schienen durch eine Achse eines Fahrzeuges überbrückt, so wird der Stromkreis kurzgeschlossen und das Relais fällt ab. Damit ist signaltechnisch das Gleis „besetzt". Das deckende Signal wird zwangsläufig in „Halt-Stellung" gebracht bzw. kann nicht mehr auf Fahrt gestellt werden.

b) Gleisfreimeldung durch Tonfrequenz-Gleisstromkreise

Diese Art von Gleisfreimeldung arbeitet über eine Tonfrequenz (Wechselstrom). Am Anfang des Gleisabschnittes befindet sich ein Sender. Der von diesem ausgehende Ton wird über die Schiene zum Empfänger geleitet, so dass auf dem Freimeldeabschnitt ständig der eingestimmte Schwingkreis lagert. Bei Besetzung des Freimeldeabschnitts wird der Schwingkreis gestört und dadurch das Relais zum Abfall gebracht (Besetztanzeige).

c) Gleisfreimeldung durch Achszählkreise

Impulsgeber am Anfang und Ende eines Freimeldeabschnittes registrieren jede einzelne Fahrzeugachse, indem sie einen elektrischen Impuls an ein Zählwerk im Relaisraum des Stellwerks senden. Gleichzeitig wird auch festgestellt, in welcher

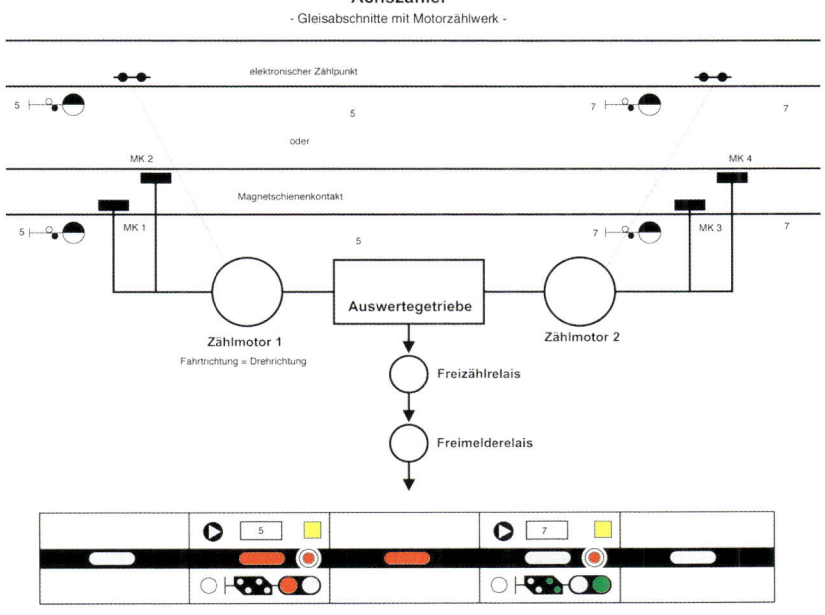

Abbildung 328: Gleisfreimeldung durch Achszähler.

Fahrtrichtung sich die Fahrzeuge bewegen. Bei ungleichem Zählstand der Ein- und Auszählpunkte fällt das Freimelderelais ab und bewirkt eine Besetztanzeige auf dem Stelltisch. Die moderne Achszähltechnik verwendet statt Zählmotoren und Relaistechnik ausschließlich elektronische Achszählkomponenten.

Fahrwegsicherung

„Ferngestellte Weichen, die von Reisezügen gegen die Spitze befahren werden, sind gegen Umstellen unter dem Zug festzulegen oder einzeln zu sichern. . .
Für Reisezüge sind nach Möglichkeit Flankenschutzvorkehrungen zu treffen."

Diese EBO-Forderung wurde beim Bau des ersten Stellwerks (mechanisches Einheitsstellwerk) so realisiert, dass

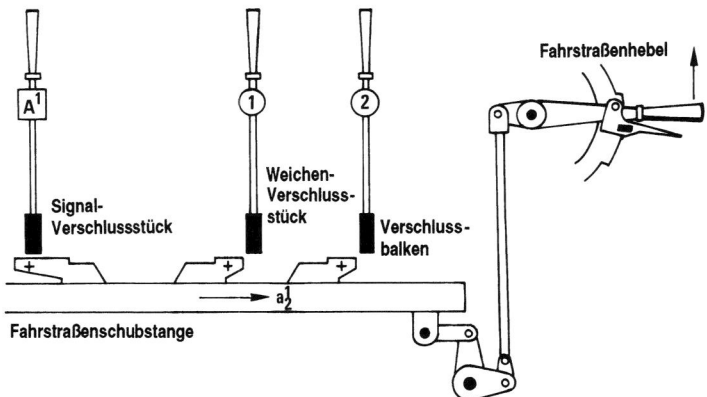

Abbildung 329: Fahrstraßenhebel in Grundstellung.

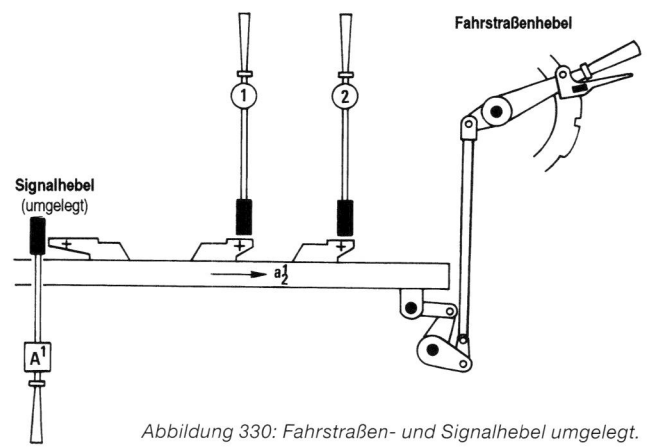

Abbildung 330: Fahrstraßen- und Signalhebel umgelegt.

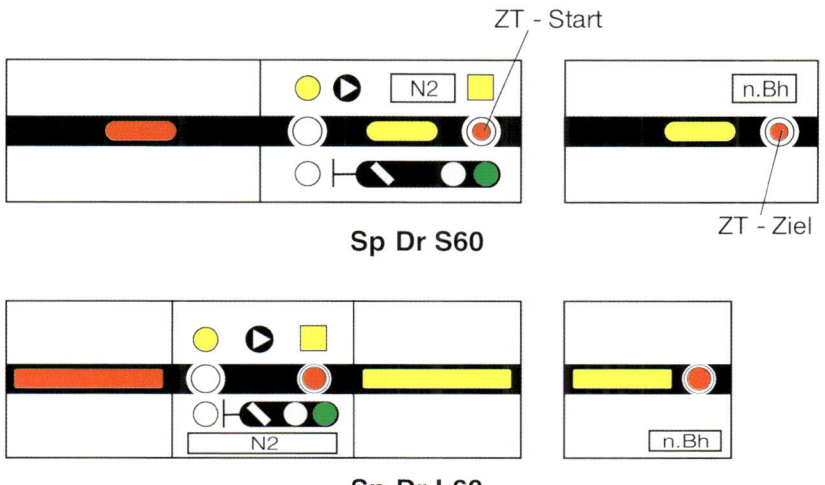

Abbildung 331: Festlegemelder – Fahrstraße ist festgelegt.

– spitz befahrene Weichen im Fahr- und D-Weg sowie
– Flankenschutzeinrichtungen

verschlossen sind, solange eine Zugfahrt stattfindet.

Dieser Verschluss erfolgt mechanisch über den Fahrstraßenhebel.

Der Fahrstraßenhebel bewegt die im Verschlusskasten gelagerte Fahrstraßen-schubstange mit den darauf angebrachten Plus- und Minusverschlussstücken und verschließt damit die Verschlussbalken der Weichen-, Gleissperren- und Riegelhebel. Der umgelegte Fahrstraßenhebel wird anschließend blockelektrisch durch Bedienen eines Bahnhofsblockfeldes gegen unbeabsichtigtes Zurücklegen gesichert.

Bei später entwickelten Stellwerkstechniken wurde nicht nur die EBO-Forderung verwirklicht, sondern auch die stumpf befahrenen Weichen in den Verschluss mit einbezogen. Außerdem erfolgt der Verschluss selbsttätig und wird dem Wärter durch Melder angezeigt.

Wenn all diese Bedingungen erfüllt sind, kann das Hauptsignal auf Fahrt gestellt werden bzw. gelangt selbsttätig in Fahrtstellung.

Dieser Weg – vom Fahrweg zur Fahrstraße – wird beim mechanischem Stellwerk durch einzelne Bedienungshandlungen des Wärters wie folgt aufgebaut:

Regelbetrieb

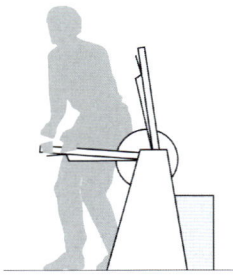

1. Der Wärter stellt nach dem Verschlussplan die Weichen, Riegel, Gleissperren und Sperrsignale in die entsprechende Lage, nachdem er sich vergewissert hat, dass diese Einrichtungen frei sind.

2. Der Fahrweg wird geprüft.

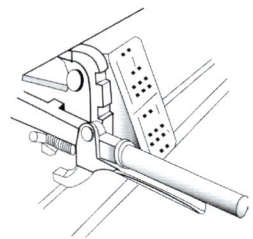

3. Durch das Umlegen des Fahrstraßenhebels überprüft der Wärter im Stellwerk die richtige Lage der Weichen, Riegel, Gleissperren und Sperrsignale einschließlich der dazugehörenden Flankenschutzeinrichtungen und verschließt diese mechanisch.

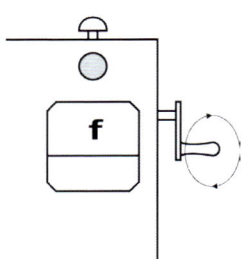

4. Das Fahrstraßenfestlegefeld wird nun geblockt und verschließt den Fahrstraßenhebel und damit die Fahrstraße blockelektrisch.

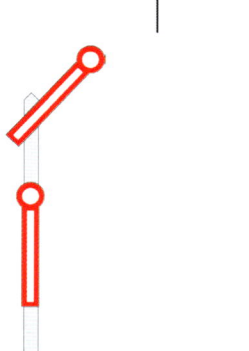

5. Das Hauptsignal wird auf Fahrt gestellt. Durch Umlegen des Signalhebels wird der Fahrstraßenhebel zusätzlich mechanisch verschlossen.

Abbildung 332: Vom Fahrweg zur Fahrstraße – Regelbedienung mechanisches Stellwerk.

Züge fahren

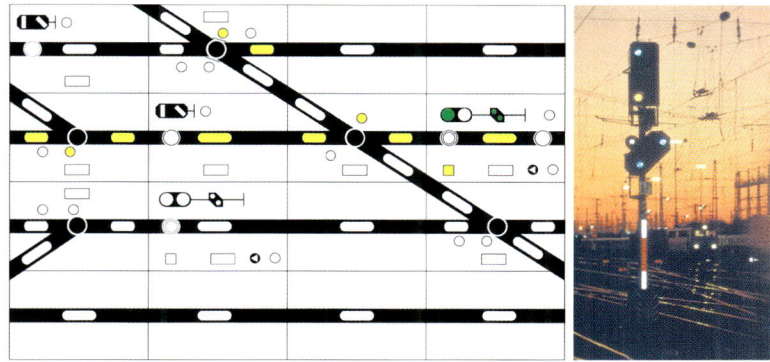

Abbildung 333: Signalabhängigkeit.

Signalabhängigkeit

Die Stellwerkseinrichtungen erzwingen den Aufbau der Fahrstraße in einer technisch genau bestimmten Reihenfolge:

- Ein Signal läßt sich nur auf Fahrt stellen,
- wenn Weichen, Riegel und Flankenschutzeinrichtungen richtig eingestellt und gesichert sind.

Diese Folgeabhängigkeit nennt man **Signalabhängigkeit**.

Sie bedeutet weiterhin, dass diese Einrichtungen so lange verschlossen sind, wie das Signal auf Fahrt steht.

Zugschlussstellen

Nach der Zugfahrt erfolgt die Auflösung der Fahrstraße in umgekehrter Reihenfolge:

1. Das Signal wird auf Halt gestellt – entweder durch den Wärter oder durch den Zug.

Da die Haltstellung des Einfahr- und Blocksignals im Rahmen der Räumungsprüfung festgestellt wird, darf der Wärter das Hauptsignal grundsätzlich erst auf Halt stellen, nachdem der Zug mit Schlusssignal den D-Weg hinter diesem Signal geräumt hat. Hierfür wird in den Örtlichen Richtlinien für jedes Hauptsignal die **Signalzugschlussstelle** festgelegt.

2. Die Fahrstraße wird aufgelöst – entweder durch den Wärter oder durch den Zug.

Die Fahrstraße darf erst aufgelöst werden, wenn der Zug die letzte zu befahrende Weiche geräumt hat.Hierfür wird in den Örtlichen Richtlinien für jede Fahrstraße die **Fahrstraßenzugschlussstelle** festgelegt.

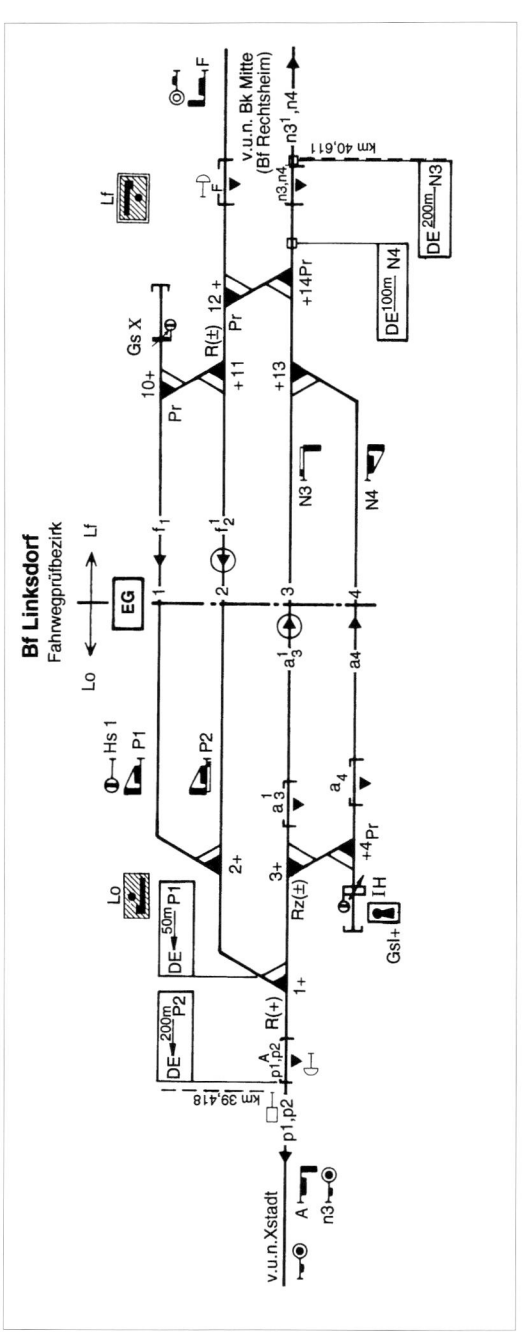

Abbildung 334:
Lageplan Linksdorf.

Signal- und Fahrstraßenzugschlussstellen sind zusammengefaßt im „Verzeichnis der Zugschlussstellen".

Auszug für Stw Lo

Erläuterung
Das Zeichen „/" bedeutet, dass die Einrichtungen nur bedient werden dürfen, wenn der Zug zum Halten gekommen ist.

Verzeichnis der Zugschlußstellen

für _____Stw Lo_____

Erläuterung
Das Zeichen "./." bedeutet, daß die Einrichtungen nur bedient werden dürfen, wenn der Zug zum Halten gekommen ist.

1	2	3	4	5	6	7
Bei der Fahrt des Zuges		Signal-Zugschlußstelle	Fahrstraßen-Zugschlußstelle			
auf Signal	nach	Signal auf Halt stellen oder Signalhebel zurücklegen, wenn der Zug mit Schlußsignal vorbeigefahren ist	Fahrstraßen-hebel zurück-legen,	Fahrstraße auflösen,	Zustimmungs-empfangsfeld blocken,	Befehls-empfangsfeld blocken,
			wenn der Zug am gewöhnlichen Halteplatz zum Halten gekommen oder vorbeigefahren ist			
		an	an	an	an	an
A	GL 4	Stw Lo	./.			./.
	GL 3	Stw Lo	Sig P 2			HBhe EG

Aufgestellt   _____   _____
(Ort, Datum)   (Unterschrift)

Abbildung 335: Verzeichnis der Zugschlussstellen, Stellwerk „Lo" Bf Linksdorf.

Auszug für Stw Lf

Erläuterung
Das Zeichen „/" bedeutet, dass die Einrichtungen nur bedient werden dürfen, wenn der Zug zum Halten gekommen ist.

Verzeichnis der Zugschlußstellen

für ___Stw Lf_____

Erläuterung
Das Zeichen "./." bedeutet, daß die Einrichtungen nur bedient werden dürfen, wenn der Zug zum Halten gekommen ist.

1	2	3	4	5	6	7
Bei der Fahrt des Zuges		Signal-Zugschlußstelle	Fahrstraßen-Zugschlußstelle			
auf Signal	nach	Signal auf Halt stellen oder Signalhebel zurücklegen, wenn der Zug mit Schlußsignal vorbeigefahren ist	Fahrstraßen-hebel zurück-legen,	Fahrstraße auflösen,	Zustimmungs-empfangsfeld blocken,	Befehls-empfangsfeld blocken.
			wenn der Zug am gewöhnlichen Halteplatz zum Halten gekommen oder vorbeigefahren ist			
		an	an	an	an	an
A	GL 4 GL 3		./. Sig Ra 10			

Aufgestellt _____ _____
(Ort, Datum)   (Unterschrift)

Abbildung 336: Verzeichnis der Zugschlussstellen, Stellwerk „Lf" Bf Linksdorf.

Zugbewirkte/selbsttätige Auflösung

Bei der zugbewirkten Auflösung gibt es verschiedene Möglichkeiten:

■ Gesamtauflösung der Fahrstraße, d.h. die Fahrstraße löst sich selbsttätig auf, nachdem der Zug am gewöhnlichen Halteplatz zum Halten gekommen ist oder an der Fahrstraßen-Zugschlussstelle vorbeigefahren ist

Züge fahren

■ abschnittsweise Auflösung (nur bei Einzelverschluss der Fahrwegelemente z.B. bei Sp Dr 60-Stellwerken), d.h. sobald eine Weiche freigefahren ist, löst sich der Verschluss an dieser Weiche und an den dazugehörenden Flankenschutzeinrichtungen selbsttätig auf.

Bei Stellwerksbauformen mit selbsttätiger Fahrstraßenauflösung greift der Fahrdienstleiter nur bei Störungen bzw. Abweichungen vom Regelbetrieb auf das Verzeichnis der Zugschlussstellen zurück.

Der Bahnhofsblock

Der Bahnhofsblock dient zur **Sicherung der Zugfahrten innerhalb des Bahnhofs** und hat im einzelnen folgende Aufgaben:
Er soll

■ die Hauptsignale in der Haltstellung unter Verschluss des Fahrdienstleiters halten,

■ die Fahrtstellung der Hauptsignale von der Mitwirkung aller beteiligten Stellen abhängig machen sowie

■ die zur Fahrstraße gehörenden Weichen, Gleissperren usw. so lange unter Verschluss halten, bis der Zug die letzte Weiche im Fahrweg geräumt hat.

Die verschiedenen Arten der Bahnhofsblockfelder ergeben sich aus folgender Übersicht:

Fahrstraßenfelder

Fahrstraßenfestlegefeld (Ff):	beim signalbedienenden Stw Grundstellung = entblockt
Fahrstraßenauflösefeld (Fa):	beim mitwirkenden Stw Grundstellung = geblockt bei Gleichstromfestlegefeld: Auflösung durch Zug!

Zustimmungsfelder

Zustimmungsabgabefeld (Za):	beim mitwirkenden Stw (Ww) Grundstellung = entblockt
Zustimmungsempfangsfeld (Ze):	beim signalbedienenden Stw (Fdl) Grundstellung = geblockt

Befehlsfelder

Befehlsabgabefelder (Ba):	beim mitwirkenden Stw (Fdl) Grundstellung = entblockt
Befehlsempfangsfeld (Be):	beim signalbedienenden Stw (Ww) Grundstellung = geblockt

Im Gegensatz zu den Streckenblockfeldern zeigen die Bahnhofsblockfelder in **Grundstellung rote Farbscheiben**.

Die Bahnhofsblockfelder sind in der Regel Wechselstromfelder, wobei folgende Felder miteinander durch Blockleitungen verbunden sind:

- Befehlsabgabefelder (Ba) mit Befehlsempfangsfeldern (Be)
- Zustimmungsabgabefelder (Za) mit Zustimmungsempfangsfeldern (Ze)
- Fahrstraßenfestlegefelder (Ff) mit Fahrstraßenauflösefeldern (Fa)

Fahrstraßenfestlegefelder können mit Wechsel- oder Gleichstrom funktionieren, sind aber bei Ausfahrten grundsätzlich Gleichstromfelder, d.h. diese werden vom Zug durch Befahren einer Zugeinwirkung oder von einem Mitarbeiter mit einer Schlüsseltaste entblockt.

Das Zusammenwirken der Bahnhofsblockfelder wird anhand von Fahrstraßen im Bf Linksdorf erläutert:

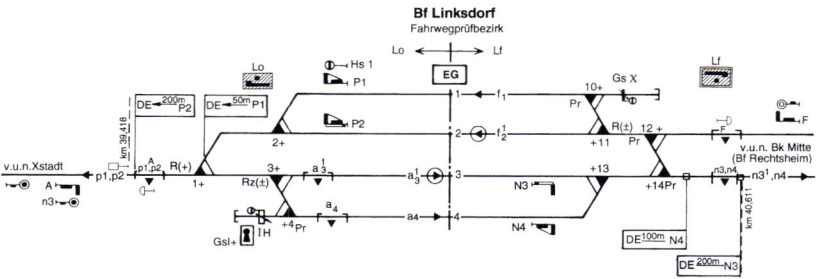

Abbildung 337: Lageplan Linksdorf.

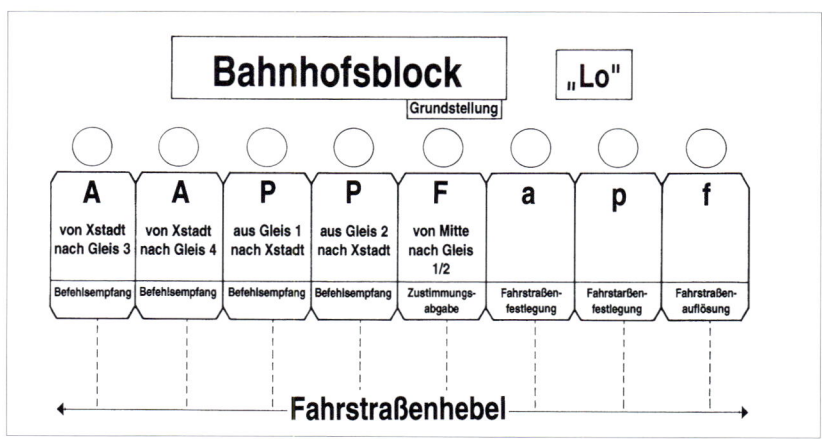

Abbildung 338 a: Bahnhofsblock des Stellwerks „Lo" Bf Linksdorf.

Züge fahren

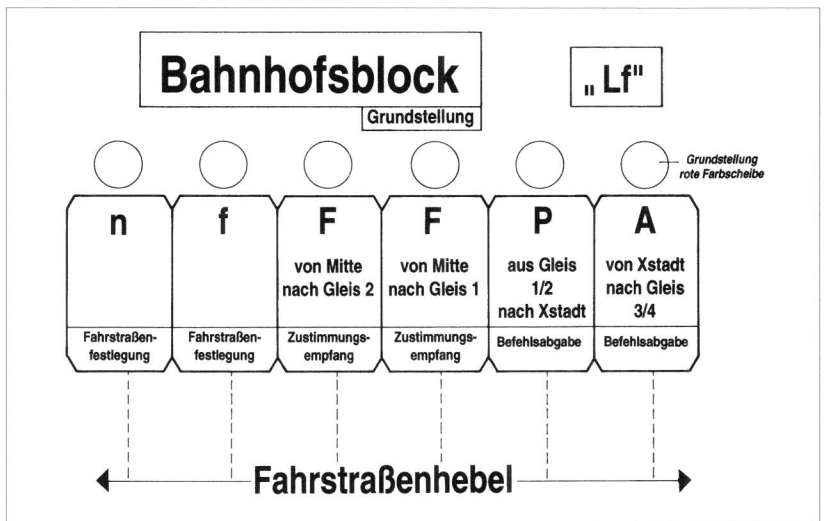

Abbildung 338 b: Bahnhofsblock des Stellwerks „Lf" Bf Linksdorf.

Zug 14610 soll auf Signal F nach Gleis 1 einfahren

Nach Eingang der Zugmeldung von Rechtsheim stellt der Fdl „Lf" anhand seines Fahrplans für Zugmeldestellen fest, dass RB 14610 nach Gleis 1 einfahren soll. Da der Zug in den Fahrwegprüfbezirk des Wärters „Lo" fährt, fordert Fdl „Lf" fernmündlich die Zustimmung für die Einfahrt des 14610 nach Gleis 1 an. Nachdem der Wärter den Auftrag mit dem Fahrplan für Zugmeldestellen verglichen hat, stellt er seinen Teil des Fahrweges laut Verschlussplan ein, d.h. er legt die Weiche 2 in Minusstellung, nachdem er geprüft hat, dass kein Fahrzeug auf der Weiche steht.

Anschließend prüft er den Fahrweg durch Hinsehen von der Fahrwegprüfgrenze bis zum Signal P1 und von hier bis zum Ende des Durchrutschweges, also bis zum Grenzzeichen der Weiche 1. Danach sichert er den Fahrweg mechanisch durch Umlegen des Fahrstraßenhebels f_1 und bedient das Zustimmungsabgabefeld „F von Mitte nach Gleis 1/2". Somit ist der Fahrstraßenhebel f_1 blockelektrisch verschlossen, die Farbscheibe des Zustimmungsabgabefeldes wechselt von rot auf weiß. Gleichzeitig wird mit dem Blocken des Zustimmungsabgabefeldes das Zustimmungsempfangsfeld beim Fdl „Lf" entblockt (Farbscheibe wechselt ebenfalls von rot auf weiß) und somit der Fahrstraßenhebel f1 „frei". Zunächst stellt der Fdl den Fahrweg laut Verschlussplan ein (W 12+, W 14+, W 11- einschl. R W 11-, W 10-).

Vor dem Umstellen der Weichen muß er prüfen, dass diese jeweils frei von Fahrzeugen sind. Anschließend prüft er den Fahrweg vom Esig F bis zur Fahrwegprüfgrenze durch Hinsehen und sichert ihn mechanisch durch Umlegen des Fahrstraßenhebels f_1. Dann legt er den Fahrstraßenhebel durch Bedienen des Fahrstraßenfestlegefeldes f blockelektrisch fest; der Hauptsignalhebel F wird bedienbar.

Gleichzeitig wird beim Wärter „Lo" das Fahrstraßenauflösefeld entblockt. Bei beiden Fahrstraßenfeldern erfolgt der Wechsel der Farbscheiben von rot auf weiß. Nun stellt der Fdl „Lf" das Signal F auf Hp 2, indem er den Signalhebel „F nach Gleis 1" umlegt.

Wenn der Zug mit Schlusssignal am Stellwerk „Lf" vorbeigefahren ist, somit den D-Weg geräumt hat, darf der Signalhebel F in Grundstellung gelegt werden. Bevor nun der Bahnhofsblock wieder in Grundstellung gebracht, d.h. die Fahrstraße aufgelöst wird, bedient der Fahrdienstleiter „Lf" den Streckenblock (bei Felderblock durch Blocken des Endfeldes). Wenn der Zug am gewöhnlichen Halteplatz zum Halten gekommen ist, bedient der Ww das Fahrstraßenauflösefeld f, gleichzeitig wird das Fahrstraßenfestlegefeld f entblockt, d.h. die Grundstellung ist erreicht (auf beiden Stellwerken wechselt die Farbscheibe von weiß auf rot).

Nun kann der Fdl „Lf" seinen Fahrstraßenhebel f_1 sowie seine Weichen- und Riegelhebel in Grundstellung zurücklegen.

Durch Blocken des Zustimmungsempfangsfeldes f 1/2 verschließt der Fdl den Fh f_1 in Grundstellung; gleichzeitig wird auf Stw „Lo" das Zustimmungsabgabefeld f 1/2 entblockt (bei beiden Wechsel der Farbscheibe von weiß auf rot). Nun kann der Ww seinen Fahrstraßenhebel f1 und den Weichenhebel der Weiche 2 in Grundstellung zurücklegen. Der Bahnhofsblock und die Stellhebel zeigen Grundstellung.

Zur Veranschaulichung sind dieses Beispiel und die folgenden in Übersichten (Bedienungshandlungen stichwortartig) dargestellt.

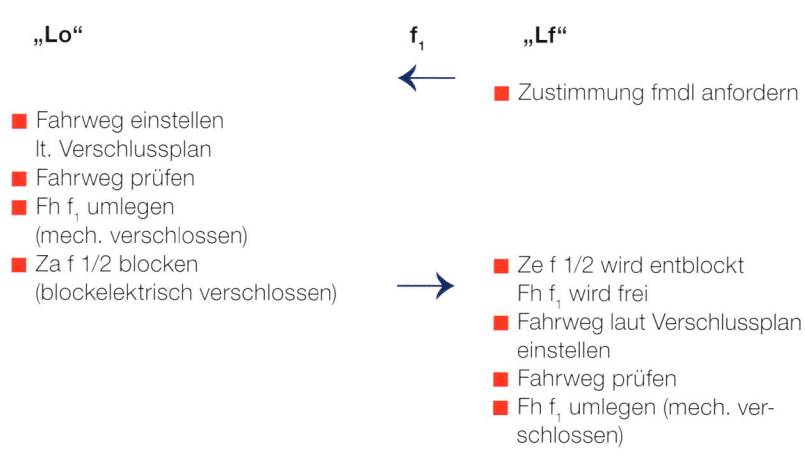

„Lo" f_1 **„Lf"**

← ■ Zustimmung fmdl anfordern

■ Fahrweg einstellen
  lt. Verschlussplan
■ Fahrweg prüfen
■ Fh f_1 umlegen
  (mech. verschlossen)
■ Za f 1/2 blocken
  (blockelektrisch verschlossen) →

■ Ze f 1/2 wird entblockt
  Fh f_1 wird frei
■ Fahrweg laut Verschlussplan
  einstellen
■ Fahrweg prüfen
■ Fh f_1 umlegen (mech. verschlossen)

Züge fahren

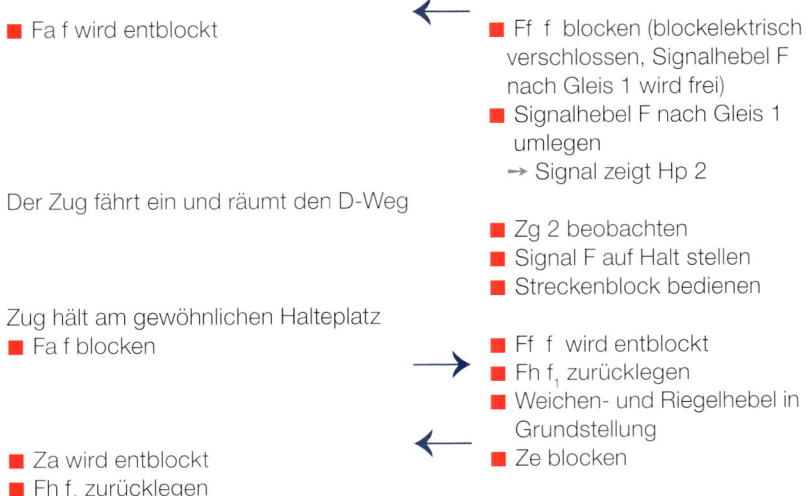

- Fa f wird entblockt

- Ff f blocken (blockelektrisch verschlossen, Signalhebel F nach Gleis 1 wird frei)
- Signalhebel F nach Gleis 1 umlegen
→ Signal zeigt Hp 2

Der Zug fährt ein und räumt den D-Weg

- Zg 2 beobachten
- Signal F auf Halt stellen
- Streckenblock bedienen

Zug hält am gewöhnlichen Halteplatz
- Fa f blocken

- Ff f wird entblockt
- Fh f_1 zurücklegen
- Weichen- und Riegelhebel in Grundstellung
- Ze blocken

- Za wird entblockt
- Fh f_1 zurücklegen
- Weichenhebel in Grundstellung

Zug 14611 soll nach Gleis 4 einfahren

„Lo"   a 4   **„Lf"**

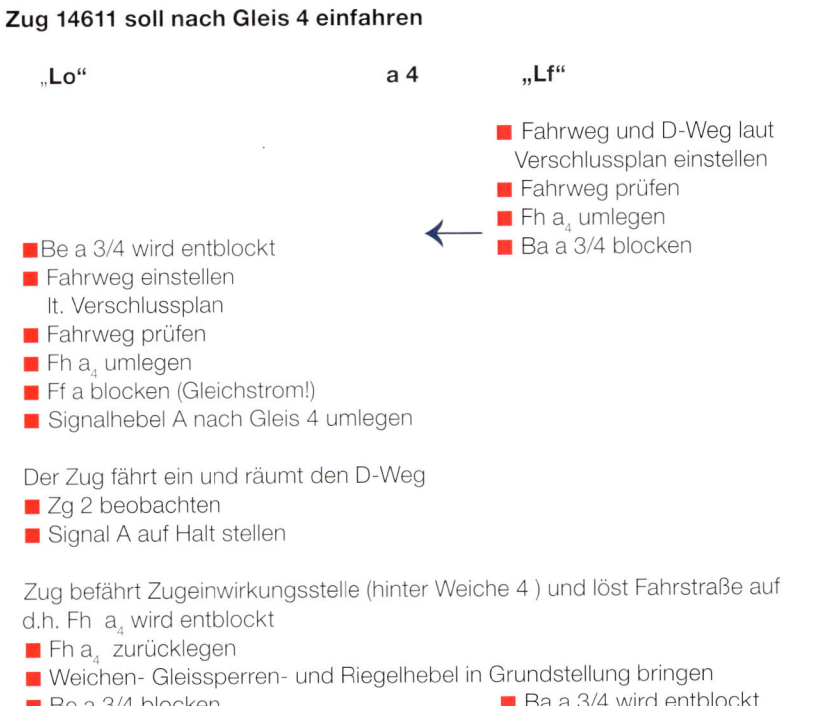

- Fahrweg und D-Weg laut Verschlussplan einstellen
- Fahrweg prüfen
- Fh a_4 umlegen
- Ba a 3/4 blocken

- Be a 3/4 wird entblockt
- Fahrweg einstellen lt. Verschlussplan
- Fahrweg prüfen
- Fh a_4 umlegen
- Ff a blocken (Gleichstrom!)
- Signalhebel A nach Gleis 4 umlegen

Der Zug fährt ein und räumt den D-Weg
- Zg 2 beobachten
- Signal A auf Halt stellen

Zug befährt Zugeinwirkungsstelle (hinter Weiche 4) und löst Fahrstraße auf d.h. Fh a_4 wird entblockt
- Fh a_4 zurücklegen
- Weichen- Gleissperren- und Riegelhebel in Grundstellung bringen
- Be a 3/4 blocken

- Ba a 3/4 wird entblockt
- Fh a_4 zurücklegen
- Weichenhebel in Grundstellung

Zug 14611 soll auf Signal N 4 nach Rechtsheim ausfahren

Nachdem der Fdl „Lf" die Bedingungen zur Abfahrt z.B. Abgabe der Zugmeldung erfüllt hat, stellt er für die Ausfahrt des Zuges aus Gleis 4 den Fahrweg gemäß Verschlussplan ein (Weichen 13-, 14+, 12+), nachdem er die umzustellende Weiche 13 auf Freisein geprüft hat. Anschließend prüft er den Fahrweg durch Hinsehen von Signal N 4 bis zur Bahnhofsgrenze, sichert ihn mechanisch durch Umlegen des Fahrstraßenhebels n4 und bedient das Fahrstraßenfestlegefeld n (Wechsel der Farbscheibe von rot auf weiß). Abschließend stellt er das Ausfahrsignal N 4 auf Fahrt (Hp 2).

Nachdem der Zug ausgefahren ist und mit Schlusssignal am Stellwerk „Lf" vorbeigefahren ist, stellt der Fdl das Signal N 4 auf Halt.

Anschließend bedient er den Streckenblock (bei Felderblock: Bedienen des Anfangsfeldes). Gleichzeitig hat der Zug durch Befahren der Zugeinwirkungsstelle das Fahrstraßenfestlegefeld n aufgelöst = entblockt (Farbscheibe wechselt von weiß auf rot). Nun legt der Fdl „Lf" den Fahrstraßenhebel n4 und die zum Fahrweg gehörenden Weichen in die Grundstellung.

Der Bahnhofsblock und die Stellhebel zeigen Grundstellung.

Auch dies nochmals stichwortartig:
„Lf"

- Fahrweg laut Verschlussplan einstellen
- Fahrweg prüfen
- Fh n4 umlegen
- Ff n blocken
- Signalhebel N 4 umlegen (Hp 2
  – Der Zug fährt aus –
- Zg 2 beobachten
- Signal N 4 auf Halt stellen
- Streckenblock bedienen
  – Der Zug löst die Fahrstraße auf, d.h. Ff n wird entblockt –
- Fh n4 und Weichenhebel in Grundstellung

Beachten Sie: An dieser Ausfahrt ist nur der Fdl „Lf" beteiligt.

Zug 14610 soll auf Signal P 1 nach Xstadt ausfahren

„Lo"	p1	„Lf"
		■ Fh p1 umlegen
■ Be p 1/2 wird entblockt	←	■ Ba p 1/2 blocken
■ Fahrweg einstellen laut Verschlussplan		
■ Fahrweg prüfen		(Der Fahrwegprüfbezirk des

- Fh p1 umlegen
- Ff p blocken (Gleichstrom!)
- Signalhebel P 1 umlegen , Hp 2

Der Zug fährt aus

- Zg 2 beobachten
- Signal P 1 auf Halt stellen
- Streckenblock bedienen

Zug löst Fahrstraße auf, d.h. Ff p wird entblockt

- Fh p1 zurücklegen
- Weichenhebel in Grundstellung
- Be p 1/2 blocken

Fdl durch diese
Fahrstraße nicht berührt)

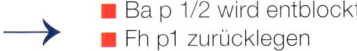

- Ba p 1/2 wird entblockt
- Fh p1 zurücklegen

Die Bedienungshandlungen für die Durchfahrt eines Zuges setzen sich aus denen einer Ein- und einer Ausfahrt zusammen.

6.9 Zugfahrten ohne Fahrtstellung eines Hauptsignals

Grundsatz

Im Bahnbetrieb gilt der Grundsatz, wonach ein Zug sich erst dann in Bewegung setzen darf, wenn der zuständige Fahrdienstleiter dieser Zugfahrt zugestimmt hat. Im Regelfall geschieht dies durch Fahrtstellung eines Hauptsignals oder, wo keine Hauptsignale vorhanden sind, mündlich bzw. durch Geben des Abfahr- oder Durchfahrauftrages mit Signal Zp 9.

Diese Zustimmung gilt bis zu einem nachfolgenden Hauptsignal oder Haltsignal oder dem sog. gewöhnlichen Halteplatz, z.B. an einem Bahnsteig.

In besonderen Fällen (siehe Abbildung 339) ist es zugelassen, die Zustimmung für die Durchführung von Zugfahrten auch durch andere Signale oder betriebliche Maßnahmen zu erteilen.

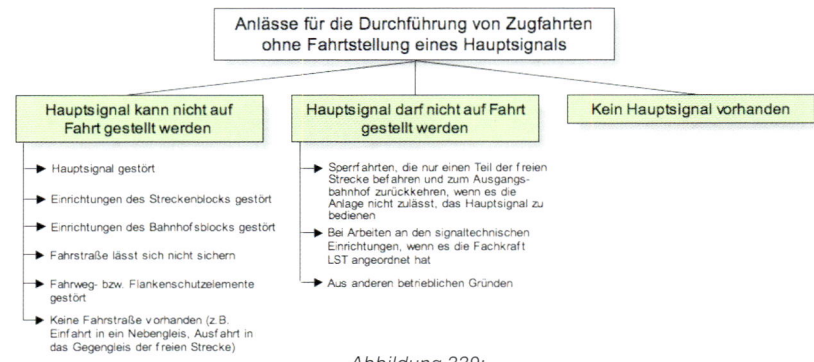

Abbildung 339:

Anlässe für die Durchführung von Zugfahrten ohne Fahrtstellung eines Hauptsignals.

Hierbei ist zu beachten, dass nur die Fahrtstellung eines Hauptsignals dem Triebfahrzeugführer anzeigt, dass der nachfolgende Zugfolgeabschnitt bzw. die dem Hauptsignal zugeordnete Fahrstraße auf dem höchstmöglichen technischen Niveau der Sicherheit eingestellt und gesichert – bei Vorhandensein einer Gleisfreimeldeanlage auch auf Freisein – geprüft ist.

Signalabhängigkeit – Aufgehobene Signalabhängigkeit

Das Prinzip, wonach Weichen und Signale in einer wechselseitigen Verschluss- und Bedienabhängigkeit zueinander stehen müssen, wird als Signalabhängigkeit bezeichnet (s. auch Kap. 6.8). Wird dieses Prinzip durchbrochen und kann ein Hauptsignal dennoch auf Fahrt gestellt werden, wird dies als aufgehobene Signalabhängigkeit bezeichnet.

Die Eisenbahn Bau- und Betriebsordnung (EBO) definiert die Signalabhängigkeit in § 14 Abs. 9 wie folgt:

Weichen, die (mit mehr als 50 km/h) gegen die Spitze befahren werden, müssen von den für die Zugfahrt gültigen Signalen derart abhängig sein, dass die Signale nur dann in Fahrtstellung gebracht werden können, wenn die Weichen für den Fahrweg richtig liegen und verschlossen sind (Signalabhängigkeit). Hierbei sind ferngestellte Weichen, die von Reisezügen gegen die Spitze befahren werden, gegen Umstellen unter dem Zug festzulegen oder einzeln zu sichern.

Auch die aufgehobene Signalabhängigkeit ist in der EBO beschrieben. In § 14 Abs. 10 ist dazu Folgendes ausgesagt:

Ist die Signalabhängigkeit von Weichen, die von Zügen gegen die Spitze befahren werden, vorübergehend aufgehoben oder beeinträchtigt (oder werden nicht-signalabhängige Weichen, ausgenommen Rückfallweichen, von Reisezügen mit mehr als 40 km/h bis höchstens 50 km/h gegen die Spitze befahren) so sind sie technisch zu sichern oder zu bewachen.

In den Bedienungsanweisungen für Signalanlagen sowie in Ril 408 sind die Fälle präzisiert, in denen die Signalabhängigkeit aufgehoben ist, z.B. wenn eine Fachkraft LST dies im Arbeits- und Störungsbuch gegenüber dem Fahrdienstleiter erklärt hat, Verschlüsse im Stellwerk, die mit gelbem Quadrat gekennzeichnet sind, gelöst sind oder bei bestimmten Formen von Störungen.

Aber auch wenn ein Signal nicht in Fahrtstellung gebracht werden kann und dabei ggf. nicht alle technisch vorgesehenen Sicherungsmaßnahmen hergestellt sind, können Zugfahrten an Halt zeigenden Signalen vorbei durchgeführt werden.

Vorbedingungen für das Zulassen einer Zugfahrt ohne Fahrtstellung eines Hauptsignals

Eine Zugfahrt ohne Fahrtstellung eines Hauptsignals stellt eine (anderweitig) zulässige Vorbeifahrt an einem Haltbegriff dar. Wie zuvor bereits beschrieben, fehlt in diesen Fällen für den Triebfahrzeugführer die Bestätigung durch den Fahrtbegriff des Hauptsignals, dass alle Vorbedingungen für die Zugfahrt erfüllt sind. Diese Vorbedingungen werden unterschieden nach der Einfahrt des Zuges von der freien Strecke in eine Betriebsstelle sowie der Ausfahrt des Zuges aus einer Betriebsstelle auf die freie Strecke.

In allen Fällen ist vor der Zulassung einer Zugfahrt festzustellen, dass sich die Fahrwegelemente der einzustellenden Fahrstraße in der richtigen Stellung befinden (Zulässigkeitsprüfung der Fahrstraße). Ggf. müssen die Elemente nach den Verschlussunterlagen in die richtige Stellung gebracht werden. Zu den Fahrwegelementen zählen die Weichen im Fahrweg, sowie des sich etwa anschließenden Durchrutschweges und Flankenschutzeinrichtungen, wie Gleissperren, Flankenschutzweichen oder Haupt- bzw. Sperrsignale und andere Haltsignale.

Nachfolgend wird das Freisein des zu benutzenden Fahrweges sowie des sich etwa anschließenden Durchrutschweges, der in den Fahrweg einmündenden Gleisabschnitte bis zum Grenzzeichen der jeweiligen Fahrwegweiche sowie der Bereiche zwischen dem Grenzzeichen einer Fahrwegweiche und der sich anschließenden Flankenschutzeinrichtung geprüft. Diese Prüfung kann in Form einer Fahrweg- oder Abschnittsprüfung durch Hinsehen oder – bei Vorhandensein einer selbsttätigen Gleisfreimeldeanlage – einer Abschnittsprüfung durch Auswerten der Meldeanzeige erfolgen.

Im weiteren Verlauf erfolgt die Sicherung des eingestellten und auf Freisein geprüften Fahrweges des Zuges. Je nach Art- und Umfang der vorliegenden Störung oder der Arbeiten an den signaltechnischen Einrichtungen, kann diese

Sicherung auf unterschiedliche Weise erfolgen. Dabei kommt es auf den Grad der Nicht-Verfügbarkeit der signaltechnischen Einrichtungen an. Bei Relais- und elektronischen Stellwerken besteht die in den Bedienungsanweisungen zugelassene Möglichkeit, dass verschiedene Meldeeinrichtungen an der Bedienoberfläche oder des Stelltisches des Stellwerkes noch auswertbar sind. Es kann jedoch auch vorkommen, dass die Stellwerksanlage so schwerwiegend ausgefallen ist, dass nur noch eine Sicherung der Fahrwegelemente vor Ort, z.B. durch Handverschluss (HV 73) möglich ist.

In jedem Falle muss sichergestellt sein, dass während der Inanspruchnahme des Fahrweges durch einen Zug, die Fahrwegelemente in ihrer vorgesehenen Lage gesichert und gegen unbeabsichtigtes Umstellen unter dem rollenden Rad gesperrt sind.

Erst wenn diese Bedingungen erfüllt sind, darf die Zustimmung zur Fahrt durch den zuständigen Fahrdienstleiter erteilt werden. Das bis hierhin erläuterte Grundprinzip der Fahrwegsicherung für Zugfahrten wird auch als das sog. PEPSI-Prinzip bezeichnet:

- **P**rüfen der Zulässigkeit einer einzustellenden Fahrstraße
- **E**instellen der Fahrstraße nach den Verschlussunterlagen
- **P**rüfen des Freiseins des Fahrwegs
- **Si**chern des Fahrwegs (= Fahrstraße)

Das „PEPSI-Prinzip" umfasst bereits alle Vorbedingungen für die Zulassung einer Zugfahrt ohne Fahrtstellung eines Hauptsignals von der freien Strecke in eine Betriebsstelle. Darüber hinaus sind bei einer Ausfahrt aus einer Betriebsstelle auf die freie Strecke noch weitere Aspekte zu beachten.

Während innerhalb einer Betriebsstelle aufgrund der dort jederzeit möglichen Rangierfahrten unmittelbar vor der Durchführung einer Zugfahrt eine Fahrwegprüfung durchzuführen ist, ist für die freie Strecke grundsätzlich nach einer erfolgten Zugfahrt zu prüfen, ob der Zug den betreffenden Abschnitt der freien Strecke geräumt hat. Diese Prüfung wird als Räumungsprüfung bezeichnet. Sie gilt bis zur Zulassung einer weiteren Zugfahrt, sofern nicht Umstände eingetreten sind, die diese Freiseinsfeststellung in Frage stellen.

Bei ordnungsgemäß wirkenden signaltechnischen Einrichtungen, u.a. dem Streckenblock, sind die Bedingungen für das Freisein eines Streckenabschnittes von Fahrzeugen seitens der Leit- und Sicherungstechnik als erfüllt anzusehen. Somit gilt ein Fahrt – zeigendes Ausfahrsignal im Regelbetrieb auch als Bestätigung für einen von Fahrzeugen geräumten Zugfolge- bzw. Blockabschnitt der freien Strecke.

Treten Umstände ein, die Zweifel an der Räumung eines Zugfolgeabschnittes begründen, so gibt es hierbei drei Fallunterscheidungen:

1. Ein die Fahrt in einen möglicherweise besetzten Zugfolgeabschnitt zulassendes Hauptsignal lässt sich auf Fahrt stellen (z.B. aufgehobene Signalabhängigkeit) oder

2. die Besetzung eines Zugfolgeabschnittes ist durch die Einrichtungen der Leit- und Sicherungstechnik erkannt worden und das die Fahrt in den besetzten Zugfolgeabschnitt zulassende Hauptsignal kann nicht auf Fahrt gestellt werden oder

3. ein die Fahrt in einen freien Zugfolgeabschnitt zulassendes Hauptsignal kann aufgrund einer Störung der Leit- und Sicherungstechnik nicht auf Fahrt gestellt werden.

Ordnet man die vorgenannten Gründe nach dem Grad ihrer möglichen Gefährdung, so ist der erste Fall zweifellos der kritischste der drei genannten Fälle. Dabei hängt es in hohem Maße davon ab, wie gewissenhaft die betrieblich geforderten Ersatzmaßnahmen zur Sicherung der Zugfolge durch das Betriebspersonal beachtet und angewendet werden.

In allen drei genannten Fällen muss vor Zulassung der Zugfahrt in den möglicherweise besetzten Zugfolgeabschnitt eine Räumungsprüfung durch den die Zugfahrt zulassenden Fahrdienstleiter durchgeführt werden. Dabei wird am Ende des betroffenen Zugfolgeabschnitts hinter einem Hauptsignal die Zugmeldestelle als Räumungsprüfstelle festgelegt. Auf dieser Räumungsprüfstelle muss festgestellt werden, dass der zuletzt gefahrene Zug diesen Abschnitt vollständig geräumt hat. Bei eingleisigen Strecken oder im Falle dass ein zuletzt gefahrener Zug das Gleis entgegen der gewöhnlichen Fahrtrichtung befahren hat, kann die Räumungsprüfstelle auch auf der Betriebsstelle liegen, die den Folgezug ablassen will. In diesem Fall führt der ablassende Fahrdienstleiter selbst die Räumungsprüfung durch und bestätigt sie dem Nachbar-Fahrdienstleiter.

Die bei der Räumungsprüfung zu prüfenden drei Grundkriterien sind in Abbildung 340 a bis c dargestellt.

Je nach Bauform und Entwicklungsstand des eingesetzten Streckenblocks kann eine Räumungsprüfung auf unterschiedliche Arten durchgeführt werden. Auf Strecken ohne bzw. mit nichtselbsttätigem Streckenblock muss der Fahrdienstleiter am Ende eines Blockabschnitts grundsätzlich nach jeder Zugfahrt eine Räumungsprüfung durch Hinsehen durchführen. In den Örtlichen Richtlinien für Mitarbeiter auf Betriebsstellen sind dem Fahrdienstleiter die Orte der Signal- und Fahrstraßenzugschlussstellen bekanntgegeben. Hat der eingefahrene Zug die Signalzugschlussstelle mit Zugschluss befahren, bringt der Fahrdienstleiter sein Einfahrsignal in Haltstellung. Erst jetzt darf er den Rückblock betätigen. Dies gilt als Bestätigung der Räumungsprüfung. Hat der Zug die Fahrstraßenzugschlussstelle geräumt, darf die Sicherung der zuvor für diesen Zug eingestellten Fahrstraße aufgelöst werden.

Abbildung 340 a bis c: Kriterien zur Durchführung einer Räumungsprüfung.

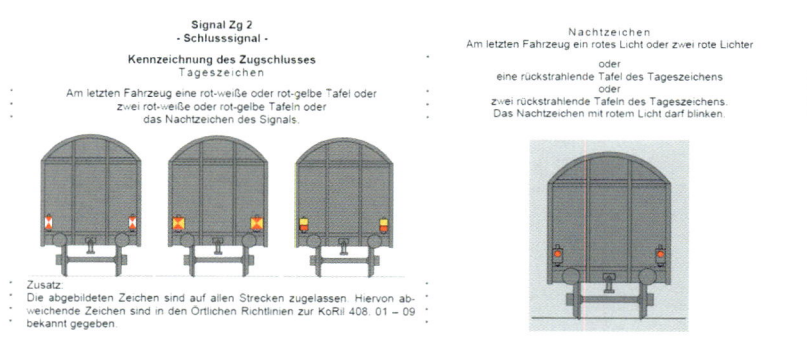

Abbildung 340 a:

1. Schritt – Ist der Zug vollständig, führt er mindestens ein Zeichen des Zugschlusses?

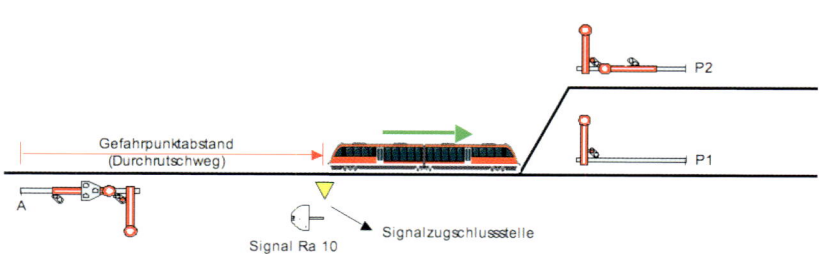

Abbildung 340 b:

2. Schritt – hat der Zug die Signalzugschlussstelle geräumt?

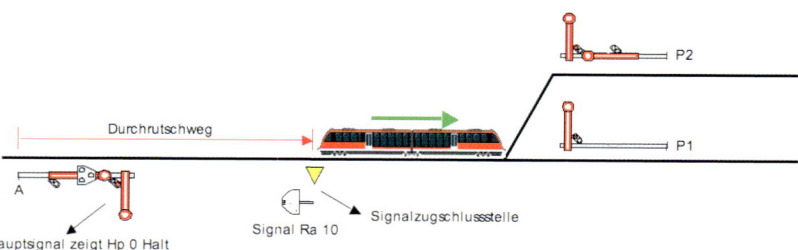

Abbildung 340 c:

3. Schritt – Befindet sich das Hauptsignal der Räumungsprüfstelle in Haltstellung?

Züge fahren

Auf Strecken ohne Streckenblock erfolgt anstelle des Rückblockes eine fernmündliche Rückmeldung des Zuges an den rückgelegenen Fahrdienstleiter. Beide tragen die Uhrzeit der Rückmeldung im Zugmeldebuch ein.

Auf Strecken mit selbsttätigem Streckenblock erfolgt im Regelbetrieb keine Zugschlussbeobachtung durch die beteiligten Fahrdienstleiter. Aufgrund der Anordnung der Arbeitsplätze ohne Sicht auf die Gleisanlagen ist dies in den meisten Fällen auch nicht mehr möglich. Moderne Bauformen des Streckenblocks überwachen das Frei- bzw. Besetztsein von Gleisen selbsttätig durch Gleisstromkreise, Tonfrequenzkreise oder Achszähler und zeigen dies dem Fahrdienstleiter an.

Diese Technik hat zur Folge, dass bei Störungen nicht ohne weiteres eine Räumungsprüfung für den zuletzt gefahrenen Zug durch Rückmelden bestätigt werden kann. Während bei nichtselbsttätigem oder nicht vorhandenem Streckenblock vor dem Rückmelden bzw. dem Bedienen des Rückblocks grundsätzlich eine Räumungsprüfung durchgeführt werden muss und die Abgabe einer Rückmeldung somit jederzeit möglich ist, ist es bei höher entwickelten Streckenblockbauformen nicht unüblich, dass der erste Zug, der z.B. aufgrund einer Blockstörung ohne Fahrtstellung eines Hautsignals in einen Blockabschnitt der freien Strecke eingelassen werden soll, diesen oder mehrere Blockabschnitte hintereinander mit höchstens 40 km/h und auf Sicht befahren muss, weil das Freisein dieses Abschnittes zuvor nicht zweifelsfrei festgestellt werden konnte.

Zugfahrten ohne Fahrtstellung des Hauptsignals können ersatzweise auf unterschiedliche Arten zugelassen werden. Der schriftliche Befehl bietet dabei eine universelle Form der Zulassung von Zugfahrten. Das Ausstellen und Übermitteln schriftlicher Befehle ist jedoch mit einem erheblichen zeitlichen Aufwand verbunden und gerade auf Strecken mit dichter Zugfolge, verursacht dieses Verfahren zum Teil erhebliche Verspätungen.

Insbesondere für höher belastete Strecken und Betriebsstellen wurden sogenannte Zusatzsignale (Zs) entwickelt, die den schriftlichen Befehl teilweise ersetzen. Sie signalisieren dem Triebfahrzeugführer die Möglichkeit, am Halt zeigenden Hauptsignal vorbeizufahren, können dem Triebfahrzeugführer jedoch darüber hinaus auch zusätzliche Informationen, wie z.B. die Fahrt in ein Gegengleis anzeigen.

In Abbildung 341 sind die Möglichkeiten der Zulassung von Zugfahrten ohne Fahrtstellung eines Hauptsignals zusammengefasst.

Im Gegensatz zu den durch den Triebfahrzeugführer anzuwendenden Fahrplangeschwindigkeiten bei Fahrten auf Hauptsignal, gelten für Zugfahrten, die nicht durch Fahrtstellung des Hauptsignals zugelassen werden, abweichende Geschwindigkeiten.

In der Regel gilt für Züge, die an einem Halt-zeigenden Hauptsignal vorbeifahren sollen, eine Geschwindigkeit von 40 km/h. Bei Einfahrten von der freien Strecke

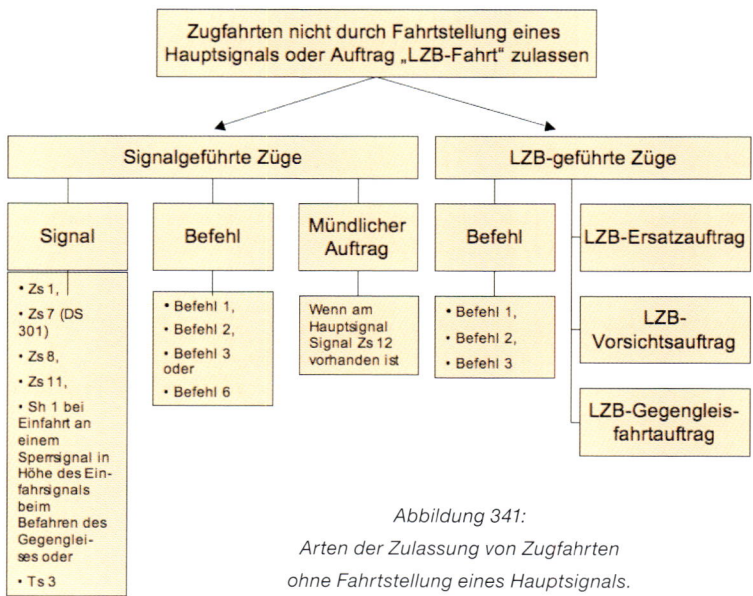

Abbildung 341:

Arten der Zulassung von Zugfahrten

ohne Fahrtstellung eines Hauptsignals.

in eine Betriebsstelle gilt diese Geschwindigkeitsbeschränkung vom Standort des Hauptsignals bis zum nachfolgenden Hauptsignal (Zwischen- oder Ausfahrsignal) oder einem davor liegenden gewöhnlichen Halteplatz des Zuges (z.B. H-Tafel an einem Bahnsteig). Bei Ausfahrten aus einer Betriebsstelle auf die freie Strecke gilt die Geschwindigkeitsbeschränkung bei der Abfahrt ab dem Standort der Zugspitze so lange, bis das letzte Fahrzeug den auf das Hauptsignal folgenden anschließenden Weichenbereich vollständig durchfahren hat. Das Ende des anschließenden Weichenbereichs ist im Fahrplan (Geschwindigkeitsheft, Spalte 3a) des Triebfahrzeugführers unter Angabe der genauen Lage durch ein ¥-Zeichen symbolisiert.

Wenn die Fahrt an einem Halt-zeigenden Hauptsignal mit dunklem Lichtvorsignal oder an einem Halt-zeigenden Hauptsignal des Ks-Signalsystems, welches die Stellung „Halt erwarten" zeigen kann vorbeifahren soll, gilt die Geschwindigkeitsbeschränkung auf 40 km/h so lange, bis der Triebfahrzeugführer die Stellung eines etwa nachfolgenden Hauptsignals erkennen kann, höchstens jedoch über eine Strecke von 2000 m. Nach dieser Entfernung muss nicht mehr mit einem Erscheinen eines Hauptsignals in Haltstellung unterhalb des für die Strecke vorgesehenen und vorsignalisierten Bremswegabstandes gerechnet werden.

In den Fällen, in denen der Fahrdienstleiter die Fahrt mit Signal Zs 7 (DS 301) oder Zs 11 zugelassen hat, gilt die Höchstgeschwindigkeit von 40 km/h nur als Obergrenze für das Fahren auf Sicht. Wenn nach Ermessen des Triebfahrzeugführers keine ausreichende Sicht herrscht, um den Zug rechtzeitig vor einem Hindernis im Gleis anhalten zu können, kann der Triebfahrzeugführer die Geschwindigkeit herabsetzen oder die Fahrt des Zuges auch völlig verweigern.

Grundsätzlich gilt, dass die niedrigste, dem Triebfahrzeugführer vorgegebene Geschwindigkeit anzuwenden ist. Wenn eine Zugfahrt z.B. auf Signal Zs 1 zugelassen wird, die Fahrplangeschwindigkeit an dieser Stelle jedoch 30 km/h beträgt und überdies eine vorübergehende Langsamfahrstelle von 10 km/h eingerichtet ist, so hat der Triebfahrzeugführer die niedrigste vorgeschriebene Geschwindigkeit von 10 km/h einzuhalten.

Ein Fallbeispiel

Anhand eines Fallbeispiels soll eine Zugfahrt ohne Fahrtstellung eines Hauptsignals sowie die betrieblichen Abläufe hierzu erläutert werden.

Der Bahnhof Wilsenroth besitzt ein mechanisches Stellwerk und liegt an einer eingleisigen Nebenbahn. Es ist nichtselbsttätiger Streckenblock eingerichtet. Der Fahrdienstleiter des Bahnhofs Wilsenroth möchte den Zug 84482 in Richtung Westerburg abfahren lassen. Nach dem Festlegen der Fahrstraße stellt er fest, dass sich der Signalhebel des Ausfahrsignals N 1 aufgrund eines Drahtbruchs nicht aus der Ruhelage bewegen lässt. Der zuletzt gefahrene Zug 84478 ist ebenfalls in Richtung Westerburg gefahren.

Aufgrund dieser Störung wird Zug 84482 ohne Fahrtstellung des Ausfahrsignals N 1, also auf schriftlichen Befehl 2, aus dem Bahnhof Wilsenroth in Richtung Westerburg ausfahren (siehe Abbildung 342).

Abbildung 342: Lageskizze Bahnhof Wilsenroth.

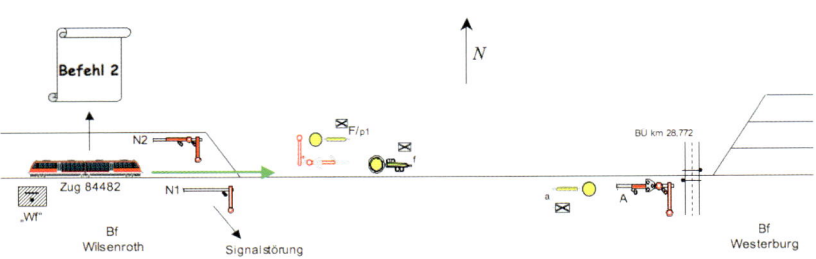

Da dem Triebfahrzeugführer nicht durch Fahrtstellung des Ausfahrsignals N 1 das Freisein der Strecke angezeigt wird und der Streckenblock nicht bedient werden kann, muss der Fahrdienstleiter Wilsenroth (FWTH) ersatzweise feststellen, dass der Blockabschnitt Wilsenroth (FWTH) – Westerburg (FWBG) frei ist. Zu diesem Zweck führt der Fahrdienstleiter FWTH mit seinem Kollegen in FWBG das Verfah-

ren des Rückmeldens ein. Anschließend meldet ihm der Fahrdienstleiter FWBG den zuletzt gefahrenen Zug 84478 zurück. Beide vermerken die Uhrzeit der Rückmeldung in Spalte 6 und das Einführen des Rückmeldens in Spalte 7 ihres Zugmeldebuches für eingleisige Strecken.
Das zu führende Gespräch zwischen beiden Fahrdienstleitern lautet wie folgt:

Einzelruf FWTH an FWBG.

Fdl FWBG: „Hier Fahrdienstleiter Westerburg."

Fdl FWTH: „Hier Fahrdienstleiter Wilsenroth. Rückmelden für Gleis Wilsenroth – Westerburg eingeführt. Ausfahrsignal N 1 gestört."

Fdl FWBG: „Ich wiederhole: Rückmelden für Gleis Wilsenroth – Westerburg eingeführt. Zugmeldung: Zug 84478 in Westerburg."

Fdl FWTH: „Ich wiederhole, Zug 84478 in Westerburg."

Fdl FWBG: „Richtig."

Die Fahrstraße n1 im Bahnhof Wilsenroth lässt sich aufgrund der alleinigen Störung des Ausfahrsignals N 1 bis zur blockelektrischen Festlegung sichern. Nach dem Einführen des Rückmeldens bringt der Fahrdienstleiter Wilsenroth Merkhinweis

Abbildung 343:

Merkhinweis „RP" und Hilfssperre an der Einrichtung für die Fahrstraßenfestlegung.

Abbildung 344:

Hilfssperre am Fahrstraßenhebel f1.

Züge fahren

und Hilfssperre an der Einrichtung für die Fahrstraßenfestlegung an (siehe Abbildung 343).

Könnte das Ausfahrsignal z.B. aufgrund einer Störung des Bahnhofsblocks, hier der Fahrstraßenfestlegung, nicht bedient werden, so könnte die Fahrstraße auch durch Umlegen des entsprechenden Fahrstraßenhebels und Anbringen einer Hilfssperre gesichert werden. In Abbildung 344 ist dieser Fall am Beispiel der Einfahrstraße f_1 dargestellt.

Nachdem alle Voraussetzungen für die Erteilung der Zustimmung zur Abfahrt des Zuges 84482 erfüllt sind, übermittelt der Fahrdienstleiter Wilsenroth dem Triebfahrzeugführer des Zuges 84482 den Befehl 2 zur Vorbeifahrt am Halt zeigenden oder gestörten Ausfahrsignal N 1 (siehe Abbildung 345).

Um 19.00 Uhr meldet die Fachkraft für Leit- und Sicherungstechnik dem Fahrdienstleiter Wilsenroth, dass die Störung des Ausfahrsignals N 1 behoben ist. Das ersatzweise eingeführte Rückmelden ist so lange beizubehalten, bis jeweils ein Kontrollzug den Blockabschnitt Wilsenroth – Westerburg in Richtung und Gegenrichtung befahren hat. Kontrollzug ist derjenige Zug, der in den Blockabschnitt auf Hauptsignal eingefahren ist und bei ordnungsgemäß wirkenden Blockeinrichtungen vor- und zurückgeblockt werden konnte. Nachdem nun die Züge 84495 und 84496 als Kontrollzüge durchgeführt wurden, wird das Verfahren des Rückmeldens durch

Abbildung 345: Befehl 2 für Zug 84482.

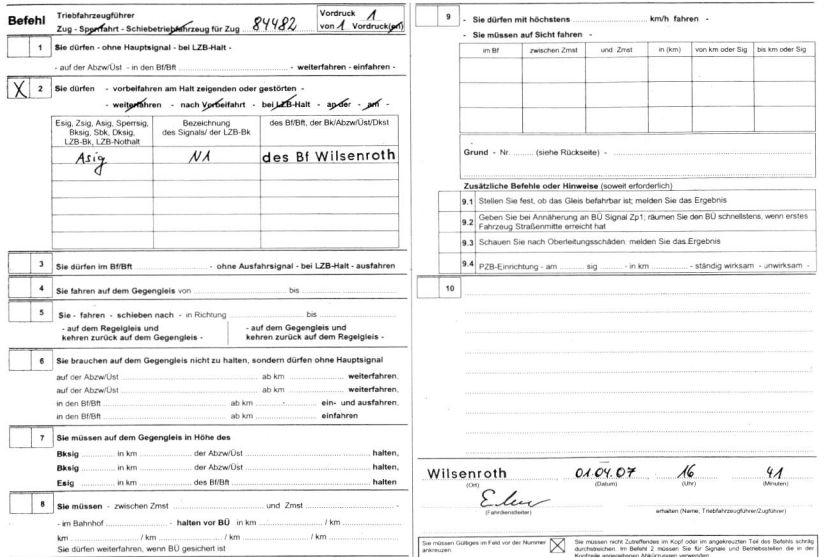

den Fahrdienstleiter Wilsenroth, der das Verfahren eingeführt hat, mit folgendem Wortlaut aufgehoben:

Einzelruf FWTH an FWBG.

Fdl FWBG: „Hier Fahrdienstleiter Westerburg."

Fdl FWTH: „Hier Fahrdienstleiter Wilsenroth. Rückmelden für Gleis Wilsenroth – Westerburg aufgehoben."

Fdl FWBG: „Ich wiederhole: Rückmelden für Gleis Wilsenroth – Westerburg aufgehoben."

Fdl FWTH: „Richtig."

Die Einträge im Zugmeldebuch des Fahrdienstleiters Wilsenroth sind in Abbildung 346 dargestellt.

Abbildung 346: Zugmeldebuch Fdl Wilsenroth.

Richtung von und nach **Westerburg**

1	2	3		4		5		6		7
Tag **0 1. April 2007**		An-nahme		Gemeldete Abfahrt		Ankunft Abfahrt (Abmel-dung)		Rück-meldung		Meldungen und Vermerke
von	nach									
Westerburg										
nach	von									
Zugnummer		U	M	U	M	U	M	U	M	
	84472	12	34			12	39			
84483		13	30	13	35	13	44			
	84478	14	36			14	39	16	40	
	84482	16	38			16	42	16	53	16.40 an FWBG:R für Gl. FWTH-FWBG,
84491		17	31	17	35	17	45	17	45	Signalisierung
	84490	18	34			18	39	18	49	
84495		19	31	19	35	19	45	19	46	
	84496	20	34			20	39	20	49	20.50 an FWBG:R für Gl. FWTH-FWBG aufgeh.
84497		21	31	21	35	21	45			
	84498	22	34			22	39			

6.10 Rechtsfahrordnung auf der zweigleisigen Strecke

Um die Leistungsfähigkeit von Eisenbahnstrecken zu erhöhen, wurde bereits in den Anfängen der Eisenbahn der zweigleisige Betrieb eingeführt. Damit wurde die Streckenkapazität deutlich erhöht, da die Züge auf getrennten Gleisen verkehren und damit beliebig an jedem Punkt der Strecke kreuzen konnten, ohne, wie bisher bei eingleisigen Strecken, an definierten Kreuzungspunkten den Gegenzug abzuwarten.

Die Eisenbahn Bau- und Betriebsordnung (EBO) legt in § 38 die Fahrordnung auf zweigleisigen Strecken fest. Danach ist auf zweigleisigen Bahnen grundsätzlich rechts zu fahren. Abweichungen von dieser Fahrordnung sind in folgenden Fällen zulässig:

1. in Bahnhöfen und bei der Einführung von Streckengleisen in Bahnhöfe,
2. zwischen einem Bahnhof und einer Abzweigstelle oder Anschlussstelle oder einem benachbarten Bahnhof, der nur an eines der beiden Streckengleise angeschlossen ist,
3. bei Gleiswechselbetrieb,
4. bei Sperrung oder Belegung des rechten Gleises,
5. bei Arbeitszügen und Arbeitswagen,
6. bei Hilfszügen,
7. bei zurückkehrenden Schiebelokomotiven,
8. bei Nebenfahrzeugen.

Das Abweichen von der Rechtsfahrordnung wird bei den Eisenbahnen des Bundes als **Fahren im Gegengleis** bezeichnet.

Die Aufzählung in § 38 EBO ist abschließend und bei genauer Betrachtung fällt auf, dass nur die Gründe 1 bis 3 sowie 7 das Abweichen von der Rechtsfahrordnung im Regelbetrieb zulassen. Die anderen Gründe lassen dies nur bei Abweichungen vom regulären Bahnbetrieb, also bei Störungen oder Unregelmäßigkeiten im Betriebsablauf zu.

So sind auch die betrieblichen Verfahren zur Durchführung von Zug- oder Sperrfahrten auf dem Gegengleis ganz unterschiedlich. Sie reichen von der einfachsten Form der Zugfolgesicherung mit besonderem Zugmeldeverfahren und schriftlichem Befehl bei eingeschränkter Geschwindigkeit bis hin zur vollwertigen Signalisierung mit Streckenblock bzw. Linienzugbeeinflussung (LZB) im Gleiswechselbetrieb ohne Geschwindigkeitseinschränkung. Das letztere Verfahren stellt quasi die Loslösung von der Richtungsbezogenheit einer zweigleisigen Strecke dar, weil beide Streckengleise, zumindest aus Sicht der Leit- und Sicherungstechnik, zwei nebeneinanderliegende eingleisige Strecken darstellen.

Aus den folgenden Abbildungen ersehen Sie die Möglichkeiten der Überleitung in das bzw. aus dem Gegengleis.

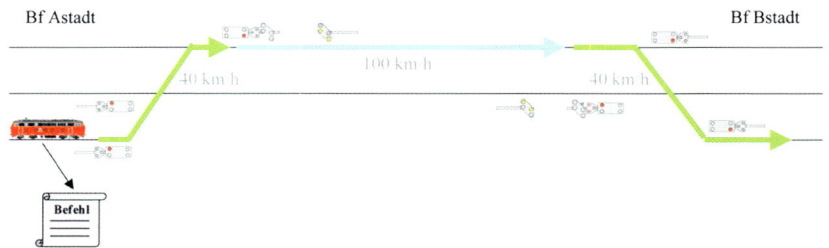

Abbildung 347: Befahren des Gegengleises mit schriftlichem Befehl.

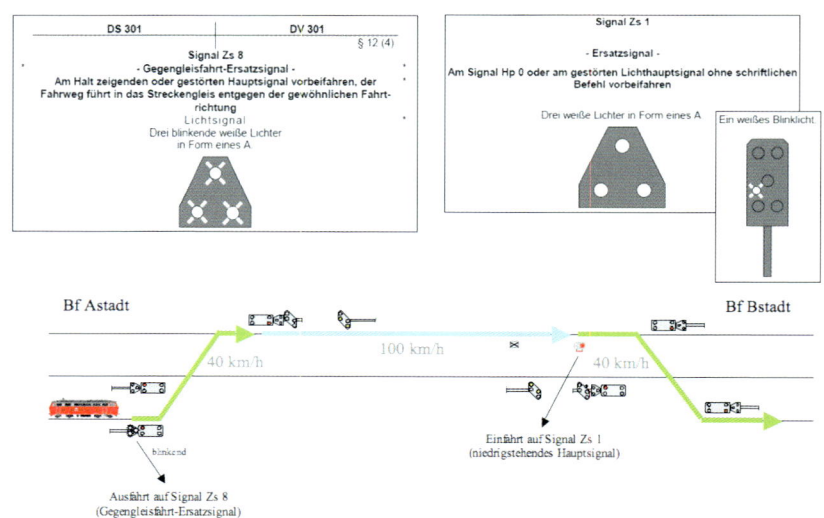

Abbildung 348: Befahren des Gegengleises mit Signal Zs 8.

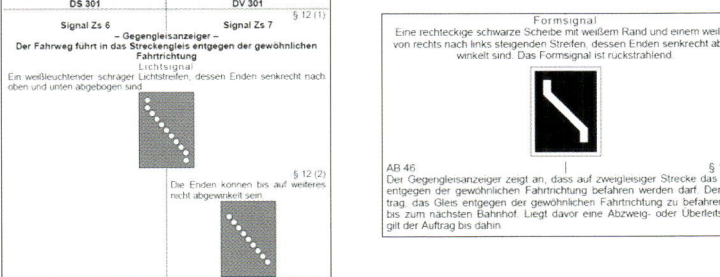

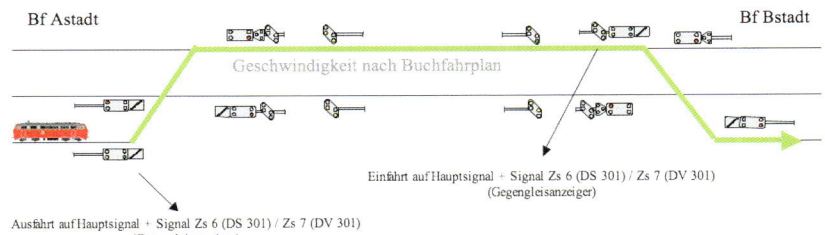

Abbildung 349:

Befahren des Gegengleises mit Hauptsignal und Signal Zs 6 (DS 301)/ Zs 7 (DV 301).

Während Züge beim Befahren des Gegengleises im Regelbetrieb von Zugmelde-stelle bis Zugmeldestelle verkehren, kommt es insbesondere bei Abweichungen vom Regelbetrieb zu Situationen, in denen Fahrzeuge nur einen Teil des Regelglei-ses befahren und auf dem Gegengleis zur Ausgangs-Betriebsstelle zurückkehren oder umgekehrt. Mit Ausnahme der zurückkehrenden Schiebelokomotiven ge-schieht dies grundsätzlich nach vorheriger Sperrung des betroffenen Gleisab-schnitts. Züge, die in einen gesperrten Abschnitt eingelassen wurden, verlassen diesen auch als Zugfahrt wieder. Alle anderen Fahrten in gesperrte Gleise werden als Sperrfahrten nach einem besonderen Betriebsverfahren durchgeführt.

6.11 Sperren von Gleisen – Fahrten in gesperrten Gleisen

Grundsätze

Die Durchführung von Zugfahrten erfordert ein Höchstmaß an Sicherheit. Leit- und Sicherungstechnik sowie entsprechende Betriebsverfahren erfüllen die an den Bahnbetrieb gestellten Erwartungen hinsichtlich ihrer Sicherheit und Zuverlässigkeit. Auch im Bahnbetrieb gibt es jedoch Situationen, in denen z.B. durch Bauarbeiten, Unregelmäßigkeiten oder infolge gefährlicher Ereignisse die Betriebsqualität vorübergehend beeinträchtigt wird. Man unterscheidet grundsätzlich zwei Gruppen von Einflussfaktoren, die den Regelbetrieb beeinträchtigen:

1. Gefahren oder Ereignisse, die auf den Bahnbetrieb einwirken und
2. Gefahren oder Ereignisse, die vom Bahnbetrieb ausgehen.

In beiden Fällen sind Maßnahmen zu ergreifen, die geeignet sind, den Bahnbetrieb weiterzuführen oder ggf. anzuhalten, um Gefährdungen zu minimieren. Im Zweifel lautet der Grundsatz:

Von einem ruhenden Rad geht keine Gefahr mehr aus!

Um dies zu erreichen, gibt es betriebliche Regelungen, die sicherstellen, dass Gleise, die aus den verschiedensten Gründen von Zügen nicht oder nicht ohne weiteres befahren werden dürfen, entsprechend abgesichert bzw. gesperrt werden.

Wenn Gründe vorliegen, die einem „normalen" Bahnbetrieb auf der freien Strecke oder innerhalb einer Betriebsstelle entgegenstehen, so werden die betroffenen Gleise zunächst durch den zuständigen Fahrdienstleiter gesperrt. Erst wenn alle Anlässe, die zu der Gleissperrung geführt haben, weggefallen sind, darf die Sperrung aufgehoben und der Regelbetrieb wieder aufgenommen werden.

Gründe für das Sperren von Gleisen und Umfang von Gleissperrungen

Gründe, die das Sperren von Gleisen erfordern, sind in Richtlinie 408 für Gleise der freien Strecke sowie für Bahnhofsgleise aufgeführt.

Hierbei kommt der Sperrung von Gleisen zum Schutz von Personen gegen Gefahren aus dem Bahnbetrieb, die von bewegten Schienenfahrzeugen ausgehen, eine besondere Bedeutung zu. Daher widmen wir der sog. „Uv-Sperrung" (Sperrung aus Unfallverhütungsgründen) einen besonderen Abschnitt.

Betrachten wir zunächst Grundsätzliches beim Sperren von Streckengleisen! Streckengleise lassen sich nicht zwischen beliebigen Punkten (z.B. Kilometeran-

- Unbefahrbarkeit (z.B. Mängel an der Fahrbahn, Oberleitung, Lichtraumprofil)

- Bauarbeiten oder Arbeiten zur Beseitigung von Unfallfolgen oder Störungen

- Liegengebliebene Züge oder Zugteile (nur Gleise der freien Strecke)

- Einlassen von Fahrten zur Anschlussbedienung oder Fahrten, die Rückwärtsbewegungen durchführen (nur Gleise der freien Strecke)

- Lü-Sendungen „Dora" im Nachbargleis

- Schutz von Personen im Gleis vor bewegten Schienenfahrzeugen

- Einsetzen von Fahrzeugen ins Gleis (z.B. Zwei-Wege-Bagger)

Abbildung 350: Gründe für das Sperren von Strecken- bzw. Bahnhofsgleisen.

gaben von ... bis ...) sperren. Daher gibt die Richtlinie 408 vor, zwischen welchen markanten Abschnittsgrenzen nach den Regeln der Eisenbahn- Bau- und Betriebsordnung Gleissperrungen ausgesprochen werden dürfen.

Voraussetzungen für eine Gleissperrung der freien Strecke

Damit ein Streckengleis gesperrt werden kann, müssen in der Regel verschiedene Voraussetzungen erfüllt sein. Bei geplanten Gleissperrungen, z.B. im Rahmen von Bauarbeiten, müssen alle in den betroffenen Gleisabschnitt eingelassenen Züge diesen Abschnitt zuvor geräumt haben und die Sperrung muss mit dem Nachbar-

Abbildung 351: Umfang der Sperrung von Streckengleisen.

Umfang der Sperrung

Variante 1

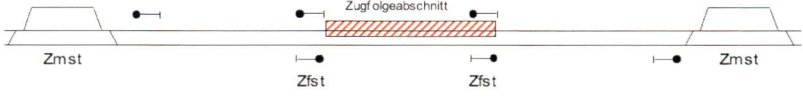

Variante 2 (wenn in den Örtlichen Richtlinien zugelassen)

Variante 3

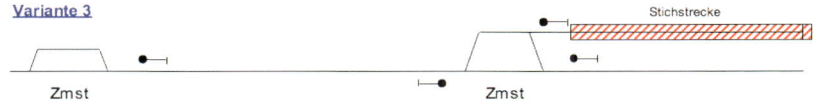

Zmst - Zugmeldestelle Zfst - Zugfolgestelle

Fahrdienstleiter fernmündlich vereinbart worden sein. Im Zusammenhang mit einem gefährlichen Ereignis darf, ja in bestimmten Fällen muss, eine Gleissperrung ad hoc ausgesprochen werden; dies gehört zu den Maßnahmen, die bei Gefahr unverzüglich zu treffen sind.

Jede Gleissperrung der freien Strecke wird durch den zuständigen Fahrdienstleiter unter Verwendung eines in Richtlinie 408 vorgegebenen festen Wortlautes gegenüber dem benachbarten Fahrdienstleiter ausgesprochen. Diese Meldung lautet:

„Gleis von ... nach ... gesperrt!"

Um zu verhindern, dass Fahrten unzulässig in gesperrte Streckengleise eingelassen werden, bringen die Fahrdienstleiter der den gesperrten Gleisabschnitt begrenzenden Betriebsstellen Merkhinweise und Sperren an den signaltechnischen Einrichtungen an, mit denen solche Fahrten in Richtung des gesperrten Gleises versehentlich zugelassen werden könnten. Die Merkhinweise und Sperren können dabei, je nach Bauform des Stellwerkes, unterschiedlich gestaltet sein.

Jede Gleissperrung der freien Strecke wird bei den beteiligten Fahrdienstleitern im Zugmeldebuch dokumentiert. Dies dient der Nachvollziehbarkeit des Betriebsablaufes durch die am Betriebsgeschehen beteiligten Mitarbeiter sowie der gerichtsfesten Dokumentation im Falle eines gefährlichen Ereignisses.

Dazu ein Beispiel aus der Praxis:
Die Bundespolizei meldet dem Fahrdienstleiter des Bahnhofs Linksdorf einen Baum im Gleis zwischen Linksdorf (km 38,000) und Rechtsheim in km 42,555. Ein Triebfahrzeug, besetzt mit zwei Fachkräften des Oberbaus, fährt als Sperrfahrt 99996 von Linksdorf in das gesperrte Gleis. Dort wird der umgestürzte Baum beseitigt und die Sperrfahrt kehrt anschließend in den Bahnhof Linksdorf zurück. Auf der Strecke ist nichtselbsttätiger Streckenblock eingerichtet.

Sperre nach Ril 408.0403 Nr. 8

Merkhinweis nach Ril 408.0402 Nr. 7

Abbildung 352:
Beispiel für Sperre und Merkhinweis bei Gleissperrung
an der Einrichtung für die Fahrstraßenfestle-
gung eines mechanischen Stellwerks.

Züge fahren

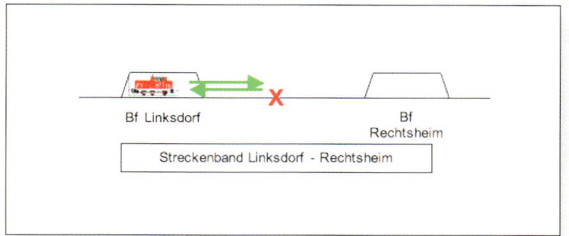

Abbildung 353:
Vereinfachtes
Streckenband
Linksdorf – Rechtsheim.

Der Fahrdienstleiter Linksdorf ist nach den Örtlichen Richtlinien zuständig für Sperrungen des Streckengleises Linksdorf – Rechtsheim. Er führt sein Zugmeldebuch und dokumentiert darin den besonderen Betriebsablauf während der Gleissperrung.

Voraussetzungen für das Aufheben der Sperrung eines Streckengleises

Damit die Sperrung eines Streckengleises aufgehoben werden kann, müssen die in Abbildung 355 genannten Bedingungen erfüllt sein.

Nachdem die Sperrfahrt wieder im Bf Linksdorf angekommen ist und der Fdl vom Zugführer der Sperrfahrt eine Vollständigkeitsmeldung und von der Fachkraft

Abbildung 354: Einträge Zugmeldebuch Fdl Linksdorf.

Richtung von und nach **Rechtsheim**

1	2	3		4		5		6		7
		An-nahme		Gemeldete Abfahrt		Ankunft		Rück-meldung		Meldungen und Vermerke
Tag 10.01.2007										
von	nach					Abfahrt (Abmeldung)				
Rechtsheim										
nach	von									
Zugnummer		U	M	U	M	U	M	U	M	
	84481	12	30			~~12~~	~~35~~			12.31 v. BPol: Baum im Gleis FLI
				Gesperrt 12.31						FRE in km 42,555; Asig N1 f. Zug
										84481 zurückgenommen
	Sperrf									12.32 Bet ben
	99996			ab FLI 13.15						
	Sperrf							·		
	99996			an FLI 13.55						13.55 alle Fz in FLI, Schulte, Zf
										13.56 Gl FLI-FRE befahrbar, Rau
				Sperr aufgeh 13.58						13.58 Bet ben
	84481	14	00			14	02	14	12	13.59 R für Gl FLI – FRE
										Blockstörung
				usw.						

Die Bedingungen für das Aufheben der Sperrung eines Streckengleises

- Wegfall aller Anlässe, die zur Sperrung des Gleises geführt haben
- Folgende Meldungen müssen im Zugmeldebuch eingetragen sein
  - ⇒ Beendigung aller in das gesperrte Gleis abgelassenen oder eingesetzten Sperrfahrten bzw. die Ankunft aller liegengebliebenen Züge oder Zugteile
  - ⇒ Ggf. die Ankunft aller Züge, die vor der Gleissperrung in den gesperrten Abschnitt eingelassen wurden
  - ⇒ Wenn Arbeiten im gesperrten Gleis durchgeführt wurden, die zur Beeinträchtigung der Befahrbarkeit geführt haben, muss die Befahrbarkeitsmeldung eingeholt worden sein
- Nach Bedienung einer Anschlussstelle müssen ausgegebene Anschlussschlüssel wieder am vorgesehenen Ort verschlossen bzw. aufbewahrt sein

Abbildung 355:

Bedingungen für das Aufheben von Gleissperrungen der freien Strecke.

Oberbau die Meldung über die Befahrbarkeit des Gleises erhalten hat (Nachweis der Meldungen im Zugmeldebuch), hebt der Fdl Linksdorf die Sperrung des Gleises nach Rechtsheim wieder auf. Auch hier wird gegenüber dem Fdl Rechtsheim ein fester Wortlaut verwendet:

„Sperrung des Gleises von Linksdorf nach Rechtsheim aufgehoben“ (Eintrag Zugmeldebuch).

Sperren von Bahnhofsgleisen

Auch innerhalb von Bahnhöfen kann es erforderlich werden, einzelne Gleise zu sperren. Im Unterschied zur Sperrung von Streckengleisen, müssen in Bahnhöfen zusätzlich zu den Zugfahrten auch Rangierfahrten beachtet werden.

Gesperrte Bahnhofsgleise werden gegen unbeabsichtigtes Befahren durch das sog. Abriegeln gesichert. Das Abriegeln gesperrter Bahnhofsgleise kann auf folgende Arten erfolgen:

- Zugangsweichen werden in abweisende Stellung gebracht
- Begrenzende Gleissperren werden aufgelegt
- Hauptsignale *ohne Signal Zs 103* oder Sperrsignale werden in Haltstellung gebracht
- Wärterhaltscheiben (Signal Sh 2) werden aufgestellt

Soweit Bahnhofsgleise gesperrt werden, die den Ausfahr- oder den Einfahrabschnitt einbeziehen, sind zusätzliche Maßnahmen zur Sicherung zu treffen. Diese Abschnitte liegen zwar innerhalb der Bahnhofsgrenzen, sie umfassen jedoch Teile der freien Strecke im Hinblick auf die Unterteilung der Strecke in Blockabschnitte.

Um zu verhindern, dass Fahrten unbeabsichtigt in gesperrte Bahnhofsgleise eingelassen werden oder diese Gleise unbeabsichtigt verlassen, werden die

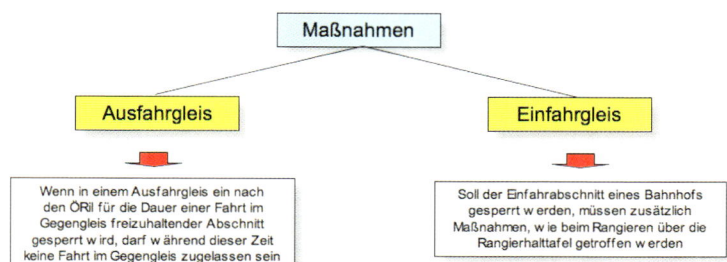

Abbildung 356:

Maßnahmen bei der Sperrung von Bahnhofsgleisen in Ausfahr- bzw. Einfahrgleisen.

Maßnahmen der Abriegelung zusätzlich durch das Anbringen von Sperren und Merkhinweisen gesichert. Beispielsweise werden zu diesem Zweck während der Sperrung des Gleises 2 Bf Wstadt Merkhinweise und Sperren an den Hebeln der Zugangsweichen 2 und 7 angebracht.

Das Sperren von Bahnhofsgleisen wird auf der Betriebsstelle im Fernsprechbuch dokumentiert.

 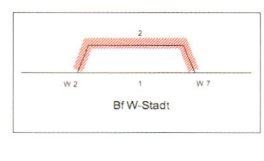 

Abbildung 357:
Beispiel der
Abriegelung eines
gesperrten
Bahnhofsgleises.

Merkhinweise nach Ril 408.0402 Nr. 8 und
Hilfssperren nach Ril 408.0403 Nr. 12

Abbildung 358:
Einträge Fernsprechbuch
Fdl W-Stadt.

1	2	3	4	5	6	7
Wortlaut des Gespräches				Abgabe durch (Sprechstelle, Name)	Zeit Std./Min.	Annahme durch (Sprechstelle, Name)
	Zug-Nr.	Plan-Nr.	Verkehrszeit Std./Min.			
10. Jan. 2000						
Bf W-Stadt, Gleis 2 von Grenzzeichen W2 bis Grenzzeichen W7 gesperrt. Betra 3137				Schulte, Fdl	21.10	
11. Jan. 2000						
Gleis 2 von Grenzzeichen W2 bis Grenzzeichen W7 befahrbar				Baum, TB4D	4.19	Enders, Fdl
Sperrung Bf W-Stadt, Gleis 2 von Grenzzeichen W2 bis Grenzzeichen W7 aufgehoben.				Enders, Fdl	4.20	

Fahrten in gesperrten Gleisen

Das Fahren in gesperrten Gleisen erfolgt nach besonderen Regeln. Dabei werden verschiedene Zielrichtungen verfolgt, die einerseits ein Höchstmaß an Sicherheit und andererseits einen hohen Grad an Flexibilität entsprechend dem Anlass dieser Fahrten ermöglichen sollen. Die Ausdehnung von Sperrfahrten auf der freien Strecke ist in Ril 408.0481 wie folgt zugelassen:

■ Sperrfahrten, die von Zugmeldestelle bis Zugmeldestelle verkehren
■ Sperrfahrten, die nur einen Teil der freien Strecke befahren

Im Unterschied zur Durchführung von Zugfahrten dürfen sich unter Beachtung besonderer betrieblicher Voraussetzungen mehrere Sperrfahrten in einem gesperrten Gleisabschnitt bewegen. Voraussetzung ist hierbei, dass alle Sperrfahrten in dem gesperrten Abschnitt einen Befehl 9 zum Fahren auf Sicht erhalten haben.

Nicht in jedem gesperrten Gleis dürfen Sperrfahrten durchgeführt werden! (siehe Abschnitt Uv-Sperrung)!

Die Zustimmung für das Einlassen von Sperrfahrten in gesperrte Gleise, für das Beginnen von Sperrfahrten auf der freien Strecke sowie für das Einsetzen von Fahrzeugen in gesperrte Gleise erteilt in der Regel der Fahrdienstleiter, der das Gleis gesperrt hat.

Vor dem Einlassen einer Sperrfahrt in ein gesperrtes Gleis muss sichergestellt sein, dass zuvor durchgeführte Zugfahrten den gesperrten Streckenabschnitt geräumt haben. Diese Räumungsprüfung, die auf der Zugmeldestelle (Räumungsprüfstelle) am Beginn bzw. Ende des Sperrabschnittes durchgeführt wird, ist jedoch nur bei Strecken mit selbsttätigem Streckenblock erforderlich. Auf Strecken mit nichtselbsttätigem oder ohne Streckenblock, wird im Regelbetrieb bereits für jeden Zug eine Räumungsprüfung durchgeführt, bevor Blockeinrichtungen bedient werden bzw. Züge zurückgemeldet werden. Ist eine Räumungsprüfung für den zuletzt gefahrenen Zug nicht möglich, erhält die erste Sperrfahrt mit Befehl 9 den Auftrag, den Sperrabschnitt auf Sicht zu befahren.

Weitere Gründe, Sperrfahrten auf Sicht verkehren zu lassen, sind:

■ unbefahrbare Stelle im Gleis,
■ Fahrzeuge im gesperrten Gleis
■ mehrere Sperrfahrten im gesperrten Gleis

Für das Verkehren von Sperrfahrten gilt die Faustregel, wonach solche Fahrten weitestgehend auf dem sicherheitlichen Niveau von Zugfahrten durchzuführen sind. Signale und der jeweils vorhandene Streckenblock werden bedient, soweit es in den Regeln für die Bedienung von Signalanlagen zugelassen ist und es die Anzahl

Befehl — Triebfahrzeugführer
Zug - Sperrfahrt - Schiebebetriebfahrzeug für Zug **99996**
Vordruck **1** von **1** Vordruck(en)

1 Sie dürfen - ohne Hauptsignal - bei LZB-Halt -
- auf der Abzw/Üst - in den Bf/Bft .... - weiterfahren - einfahren -

[X] 2 Sie dürfen - vorbeifahren am Halt zeigenden oder gestörten -
- weiterfahren - nach Vorbeifahrt - bei LZB-Halt - an der - am -

Esig, Zsig, Asig, Sperrsig, Bksig, Sbk, Dksig, LZB-Bk, LZB-Nothalt	Bezeichnung des Signals/ der LZB-Bk	des Bf/Bft, der Bk/Abzw/Üst/Dkst
Asig	N2	des Bf Linksdorf

3 Sie dürfen im Bf/Bft .... - ohne Ausfahrsignal - bei LZB-Halt - ausfahren

4 Sie fahren auf dem Gegengleis von .... bis ....

5 Sie - fahren - schieben nach - in Richtung .... bis ....
- auf dem Regelgleis und kehren zurück auf dem Gegengleis -   - auf dem Gegengleis und kehren zurück auf dem Regelgleis -

6 Sie brauchen auf dem Gegengleis nicht zu halten, sondern dürfen ohne Hauptsignal
auf der Abzw/Üst .... ab km .... weiterfahren.
auf der Abzw/Üst .... ab km .... weiterfahren.
in den Bf/Bft .... ab km .... ein- und ausfahren,
in den Bf/Bft .... ab km .... einfahren

7 Sie müssen auf dem Gegengleis in Höhe des
Bksig .... in km .... der Abzw/Üst .... halten,
Bksig .... in km .... der Abzw/Üst .... halten,
Esig .... in km .... des Bf/Bft .... halten

8 Sie müssen - zwischen Zmst .... und Zmst .... -
- im Bahnhof .... - halten vor BÜ in km .... -
km .... / km .... / km .... / km ....
Sie dürfen weiterfahren, wenn BÜ gesichert ist.

V408.0412V01 Befehl A4 Bk 50xx-70 06.03

---

9 - Sie dürfen mit höchstens .... km/h fahren -
- Sie müssen auf Sicht fahren -

im Bf	zwischen Zmst	und Zmst	in (km)	von km oder Sig	bis km oder Sig
	Linksdorf	Rechtsheim		Asig N2	Esig F

Grund - Nr. **21** (siehe Rückseite) ....

Zusätzliche Befehle oder Hinweise (soweit erforderlich)

9.1 Stellen Sie fest, ob das Gleis befahrbar ist; melden Sie das Ergebnis
9.2 Geben Sie bei Annäherung an BÜ Signal Zp1; räumen Sie den BÜ schnellstens, wenn erstes Fahrzeug Straßenmitte erreicht hat
9.3 Schauen Sie nach Oberleitungsschäden; melden Sie das Ergebnis
9.4 PZB-Einrichtung - am .... sig .... - in km .... - ständig wirksam - unwirksam -

[X] 10 Fpl-Heft XY, S.55, Sp.2c, Mbr 40P (Hinfahrt)
Linksdorf ab   13.15 Uhr
km 42,5 an   13.20 Uhr
Fpl-Heft XY, S.59, Sp.2c, Mbr 40P (Rückfahrt)
km 42,5 ab   13.50 Uhr
Linksdorf an   13.55 Uhr

Linksdorf   15.01.07   13   14
(Ort)   (Datum)   (Uhr)   (Minuten)
E...   Klein, Tf
(Fahrdienstleiter)   erhalten (Name, Triebfahrzeugführer/Zugführer)

Sie müssen Gültiges im Feld vor der Nummer ankreuzen. [X]   Sie müssen nicht Zutreffendes im Kopf oder im angekreuzten Teil des Befehls schräg durchstreichen. Im Befehl 2 müssen Sie für Signale und Betriebsstellen die in der Kopfzeile angegebenen Abkürzungen verwenden.

Abbildungen 359 a und 359 b:

Befehle für Sperrfahrt 99996 aus dem genannten Fallbeispiel.

Befehl — Triebfahrzeugführer
Zug - Sperrfahrt - Schiebebetriebfahrzeug für Zug **99996**
Vordruck **1** von **1** Vordruck(en)

1 Sie dürfen - ohne Hauptsignal - bei LZB-Halt -
- auf der Abzw/Üst - in den Bf/Bft .... - weiterfahren - einfahren -

[X] 2 Sie dürfen - vorbeifahren am Halt zeigenden oder gestörten -
- weiterfahren - nach Vorbeifahrt - bei LZB-Halt - an der - am -

Esig, Zsig, Asig, Sperrsig, Bksig, Sbk, Dksig, LZB-Bk, LZB-Nothalt	Bezeichnung des Signals/ der LZB-Bk	des Bf/Bft, der Bk/Abzw/Üst/Dkst
Esig	F	des Bf Linksdorf

3 Sie dürfen im Bf/Bft .... - ohne Ausfahrsignal - bei LZB-Halt - ausfahren

4 Sie fahren auf dem Gegengleis von .... bis ....

5 Sie - fahren - schieben nach - in Richtung .... bis ....
- auf dem Regelgleis und kehren zurück auf dem Gegengleis -   - auf dem Gegengleis und kehren zurück auf dem Regelgleis -

6 Sie brauchen auf dem Gegengleis nicht zu halten, sondern dürfen ohne Hauptsignal
auf der Abzw/Üst .... ab km .... weiterfahren.
auf der Abzw/Üst .... ab km .... weiterfahren.
in den Bf/Bft .... ab km .... ein- und ausfahren,
in den Bf/Bft .... ab km .... einfahren

7 Sie müssen auf dem Gegengleis in Höhe des
Bksig .... in km .... der Abzw/Üst .... halten,
Bksig .... in km .... der Abzw/Üst .... halten,
Esig .... in km .... des Bf/Bft .... halten

8 Sie müssen - zwischen Zmst .... und Zmst .... -
- im Bahnhof .... - halten vor BÜ in km .... -
km .... / km .... / km .... / km ....
Sie dürfen weiterfahren, wenn BÜ gesichert ist.

V408.0412V01 Befehl A4 Bk 50xx-70 06.03

---

9 - Sie dürfen mit höchstens .... km/h fahren -
- Sie müssen auf Sicht fahren -

im Bf	zwischen Zmst	und Zmst	in (km)	von km oder Sig	bis km oder Sig

Grund - Nr. .... (siehe Rückseite) ....

Zusätzliche Befehle oder Hinweise (soweit erforderlich)

9.1 Stellen Sie fest, ob das Gleis befahrbar ist; melden Sie das Ergebnis
9.2 Geben Sie bei Annäherung an BÜ Signal Zp1; räumen Sie den BÜ schnellstens, wenn erstes Fahrzeug Straßenmitte erreicht hat
9.3 Schauen Sie nach Oberleitungsschäden; melden Sie das Ergebnis
9.4 PZB-Einrichtung - am .... sig .... - in km .... - ständig wirksam - unwirksam -

10 ....

Linksdorf   15.01.07   13   52
(Ort)   (Datum)   (Uhr)   (Minuten)
E...   gez. Klein, Tf üb. Sig F
(Fahrdienstleiter)   erhalten (Name, Triebfahrzeugführer/Zugführer)

Sie müssen Gültiges im Feld vor der Nummer ankreuzen. [X]   Sie müssen nicht Zutreffendes im Kopf oder im angekreuzten Teil des Befehls schräg durchstreichen. Im Befehl 2 müssen Sie für Signale und Betriebsstellen die in der Kopfzeile angegebenen Abkürzungen verwenden.

etwa gleichzeitig verkehrender Sperrfahrten sowie die Art der durchzuführenden Sperrfahrten ermöglichen.

Jede Sperrfahrt erhält einen Fahrplan oder die entsprechenden Fahrplanangaben werden dem Triebfahrzeugführer der Sperrfahrt im Befehl 10 oder einem Beiblatt zum Befehl mitgeteilt.

Auch für Sperrfahrten gilt, dass diese Fahrten zuvor zwischen den beteiligten Fahrdienstleitern vereinbart und das Zugmeldeverfahren angewendet wird.

Abweichend von den Regeln für Zugfahrten gelten für Sperrfahrten besondere Geschwindigkeiten.

Für Schneeräumfahrten gelten abweichende Geschwindigkeiten, die in den jeweiligen Bedienungsanweisungen der Schneeräumfahrzeuge vorgeschrieben sind. Sie liegen bauartbedingt in der Regel über den o.g. Geschwindigkeiten für übrige Sperrfahrten.

Bahnübergänge stellen in allen Situationen besondere Anforderungen an den Bahnbetrieb. Auch für Sperrfahrten gelten beim Befahren von Bahnübergängen besondere Regeln.

Bahnübergänge ohne technische Sicherung dürfen von geschobenen Sperrfahrten grundsätzlich mit höchstens 20 km/h sowie von gezogenen Sperrfahrten mit höchstens 50 km/h befahren werden.

Abbildung 360: Abmeldung einer Sperrfahrt.

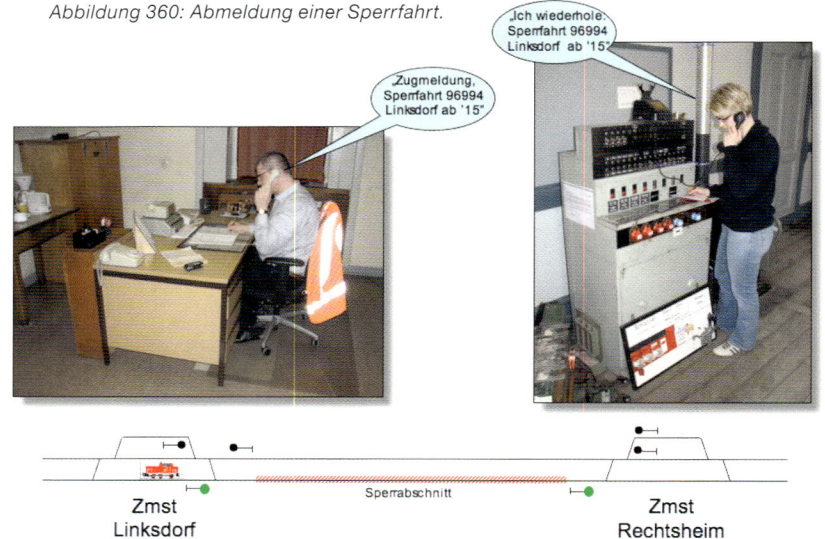

Züge fahren

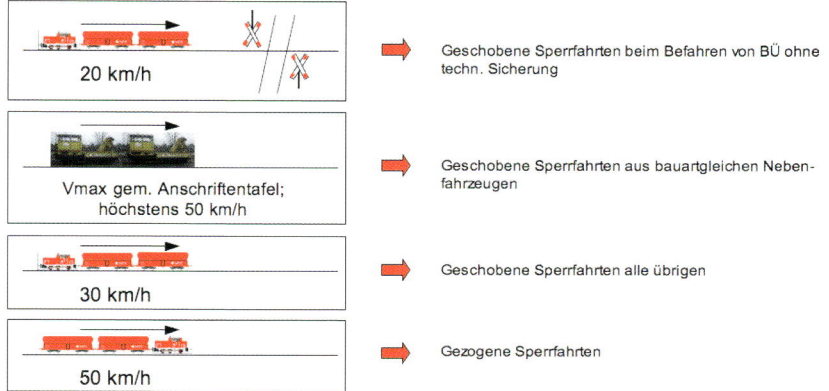

Abbildung 361: Zulässige Geschwindigkeiten für Sperrfahrten.

Für Bahnübergänge mit technischer Sicherung gilt:
Zuggesteuerte Bahnübergangssicherungsanlagen (BÜSA)

■ Sperrfahrten, die in Einschaltstrecken anhalten und danach zurück- oder weiterfahren sollen, müssen ggf. vor dem Befahren des Einschaltkontaktes die BÜSA mit Schlüssel DB 24 unwirksam schalten. Andernfalls würden diese Anlagen zwar eingeschaltet, durch das Nicht-Befahren der Ausschaltkontakte würden diese Anlagen jedoch dauereingeschaltet bleiben. In den Örtlichen Richtlinien oder in der Betriebs- und Bauanweisung (Betra) sind hierzu nähere Weisungen enthalten.

■ Triebfahrzeugführer von Kleinwagen erhalten Befehl 8 zur örtlichen Sicherung der Bahnübergänge, da durch das geringe Fahrzeuggewicht die Gleiskontakte nicht zuverlässig wirken.

■ Sollen aufgrund einer schriftlichen Anweisung mehrere Sperrfahrten gleichzeitig in einem gesperrten Abschnitt verkehren, sind zuggesteuerte BÜSA zuvor außer Betrieb zu nehmen. Für das Befahren der Bahnübergänge werden Befehle 8 bzw. 10 erteilt.

Übrige Bahnübergänge mit technischer Sicherung

Alle übrigen BÜSA werden entsprechend der Art ihrer Befahrung durch die Sperrfahrten ordnungsgemäß bedient. Andernfalls erhalten die Triebfahrzeugführer Befehl 8 zur örtlichen Sicherung der Bahnübergänge.

Das Baugleisverfahren

Umfangreiche Baumaßnahmen im Bahnbetrieb erfordern besondere betriebliche Maßnahmen, die geeignet sind, einen möglichst reibungslosen Bauablauf trotz paralleler Beibehaltung eines eingeschränkten Zugbetriebes auf benachbarten

Gleisen sicherzustellen. Gesperrte Strecken- und Bahnhofsgleise können zu diesem Zwecke im Anschluss an ihre Sperrung zu sog. Baugleisen erklärt werden. Die Erklärung eines gesperrten Gleises zum Baugleis erfordert die Schriftform und erfolgt mittels einer Betriebs- und Bauanweisung (Betra). Ein hierin benannter sog. Technisch Berechtigter ist verantwortlich für die Abgabe von entsprechenden Meldungen an den zuständigen Fahrdienstleiter.

Ein Baugleis wird grundsätzlich von Zugmeldestelle bis Zugmeldestelle eingerichtet. Es darf dabei bis in eine der begrenzenden Zugmeldestelle hinein fortgeführt oder darüber hinaus eingerichtet werden.

Die Erklärung zum Baugleis erfolgt durch den in der Betra benannten zuständigen Fahrdienstleiter nach folgendem Schema:

Abbildung 362: Zuständigkeiten für das Einrichten von Baugleisen.

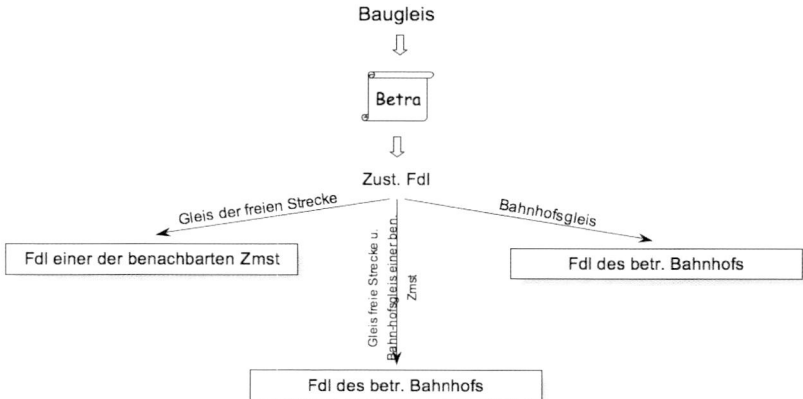

Im Gegensatz zum Verfahren der Sperrung von Gleisen, sind für Baugleise besondere Vorkehrungen für das Sichern angrenzender Betriebsgleise erforderlich. Dies ist notwendig, da das Bewegen von Schienenfahrzeugen in Baugleisen nach modifizierten Regeln für das Rangieren erfolgt und damit weitaus flexibler ist, als dies in gesperrten Gleisen zugelassen ist. Daher genügt es nicht, Baugleise alleine durch das Anbringen von Sperren und Merkhinweisen an stellwerkstechnischen Einrichtungen zu sichern. Baugleise müssen grundsätzlich an den Außenanlagen erkennbar abgeriegelt werden. Dies wird durch entsprechende Flankenschutzeinrichtungen erreicht. Die Entscheidung, ob nicht-zwingende Flankenschutzeinrichtungen, wie z.B. Wärterhaltscheiben, andere Haltsignale, vorübergehende Rangierverbote im Baugleis oder Flankenschutzeinrichtungen mit zwingendem Charakter, wie z.B. Wärterhaltscheiben in Verbindung mit Gleissperren oder Bauweichen, zu verwenden sind, richtet sich nach der Geschwindigkeit, mit der Zugfahrten in den angrenzenden zu schützenden Betriebsgleisen planmäßig verkehren dürfen.

Züge fahren

Nachfolgende Beispiele verdeutlichen Varianten für die Einrichtung und Sicherung von Baugleisen:

Abbildung 363: Beispiel für das Einrichten und Sichern von Baugleisen.

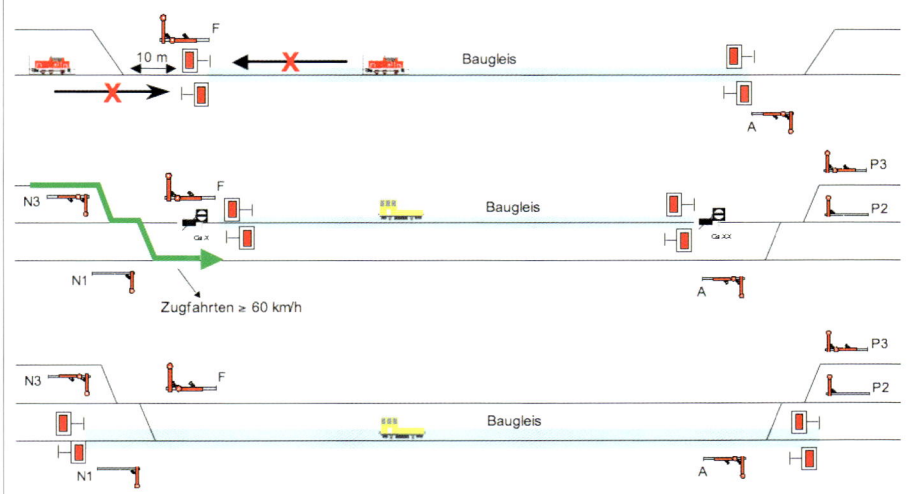

Baugleise dürfen über Weichen geführt werden. Sollen diese Weichen im Baugleis umgestellt werden, weil z.B. Wagen zu- oder abgeführt werden sollen, so muss der Triebfahrzeugführer den für diese Weichen zuständigen Wärter zunächst über Ziel und Zweck dieser Rangierfahrt verständigen. Umgekehrt muss der Wärter dem Triebfahrzeugführer zu beachtende Besonderheiten dieser Rangierfahrt mitteilen. Bevor die Rangierfahrt beginnt, muss der für die umzustellende Weiche zuständige Wärter dieser Fahrt zustimmen, nachdem alle Bedingungen für das Einstellen und die Sicherung der Rangierstraße seitens des Wärters erfüllt sind. Ferngestellte Fahrwegelemente müssen hierbei stellwerksseitig gegen unbeabsichtigtes Umstellen gesichert sein. Ortsbediente mit Zustimmung des Wärters umzustellende Weichen müssen örtlich, z.B. durch Riegelhandschloss, Handverschluss oder durch Beobachten eines Postens gegen unbeabsichtigtes Umstellen gesichert sein.

Dieses Verfahren gilt für jede Rangierfahrt erneut und kann nicht pauschal für mehrere durchzuführende Rangierfahrten angewendet werden. Sollen Rangierfahrten in Baugleisen während der unterbrochenen Arbeitszeit durchgeführt werden, und liegen im Baugleis keine Weichen oder sind vorhandene Weichen im Baugleis durch Verschluss gesichert und sollen nicht umgestellt werden, so kann der zuständige Wärter vor Arbeitsende einmalig seine Zustimmung zum Rangieren im Baugleis pauschal erteilen. Alle Rangierfahrten werden dann für die gesamte Zeitdauer der unterbrochenen Arbeitszeit durch einen besonders bestimmten Mitarbeiter, z.B. Technisch Berechtigter, koordiniert.

Alle Fahrten in und aus Baugleisen werden überdies als Rangierfahrten durchgeführt.

Die Geschwindigkeiten, mit denen sich Rangierfahrten in Baugleisen bewegen dürfen, richten sich nach den Neigungsverhältnissen innerhalb dieser Gleise. Bei Neigungen bis zu 1:29 beträgt die zulässige Höchstgeschwindigkeit für Rangierfahrten 20 km/h; bei darüber liegenden Gefällestrecken darf eine zulässige Höchstgeschwindigkeit von 15 km/h nicht überschritten werden. Für das Befahren von Bahnübergängen durch Rangierfahrten in Baugleisen gelten nachfolgende Regeln:

Abbildung 364: Befahren von Bahnübergängen in Baugleisen.

Rangierfahrten dürfen Bahnübergänge in Baugleisen erst befahren, wenn zuvor angehalten wurde. Nach der Sicherung des Bahnübergangs darf die Fahrt fortgesetzt werden.

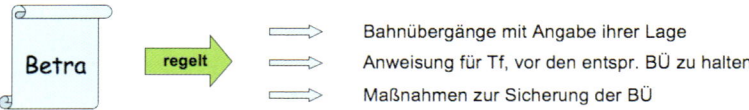

Betra —regelt→
⇒ Bahnübergänge mit Angabe ihrer Lage
⇒ Anweisung für Tf, vor den entspr. BÜ zu halten
⇒ Maßnahmen zur Sicherung der BÜ

Besonderheiten bei der Sperrung von Gleisen zum Schutz von Personen

Bei Arbeiten im Gleisbereich und wenn die Gefahr besteht, dass Personen unbeabsichtigt in diesen gelangen, müssen sie vor den Gefahren aus dem Bahnbetrieb geschützt werden. Eine probate Sicherungsmaßnahme ist hierbei das Sperren von Gleisen, die sog. „Uv-Sperrung". Ähnliches gilt für die Untersuchung eines Zuges durch den Triebfahrzeugführer beim plötzlichen Anhalten auf freier Strecke, sofern die Gefahr besteht, in den Regellichtraum des Nachbargleises zu gelangen. In beiden Fällen wird durch die Gleissperrung eine räumliche Trennung von Mensch und Gefahren, die von bewegten Schienenfahrzeugen ausgehen, erreicht.

Wird ein Gleis ausschließlich (aus Gründen der Unfallverhütung) zum Schutz von Personen gesperrt, dürfen im gesperrten Gleis keine Fahrten verkehren! Voraussetzung für eine solche „Uv-Sperrung" ist, dass das Gleis stets befahrbar bleibt.

Abbildung 365: Verbot von Sperrfahrten in zum Schutze von Personen gesperrten Gleisen.

In Gleisen, die gesperrt wurden, um Personen gegen die von bewegten Schie-

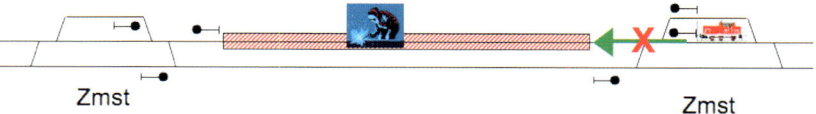

Zmst   Zmst

nenfahrzeugen ausgehenden Gefahren zu schützen, dürfen für die Dauer dieses Anlasses auch keine Sperrfahrten zugelassen werden. Bereits zuvor eingelassene Fahrzeuge erhalten im gesperrten Gleis ein Bewegungsverbot.

Auch hierzu ein Beispiel aus der Praxis, bei dem es sich um eine planmäßige Gleissperrung gemäß einer Betrieblichen Anordnung handelt und die Gespräche zwischen dem Fahrdienstleiter Willy Müller und und dem Antragsteller der Gleissperrung Jupp Schmidt, dem sog. Uv-Berechtigten, beschrieben sind:

Jupp: „Hier ist Jupp Schmidt, ich melde mich aus Adorf; Cstadt, bitte melden"

Willy: „Hallo Jupp, hier ist Willy Müller, Fahrdienstleiter in Cstadt, was gibt es?"

Jupp: „Ich beantrage aufgrund der Betrieblichen Anordnung 512 die Sperrung des Gleises 102 aus Unfallverhütungsgründen im Bahnhof Adorf vom Ls 175 bis zum Ausfahrsignal N 102."

Fahrdienstleiter Willy Müller schaut in die Betriebliche Anordnung 512, die vor ihm liegt.

Willy: „Ich wiederhole, aufgrund der Betrieblichen Anordnung 512 wird die Sperrung des Gleises 102 aus Unfallverhütungsgründen im Bahnhof Adorf vom Ls 175 bis zum Ausfahrsignal N 102 beantragt".

Jupp: „Richtig".

Willy: „Moment (nach kurzer Zeit). Das Gleis 102 im Bahnhof Adorf vom Ls 175 bis Ausfahrsignal N 102 ist aus Unfallverhütungsgründen gesperrt" (Eintrag ins Fernsprechbuch oder Zugmeldebuch, da es sich hier um ein betriebswichtiges Gespräch handelt und Gleissperrungen nachweispflichtig sind).

Jupp: „Ich wiederhole, das Gleis 102 im Bahnhof Adorf vom Ls 175 bis Ausfahrsignal N 102 ist aus Unfallverhütungsgründen gesperrt" (auch hier ist ein Eintrag ins Fernsprechbuch selbstverständlich).

Willy: „Richtig, Du Jupp, um ganz sicher zu sein, es geht doch um das durchgehende Hauptgleis von Bheim nach Cstadt?

Jupp: „So ist es richtig".

Willy: „Dann hau' rein, spätestens um 10.45 Uhr brauch` ich das Gleis".

Die Arbeiten werden ausgeführt.

Jupp: „Ich rufe Cstadt, Fahrdienstleiter Müller bitte melden, hier ist Jupp Schmidt"

Willy: „Hallo Jupp, hier Fahrdienstleiter Willy Müller"

Jupp: „Der Anlass für die Sperrung ist weggefallen, ich habe das Gleis verlassen. Du kannst die Gleissperrung wieder aufheben"

Willy: „Na prima, Du Spezialist, welches Gleis? Du weißt, wie groß der Bereich eines elektronischen Stellwerks ist!"

Jupp: „Willy, das war das durchgehende Hauptgleis von Bheim nach Cstadt im Bahnhof Adorf, also das Gleis 102."

Willy: „Ach ja, Moment (nach kurzer Zeit). Die Sperrung des Gleises 102 aus Unfallverhütungsgründen im Bahnhof Adorf vom Ls 175 bis zum Ausfahrsignal N 102 ist aufgehoben" (Eintrag ins Fernsprechbuch oder Zugmeldebuch).

Jupp: „Ich wiederhole, die Sperrung des Gleises 102 aus Unfallverhütungsgründen im Bahnhof Adorf vom Ls 175 bis zum Ausfahrsignal N 102 ist aufgehoben" (Eintrag ins Fernsprechbuch).

Willy: „Richtig, und bis zum nächsten Mal".

Die Gespräche zwischen Fahrdienstleiter und Antragsteller werden im Fernsprechbuch bzw. im Zugmeldebuch nachgewiesen.

1	2	3	4	5	6	7
Wortlaut des Gespräches				Abgabe durch	Zeit	Annahme durch
	Zug-Nr.	Plan-Nr.	Verkehrszeit Std./Min.	(Sprechstelle, Name)	Std./Min.	(Sprechstelle, Name)
02.10.06						
Sperrung des Gleises 102 im Bf Adorf nach Betriebl. Anordnung 512						
aus Uv-Gründen beantragt.				Schmidt, Uv-Ber.	10.59	Müller, Fdl C Stadt
Gleis 102 von Ls 175 bis Asig N 102 im Bahnhof Adorf gesperrt.						
Grund: Uv				Müller, Fdl C-Stadt	11.00	
Gleis 102 von Ls 175 bis Asig N 102 im Bahnhof Adorf aus Uv-Gründen						
gesp. Arbeiten nach Betriebl Anordnung 512 zugestimmt.				Müller, Fdl C-Stadt	11.01	Schmidt, Uv-Ber.
Arbeiten nach Betriebl. Anordnung 512 im Bahnhof Adorf beendet,						
Sperrung Gleis 102 im Bf Adorf von Ls 175 bis Asig N 102						
nicht mehr erforderlich				Schmidt, Uv-Ber.	11.19	Müller, Fdl C-Stadt
Sperrung Gleis 102 von Ls 175 bis Asig N 102 im Bahnhof Adorf aus						
Uv-Gründen aufgehoben				Müller, Fdl C-Stadt	11.20	
Sperrung Gleis 102 von Ls 175 bis Asig N 102 im Bahnhof Adorf aus						
Uv-Gründen aufgehoben				Müller, Fdl C-Stadt	11.21	Schmidt, Uv-Ber.

Abbildung 366:
Fernsprechbuch
Fdl Cstadt.

Züge fahren

7 Besondere Betriebsverfahren – Der Zugleitbetrieb

7.1 Zugleitbetrieb (ZLB)

Der ZLB eignet sich für Nebenbahnen mit einfachen betrieblichen Verhältnissen und einer Streckenhöchstgeschwindigkeit von maximal 60 km/h (mit Sondergenehmigung 80 km/h). Die Zugfahrten verkehren im Raumabstand der Zuglaufstellen, die in der Regel nicht örtlich besetzt sind.

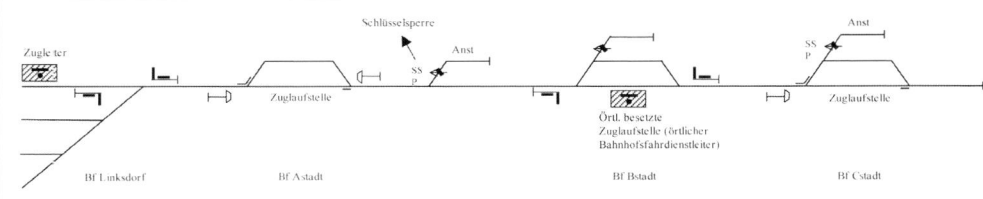

Abbildung 367: Streckenband einer Zugleitstrecke (ZLB).

Die Zugfolgesicherung wird über mündliche Meldeverfahren als eine Sicherheitskomponente in Form von **Zuglaufmeldungen** zwischen dem **Zugleiter** der Strecke und dem Zugpersonal während des Haltes auf den jeweiligen Zuglaufstellen sichergestellt. Beim Einsatz von örtlichen Bahnhofsfahrdienstleitern, z.B. auf besetzten Zuglaufstellen innerhalb der Zugleitstrecke, sind diese Mitarbeiter in die Zuglaufmeldungen eingebunden. Da diese Strecken über keinerlei Streckenblockeinrichtung verfügen, ist das Vorhandensein von Zugfunk und/oder Fernsprecheinrichtungen zwingend vorgeschrieben.

Dem Fahrplan als zweite Sicherheitskomponente kommt beim Zugleitbetrieb eine besondere Bedeutung zu. Bei Abweichungen vom Fahrplan wird der Betriebsablauf ersatzweise über schriftliche Befehle geregelt.

Zuglaufstellen, an denen Zugkreuzungen stattfinden, sind in der Regel mit Rückfallweichen ausgerüstet.

Innerhalb dieser Betriebsstellen herrscht im Regelfall ein sog. **Richtungsbetrieb**, bei dem Züge der jeweiligen Richtung stets in ein bestimmtes Kreuzungsgleis einfahren. Bei der Ausfahrt wird die stumpf befahrene Einfahrweiche der Gegenrichtung bewusst „aufgefahren". Nach dem Auffahren fällt diese Weiche in ihre Ausgangslage zurück. Die Grenzen dieser Betriebsstellen zur freien Strecke sind anstelle von Einfahrsignalen durch Signal Ne 1 (Trapeztafel) gekennzeichnet.

Abbildung 368:

Fahrplan für

Zugmelde-

stellen ZLB

Montabaur –

Wallmerod.

DB Netz AG

Nicht für Dritte
Fahrplan für Zugmeldestellen

ZLB Montabaur- Wallmerod

Gültig vom 28.05.2006 bis 09.12.2006

Aufgestellt von: I.NMR-MI-R (B) WEW/ERM - Chh

Erläuterungen:

1. Alle Züge werden in der grafischen Darstellung nur einmal aufgeführt, sofern sie
   sich nicht in der Ankunfts- oder Abfahrtzeit bzw. Gleisen unterscheiden.

2. Die Züge sind mit Verkehrstagen dargestellt. Es können aber gesonderte Verkehrsbereiche
   und/oder Ausschlußtage vorkommen; die nicht angezeigt werden. Der Verkehrstag ist mit einem
   "*" gekennzeichnet, falls die Verkehrstage sich im Verkehrszeitraum unterscheiden.

3. Die Bedeutung der Symbole ist auf einer separaten Seite dokumentiert.

4.
5.

I.NMR-MI-R (B) WEW/ERM - Chh
innerbetriebliche Fahrplanunterlagen   02.06.2006

Erläuterungen

Nachweis der Bekanntgaben

Lfd. Nr.	Bekanntgegeben durch ...	gültig vom ... an	Berichtigt am ...	durch ...

I.NMR-MI-R (B) WEW/ERM - Chh
innerbetriebliche Fahrplanunterlagen   02.06.2006

Bedeutung der Symbole

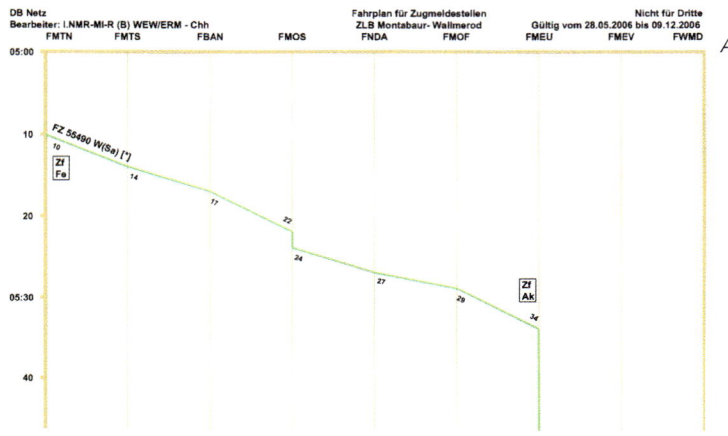

DS 301	DV 301

Nebensignale (Ne)

(So)

§ 52 (1)

Signal Ne 1
- Trapeztafel -

**Kennzeichnung der Stelle, wo bestimmte Züge vor einer Betriebsstelle
zu halten haben**

Eine weiße Trapeztafel mit schwarzem Rand an schwarz und weiß schräg
gestreiftem Pfahl.

Abbildung 369:

Signal Ne 1 Trapeztafel.

Handelt es sich um Zuglaufstellen mit örtlichem Bahnhofsfahrdienstleiter, so
sind dort Einfahrsignale und ferngestellte Weichen vorhanden. Anschlussstellen
innerhalb von unbesetzten Zuglaufstellen oder auf der freien Strecke sind mittels
Schlüsselsperren gegen unbeabsichtigtes Freigeben gesichert.

Abbildung 370:

Rangiererlaubnis innerhalb einer Zuglaufstelle zwischen den Signalen Ne 1 eingerichtet.

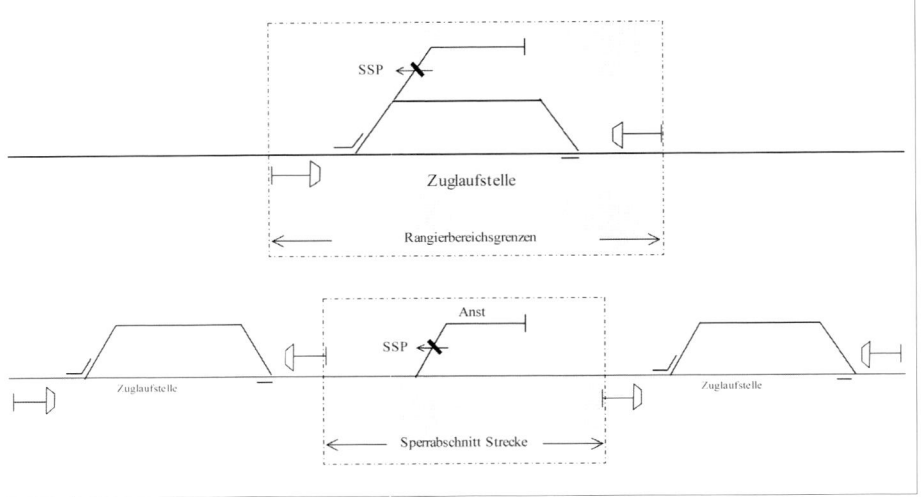

Abbildung 371:

Rangiererlaubnis innerhalb einer Zuglaufstelle zwischen den Signa-
len Ne 1 für die Dauer der Anschlussbedienung eingerichtet.

Die **Rangiererlaubnis** innerhalb der die Zuglaufstelle begrenzenden Trapezta-feln erteilt der zuständige **Zugleiter** auf Anfrage des Triebfahrzeugführers (Tf). Für die Zeitdauer der Rangiererlaubnis scheidet die Zuglaufstelle für die Zugfolge aus. Die Rangiergeschwindigkeit beträgt max. 25 km/h. Nach Beendigung des Rangierens meldet der Tf dies dem Zugleiter, der die Rangiererlaubnis aufhebt. Anschlussstellen der freien Strecke werden mit Sperrfahrten im gesperrten Strek-kengleis zwischen zwei Zuglaufstellen bedient. Sperrfahrten erhalten für die Fahrt im gesperrten Streckengleis schriftlichen Befehl; die Geschwindigkeit beträgt gezogen max. 50 km/h, geschoben 30 km/h. Die Länge der Züge ist auch im ZLB auf max. 700 m begrenzt. Die Bremswege sind auf Zugleitstrecken je nach den Neigungsverhältnissen, Geschwindigkeit und Bremshundertsteln auf 400m/700 m begrenzt. Bei der Sicherung von Bahnübergängen sind alle Bauformen gemäß den Bestimmungen der EBO zugelassen.

7.2 Technisch unterstützter Zugleitbetrieb (TUZ)

Allgemeines

Bei der Auswahl des geeigneten Betriebsverfahrens für eine eingleisige Eisenbahnstrecke steht dem Betreiber einer Eisenbahninfrastruktur grundsätzlich das Hilfsmittel der VDV-Schrift 752 (VDV = Verband Deutscher Verkehrsunternehmen) zur Verfügung. In diesen sog. „Empfehlungen zur Auswahl geeigneter Betriebsverfahren für eingleisige Strecken" werden anhand der Parameter:

- Gestaltung der örtlichen Infrastruktur
- Eigenschaften der eingesetzten Schienenfahrzeuge
- Betriebsdurchführung

Belastungsprofile für die zu betrachtende Strecke anhand eines Bewertungssystems errechnet. Im Ergebnis kann aus diesem Punkte-Bewertungssystem ein für das Betriebsprogramm der jeweiligen Strecke optimal geeignetes Betriebsverfahren abgeleitet werden.

Unabhängig davon werden für eingleisige Nebenbahnen mit Reisezugverkehr in der Regel keine neuen Betriebsgenehmigungen seitens der Aufsichtsbehörden mehr erteilt, wenn hierbei ein Zugleitbetrieb (ZLB) ohne technische Unterstützung, also im reinen Zuglaufmeldebetrieb, zum Einsatz kommen soll. Um auf schwach belasteten Strecken im Reisezugbetrieb dennoch einen Zugleitbetrieb ohne vollwertige Signaltechnik betreiben zu können, wurden mehrere kostengünstige Formen einer technischen Unterstützung des herkömmlichen Zugleitbetriebes entwickelt. Bei der DB Netz AG gibt es zum Beispiel zwei unterschiedliche technische Systeme

a) Achszähler unterstützter Zugleitbetrieb – AU ZLB (Strecke Weimar – Kranichfeld)

b) Zugleiterbediente Unterstützung des Zugleitbetriebs – ZU ZLB (Strecke Siegelsdorf – Markt Erlbach)

Anhand des Beispiels des sog. Technisch Unterstützten Zugleitbetriebes (TUZ) bei der Erzgebirgsbahn soll eine der Varianten vorgestellt werden.

Streckenausrüstung

Zielstellung ist die Erhöhung der Sicherheit auf Zugleitstrecken durch technische Unterstützung bei Beibehaltung des Betriebsverfahrens Zugleitbetrieb. Hierzu werden „verdeckt wirkende Sicherungssysteme" installiert, wie z.B. schaltbare 2000-Hz-Gleismagnete, Elemente aus Dispositionssystemen.

Strecken mit TUZ weisen im Vergleich zu herkömmlichen Strecken im ZLB weitestgehend identische Merkmale bei der Grundausrüstung auf. Die signaltechnische Aufwertung im TUZ ergibt sich aus der Sicherung der Ausfahrten aus den sowie der Einfahrten in die Betriebsstellen durch im Gleis verlegte und durch den **Zugleiter** bzw. Triebfahrzeugführer schaltbare 2000 Hz-PZB-Magnete. Durch die in Abhängigkeit zueinander geschalteten PZB-Magnete ergibt sich ein technisch unterstützter Folge- bzw. Gegenfahrschutz für Zugfahrten.

Abbildung 372 zeigt eine für den TUZ typische Zuglaufmeldestelle als Kreuzungs-bahnhof.

Abbildung 372: Zuglaufmeldestelle im TUZ.

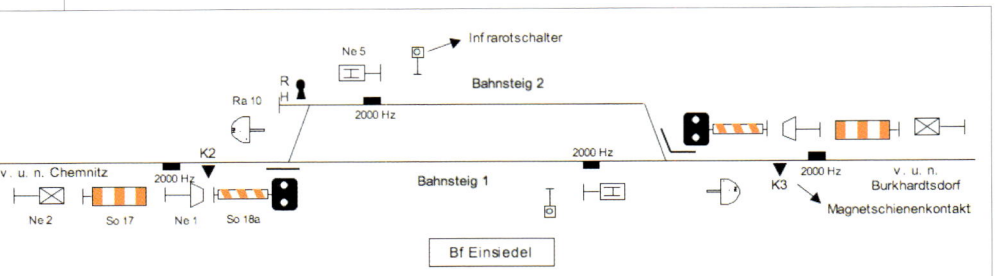

Die Kreuzungsstelle ist mit überwachten **Rückfallweichen** ausgerüstet. Das Signal So 18a (Signal der DV 301, Signalbuch für den Bereich der ehemaligen Deutschen Reichsbahn) zeigt dem Triebfahrzeugführer an, dass die Rückfallweiche sich in der überwachten Endlage befindet und gegen die Spitze befahren werden kann. Eine auf der rückgelegenen Zuglaufmeldestelle erteilte Fahrerlaubnis gilt in der Regel bis vor die H-Tafel (Signal Ne 5) der nachfolgenden Zuglaufmeldestelle. Ein dort verlegter 2000 Hz- PZB-Magnet verhindert ein „Überfahren der H-Tafel" und würde in diesem Fall eine Zwangsbremsung auslösen.

Zur Ausfahrt aus der Betriebsstelle wird der PZB-Magnet durch den **Zugleiter** über ein Bedienplatzsystem unwirksam geschaltet. Nach Ablauf einer projektier-ten Zeitspanne oder nach Befahren eines Magnetschienenkontaktes wird dieser PZB-Magnet selbsttätig wirksam geschaltet und dient dem Folgefahrschutz des ausgefahrenen Zuges. Mit der Reservierung des Ausfahrweges durch den Zugleiter wird gleichzeitig der PZB-Magnet der Gegenrichtung in der nachfolgenden Zug-laufmeldestelle in Wirksamstellung gesperrt. Dadurch wird der Gegenfahrschutz des ausgefahrenen Zuges sichergestellt.

Ist der Zug auf der nachfolgenden Zuglaufmeldestelle vollständig eingefahren, hat die Zugschlussstelle für die Einfahrt geräumt und vor der H-Tafel angehalten, bedient der Triebfahrzeugführer, nachdem er die **Ankunftmeldung** gegeben hat, mit einer **Infrarot-Pistole** einen Infrarotschalter am Bahnsteig (siehe Abbildung 373). Damit schaltet er den geräumten Streckenabschnitt sowie den freigefahrenen Einfahrabschnitt in die Zuglaufmeldestelle frei. Alternativ kann diese Bedienung

Besondere Betriebsverfahren

auch über einen Schlüsselschalter erfolgen. Die in Wirksamstellung gesperrten PZB-Magnete werden durch den **Zugleiter** erneut bedienbar.

Abbildung 373: Infrarotschalter am Bahnsteig.

Infrarotsensor

Infrarot-Pistole

Das Bedienplatzsystem des **Zugleiters** im TUZ ist in Abbildung 374 anhand des Beispiels des Zugleiters im Bahnhof Pockau-Lengefeld der Erzgebirgsbahn dargestellt.

Abbildung 374: Arbeitsplatz des Zugleiters Pockau-Lengefeld mit Bedienplatzssystem für den TUZ und dem Gs II-Stelltisch.

❶ - Stelltisch
GS II-Stellwerk;
❷ - Bedienplatz-
system TUZ;
❸ - Sprechstelle
Zugfunk VZF 95;
❹ - OB-Fernspre-
cher für ortsfeste
Sprechstellen der
Anrufschranken;
❺ - Bedienein-
richtung für
automatische Rei-
sendensicherung

Das Beispiel zeigt, dass sich TUZ-Strecken an den Schnittstellen auch mit Stellwerkstechniken herkömmlicher Bauformen jedoch ohne gegenseitige Abhängigkeiten kombinieren lassen. Während die angrenzenden Streckenabschnitte und die folgenden Zuglaufmeldestellen mit TUZ ausgerüstet sind, befindet sich im Bahnhof Pockau-Lengefeld ein vom **Zugleiter** bedientes GS II-Stellwerk, welches die Signalanlagen im Bahnhof Pockau-Lengefeld steuert.

Die Bahnübergänge der TUZ-Strecken sind in der Regel in lokführerüberwachter Technik ausgeführt. Sie werden entweder durch Gleiskontakte vom Zug eingeschaltet, oder können wahlweise innerhalb der Betriebsstellen auch durch den Triebfahrzeugführer mit der Infrarot-Pistole oder über Schlüsselschalter an der H-Tafel eingeschaltet werden.

Nichttechnisch gesicherte Bahnübergänge des öffentlichen Verkehrs sind mit Umlaufsperren ausgerüstet, wenn sie nicht mit Fahrzeugen befahren werden. Wegeübergänge, die von landwirtschaftlichen Fahrzeugen benutzt werden und dem nicht-öffentlichen Verkehr dienen, sind durch Handschranken mit Bügelschloss gesichert. Sie sind als sog. „Interessensschranken" eingerichtet, für die nur der private Wegebenutzer eine Schließberechtigung besitzt. Voraussetzung ist eine vorherige Einweisung durch den Eisenbahninfrastrukturbetreiber. Die zuvor beschriebenen Formen der Sicherung von Bahnübergängen ermöglichen auch auf Nebenbahnen eine Streckengeschwindigkeit von 80 km/h.

Öffentliche nichttechnisch gesicherte Bahnübergänge, die auch von Kraftfahrzeugen befahren werden, dürfen hingegen nur mit höchstens 60 km/h befahren werden.

Die betriebliche Kommunikation findet nur über hierfür zugelassene Fernsprecheinrichtungen statt. Auf TUZ-Strecken wird i.d.R. GSM-R oder der vereinfachte Zugfunk VZF95 eingesetzt. Herkömmliche Mobile-Verbindungen des öffentlichen Netzes sind nur in Ausnahmefällen und nur zeitlich befristet, z.B. bei Störungen zugelassen.

Betriebsverfahren

Strecken mit TUZ werden im herkömmlichen Verfahren des ZLB nach den Regeln der Ril 436 (Zug- und Rangierfahrten im Zugleitbetrieb durchführen) oder, wenn zugelassen, nach den Regeln für den ZLB der FV-NE (Fahrdienstvorschrift für nichtbundeseigene Eisenbahnen) betrieben. Die Sicherheitsverantwortung liegt weiterhin im Betriebsverfahren des Zugleitbetriebes begründet. Die eingesetzte Technik unterstützt lediglich den **Zugleiter**.

Für jeden Zug, der aus einer Zuglaufmeldestelle ausfahren soll, muss der Triebfahrzeugführer eine **Fahranfrage** (FA) nach folgendem hier beispielhaften Wortlaut an den **Zugleiter** stellen:
Tf: „Darf Zug 4711, 10.30 Uhr bis Einsiedel fahren?"

Besondere Betriebsverfahren

Der Zugleiter stellt an der Bedienoberfläche der Stelleinrichtung (Bedienplatzsystem) für den TUZ den Ausfahrweg aus der Zuglaufmeldestelle ein und schaltet damit den PZB-Magneten an der H-Tafel, vor der der abfahrbereite Zug steht, unwirksam.

Daraufhin erteilt der Zugleiter die mündliche **Fahrerlaubnis** (Fe) wie folgt:

ZL: „Zug 4711 darf 10.30 Uhr bis Einsiedel fahren. (ggf. Zusatz: Dort Kreuzung mit Zug 4712)."

Der Triebfahrzeugführer wiederholt diese Meldung woraufhin der Zugleiter dies mit dem Wort „Richtig" bestätigt.

Alle betrieblichen Aufträge und Meldungen trägt der Zugleiter in sein **„Meldebuch für den Zugleiter"** ein (siehe Abbildung 375). An den Grenzen der ZLB-Strecke zu Strecken, die nach dem Betriebsverfahren nach Ril 408 betrieben werden, enthält das „Meldebuch für den Zugleiter" zusätzlich den Spaltenaufbau eines Zugmeldebuches. Hier werden Züge aus der bzw. in die ZLB-Strecke durch den Zugleiter mit dem benachbarten Fahrdienstleiter im Zugmeldeverfahren vereinbart.

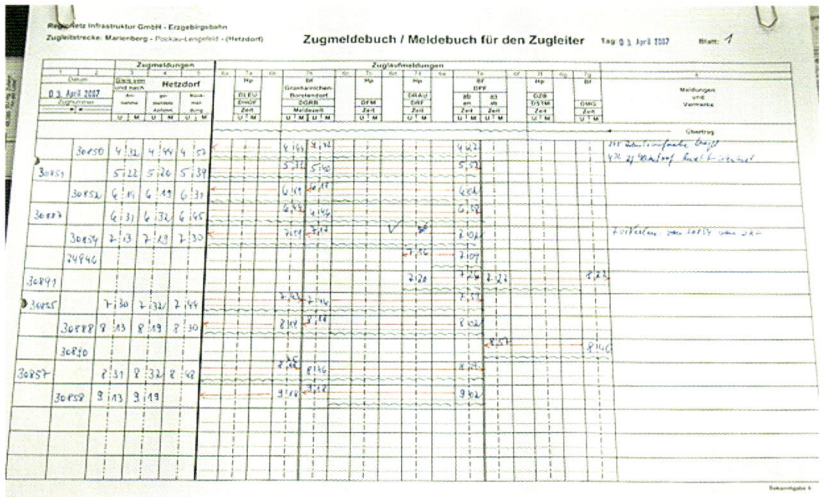

Abbildung 375: Meldebuch für den Zugleiter Bf Pockau – Lengefeld (Erzgebirgsbahn).

Nach der Einfahrt in die nachfolgende Zuglaufmeldestelle, bringt der Triebfahrzeugführer seinen Zug am gewöhnlichen Halteplatz an der H-Tafel zum Halten.

Anschließend muss der Triebfahrzeugführer, nach Prüfung der Voraussetzungen, an den Zugleiter eine **Ankunftmeldung** (Ak) mit folgendem Wortlaut abgeben:
Tf: „Zug 4711 in Einsiedel."

Der **Zugleiter** wiederholt diese Meldung, woraufhin der Triebfahrzeugführer dies mit dem Wort „Richtig" bestätigt.

Daraufhin bedient der Triebfahrzeugführer mit der Infrarot-Pistole unverzüglich den Infrarotschalter am Bahnsteig und gibt damit für den **Zugleiter** den rückgelegenen Streckenabschnitt sowie den Einfahrabschnitt der Zuglaufmeldestelle wieder frei.

Analog zu diesem Verfahren werden auf den Zuglaufmeldestellen auch Zugkreuzungen durchgeführt. Bei Bedarf können Zugfahrten auch über mehrere Zuglaufmeldestellen hinweg ohne Zugkreuzung verkehren. Die Zughalte zur Abgabe der Ak sowie zum Stellen einer erneuten Fa müssen jedoch aus technischen Gründen eingelegt werden, soweit nichts anderes projektiert ist.

Fallbeispiel einer Zugkreuzung

Am konkreten Beispiel der Fahrt des Zuges 31851 von Chemnitz Süd nach Einsiedel zur dortigen Kreuzung mit Zug 31852 soll die Funktionsweise des TUZ erläutert werden.

Zug 31851 steht abfahrbereit in Chemnitz Süd. Im Bahnhof Chemnitz Süd befindet sich ein Fahrdienstleiter. Züge in Richtung der TUZ-Strecke werden zwischen dem Fahrdienstleiter Chemnitz und dem **Zugleiter** Thalheim im Zugmeldegespräch vereinbart. Die Zustimmung zur Einfahrt in die Zugleitstrecke erteilt der Fahrdienstleiter Chemnitz Süd mit Hauptsignal. Zuvor gibt er über Zugfunk dem Triebfahrzeugführer 31851 die Fahrerlaubnis.

Die Fahrerlaubnis wird dem Triebfahrzeugführer des Zuges 31851 bis zum Bahnhof Einsiedel erteilt. Der **Zugleiter** Thalheim reserviert den Fahrweg bis zur H-Tafel in Gleis 1 des Bahnhofs Einsiedel. Auf der Bedienoberfläche zeigt die Rotausleuchtung des Streckenbandes ab der Rangierhalttafel des Bahnhofs Chemnitz

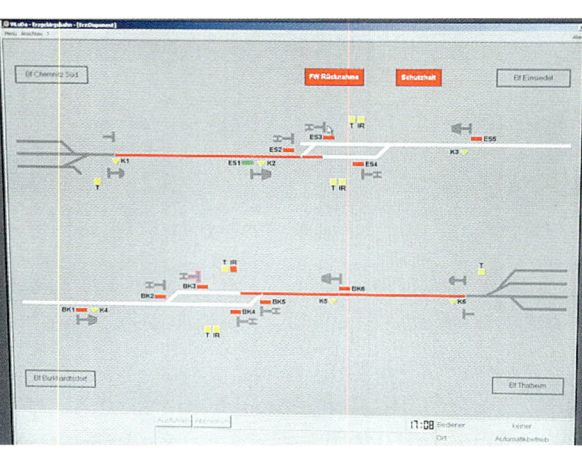

Abbildung 376: Reservierte Fahrwege von Chemnitz Süd in Richtung Einsiedel und von Thalheim in Richtung Burkhardtsdorf.

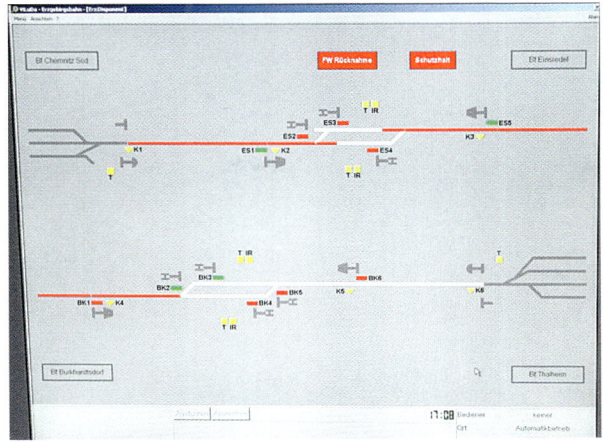

Abbildung 377:
Zeitgleiche
Belegung der
Fahrwege aus Rich-
tung Burkhardtsdorf
bzw. Chemnitz Süd
in den
Bahnhof Einsiedel.

Süd bis zur H-Tafel des Bahnhofs Einsiedel dem **Zugleiter** an, dass dieser Strekkenabschnitt für Zug 31851 reserviert und von diesem durch das Erteilen der Fe belegt ist.

Zur etwa gleichen Zeit verlässt Zug 31852 den Bahnhof Thalheim in Richtung Burkhardtsdorf, um dort nach kurzem Halt seine Fahrt in Richtung Einsiedel zur Kreuzung mit Zug 31851 fortzusetzen (siehe Abbildung 376).

Nach dem Halt im Bahnhof Burkhardtsdorf stellt der Triebfahrzeugführer des Zuges 31852 nach der Ak an den **Zugleiter** in Thalheim eine Fa und erhält die Fe bis in den Bahnhof Einsiedel (Anmerkung: Bei der Erzgebirgsbahn wird auf das Stellen einer Fa und Erteilung einer Fe auf Grund einer Weisung verzichtet). Der **Zugleiter** stellt den Fahrweg von Burkhardtsdorf bis Einsiedel, Gleis 2 ein, das Streckenband auf der Bedienoberfläche wechselt von weiß in rot (siehe Abbildung 377).

Betrachten wir nun die betrieblichen Abläufe bei der Einfahrt des Zuges 31851 in den Bahnhof Einsiedel. Bei der Einfahrt passiert der Zug zunächst die Vorsignaltafel. Anschließend zeigt ihm das Signal So 17 an, dass im Bremswegabstand das Signal So 18a folgt, welches hier die Ordnungsstellung der Rückfallweiche signalisiert (siehe Abbildung 378)

Nun folgt die Trapeztafel des Bahnhofs Einsiedel. Zu sehen ist der (unwirksam geschaltete) PZB-Magnet, der die Betriebsstelle bei im Fahrplan oder per Befehl vorgeschriebenem Halt bis zu dieser Stelle decken kann (siehe Abbildung 379). Die Einfahrgeschwindigkeit ist auf 50 km/h begrenzt.

Besondere Betriebsverfahren   305

Abbildung 378:
Signal So 17 des Bahnhofs Einsiedel.

Abbildung 379:
Trapeztafel des Bahnhofs Einsiedel
aus Sicht des Triebfahrzeugführers.

Abbildung 380:
Signal So 18a.

Besondere Betriebsverfahren

Das nachfolgende Signal So 18a zeigt dem Triebfahrzeugführer an, dass die Rückfallweiche des Bahnhofs Einsiedel gegen die Spitze befahren werden kann (siehe Abbildung 380).

Zug 31851 erreicht die H-Tafel des Bahnhofs Einsiedel und hält am gewöhnlichen Halteplatz. Der Triebfahrzeugführer gibt über Zugfunk eine Ak an den **Zugleiter** in Thalheim ab und bedient mit der Infrarot-Pistole den Infrarotschalter am Bahnsteig (siehe Abbildungen 381 und 382). Damit wird der rückgelegene Streckenabschnitt sowie der Einfahrabschnitt des Bahnhofs Einsiedel signaltechnisch freigegeben.

Abbildung 381:
Triebfahrzeugführer erteilt Ak an den
Zugleiter Thalheim.

Abbildung 382:
Triebfahrzeugführer bedient den
Infrarotschalter am Bahnsteig.

1 - Infrarot-Pistole
2 - Infrarotschalter
3 - Schlüsselschalter

Nachdem der Gegenzug 31852 eingefahren ist (siehe Abbildung 383), stellt der Triebfahrzeugführer des Zuges 31851 die Fa zur Fahrt bis zum Bahnhof Burkhardtsdorf. Vom **Zugleiter** erhält er die Fe bis zur H-Tafel dieser Betriebsstelle. Der **Zugleiter** reserviert den Fahrweg von der H-Tafel Bahnhof Einsiedel bis zur H-Tafel Bahnhof Burkhardtsdorf. Die PZB-Magneten an der H-Tafel vor Zug 31851 sowie an der Trapeztafel Bahnhof Burkhardtsdorf werden unwirksam geschaltet und Zug 31851 kann bis Bahnhof Burkhardtsdorf fahren.

Abbildung 383: Einfahrt des Gegenzuges in den Bahnhof Einsiedel.

7.3 Signalisierter Zugleitbetrieb (SZB)

Der SZB stellt eine weiterentwickelte Form des ZLB dar. Durch den gezielten Einsatz von vereinfachter Leit- und Sicherungstechnik ist dieses Betriebsverfahren leistungsfähiger und auf einem höheren sicherheitlichen Niveau angesiedelt.

Der SZB ist für eingleisige Hauptbahnen (Höchstgeschwindigkeit 100 km/h/120 km/h mit Sondergenehmigung) und Nebenbahnen (Höchstgeschwindigkeit 80 km/h/100 km/h mit Sondergenehmigung) mit schwachem oder mäßigem Verkehr konzipiert. Er verbessert den ZLB durch die Verwendung technischer Block- und Fahrstraßensicherungen. Die Bauform Scheidt & Bachmann beruht auf dem Zusammenwirken eines **Zugschlusssenders** mit einem ortsfesten Empfänger. Zusätzlich kann auch ein vom Zugleiter bedientes **Fernwirkkommando** vorhanden sein. Für Strecken mit höherem betrieblichem Anforderungsprofil eignet sich die Bauform Sig L 90 mit **selbsttätiger Gleisfreimeldung**. Über ein Fernwirksystem mit Monitor werden Fahrstraßen mit Signalstellung vom **Zugleiter** angestoßen. Der SZB unterscheidet zwei Bahnhofstypen:

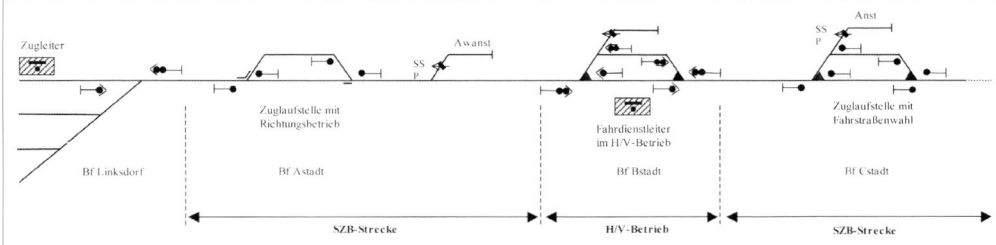

Abbildung 384: Streckenband einer Strecke mit Signalisiertem Zugleitbetrieb.

Bei **Richtungsbetrieb** läuft vom rückgelegenen Bahnhof die Einfahrzugstraße immer nur in ein bestimmtes Gleis ein, und das zugehörige Einfahrsignal kommt in die Fahrtstellung; die Weichen sind hier als Rückfallweichen eingerichtet.

Bei **Fahrstraßenwahl** kann der Zugleiter durch ein Fernwirksystem die jeweils vorgesehene Fahrstraße wahlweise anstoßen. Der **Zugleiter**, der auch gleichzeitig Fahrdienstleiter einer benachbarten Zugmeldestelle sein kann, regelt die Zugfolge auf seiner Zugleitstrecke durch Zuglaufmeldungen, die er über Zugfunk mit dem Triebfahrzeugführer während des Zughaltes wechselt. Mit dem Fahrdienstleiter einer an die Zugleitstrecke angrenzenden Zugmeldestelle und mit dem **Zugleiter** einer angrenzenden Zugleitstrecke regelt er die Zugfolge und die Reihenfolge der Züge durch Zugmeldungen und Zuglaufmeldungen. Bei Sig L 90 können bestimmte Zuglaufmeldungen durch den Einsatz eines Zugnummerndruckers ersetzt werden. Die übrigen Betriebsstellen der Zugleitstrecken sind in der Regel örtlich nicht besetzt. Im Regelfall kann der **Zugleiter** einzelne Weichen und Signale nicht bedienen. In der Weiterentwicklung für Sig L 90 ist die Weicheneinzelstellung und Bahnhofsgrundstellung jedoch möglich. Die Einfahrzugstraße läuft automatisch ein oder wird vom Zugleiter mit Fernwirksystem angestoßen, die Ausfahrzugstraße wird durch den Tf mittels Infrarotsender oder vom **Zugleiter** mit Fernwirksystem angestoßen. Die Vollständigkeitskontrolle bzw. Räumungsfeststellung nach einer Zugfahrt erfolgt entweder durch den magnetischen Zugschlusssender im Zusammenwirken mit einem ortsfesten Empfänger bei Scheidt & Bachmann oder über eine selbsttätige Gleisfreimeldeanlage mit Achszählern bei Sig L 90. Die Zugschlussstelle für die Einfahrt in einem Bahnhof der Zugleitstrecke ist örtlich besonders gekennzeichnet, z.B. durch ein Schild „Zugschlussstelle". Für die sichere Durchführung des Rangierens bestehen im Bahnhof besondere technische Einrichtungen, z.B. **Rangierfreigabe**, Schlüsselwerk. Das

Bedienen dieser Einrichtungen bewirkt, dass die Betriebsstelle für die Dauer der Rangierarbeiten für die Zugfolge ausscheidet; d. h. die Einfahrsignale werden in Haltstellung gesperrt. Das Stellen der Weichen innerhalb der Betriebsstelle kann mittels Ortsbedienung/Schlüsselwerk (Handweichen) oder dem Einsatz elektrisch ortsgestellter Weichen (EOW) erfolgen. Die Rangiergeschwindigkeit beträgt 25 km/h. Das Bedienen von Anschlussstellen der freien Strecke erfolgt analog dem ZLB mittels Sperrfahrten (Vmax 50 km/h gezogen; Vmax geschoben 30 km/h). Die Zustimmung zur Fahrt wird durch schriftlichen Befehl erteilt. Im SZB können auf der freien Strecke zusätzlich Ausweichanschlussstellen (Awanst) eingerichtet sein. Die Bahnübergangssicherung erfolgt im Bahnhof durch technische Sicherungen, z.B. signalgesteuerte Lichtzeichen- oder Blinklichtanlagen, auf der Strecke in der Regel durch lokführerüberwachte Lichtzeichen- oder Blinklichtanlagen. In Einzelfällen sind auch fernüberwachte Anlagen möglich. Die Strecken sind in der Regel mit Zugbeeinflussung ausgerüstet; bei Streckengeschwindigkeiten bis 100 km/h können diese Einrichtungen vom BMVBs bzw. der zust. Landesbehörde vorgeschrieben sein. Zu projektierende Bremswege und Zuglängen sind mit denen auf ZLB-Strecken identisch.

7.4 Elektronisch Signalisierter Zugleitbetrieb (ESZB)

Die modernste Form des SZB stellt die Bauform des elektronisch signalisierten Zugleitbetriebes (ESZB) der Firma Scheidt & Bachmann dar. Durch die Verwendung elektronischer Sicherungskomponenten sowie von Zugnummernmeldeanlagen, unterscheidet sich der ESZB im Regelbetrieb kaum noch von herkömmlichen Betriebsverfahren des Zugmeldebetriebes. Die Bedienoberfläche beim Zugleiter ist vergleichbar mit der eines **vereinfachten elektronischen Stellwerkes** (ESTW). Die Weichen der Betriebsstellen im ESZB können sowohl als ferngestellte Weichen mit oder ohne elektrische Ortsbedienung, als Rückfallweichen oder als ortsgestellte Handweichen mit Schlüsselüberwachung eingerichtet sein. Die **Gleisfreimeldung** erfolgt **mit Achszählern**. Als Signale kommen **Lichtsignale mit modernen LED-Anzeigen** zum Einsatz. Im Störungsfalle sind örtliche Bedienhandlungen an den Außenanlagen durch das Zugpersonal im Rahmen eines verfahrensgesicherten elektronisch unterstützten Dialogverfahrens mit dem Zugleiter möglich. Dabei wird eine sog. „Örtliche Bedieneinrichtung" freigeschaltet, mit der im Einzelauftrag durch den Zugleiter gestörte Elemente hilfsweise umgangen, bzw. hilfsweise umgestellt oder eingeschaltet werden können. Zuglaufmeldungen werden im ESZB nur noch im Störungsfall erforderlich und über vereinfachten Zugfunk (VZF 95) oder GSM-R gegeben. Die Dokumentation aller Zugfahrten im ESZB erfolgt anhand eines bildlichen Zuglaufmeldebogens durch den Zugleiter für die gesamte Strecke. Der ESZB stellt insbesondere für Regionalstrecken ein sehr effizientes Betriebsverfahren dar.

Besondere Betriebsverfahren

7.5 Stichstreckenblock
(Verfahren: „Nur ein Zug auf der Strecke")

Für Stichstrecken (eingleisige Nebenbahnen) mit schwacher Auslastung – nur ein Zug auf der Strecke – gibt es eine stark vereinfachte Signaltechnik, den Stich-streckenblock.

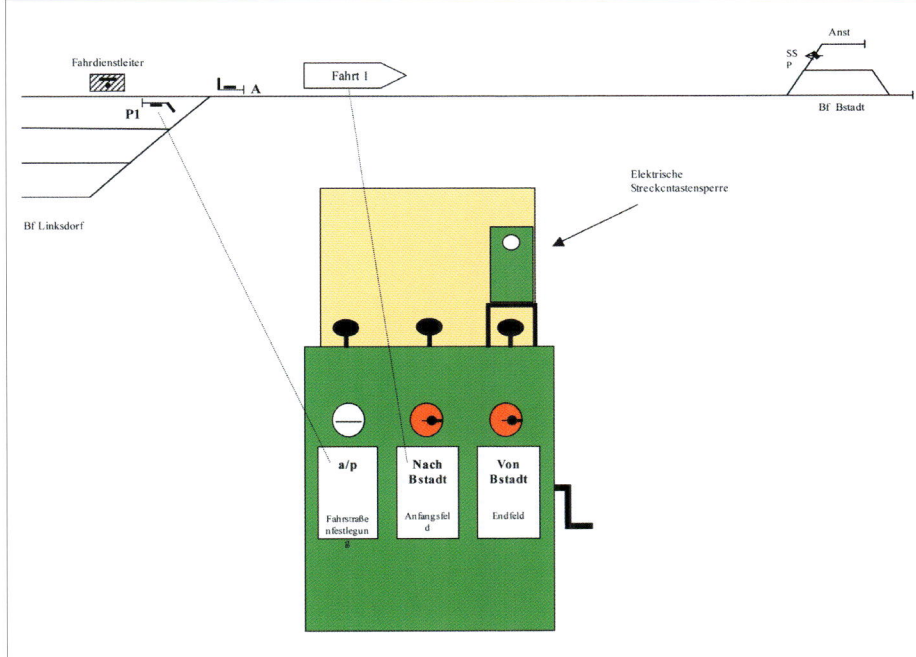

Abbildung 385 a: Streckenband Stichblockstrecke (Hinfahrt Linskdorf – Bstadt).

Der Bahnhof am Beginn einer solchen Strecke verfügt über je ein Ausfahr- sowie Einfahrsignal für die Fahrt in die bzw. aus der Stichstrecke. Die beiden Hauptsi-gnale stehen in einer Streckenblockabhängigkeit zueinander. Das Ausfahrsignal in eine solche Strecke ist nach der Haltstellung solange mittels einer Streckenwie-derholungssperre blockiert, bis das Einfahrsignal in Fahrt-Halt-Stellung gebracht wurde, die elektrische Streckentastensperre zugbewirkt ausgelöst hat und für den zurückgekehrten Zug der Rückblock betätigt wurde. Auf das Zugmeldeverfahren kann bei diesem Betriebsverfahren verzichtet werden. Bei der Sicherung von Bahn-übergängen sind alle Bauformen gemäß den Bestimmungen der EBO zugelassen.

Auf den Einsatz von örtlichem Betriebspersonal wird in der Regel verzichtet. Die Stichstrecken müssen mit Zugfunk sowie Fernsprechverbindung ausgerüstet sein, wenn dort Reisezüge verkehren.

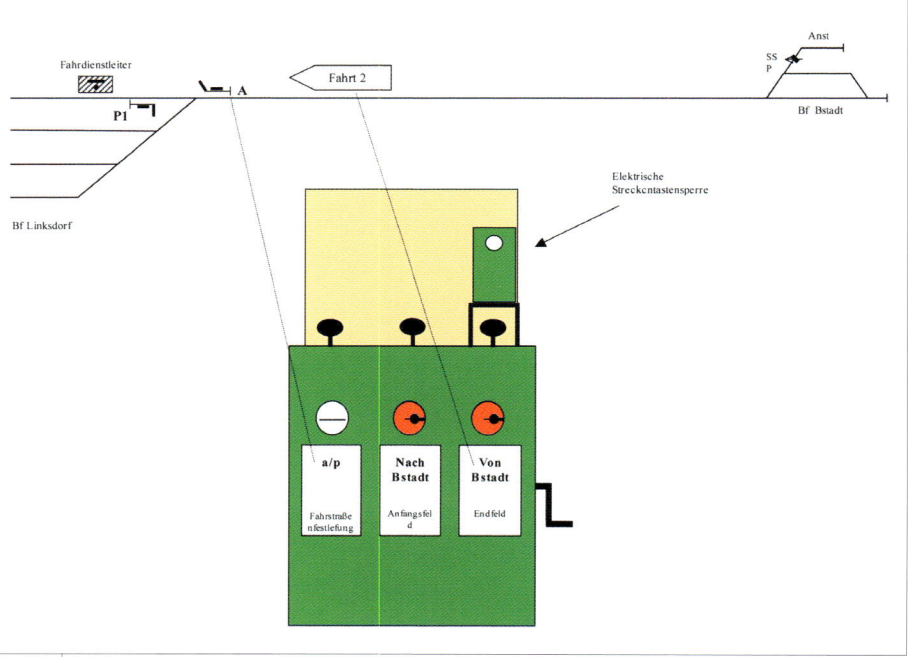

Abbildung 385 b: Streckenband Stichblockstrecke (Rückfahrt Bstadt – Linksdorf).

8 Elektrisch betriebene Strecken

Das Streckennetz der DB Netz AG umfasst 2006 insgesamt ca. 34.000 km; davon werden rund 19.350 km elektrisch betrieben.

Auf elektrisch betriebenen Strecken benötigen die Mitarbeiter Kenntnisse über den Aufbau des Netzes, die Gefahren der Oberleitung sowie die richtigen Verhaltensweisen zur Unfallverhütung und schließlich über die Schaltungsmöglichkeiten im Netz.

Bahn-Energiefluss, Aufbau des zentralen Bahnstromnetzes
Bei der Bahn wird die Oberleitung mit einer Nennspannung von 15.000 Volt und einer Frequenz von 16,7 Hz betrieben.

Bevor die Energie für die Triebfahrzeuge zur Verfügung steht, muss diese teilweise über weite Entfernungen transportiert werden. Dies geschieht mit einer wesentlich höheren Spannung, um die Verluste beim Energietransport gering zu halten.

Die von den 16,7-Hz-Kraftwerken bezogene Energie wird direkt in die Bahnstromleitungen eingespeist.

Die vom öffentlichen 50-Hz-Netz entnommene Energie wird über sogenannte Umformerwerke in 16,7-Hz-Energie, 110.000 Volt umgewandelt und ebenfalls in die Bahnstromleitungen eingespeist. Dieses 110-kV-Hochspannungsnetz der DB Energie hat z.Z. eine Ausdehnung von mehr als 7.700 km.

Im Abstand von ca. 20 – 80 km wird die Spannung in ca. 180 **Unterwerken** (Uw) von 110 kV auf 15 kV herunter transformiert und in die Oberleitung eingespeist.

Abbildung 386: Unterwerk.

Jedes Unterwerk beinhaltet für die Betätigung von Schaltern und die Anzeige von Meldungen eine Schaltwarte.

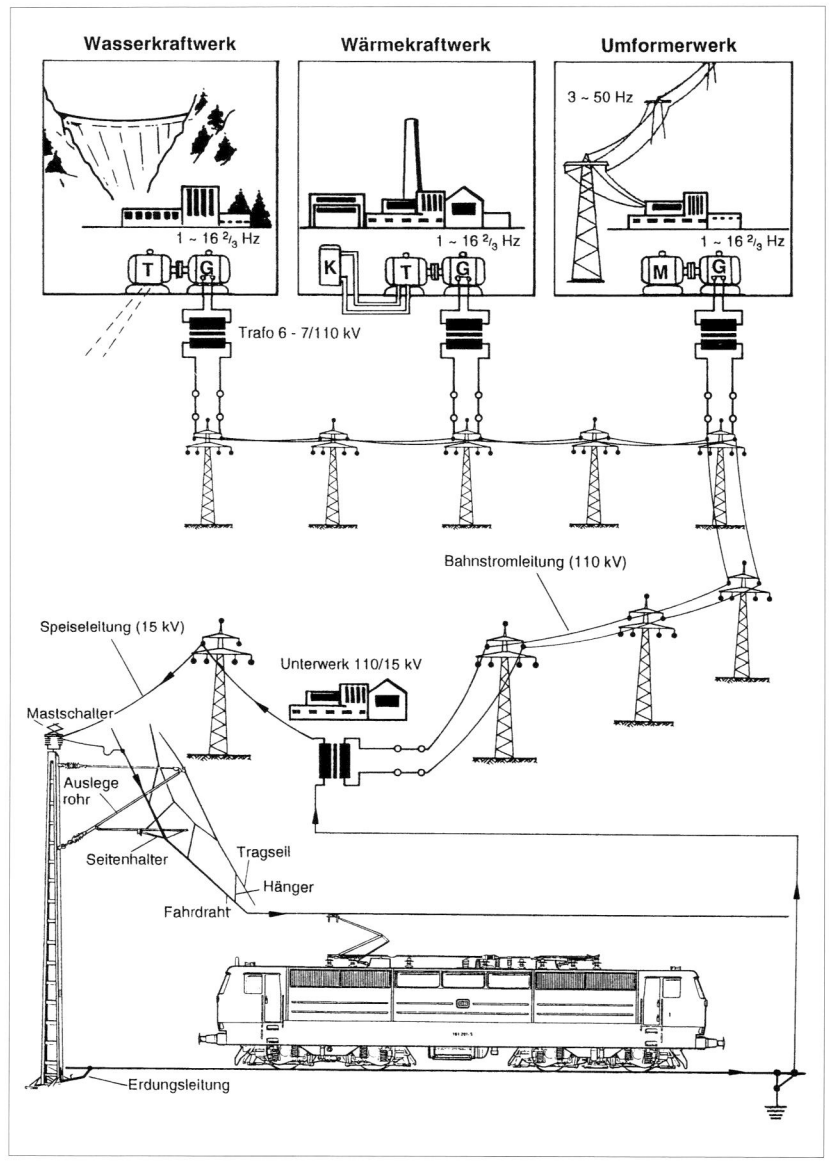

Abbildung 387: Stromversorgung des elektrischen Zugbetriebes.

Elektrisch betriebene Strecken

Aus wirtschaftlichen Gründen ist die elektrische Netzbetriebsführung der Bahn-stromschaltanlagen (Unterwerke, Schaltposten und Kuppelstellen) sowie der Oberleitungsanlagen in 12 **Zentralschaltstellen** (Zes) zusammengefasst, die mit Personal rund um die Uhr besetzt sind. Der Mitarbeiter einer Zes, der sogenannte Schaltdienstleiter, gibt bei Unregelmäßigkeiten und Störungen im Oberleitungsnetz Weisungen an die Fdl vor Ort und hält auch engen Kontakt zur Betriebszentrale.

Abbildung 388:
Zentralschaltstelle in München.

Garant für eine optimale Bahnstromversorgung ist die **Hauptschaltleitung** (HSL) in Frankfurt a.M., die mit zwei Mitarbeitern rund um die Uhr die Stromversor-gung für täglich rund 25.000 Züge sicherstellt. Jede Veränderung im Betriebszu-stand wird dem Netzleiter und dem Lastverteiler unmittelbar auf einer Schaltwand angezeigt, so dass ein sofortiges Reagieren möglich ist.

Abbildung 389: Hauptschaltleitung (HSL) für die Bahnstromversorgung in Frankfurt (M).

Unterstützung vor Ort erhält die HSL von zwei Schaltbefehlsstellen (Sbs), die in Abstimmung mit der HSL Schalthandlungen vornehmen.

Der Fahrstrom, der den Triebfahrzeugen über die Oberleitung zugeführt wird, fließt überwiegend über die Schienen und zum Teil über das Erdreich zum Unterwerk zurück.

Durch besondere Querverbindungen in gewissen Abständen wird das Schienennetz gut leitend zusammengeschlossen und somit vermieden, dass im Bereich der Gleise unzulässig hohe Spannungen auftreten.

Die Oberleitungen der Bahnhöfe werden je nach den örtlichen und betrieblichen Erfordernissen durch besondere Trennvorrichtungen in den Kettenwerken in **Schaltgruppen** unterteilt und gegen die Schaltabschnitte der freien Strecke abgegrenzt.

Es ergeben sich kleinere Oberleitungsschaltabschnitte, die jeweils unabhängig voneinander geschaltet werden können, um den Betriebsablauf bei planmäßigen Arbeiten an der Oberleitung oder bei Oberleitungsstörungen so gering wie möglich zu behindern.

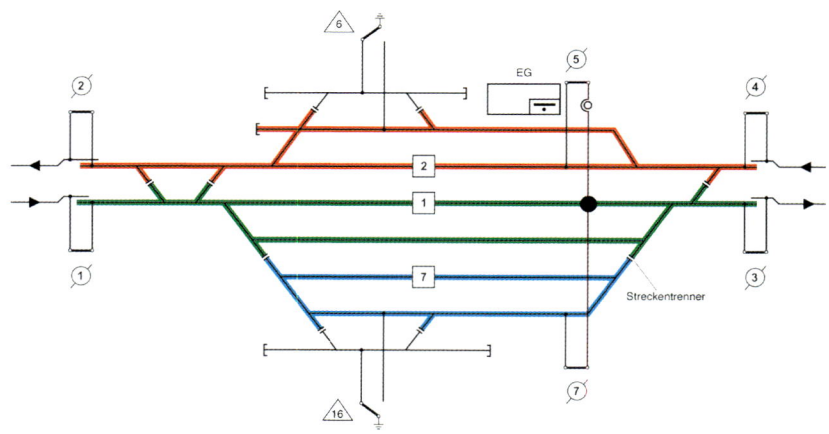

Abbildung 390: Schaltgruppen eines Durchgangsbahnhofes.

Schaltungen in der Oberleitung

Die einzelnen Schaltgruppen der Bahnhöfe sind in Übersichtsplänen mit Schalt-anweisung dargestellt:

In diesen **Übersichtsplänen** erhält jeder Schalter eine eindeutige Bezeichnung und je nach betrieblichem Zweck eine Grundstellung: Schaltgruppen von Gleisen, die grundsätzlich für elektrische Triebfahrzeuge benötigt werden, sind in Grund-stellung eingeschaltet, Schaltgruppen von Gleisen, die nur in besonderen Fällen von Triebfahrzeugen mit gehobenem Stromabnehmer befahren werden, z.B. das Ladegleis, sind in Grundstellung ausgeschaltet.

Die Schalter im Oberleitungsnetz sind für
- Fernsteuerung von der Zes
- Ortssteuerung vom Stellwerk oder
- Handbedienung vor Ort eingerichtet.

Handbediente Schalter werden mittels geschlitztem Dreikant- oder Vierkantsteck-schlüssel bedient, der in der Regel beim Fahrdienstleiter an einem besonderen Schlüsselbrett aufbewahrt wird, wie z.B. für das Ladegleis.

Ortsgesteuerte Schalter werden an der **Ortssteuertafel** im Stellwerk geschaltet: bei Störungen können sie mit einer Kurbel vor Ort handbedient werden, wie z.B. bei Weichenheizungen.

Ferngesteuerte Schalter werden von der Zes direkt bedient, können bei Störungen aber auch ortsgesteuert oder handbedient werden. Schaltungen im Oberleitungs-netz führt die Zes selbst durch oder gibt entsprechende Aufträge an Schalterbe-diener vor Ort.

Bei drohender Gefahr ist ausnahmsweise auch der Fahrdienstleiter berechtigt, Schalter selbst auszuschalten. Dies muss der Zes jedoch unverzüglich gemeldet werden.

Gefahren der Oberleitung, Unfallverhütung

Die Oberleitung steht unter einer Spannung von 15.000 Volt, daher kann nicht nur die unmittelbare Berührung von spannungsführenden Teilen tödlich wirken, son-dern auch die Berührung mittels Gegenständen, z.B. Werkzeugen, Wasserstrahl, aber auch mit normalerweise nicht leitenden Gegenständen, wie etwa Holzstangen zu einer gefährlich hohen Berührungsspannung führen oder bereits die Annäherung an spannungsführenden Teile (Spannungsüberschlag).

Spannungsführende Teile sind neben den Leitungen selbst auch
- die Schalter vor Ort,
- die Isolatoren,
- das Kettenwerk und
- die Streckentrenner/Streckentrennungen (= Trenneinrichtung zwischen den einzelnen Schaltgruppen, siehe Schaltplan).

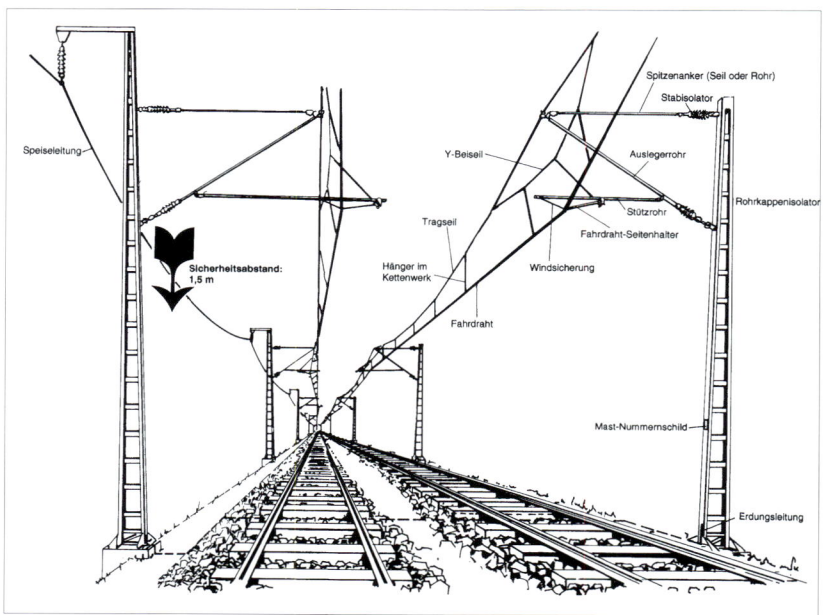

Abbildung 391: Oberleitungsanlage mit Kettenwerken an Tragmasten.

Ferner besteht bei Bodenberührung der Oberleitung (gerissene Leitung liegt am Boden auf) die Gefahr der **Schrittspannung**. Befindet sich jemand in unmittelbarer Nähe, fließt um so mehr Strom durch den Körper, je größer der Abstand zwischen beiden Füßen (Schrittlänge) beträgt. Der Grund liegt darin, dass mit zunehmender Entfernung von der Berührungsstelle die Spannung auf dem Erdboden abnimmt (Spannungsgefälle).

Um diesen Gefahren auszuweichen, gelten folgende wichtige Verhaltensregeln, die in besonderen Sicherheitsheften an die Mitarbeiter verteilt werden:

- ■ von allen spannungsführenden Teilen der Oberleitung ist ein Schutzabstand von mindestens 1,5 m vorgeschrieben,
- ■ Tritte und Bühnen, die mehr als 2 m über Schienenoberkante liegen, dürfen nicht betreten werden,
- ■ Dächer von Fahrzeugen dürfen nicht bestiegen werden,

Elektrisch betriebene Strecken

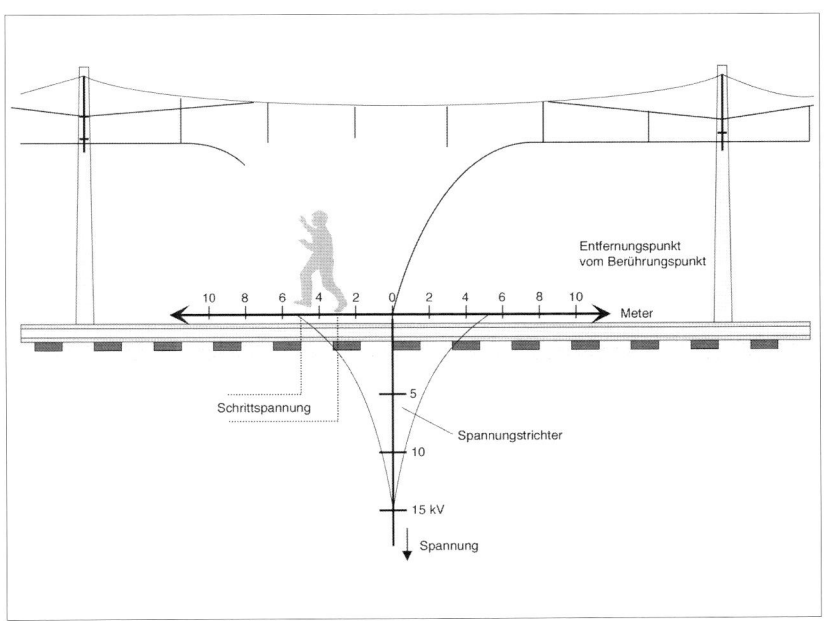

Abbildung 392: Schrittspannung.

solange nicht sicher ist, dass die Oberleitung spannungsfrei („ausgeschaltet") und bahngeerdet ist.

Von herabhängenden Teilen der Oberleitung mit Bodenberührung ist ein Mindestabstand von 10 m einzuhalten.

Sollte jemand innerhalb dieses Bereiches überrascht werden, ist vor Allem Ruhe zu bewahren und mit möglichst kleinen Schritten (besser hüpfend) diese Zone zu verlassen, sonst entsteht eine gefährlich hohe Schrittspannung.

Wiederholungsfragen

zu 1.1 Bahnbetrieb

1. Was versteht man unter Bahnbetrieb?
2. Welche Aufgaben haben die Betriebszentralen?

zu 1.2 Mitarbeiter

1. Welche Funktionsgruppen nehmen hauptsächlich Aufgaben im Bahnbetrieb wahr?
2. Welcher Grundsatz gilt für alle Mitarbeiter mit Aufgaben im Bahnbetrieb bezüglich der Ausführung ihrer Tätigkeiten?
3. Welche besonderen Anforderungen stellt die EBO an die „Betriebsbeamten"?
4. Wie setzt die DB Netz AG die Anforderungen an Betriebsbeamte gemäß den §§ 47 ff der EBO bezüglich der Fahrdienstleiter um?

zu 1.3 Oberbau

1. Was versteht man unter dem Oberbau?
2. Wie werden Weichen nach ihrer betrieblichen Bestimmung unterschieden?
3. Welche Aufgaben haben die wichtigsten Teile einer Weiche?
4. Was bedeutet
   a) Eine Weiche wird spitz befahren?
   b) Eine Weiche wird stumpf befahren?

zu 1.4 Bahnanlagen

1. Was versteht man unter Bahnanlagen?
2. Welche Kriterien sind maßgebend für die Bezeichnung „Bahnhof"?
3. Im Straßenverkehr wird auf Sicht gefahren. Welcher Grundsatz gilt für Züge?
4. Welche gemeinsamen Eigenschaften haben Abzweigstellen, Überleitstellen, Anschlussstellen und Ausweichanschlussstellen?
5. Was unterscheidet Abzweigstellen, Überleitstellen, Anschlussstellen und Ausweichanschlussstellen voneinander?
6. Welcher Unterschied besteht zwischen Zugfolge- und Zugmeldestellen?

zu 1.5 Fahrzeuge

1. Welche Triebfahrzeuge gibt es?
2. Was versteht man unter einem Zug?
3. Wie können Züge zusammengesetzt sein?
4. Welche Unterschiede bestehen zwischen einem geschobenen und einem nachgeschobenen Zug?

5. Was versteht man unter einem Wendezug?
6. Wie werden Züge fahrplantechnisch eingeteilt?

zu 1.6 Signale

1. Welchem Zweck dienen Signale?
2. Wie ist das Signalbuch aufgebaut? Was bedeuten die unterschiedlichen Druckarten?
3. Welche Bedeutung haben die Mastschilder an Lichtsignalen?
4. Wie werden ungültige Signale gekennzeichnet?
5. Im Signalbuch sind alle Signale beschrieben mit Form, Farbe und/oder Klangart; zur Erläuterung dienen oft Abbildungen. Welche Darstellungsform ist für den Anwender maßgebend?
6. Wo befindet sich im allgemeinen der Standort der ortsfesten Signale?
7. Welche Funktion kann ein Hauptsignal haben?
8. Was versteht man unter zweibildrigem bzw. dreibildrigem Hauptsignal?
9. Wo sind Vorsignale aufgestellt und welche Bedeutung haben ihre Signalbilder?
10. In welchen Fällen wird das Aufstellen eines Vorsignalwiederholers erforderlich?
11. Welche Bedeutung haben Kombinationssignale?
12. Wie erfährt der Triebfahrzeugführer, wohin sein Fahrweg führt, wenn das Hauptsignal für zwei oder mehrere Fahrtrichtungen stellbar ist?
13. Einfahrten in Stumpfgleise bzw. Gleise mit verkürztem Durchrutschweg erfordern eine Verringerung der Geschwindigkeit. Wie wird dies dem Triebfahrzeugführer signalisiert?
14. Welche gemeinsame bzw. unterschiedliche Bedeutung haben Ersatz- und Vorsichtssignal?
15. Welche Information erhält der Triebfahrzeugführer durch das Gegengleis-Ersatzsignal?
16. Welche Bedeutung haben Gegengleisanzeiger?
17. Welche Bedeutung haben Sh 0 bzw. Sh 1?
18. Wozu kann das Signal Sh 2 verwendet werden?
19. In welchen Fällen wird Sh 3 bzw. Sh 5 angewendet?
20. Wo wird die Rangierhalttafel aufgestellt und welche Bedeutung hat sie?
21. Welche Bedeutung hat das Grenzzeichen?
22. Wie wird eine vorübergehende Langsamfahrstelle signalisiert?
23. Welcher Unterschied besteht zwischen der Signalisierung einer ständigen und einer vorübergehenden Langsamfahrstelle?
24. Wann führen Züge ein Spitzensignal?
25. Wie erfolgt die Kennzeichnung des Zugschlusses?

zu 1.7 Telekommunikationsanlagen im Bahnbetrieb

1. Welcher Unterschied besteht zwischen einer analogen und einer digitalen Telekommunikationsanlage?

2. Was versteht man unter GSM-R?

zu 1.8 Zugbeeinflussungssysteme

1. Welche Aufgabe hat die punktförmige Zugbeeinflussung?
2. Welche PZB-Streckeneinrichtungen gibt es?
3. Was zählt zu den PZB-Fahrzeugeinrichtungen?
4. Wie wird der Fahrtverlauf zwischen Vor- und Hauptsignal durch die PZB überwacht?
5. Welche Vorteile bietet die LZB gegenüber der herkömmlichen Zugsicherung?
6. Welche Möglichkeiten bietet ETCS?
7. Was versteht man unter der Sicherheitsfahrschaltung?

zu 1.9 Gesetze, Rechtsverordnungen, untergesetzliches Regelwerk

1. In welchen Gesetzen und Rechtsverordnungen finden Sie Bestimmungen über den Bahnbetrieb?
2. Welche innerbetrieblichen Bestimmungen, auch untergesetzliches Regelwerk genannt, regeln die Durchführung des Bahnbetriebs?

zu 1.10 Fahrpläne

1. Welche Fahrpläne gibt es für innerbetriebliche Zwecke?
2. Wie ist der Bildfahrplan aufgebaut?
3. Welcher Unterschied besteht zwischen Geschwindigkeitsheft und Fahrzeitenheft?
4. Was versteht man unter EBuLa?
5. Welche Fahrplanunterlagen gibt es für den Gelegenheitsverkehr?
6. Welche Bedeutung hat das Yen-Zeichen?
7. Welche Aufträge können mit einer Fahrplan-Mitteilung gegeben werden?
8. Welche zusätzlichen Angaben enthält der Fahrplan für Schrankenposten?
9. Welchen Zweck erfüllt der Fahrplan für Zugmeldestellen?

zu 2 Bahnübergänge – Aufgaben des Schrankenwärters

1. Was versteht man unter einem Bahnübergang?
2. Wie werden Bahnübergänge ohne technische Sicherung gesichert?
3. Auf Hauptbahnen sind BÜ grundsätzlich technisch gesichert. Welche Ausnahmen gibt es hiervon?
4. Welcher Unterschied besteht zwischen Lichtzeichen und Blinklichtern?
5. Was versteht man unter wärterbedienten Bahnübergangssicherungsanlagen?
6. Was versteht man unter Anrufschranken?
7. Welche besonderen technischen Einrichtungen zur Erhöhung der Betriebssicherheit können beim Schrankenwärter vorhanden sein?
8. Wann gilt eine Schranke als signalabhängig?

9. Wie wirkt eine Anlage mit Überwachungssignalen (Lo-Anlage)?
10. Wie funktioniert eine FÜ-Anlage?
11. Was sind signalgesteuerte Anlagen?
12. Was versteht man unter der EBÜT 80- bzw. RBÜT-Technik?
13. Nach welchen Kriterien bestimmt der Schrankenwärter den Zeitpunkt für das Schließen der Schranken?
14. Wie erfolgt die mittelbare Unterrichtung des Schrankenwärters über den Zugverkehr?
15. Was versteht man unter dem „Bereithalten" nach Mithören der Zugmeldung?
16. Worauf achtet der Schrankenwärter bei der Vorbeifahrt eines Zuges?
17. Wann darf der Schrankenwärter die Schranken wieder öffnen?

zu 3 Rangieren

1. Welche Tätigkeiten umfasst das Rangieren?
2. Wo wird rangiert?
3. Wie ist ein Rangierbahnhof aufgebaut?
4. Welcher Unterschied besteht zwischen einem einseitigen und einem zweiseitigen Rangierbahnhof?
5. Wie funktionieren Hemmschuhe bzw. Radvorleger?
6. Worüber hat der Triebfahrzeugführer den Weichenwärter zu verständigen?
7. Wie kann der Weichenwärter die Zustimmung zur Rangierfahrt geben?
8. Wann gilt eine Rangierfahrt als „fahrbereit"?
9. Wann ist beim Rangieren ein Fahrauftrag erforderlich?
10. Welche Aufgaben haben Triebfahrzeugführer/Rangierbegleiter während der Fahrt?
11. Wie werden ortsgestellte Weichen grundsätzlich unterschieden?
12. Welche Bedeutung haben die farbigen Anstriche an den Hebelgewichten der ortsgestellten Weichen?
13. Welche Besonderheiten gibt es beim Rangieren in EOW-Bereichen?
14. Welche Besonderheiten sind beim Rangieren auf Hauptgleisen zu beachten?
15. Welche wesentlichen Unterschiede bestehen zwischen Zug- und Rangierfahrten?

zu 4 Bilden der Züge

1. Welcher Unterschied besteht zwischen dem Einsatz der Güter- und Reisezugwagen?
2. Welche Unterlagen enthalten Bestimmungen für die Zugbildung?
3. Welche grundsätzlichen Bestimmungen sind bei der Bildung eines Zuges zu beachten?
4. Wie kann man aus der Anschrift am Güterwagen die Höchstgeschwindigkeit erkennen?
5. Unter welchen Voraussetzungen dürfen Wagen ausländischer Bahnen in einen Zug eingestellt werden?
6. Was versteht man unter der „Streckenklasse"?

7. Welche Fahrzeuge dürfen nur am Schluss von Zügen eingestellt werden?
8. Nach welchen Kriterien richtet sich die Länge der Züge?
9. Welche Beschränkungen gibt es bezüglich der Länge von Reisezügen?
10. Wie „stark" darf ein Güterzug sein?
11. Was versteht man unter „außergewöhnlichen Sendungen"?
12. Wie werden Sendungen mit Lademaßüberschreitungen bezüglich des Nachbargleises eingeteilt?
13. Welche Kennzeichnung gibt es für außergewöhnliche Sendungen?

zu 5 Von der Bereitstellung bis zur Abfahrt des Zuges – Aufgaben der Mitarbeiter am Zug

1. Welche Mitarbeiter zählen zum Zugpersonal?
2. Wem obliegt die Zugaufsicht grundsätzlich und wo sind Abweichungen geregelt?
3. Welche Tätigkeiten müssen ausgeführt werden, um die Abfahrbereitschaft eines Zuges herzustellen?
4. Wann ist eine Fertigmeldung erforderlich?
5. Wie kann der Fahrdienstleiter einer Zugfahrt zustimmen?
6. Wie wird der Abfahrauftrag erteilt?

zu 6 Züge fahren – Aufgaben des Fahrdienstleiters

1. Welche Richtlinien enthalten die wichtigsten Bestimmungen für den Fahrdienstleiter?
2. Welche Bedeutung hat das Auftragsbuch?
3. Wozu dient das Zugmeldebuch?
4. Welche Grundsätze gelten für das Führen des Zugmeldebuches?
5. Welche Bedeutung hat das Fernsprechbuch?
6. Welchem Nachweis dient das Arbeits- und Störungsbuch? ?
7. Welche Stellen sind im Regelfall an die Strecken-Fernsprechverbindung angeschlossen?
8. Welche Rangfolge gilt für die Durchführung von Gesprächen?
9. Welche wichtigen Fernsprechverbindungen gibt es neben der Strecken-Fernsprechverbindung?
10. Was ist bei fernmündlicher Verständigung zu beachten?
11. Wozu dient das Zugmeldeverfahren?
12. Welche Arten von Zugmeldungen gibt es?
13. In welcher Reihenfolge melden sich die Teilnehmer auf den Zugmelderuf?
14. Wie werden Zugmeldungen durch technische Meldeeinrichtungen ersetzt?
15. Wann darf ein Zug frühestens angeboten werden?
16. Wann dürfen Züge „voraussichtlich abgemeldet" werden?
17. Welche Feststellungen umfasst die Räumungsprüfung?
18. Wie wird die Räumungsprüfung bestätigt
    a)   auf Strecken ohne Streckenblock?
    b)   auf Strecken mit nichtselbsttätigem Streckenblock?

c) auf Strecken mit selbsttätigem Streckenblock?
19. Wozu dient der Streckenblock auf ein- und zweigleisigen Strecken?
20. Wie ist die grundsätzliche Wirkungsweise des Felderblocks?
21. Wie arbeiten Anfangs- und Endfeld zusammen?
22. Welche Funktion hat das Erlaubnisfeld?
23. Wann darf bzw. kann das Anfangsfeld geblockt werden?
24. Welche Bedeutung hat die elektrische Flügelkupplung?
25. Was versteht man unter der elektrischen Streckentastensperre und wie wirkt sie?
26. Wann darf bzw. kann das Endfeld bedient werden?
27. Welche Aufgabe hat die Streckenwiederholungssperre?
28. Welche Unterschiede gibt es zwischen Relaisblock und Felderblock?
29. Welche Besonderheiten treffen für die Bauart und Wirkungsweise des Trägerfrequenzblocks 71 zu?
30. Was unterscheidet Selbstblock und Zentralblock (insbesondere die Signale) voneinander?
31. Was sind Signalanlagen?
32. Welche Aufgaben hat ein Stellwerk?
33. Welche Unterscheidungsmerkmale gibt es bei den einzelnen Bauformen hinsichtlich der Bedienungsart?
34. Warum besteht zwischen einem Wärter- und einem Fahrdienstleiterstellwerk eine Abhängigkeit?
35. Welcher Unterschied besteht zwischen einem Befehlsstellwerk und einer Befehlsstelle?
36. Wann wird ein Stellwerk als Zentralstellwerk bezeichnet?
37. Wozu dienen Rangierstellwerke?
38. Was versteht man unter einer Fahrstraße und aus welchen Elementen setzt sie sich zusammen?
39. Welche Bedeutung haben Verschlüsse an Weichen?
40. Worauf ist bei der Überprüfung einer Weiche zu achten?
41. Was passiert beim Umstellen einer Weiche am Spitzenverschluss und an den Weichenzungen im Einzelnen?
42 Welche Bedeutung hat der Durchrutschweg im Allgemeinen und hinter dem Einfahrsignal im Besonderen?
43. Was versteht man unter der D-Weg-Wahl?
44 Was sind Flankenschutzeinrichtungen?
45. Wodurch werden gefährdende Rangierbewegungen vermieden?
46. Was beinhalten Verschlussunterlagen?
47. Wann und wie ist eine Fahrwegprüfung durchzuführen?
48. Welche Feststellungen umfasst die Fahrwegprüfung?
49. Was versteht man unter der mittelbaren Fahrwegprüfung?
50. Welche Teile der Fahrwegprüfung ersetzt die selbsttätige Gleisfreimeldeanlage nicht?
51. Welche Bauformen der selbsttätigen Gleisfreimeldeanlage gibt es?
52. Wie wird im mechanischen Stellwerk der Verschluss der Fahrwegelemente bewirkt?

53. Welche Bedienungshandlungen sind notwendig, um beim mechanischen Stellwerk aus einem Fahrweg eine Fahrstraße zu bilden?
54. Was versteht man unter „Signalabhängigkeit"?
55. Wann darf nach der Fahrt eines Zuges das Hauptsignal auf Halt gestellt werden?
56. Wann darf die Fahrstraße aufgelöst werden?
57. Welche Bedeutung haben Zugschlussstellen und wo sind diese aufgeführt?
58. Welche Möglichkeiten gibt es bei der zugbewirkten Auflösung einer Fahrstraße?
59. Welche Aufgaben hat der Bahnhofsblock?
60. Welche Felder des Bahnhofsblocks arbeiten zusammen und sind in Grundstellung geblockt oder entblockt?
61. Was geschieht durch das Blocken eines Befehlsabgabe- bzw. eines Zustimmungsabgabefeldes beim mitwirkenden und beim signalbedienenden Stellwerk?
62. Welcher Unterschied besteht zwischen einem Wechsel- und einem Gleichstromfahrstraßenfestlegefeld?
63. Was versteht man unter „aufgehobener Signalabhängigkeit"?
64. Welche Anlässe können zur Durchführung von Zugfahrten ohne Fahrtstellung eines Hauptsignals führen?
65. Welche Vorbedingungen müssen vor Zulassung einer Zugfahrt ohne Fahrtstellung eines Hauptsignals erfüllt sein? Wie erfolgt die Zustimmung zur Fahrt?
66. Was versteht man unter dem Befahren des Gegengleises?
67. Welche Gründe können zu Gleissperrungen führen?
68. Was ist beim Sperren von Streckengleisen zu beachten?
69. Wie werden Bahnhofsgleise abgeriegelt?
70. Was ist bei der Durchführung von Sperrfahrten zu beachten?
71. Welche Besonderheiten sind bei der Durchführung von Sperrungen aus Gründen der Unfallverhütung zu beachten?
72. Welche grundsätzlichen Unterschiede bestehen zwischen dem Zugleitbetrieb, dem technisch unterstützten Zugleitbetrieb und dem Signalisierten Zugleitbetrieb?

Anhang I

Verzeichnis der gebräuchlichsten Abkürzungen, die Ihnen in nächster Zeit begegnen werden.

Abzw	=	Abzweigestelle
Anst	=	Anschlussstelle
Arbz	=	Arbeitszug
Asig	=	Ausfahrsignal
Awanst	=	Ausweichanschlussstelle
Bef	=	Befehl
Bet ben	=	Beteiligte benachrichtigt
Betra	=	Betriebs- und Bauanweisung
Bf	=	Bahnhof
Bft	=	Bahnhofsteil
Bk	=	Blockstelle
Bksig	=	Blocksignal
Bstg	=	Bahnsteig
BÜ	=	Bahnübergang
BÜS	=	Bahnübergangssicherung
BZ	=	Betriebszentrale
DKW	=	Doppelte Kreuzungsweiche
D-Weg	=	Durchrutschweg
EBuLa	=	Elektronischer Buchfahrplan und La
EBÜT	=	Einheits-Bahnübergangs-Technik
EKW	=	Einfache Keuzungsweiche
EOW	=	Elektrisch ortsgestellte Weiche
Esig	=	Einfahrsignal
ESTW	=	Elektronisches Stellwerk
ESZB	=	Elektronisch Signalisierter Zugleitbetrieb
ETCS	=	European Train Control System
Fdl	=	Fahrdienstleiter
FfZ	=	Fahrplan für Zugmeldestellen
fmdl	=	fernmündlich
Fpl	=	Fahrplan
Fplm	=	Fahrplanmitteilung
Fplo	=	Fahrplananordnung
FÜ	=	fernüberwacht
Fz	=	Fahrzeug
FztH	=	Fahrzeitenheft
GeH	=	Geschwindigkeitsheft
Ggl	=	Gegengleis
Gl	=	Gleis
Gs	=	Gleissperre

Gz	=	Güterzug
Hp	=	Haltepunkt
Hs	=	Formsperrsignal
Hst	=	Haltestelle
Kl	=	Kleinwagen
Lfst	=	Langsamfahrstelle, vorübergehende
Lo	=	lokführerüberwacht
Ls	=	Lichtsperrsignal
Lü	=	Lademaßüberschreitung
LZB	=	Linienzugbeeinflussung
Mbr	=	Mindestbremshundertstel
mdl	=	mündlich
öA	=	örtliche Aufsicht
Ol	=	Oberleitung
P	=	Posten
PZB	=	Punktförmige Zugbeeinflussung
R	=	Rückmelden, Rückmeldung
Rf	=	Rangierfahrt
Rb	=	Rangierbegleiter
Rgl	=	Regelgleis
Rp	=	Räumungsprüfung
RUT	=	Rechnerunterstütztes Trassenmanagement
Rz	=	Reisezug
Sbk	=	selbsttätiges Blocksignal
Schrp	=	Schrankenposten
Schrw	=	Schrankenwärter
Sdz	=	Sonderzug
Sifa	=	Sicherheitsfahrschaltung
Sig	=	Signal
Sigabh	=	Signalabhängigkeit
SpM	=	Sperr- und Meldeinrichtung
Stw	=	Stellwerk
Tf	=	Triebfahrzeugführer
Tfz	=	Triebfahrzeug
Üs	=	Überwachungssignal
Üst	=	Überleitstelle
VMZ	=	zulässige Geschwindigkeit
Vsig	=	Vorsignal
W	=	Weiche
Wgm	=	Wagenmeister
Wgp	=	Wagenprüfer
Ww	=	Weichenwärter
X	=	Radsatz (Achse)
Z	=	Zug
ZES	=	Zentralschaltstelle
ZLB	=	Zugleitbetrieb

ZF	=	Zugfunk
Zf	=	Zugführer
Zfst	=	Zugfolgestelle
Zm	=	Zugmelder
Zmb	=	Zugmeldebuch
Zmst	=	Zugmeldestelle
Zp	=	Zugbildungsplan, Zugpersonal
Zs	=	Zugschaffner
Zsig	=	Zwischensignal
Zub	=	Zugbegleiter, Zugbegleitpersonal
Zugv	=	Zugvorbereiter

Anhang II

Zusammenstellung der wichtigsten Zeichen und Muster für Signalpläne

A. Zeichen für den Lageplan

Mechanisches Stellwerk in niedrigem Gebäude (Fußbodenhöhe bis 2,0 m über SU)

Gleisbildstellwerk in hohem Gebäude (Fußbodenhöhe mehr als 2,0 m über SU)

Ortsgestellte einfache Weiche

Ferngestellte einfache Weiche

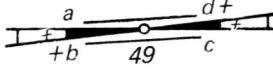

Ferngestellte doppelte Kreuzungsweiche

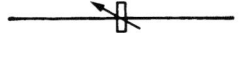

Ortsgestellte Gleissperre

Ferngestellte Gleissperre

Ferngestellte Weiche mit mechanischem
Zungenriegel für beide Stellungen

Ferngestellte Weiche mit Zungenprüfer

Formsignale   **Lichtsignale**

Zweibildriges Hauptsignal (H, F), stellwerksbedient

Zweibildriges Hauptsignal (H, L), stellwerksbedient

330

Dreibildriges Hauptsignal (H, F, L) stellwerksbedient

Dreibildriges Hauptsignal mit Ersatzsignal

Hauptsignal, wechselweise zug- oder stellwerksbedient

Selbsttätiges Blocksignal, zugbedient
Grundstellung : Fahrt

Vorsignal, stellwerksbedient

Zweibildriges Vorsignal, stellwerksbedient
(h, 1)

Dreibildriges Vorsignal, stellwerksbedient
(h, f, 1)

Elektrisch gestellte Vorsignale

Vorsignal, wechselweise zug- oder stellwerksbedient

Haupt- und Vorsignal mit elektrischer Flügel-
bzw. Scheibenkupplung

Haupt- und Vorsignal am gemeinsamen Mast

A	*A*	Ersatzsignal, Richtungsanzeiger, Geschwindigkeitsanzeiger am Hauptsignalmast
A	*A*	Gegengleisanzeiger (auf rechtes Gleis) am Hauptsignalmast
A	*A*	Gegengleisanzeiger (auf linkes Gleis) am Hauptsignalmast
1	*1*	Gleissperrsignal Grundstellung „Halt, Fahrverbot"
	N3/a	Hauptsignal mit Vorsignal, beide stellwerksbedient
		Rangierhalttafel
	2	Langsamfahrscheibe mit der Kennziffer 2
		Anfangstafel
		Endtafel
	ÜS1	Lokführerüberwachungssignal einer Blinklichtanlage
	S1	Blinklichtsignal am Wegübergang
		Haltetafel für Reisezüge
		Rautentafel
		Merktafel

Sonstige Angaben im Lageplan

a_2^1 → Zugstraße für Reisezug- oder Reise- und Güterzugfahrten

$f5$ →→ Zugstraße nur für Güterzugfahrten

$a_3^1, n3$ ⊕ Durchfahrstraße für Reisezüge oder Reise- und Güterzüge

Magnetschienenkontakt

Isolierte Weiche

1^2 *oder* 3^1 Isolierter Gleisabschnitt

Achszählabschnitt

1^1 Tonfrequenz-Gleisstromkreis

1^4

B. Zeichen für die Darstellung der Verschlüsse im Verschlussplan

1) Weichenteil

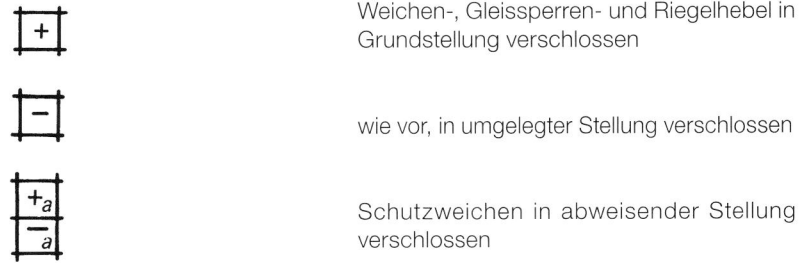

+ Weichen-, Gleissperren- und Riegelhebel in Grundstellung verschlossen

− wie vor, in umgelegter Stellung verschlossen

+a / −a Schutzweichen in abweisender Stellung verschlossen

2) Fahrstraßenteil

Fahrstraßenhebel umgelegt, Ziffer bedeutet Reihenfolge der Bedienungshandlung

Das Umlegen des Fahrstraßenhebels ist durch abweisende Lage des Weichen- usw. -hebels ausgeschlossen

3) Signalteil

Hauptsignalhebel umgelegt

Hebel des Gleissperrsignals in Stellung:

„Halt! Fahrverbot!" verschlossen

Hebel des Gleissperrsignals in Stellung: „Fahrverbot aufgehoben" verschlossen.

Index

Index

Die Autoren

Anita Hausmann,
Dipl.-Verwaltungsbetriebswirtin

Leiterin Betriebsprozesse/Notfallmanagement
Fachliche Qualifizierung

- 1977 bis 1989 Verschiedene Funktionen bei der Deutschen Bundesbahn, im Bereich Betrieb u.a. als Baubetriebsplanerin und Betra-Bearbeiterin sowie in der Infrastrukturplanung, Hauptamtliche Lehrkraft Produktion,
- 1990 bis 1998 Dozentin an der FH Bund Fachbereich Eisenbahnwesen Studienfach Produktion (Bahnbetrieb) sowie Personal und Verwaltung,
- seit 1999 verschiedene Projekt- und Leitungsfunktionen bei der DB Netz AG. Zusätzliche Aufgabenstellung:
- seit 1998 Mitglied im IHK Prüfungsausschuss Karlsruhe „Fachwirt für den Bahnbetrieb",
- seit 2000 Geschäftsführende Redakteurin Fachmagazin BahnPraxis B.

Dirk H. Enders,
Dipl.-Verwaltungsbetriebswirt

Sachbearbeiter Grundsätze Betriebsverfahren
und Notfallmanager im Notfallbezirk Limburg/Lahn

- 1993 bis 1996 Betriebsbüro/Betriebsüberwachung Bf Ffm Hbf,
- 1997 bis 1998 DB Netz Zentrale, Sachbearbeiter Qualitätsmanagement/Leitungsassistent in der Abteilung Grundsätze Betrieb/Baubetrieb,
- seit 1998 Fachautor RiL 408 „Züge fahren und Rangieren",
- Mitwirken bei der Erstellung von Risikoanalysen sowie Erstellen betrieblicher Regeln für ESTW,
- Geschäftsführer im Ausschuss für Betriebsverfahren (ABV),
- Fachliche Mitarbeit in der Arbeitsgruppe des EBA zur Erstellung und Weiterentwicklung der Anweisung Fahrbetrieb (AnFab),
- Fachautor für das Fachmagazin BahnPraxis B,
- Redakteur Infrastruktur & Dienstleistungen für die Fachzeitschrift *Deine Bahn*

Weitere Bücher aus dem Bahn Fachverlag

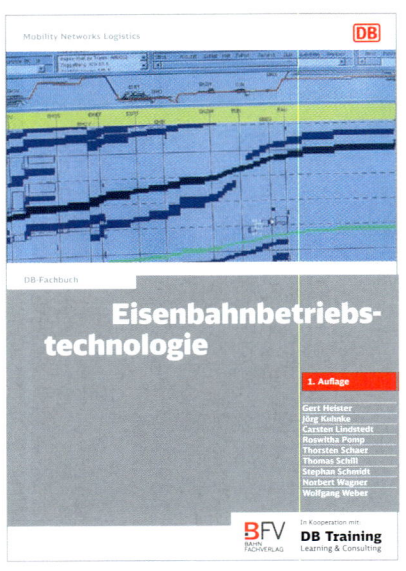

Eisenbahnbetriebstechnologie

Preis: EUR 69,50
Autoren: Gert Heister / Jörg Kuhnke / Carsten Lindstedt /
Roswitha Pomp / Thomas Schill / Thorsten Schaer /
Stephan Schmidt / Norbert Wagner / Wolfgang Weber

1. Auflage, 08/2006
387 Seiten, Paperback, Format: 14,8 x 21 cm
ISBN 978-3-9808002-2-8

*Ein Standardwerk für alle, die den Bahnbetrieb planen
und steuern – insbesondere für Direkteinsteiger, Trai-
nees und „Fachwirte für den Bahnbetrieb". Studenten
eisenbahnbautechnischer und eisenbahnbetriebswis-
senschaftlicher Fachrichtungen hilft das Fachbuch,
schon frühzeitig den Blick für die Praxis zu schärfen.
Die Autoren vermitteln umfassendes Bahnwissen zu
den Themen Örtliche Richtlinien und Überwachung
der Mitarbeiter im Bahnbetrieb, Fahren und Bauen,
Betriebszentralen, Betriebsprozessanalyse, Betriebsleittechnik, Trassenmanagement und Fahrwegkapazi-
tätsbetrachtungen.*

Elektronische Stellwerke bedienen: Der Regelbetrieb

Preis: EUR 28,80
Autor: Walter Jonas

1. Auflage, 05/2003
296 Seiten, Paperback, Format: 14,8 x 21 cm
ISBN 978-3-9808002-0-4

*Dieses DB-Fachbuch behandelt die verschiedenen
Entwicklungsstufen der elektronischen Stellwerke
und vermittelt den Lesern die Regelbedienung eines
elektronischen Stellwerks als stift- und mausbedientes
Stellwerk. Darüber hinaus beschreibt der Autor die
Unterschiede zwischen den Stellwerken der beiden Her-
stellerfirmen Siemens AG und Alcatel SEL AG bezüglich
ihres Aufbaus, ihrer Funktion und ihrer Bedienung.*